THE ECONOMICS BOOK

“人类的思想”百科丛书

精品书目

更多精品图书陆续出版，

敬请期待！

DK

"人类的思想"百科丛书

THE ECONOMICS BOOK

经济学百科（典藏版）

英国DK出版社 著

谭英 何小敏 译

汪川 审校

電子工業出版社
Publishing House of Electronics Industry
北京 · BEIJING

版权贸易合同登记号　图字：01-2012-7741

图书在版编目（CIP）数据

经济学百科：典藏版 / 英国DK出版社著；谭英，何小敏译. — 北京：电子工业出版社，2020.8
（“人类的思想”百科丛书）
书名原文：The Economics Book

ISBN 978-7-121-38359-5

Ⅰ. ①经…　Ⅱ. ①英…　②谭…　③何…　Ⅲ. ①经济学－通俗读物　Ⅳ. ①F0-49

中国版本图书馆CIP数据核字（2020）第021585号

责任编辑：郭景瑶
印　　刷：鸿博昊天科技有限公司
装　　订：鸿博昊天科技有限公司
出版发行：电子工业出版社
　　　　　北京市海淀区万寿路173信箱　邮编：100036
开　　本：850×1168　1/16　印张：22　字数：666千字
版　　次：2020年8月第1版
印　　次：2022年3月第3次印刷
定　　价：168.00元

凡所购买电子工业出版社图书有缺损问题，请向购买书店调换。若书店售缺，请与本社发行部联系，联系及邮购电话：（010）88254888，88258888。

质量投诉请发邮件至zlts@phei.com.cn，盗版侵权举报请发邮件至dbqq@phei.com.cn。

本书咨询联系方式：（010）88254210，influence@phei.com.cn，微信号：yingxianglibook。

FOR THE CURIOUS
www.dk.com

混合产品
源自负责任的森林资源的纸张
FSC® C018179

扫码免费收听DK“人类的思想”
百科丛书导读

“人类的思想”百科丛书

本丛书由著名的英国DK出版社授权电子工业出版社出版，是介绍全人类思想的百科丛书。本丛书以人类自古至今各领域的人物和事件为线索，全面解读各学科领域的经典思想，是了解人类文明发展历程的不二之选。

无论你还未涉足某类学科，或有志于踏足某领域并向深度和广度发展，还是已经成为专业人士，这套书都会给你以智慧上的引领和思想上的启发。读这套书就像与人类历史上的伟大灵魂对话，让你无不惊叹与感慨。

本丛书包罗万象的内容、科学严谨的结构、精准细致的解读，以及全彩的印刷、易读的文风、精美的插图、优质的装帧，无不带给你一种全新的阅读体验，是一套独具收藏价值的人文社科类经典读物。

“人类的思想”百科丛书适合10岁以上人群阅读。

《经济学百科》的主要贡献者有Niall Kishtainy, Chris Wallace, John Farndon, Marcus Weeks, James Meadway, Frank Kennedy, George Abbot等人。

目录

10 前言

让贸易开始吧
公元前400年—1770年

20 **财产应为私人所有**
财产权

22 **什么是公正的价格**
市场与道德

24 **有了货币，就不需要以物易物了**
货币的功能

26 **以钱生钱**
金融服务

30 **货币导致通货膨胀**
货币数量论

34 **免受外国商品之害**
保护主义与贸易

36 **经济是可以计算的**
财富的衡量

38 **让公司上市交易**
上市公司

39 **财富源于土地**
经济中的农业

40 **货币和商品在生产者与消费者之间流通**
经济的循环流通

46 **个人从来不用为路灯付费**
公共物品与服务的供应

理性时代
1770年—1820年

52 **人是冷血的、理性的计算器**
经济人

54 **无形的手在维持市场秩序**
自由市场经济学

62 **最后一名工人的产量比第一名工人少**
边际收益递减

63 **为什么钻石比水贵?**
价值悖论

64 **让税收公平而有效**
税收负担

66 **分工生产大头针可以提高生产效率**
劳动分工

68 **人口增长使我们贫困**
人口与经济

70 **商人联合一致抬高价格**
卡特尔与勾结

74 **供给创造需求**
市场供给过剩

76 **先借债，再征税**
借贷与债务

78 **经济是颗溜溜球**
繁荣与萧条

80 **贸易对所有人都有好处**
比较优势

工业和经济革命
1820年—1929年

90 考虑到竞争，应该生产多少产品呢？
有限竞争的影响

92 如果没有竞争，打电话会更贵
垄断

98 群体导致集体失控
经济泡沫

100 让统治阶级在共产主义革命面前颤抖吧
马克思主义经济学

106 商品的价值取决于生产该商品所耗费的劳动
劳动价值论

108 供求决定价格
供给和需求

114 第一块巧克力比最后一块更香甜
效用与满意度

116 当价格上涨时，有些人反而会买更多
支出悖论

118 稳定的自由市场体系
经济均衡

124 假如你加薪了，别买面包，买点鱼子酱吧！
需求弹性

126 企业是价格接受者，而不是价格制定者
竞争性市场

130 在不损害他人利益的情况下改善一个人的状况
效率与公平

132 工厂规模越大，成本越低
规模经济

133 看电影的成本是溜冰获得的快乐
机会成本

134 工人们必须团结起来改变自己的命运
集体谈判

136 消费是为了引人注目
炫耀性消费

137 向排污者收费
外部成本

138 新教让我们变得富有
宗教与经济

140 穷人只是不幸罢了，他们并没有错
贫困问题

142 社会主义不同于理性经济
中央计划

148 资本主义摧毁旧部门，催生新部门
创造性破坏

战争与萧条
1929年—1945年

154 失业不是人们自愿的
经济萧条与失业

162 有些人喜爱冒险，有些人规避风险
风险与不确定性

164 政府支出可以拉动经济发展
凯恩斯乘数

166 经济根植于文化
经济学与传统

168 经理们为自己谋利，而不是为整个公司谋利
公司治理

170 经济具有可预测性
经济测算理论

171 经济学是关于稀缺资源的科学
经济学的定义

172 我们希望维持一个自由的社会
经济自由主义

178 工业化创造持续的增长
现代经济的出现

180 人们面临的价格各不相同
价格歧视

战后经济学

1945年—1970年

186 在战争与萧条的浪潮中，国家之间必须合作
国际贸易与布雷顿森林体系

188 穷国需要大力推动
发展经济学

194 人们的决策受不相关的选择影响
非理性决策

196 除了控制货币供给，政府什么都不应该做
货币主义政策

202 工作的人越多，他们的账单越多
通货膨胀与失业

204 人们在整个生命周期安排消费
为消费而储蓄

206 制度很重要
经济制度

208 人们总是尽可能逃避
市场信息与激励

210 市场效率理论依赖于许多假设
市场与社会结果

214 没有完美的投票制度
社会选择理论

216 我们的目的是使幸福最大化，而非收入最大化
幸福经济学

220 纠正市场失灵的政策使情况更加糟糕
次优理论

222 让市场公平
社会市场经济

224 随着时间的推移，所有国家都会变得富有
经济增长理论

226 全球化并非不可避免
市场整合

232 计划经济导致空荡荡的商店
计划经济的短缺

234 对方在想什么？我应该怎么做？
博弈论

242 富国使穷国更穷
依附理论

244 不能愚弄人们
理性预期

248 人们在选择时并不在乎概率
决策悖论

250 相似的经济体可以从单一货币中获益
汇率与货币

256 丰年也可能发生饥荒
权利理论

当代经济学

1970年至今

262 零风险投资是有可能的
金融工程

266 人不是百分百理性的
行为经济学

270 减税可以增加税收收入
税收和经济激励

272 价格告诉你一切
高效的市场

273 随着时间的推移，自私的人也会与他人合作
竞争与合作

274 大多数交易的汽车都是次品
市场不确定性

276 政府的承诺是不可信的
独立的中央银行

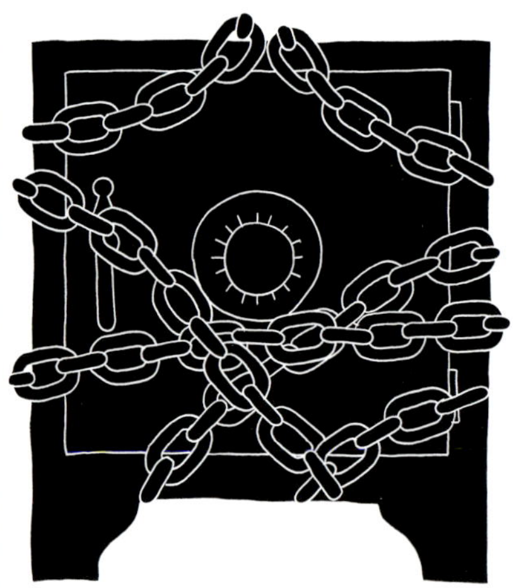

278 即使个体都是理性个体，经济也总是混乱的
复杂与混乱

280 社交网络是一种资本
社会资本

281 受教育程度只是能力的一个信号
信号传递与筛选

282 东南亚国家和地区支配着市场
亚洲经济体

288 信念可以引发货币危机
投机与货币贬值

294 中标人买贵了
赢家的诅咒

296 稳定的经济下孕育着不稳定的种子
金融危机

302 企业支付的工资高于市场工资
激励与工资

303 经济衰退期间实际工资在上升
黏性工资

304 找工作就像找对象或找房子一样
搜寻与匹配

306 气候变化是集体行动的最大挑战
经济学与环境

310 GDP忽略了女性创造的价值
性别与经济学

312 比较优势是一种偶然
贸易与地理

313 与蒸汽机一样，计算机使经济发生了革命性变化
技术飞跃

314 通过取消债务，可以启动穷国的经济发展
国际债务减免

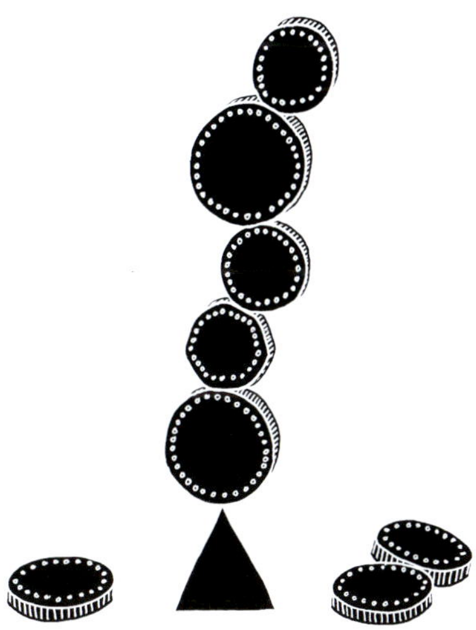

316 悲观情绪会摧毁健全的银行
银行挤兑

322 国外储蓄过剩导致国内投机
全球储蓄失衡

326 分配越公平，增长速度越快
不公平与增长

328 即使有益的经济改革也可能失败
抵制经济变化

330 房地产市场反映经济的兴衰
住房与经济周期

332 人名录

340 术语表

344 索引

351 致谢

INTRODUCTION

前言

通常认为，经济学是一门既复杂又神秘的学科，与日常生活几乎没有关系，因此，没人会说自己懂经济学，只有商业、金融及政府方面的专业人士才精通经济学。然而，人们越来越意识到经济学对经济收入和健康生活的重要影响。此外，人们对于经济还有自己独特的见解，尤其是对日益增长的生活开支、税收，以及政府开支等方面颇有微词。这些观点有时来自各大新闻对某一事件的集中报道，有时人们也会在餐桌旁或工作场所讨论这些话题。从某种意义上说，我们确实都对经济学感兴趣。我们论述对某一事件看法的论点，经济学家同样也会引用。因此，多懂一些经济学理论，有助于我们理解生活中那些重要的经济原则。

> 希望、信心与科学的狂妄、对尊重的渴望并存于经济学中。
>
> ——美籍加拿大经济学家，约翰·肯尼斯·加尔布雷思（1908—2006）

新闻中的经济学

当今的世界陷入了明显的经济混乱中，在这种环境下，了解经济学的知识就显得尤为重要。经济新闻不仅是在报纸中开辟的一个专栏，或者出现在电视新闻中的某一部分，它们甚至也会经常出现在各大媒体的头条位置。早在1997年，美国共和党政治活动策略家罗伯特·蒂特（Robert Teeter）就意识到了它的重要地位。他认为："电视对政治的报道越来越少，对选举的报道也越来越少，因为推动国家发展的是经济学和经济新闻，而不是政治。"

然而，当看到越来越严重的失业率、通货膨胀、股票市场危机及贸易赤字等字眼的时候，我们又真的懂得多少呢？当不得不削减开支，或者被要求缴纳更多税费的时候，我们知道其中的缘由吗？当那些热衷于挑战风险的银行和大公司影响到我们的生活的时候，我们知道为什么影响那么大，以及这些影响能否长期存在吗？经济学原理就能够解答这些问题。

管理学研究

经济学不仅非常重要，还是一门严肃的学科，而人们通常会带着怀疑的眼光来看待这门影响着我们生活方方面面的学科。由于经济学涉及大量的数据、图表及公式，人们普遍认为这是一门枯燥乏味的学术性学科。19世纪，苏格兰的历史学家托马斯·卡莱尔（Thomas Carlyle）将经济学描述为一门"沉闷、空洞、低贱、恼人"的"乏味学科"。另一个对经济学的常见误解则是，经济学"都是关于钱的"，尽管这或多或少有一些道理，但绝不是对经济学的正确理解。

那么，经济学到底是什么呢？经济学（economics）一词来源于希腊语Oikonomia，意思是"家务

管理”。后来，它的含义逐渐扩展到研究我们对资源的管理，即商品及服务的生产和交易。毋庸置疑的是，生产商品和提供服务的历史与文明史一样悠久，但是，对这一过程在现实世界中运作机制的研究却相对较新。经济学的发展是缓慢的。早在古希腊时期，哲学家和政治学家就开始分析经济现象，但一直到18世纪末才出现第一位真正的经济学家。

当时的经济学由政治哲学的一个分支演变而来，因此人们称之为“政治经济学”。然而，这些理论的研究者迅速意识到应当把这门学科独立出来，于是他们称它为“经济科学”。后来，“经济科学”逐渐被简称为“经济学”。

软科学

经济学是一门科学吗？19世纪的经济学家认为，经济学当然是一门科学。卡莱尔也给经济学贴上科学的标签，即使他也认为经济学非常枯燥乏味。许多经济理论模型都以数学，甚至物理学为模型（或许经济学、物理学和数学都以“学”字结尾，帮助经济学也冠上了科学的称号）。经济学阐述的是指导经济运转的规则，就像科学家根据自然现象发现了物理定律一样。然而，经济学是人为制定的，与人类的理性或非理性行为有很大关系。因此，经济学与心理学、社会学，以及政治学等软科学的共同点更多。

> **经济学的第一课应该是资源短缺：没有什么东西可以满足所有有需要的人。**
>
> **政治学的第一课则是要忽视经济学的第一课。**
>
> ——美国经济学家，
> 托马斯·索维尔（1930—）

英国经济学家莱昂内尔·罗宾斯（Lionel Robbins）给经济学下了最好的定义。1932年，他在他的《论经济科学的性质和意义》一书中将经济学定义为“系统研究各种目的与具有多种用途的稀缺手段之间关系的人类行为科学”。这一宽泛的定义至今仍是经济学最常用的基本定义。

然而，经济学和其他科学之间最重要的区别在于，经济学所研究的系统是不确定的。经济学家不仅要描述和解释经济及其运作机制，还要为构建和改善经济体系提出指导意见。

第一位经济学家

18世纪，尤其是在1776年亚当·斯密（Adam Smith）的《国富论》出版之后，现代经济学才作为独立的学科出现。然而，激发人们对这一学科产生兴趣的，不是这位伟大的苏格兰思想家和经济学家的作品，而是随着工业革命而发生的巨大的经济变化。之前的思想家们在社会范围内对商品和服务的管理进行评价，认为由此产生的问题

属于道德和政治哲学的范畴。但是，随着工厂的出现和商品的批量生产，经济学家关注的范围越来越广。所谓的市场经济由此开始。

斯密对这个新体系进行了分析，设立了竞争性市场的标准，奠定了现代经济学的基础。斯密认为，市场是由一只“看不见的手”来进行调控的。他认为，当经济社会中的每个人都追逐自己的最大利益时，整个社会的利益也就实现了最大化。斯密是一个哲学家，他的书主要讨论的是“政治经济”，他将经济学延展开来，把政治学、历史学、哲学及人类学都涵盖在内。在斯密之后又出现了一批只关注研究经济的新经济思想家，他们每个人都以现代意义上的经济（经济怎样运转，以及我们该怎样管理经济）为基础进行分析，为不同的经济学流派的产生奠定了基础。

随着经济学学科的发展，经济学家们开始从不同的角度来探讨经济学。一种观点是将经济看作一个整体，从国家或国际的角度来讨论，这就是我们现在所说的“宏观经济学”。它的主题包括增长与发展、一国财政收支的衡量、国际贸易政策、税收及对通货膨胀和失业的调控。我们现在所说的“微观经济学”则主要讨论在经济范畴内的个人与厂商之间的关系：需求与供给、买方和卖方、市场与竞争等。

新的思想流派

经济学家们一般都有与众不同的观点，并且他们分属于不同的流派。许多经济学家对现代工业经济带来的经济繁荣持肯定的观点，提倡不干预的、放任自由的政策，允许市场通过竞争创造财富，促进技术革新。而其他经济学家则对市场造福社会的能力持保守的态度，认为这个体系终将瓦解，而国家的干预则可以解决这个问题。他们认为，政府在提供某些产品和服务，以及在控制生产者权利等活动中发挥着重要作用。其中，德国哲学家卡尔·马克思（Karl Marx）的观点尤为著名，他认为资本主义经济有着致命的缺陷，最终必将灭亡。

> **经济学，归根结底是对激励的研究：人们怎样获取他们想要的物品，尤其是当所有人都想得到同一件物品时。**
>
> ——美国经济学家，史蒂文·莱维特（1967–），斯蒂芬·都伯纳（1963–）

斯密等早期古典经济学家的观点也面临着越来越严峻的考验。到了19世纪末期，受过科学教育的经济学家们开始从数学、工程学及物理学理论的角度来研究经济学。这些“新古典主义”经济学家们用图表和公式来描述经济，并且提出了操纵市场运作的规律及证明规律正确性的方法。

19世纪末期，经济学开始打上国家的烙印：随着大学经济学院系的建立，经济思想的核心开始拓

展，奥地利、英国及瑞士的各大经济学学派的观点出现了明显的分歧，尤其是在国家干预经济的程度这一点上，不同学派之间的分歧很大。

到了20世纪，三分之一的世界都实行计划经济，而不是具有竞争性的市场经济，这就使区别变得更加明显。其他国家则一直在关心市场能否独自担起创造社会财富这一使命。欧洲就国家干预程度这一话题争论不休。1929年华尔街股灾后，美国经济出现大萧条，一场经济思想的战争在美国也随之爆发。

20世纪后半叶，经济思想的中心从欧洲转向美国。主张不干预、放任自由政策的美国成为世界经济的主导力量。1991年苏联解体之后，正如斯密曾预言的那样，自由市场经济似乎成为通向经济繁荣的康庄大道。尽管大多数经济学家都对市场的稳定、高效及合理性持信任和支持的态度，并非所有人都赞成这一看法，仍然有一些经济学家对此持怀疑的态度。新的研究方法也随之产生。

可供选择的方法

20世纪末期，新的经济学领域将心理学和社会学理论融入经济理论中，除此之外，数学和物理学也有了新的进展，如博弈论和混沌理论。理论学家们也提出了同样的警告：资本主义经济体系存在很多缺陷。21世纪初，经济危机越来越严重，越来越频繁，更加强化了这一观点：在资本主义经济体系里有一些基础性的不合理因素。同时，科学家们总结道，我们在经济上取得的前所未有的繁荣是以损害环境为代价的，灾难性的气候变化正日益逼近。

随着欧洲和美国开始着手应付它们面临的史上最严重的经济问题，新的经济体开始形成，尤其是在东南亚和金砖国家（巴西、俄罗斯、印度及中国）。经济中心又一次开始转移，这毫无疑问将有新的经济思想产生，并解决如何有效地管理和利用稀缺资源这一问题。

最近一次重大的经济危机发生在希腊。希腊是经济学的发源地，也是“经济学”（economics）这一术语的起源地。2012年，雅典人游行示威，指出在解决债务危机的过程中，希腊民主将成为牺牲品，民主将不复存在。

如何解决世界经济当前面临的问题，我们拭目以待。而本书中的经济学知识将帮助我们了解经济是怎样发展到当前局面的。此外，或许我们还可以由此得到启示，找到走出这个困境的方法。■

> **学习经济学的目的……是了解如何避免被经济学家们欺骗。**
>
> ——英国经济学家，琼•罗宾逊（1903—1983）

LET TRADING BEGIN

400BCE—1770CE

让贸易开始吧

公元前400年—1770年

约公元前 380年

柏拉图描述了他的**理想国**：财产为大众所共有，劳动则实行专门化。

约公元前 350年

亚里士多德支持**私人财产**，却反对为个人利益积累财富。

1265–1274年

托马斯·阿奎那认为，只有在没有巨额利润及买卖中不存在欺骗的前提下，**产品的价格才是公正的**。

1397年

美第奇银行在意大利佛罗伦萨成立，这是最早为推动国际贸易而成立的**金融机构**之一。

约1400年

汇票成为欧洲国家标准的贸易支付工具，商业银行可以赎回这种汇票。

1492年

克里斯托弗·哥伦布到达美洲。不久之后，大量黄金流入欧洲，增加了**货币供应**。

1599年

国际贸易公司——英国东印度公司成立，这是世界上第一个国际品牌。

约1630年

托马斯·孟提出**重商主义政策**，把向国外出口商品作为增加国内财富的途径。

随着世界文明的发展，为人类提供货物和服务的系统也在不断发展变化着。早期的经济体系自然而然地演变为各种各样的贸易和手工业，生产可供交换的物品。人类开始进行交易，首先是以物换物，后来逐渐把贵金属硬币作为交换的媒介。贸易开始变成人们生活的一个重要部分。货物的买卖持续了几个世纪之后，人们才开始意识到要去思考这个体系是如何运作的。

一些古希腊哲学家是最先著书讨论这些问题的人。后来，诸如此类的学问被统称为经济学。在《理想国》一书中，柏拉图描述了一个理想国家的政治和社会构成如何通过专业的生产者为公众提供产品，这一理想国将发挥经济功能。然而，他的学生亚里士多德则认为，私有财产也可以进入市场交易。这些争论一直持续到现在，仍未达成共识。作为哲学家，柏拉图和亚里士多德都从道德哲学方面阐述了经济学，认为不应该去分析经济体系怎样运作，而应该去思考它应该如何运作。这种方法被认为是规范法——既主观又关注事情应该如何发展。

中世纪的哲学家，如阿奎那，尝试界定私人财产和市场交易的道德伦理规范，这种经济学的规范方法一直持续多年。阿奎那强调了有关价格的道德问题，认为价格的公正性非常重要，商人不得赚取过多的利益。

古代社会的劳动力绝大部分由奴隶构成，而中世纪的欧洲处于封建社会时期，地主保护农民，农民则为地主劳动或服军役。因此，这些哲学家们关于道德问题的争论显得学术性较强。

城邦的兴起

随着欧洲城市（城邦）的发展和国际贸易带来的经济繁荣，15世纪的欧洲发生了巨大的变化。新兴的资产阶级与为贸易和远洋探索之旅提供资金的银行联手，取代了曾在经济中扮演重要角色的封建地主阶级。

1637年
荷兰市场对郁金香的**投机泡沫**破灭，导致成千上万投资者破产。

1668年
乔赛亚·柴尔德将**自由贸易**描述为既要增加出口，又要增加进口。

1682年
威廉·佩蒂在《货币略论》一书中说明了如何**衡量经济**。

1689年
约翰·洛克认为，**财富源于劳动**，而非贸易。

1697年
格里高利·金编撰了一份关于17世纪英国贸易的统计报告。

1752年
大卫·休谟认为，公共物资应该由**政府买单**。

1756年
重农主义者弗朗斯瓦·魁奈和他的追随者们认为，**土地和农业**是经济繁荣的唯一来源。

1758年
弗朗斯瓦·魁奈发表了《经济表》，第一次对总量经济——**宏观经济**的运作进行了分析。

新的贸易团体代替了小规模的封建经济，经济思想的关注点开始转向如何最佳地控制国与国之间的商品和金钱交易。这一时期的主流思想是重商主义，主要涉及的经济思想是贸易平衡——一个国家花在进口货物上和通过出口货物赚取的资金的差额。出口货物可以带来收入，因此被认为是有益的，而进口货物则因货币外流而被认为是具有破坏性的。为了防止贸易赤字并帮助国内生产商应对国际竞争，重商主义者积极倡导提高进口关税。随着贸易的增加，贸易活动不再局限于个体商人和他们的支持者。由政府支持的合伙制企业和公司开始参与大型的贸易活动。这些企业和公司又被分成若干股份，这样就可以由众多投资者投资。17世纪末期，这些企业和公司的利润迅速增长，这就导致了大量股份公司的成立和股票交易的出现。

新科学

贸易的大规模增长也使人们对经济产生了新的兴趣，并由此促进了经济学学科的出现。18世纪初开始的启蒙运动推崇理性高于一切，用一种科学的方法来看待政治经济学。经济学家们开始尝试衡量经济活动，并对经济体系的运作进行描述，而并非只关注其道德意义。

在法国，一群著名的重农主义思想家分析了经济领域里的货币流通，并由此产生了第一个宏观经济（总量经济）模型。他们将农业放在经济的中心地位，而不是商业或金融业。与此同时，英国的政治哲学家们则将重心从重商主义的贸易观点转移到生产者、消费者及商品的价值和实用性上。从此，现代经济学研究的框架体系正式出现。■

财产应为私人所有

财产权

背景介绍

聚焦

社会与经济

主要人物

亚里士多德（公元前384—公元前322年）

此前

公元前423—公元前347年 柏拉图在《理想国》中指出，统治者应该为公众利益集中管理财产。

此后

1—250年 在古罗马法律里，个人对事物的权利和权力统称为所有权（dominium）。

1265—1274年 阿奎那认为，拥有财产是理所当然的，这是一件好事，但是公共利益比私有财产更重要。

1689年 约翰·洛克（John Locke）认为，个人通过劳动获得的财产应该归个人所有。

1848年 马克思著成《共产党宣言》，提倡彻底废除私有财产。

童年时代，我们会跟同伴争抢玩具，由此了解到所有权和个人财产。人们通常认为这是理所当然的，然而，这也并非必然。私有财产是资本主义的基础。马克思认为，资本主义创造的财富为社会提供了“大量的商品”，这些商品为个人所拥有，可以被用来交易以赚取更大的利润。同样，在自由市场中，企业归私人所有，并自负盈亏。若不存在私有财产，也就不可能有个人利益，更没有进入市场的可能，且事实上，将根本不会有市场存在。

在资本主义国家，保护财产私有制是非常重要的。这栋位于波兰华沙的房子是有史以来最安全的房屋，只需轻轻一按按钮，它就会变成一座钢铸立方体。

财产的分类

财产（property）包括各种各样的东西，物质的和智力的（如专利、文本等）。支持自由市场的经济学家们不会为财产这一领域辩护，即使奴隶也同样被看作有价值的商品。

历史上，物质财产有三种组织方式。第一种，在信任和尊重的条件下，任何东西都可以共同拥有，每一个人都可以随心所欲地使用所有的公共物品。我们可以在部落经济里找到痕迹。现在，亚马孙地区的华欧拉尼人（Huaorani）仍然实行这一体制。第二种，财产归集体所有和使用，这是共产主义社会经济体系的核心理念。第三种，财产可以为个人所有，人们可以按照自己的意愿支配自己的财产，这是资本主义社会经济体系的核心理念。

现代经济学家们尝试从实用主义的角度证明，如果不进行资源分配，市场就根本无法运作。而早期的思想家们则更多地从道德层面来看待个人财产。希腊哲学家亚里士多德认为，“财产应归个人所

参见：市场与道德 22~23页，公共物品和服务的提供 46~47页，马克思主义经济学 100~105页，经济学的定义 171页。

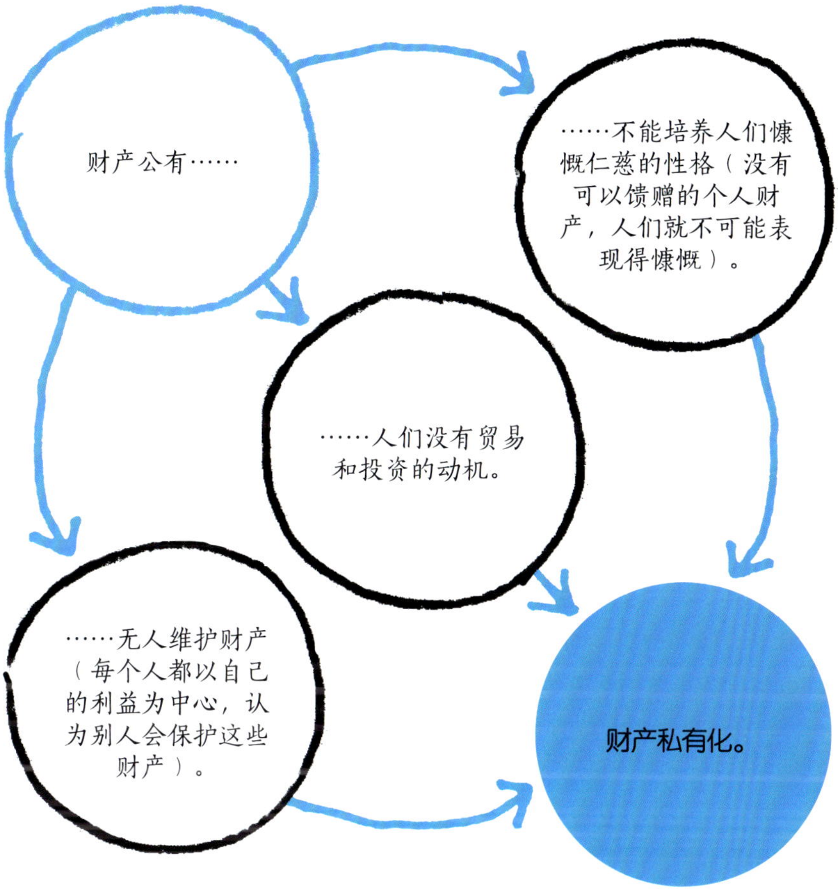

有”。他指出，当财产为公众所有时，没有人会负责保护财产安全，更没有人会考虑让这些财产增值的问题。此外，只有当人们手里有个人财产可以赠送给他人时，人们才可能更加慷慨。

财产权

在17世纪的欧洲，所有的土地和房屋都归统治者所有。英国哲学家约翰·洛克站在个人权利的一方说道，上帝给予我们支配自己身体的权利，就同样允许我们支配自己生产的东西。之后，德国哲学家伊曼努尔·康德（Immanuel Kant, 1724—1804）提出，私有财产是自我的合法表达。

然而，另一位德国哲学家则坚决反对这一观点。马克思坚持认为，私有财产这一概念是资本家用来剥夺无产阶级劳动力的借口，资本家们借此使无产阶级永远为奴，永远将其排除在外。无产阶级则永远被挡在了控制所有财富和权力的既得利益群体之外。■

私有化的程度

每一个现代社会都有集体财产（如街道和公园），其他财产（如车辆等）则为个人所有。财产权，即法定所有权，一般情况下是指个人拥有的对某一特定资源的独一无二的所有权，但这并不是一成不变的。例如，在一个有着悠久历史的地区，一栋房子的房主不能随意拆掉这所房子，重新修建一座工厂或者高楼，甚至不能改变这栋房屋目前的用途。必要时，世界上每一个国家都可能凌驾于个人权利之上，这可能出于各种各样的原因，比如基础设施建设的需要、国家安全的需要等。即使是美国这样一个坚决拥护资本主义的国家，政府也有可能强迫个人放弃自己的权利。然而，14世纪的宪法修正案就这一规定做出让步，规定受影响的个人必须获得与市场等价的赔偿。

> 很明显，如果财产为个人所有但公众都可以使用是最好的；立法者的使命就是要塑造人们乐善好施的性格。
>
> ——亚里士多德

什么是公正的价格

市场与道德

背景介绍

聚焦

社会与经济

主要人物

托马斯·阿奎那（1225—1274）

此前

约公元前350年 亚里士多德在《政治学》一书中谈道，所有的物品都应该通过“需求”这个统一的标准来衡量其价值。

529—534年 罗马法庭“费大力气”保护土地所有者，使他们出售土地的价格不低于公正的价格。

此后

1544年 西班牙经济学家路易斯·萨拉维亚认为，价格必须根据对商品的质量和数量的“共同评估”来设定。

1890年 阿尔弗雷德·马歇尔提出，供求自发决定价格。

1920年 路德维希·冯·米塞斯认为，社会主义注定会失败，因为价格是创造需求的唯一方法。

许多人都知道被小贩利用或被敲竹杠是什么滋味，比如说旅行的时候购买高价冰激凌。然而，根据目前盛行的经济理论，敲竹杠是不存在的。任何物品的价格都是市场价格——人们愿意支付的价格。市场经济学家认为，在价格的世界里，根本没有道德这一说法，价格是供给和需求自然作用的结果。索要高价的商人只是将价格推向了它的极端。如果他们的要价超出了消费者愿意支付的价格，买卖就会中断，消费者将停止消费，而商人会被迫降价。市场经济学

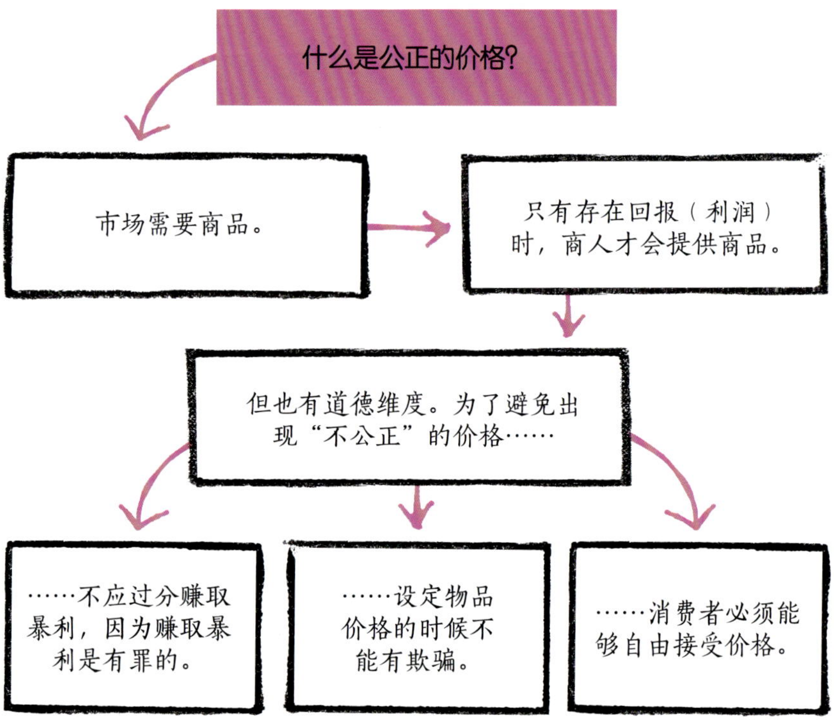

参见: 财产权 20~21页，自由市场经济学 54~61页，供给和需求 108~113页，经济学与传统 166~167页。

家认为，市场是确立价格的唯一途径，原因在于任何东西本身都是没有价值的，即使黄金也一样。

自由接受的价格

价格应该由市场设定，这一观点与西西里学者阿奎那在《神学大全》中表达的观点正好相反。这本《神学大全》是最早研究市场的学术著作之一。在阿奎那看来，价格应该属于道德范畴。阿奎那认为贪婪是一种致命的罪恶。但同时，他意识到如果一个商人被剥夺了赚取利润的权利，这个商人将不会进行贸易，这样社会上就没有了市场需要的商品。

阿奎那总结道，赚取暴利是有罪的。商人索取的应该是一个可以赚取到丰厚利润的“公正的价格”，但不能赚取不合理的暴利。这个“公正的价格”恰好就是消费者们在知情的情况下愿意支付的价格。但商贩没有义务让消费者意识到可能导致未来价格降低的因素，比如短期内码头堆积的大量廉价香料。

经济学家和公众都会讨论银行家的奖金或最低工资的“公正价格”，同样在现在，价格和道德仍然属于热门话题。反对干预市场的自由市场经济学家，以及那些仅仅出于经济或道德原因而提倡政府干预的经济学家，仍在讨论强制约束价格的优点和不足。■

> 商品的价格不应该超过自身价值太多。
>
> ——托马斯·阿奎那

托马斯·阿奎那

托马斯·阿奎那（Thomas Aquinas）是中世纪时期最伟大的学者之一。1225年，阿奎那出生于意大利阿奎诺的一个贵族家庭，5岁时就开始接受教育。当阿奎那17岁时，他决定抛弃世俗的财富并成为一名修道士。他的家人强烈反对他的这一举动，将他关了两年禁闭。然而，他决心已定。最后，他的家人做出让步，允许他前往巴黎，成为神学家大阿尔伯特（1206—1280）的弟子。阿奎那先后在法国和意大利讲学，并于1272年在意大利那不勒斯建立了一所大学校（大学的一种形式）。他的许多哲学作品都对世界产生了重大影响，为现代世界铺平了道路。

主要作品

1256—1259年 《有关真理的争论》

1261—1263年 《哲学大全》(也译作《反异教大全》)

1265—1273年 《神学大全》

有了货币，就不需要以物易物了

货币的功能

背景介绍

聚焦

银行和金融

主要事件

13世纪 蒙古帝国的忽必烈可汗首次使用不兑现纸币。

此前

公元前3000年 在两河流域（美索不达米亚），人们用谢克尔作为货币单位，即以一定重量的大麦为一个单位，相当于一定价值的金或银。

公元前700年 希腊埃伊纳岛制造出了目前已知的最早的硬币。

此后

13世纪 马可·波罗将期票从中国带回欧洲，意大利银行家们开始使用。

1696年 苏格兰银行成为第一家发行钞票的商业机构。

1971年 美国总统尼克松取消了美元与黄金的相关性。

在世界上的许多地方，越来越多的人使用信用卡、电子汇兑、手机芯片等购物，世界越来越快地进入一个无现金的时代。但是，不使用现金并不意味着不使用货币。货币仍然在交易中具有核心作用。

货币带来的负面影响很多，例如使人贪婪、犯罪，以及引发战争等，这些都广为人知。货币还被当作陪衬，在宗教仪式中成为贡品（尊敬的象征）。货币还可以成为补偿被害者亲属的“血汗钱”，娶新娘所花的“彩礼”或新娘陪嫁的“嫁妆”。有钱意味着个体、家庭或国家拥有地位和权势。

印度阿萨姆邦的蒂瓦部落人在古老的Jonbeel节日期间，通过以物易物的方式购买和出售商品，以此来维护部落之间的和谐与友谊。

以物易物经济

如果没有钱，人们就只能进行物物交换。但是，很难想象会有大规模的个体间的交换。以物易物依赖于双方需求的偶然的一致性，即对方手里恰好有你需要的东西，而你也正好拥有他需要的东西，这样才能进行以物易物。

而货币则可以解决所有的问题。你不需要去寻找那个需要你的东西的人，而只需支付货币购买你需要的东西；同样，卖家也只需用货币从另一个人那里购买他需要的东西。货币可以转让，也可以留在自己手里——卖方可以持有货币，当他想要购买东西的时候再花钱去购买。许多人认为，如果没有货

参见: 金融服务 26~29页, 货币数量论 30~33页, 价值悖论 63页。

币，交易将不再灵活，复杂的文明也就不可能形成。货币同样为衡量事物的价值提供了标准。这样，所有的商品都有了可以用货币衡量的价值，我们就可以知道所有商品的价格，并将这些价格进行对比。

不同种类的货币

货币分为商品货币和不兑现纸币两种。商品货币除了具有指定价值，还具有内在价值。比如，当金币被用作货币的时候，它就同时具备这两种价值。中国在10世纪时使用的不兑现纸币仅是一种代币，除了政府赋予它的价值，它本身并无价值。例如，钞票就是一种不兑现纸币，其本身是没有价值的。

起初，很多国家的纸币发行量都是以其黄金储备量为依据的。从理论上说，美联储发行的美元可以按照票面价值兑换黄金。正如美国财政部希望的那样，当时美国总统尼克松规定，从1971年开始，美元不再兑换黄金。不兑现纸币的流通需要人们对国家的经济稳定有高度的信任，但是没有人能够保证一个国家的经济一直稳定。■

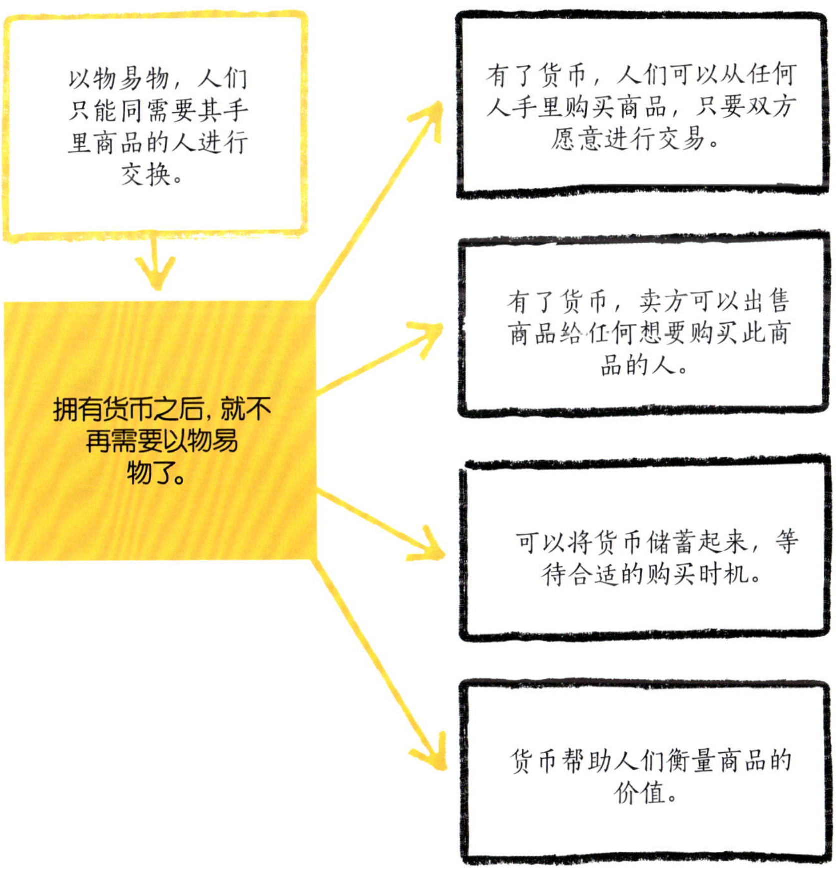

付款

贝壳串珠是由一根绳子串起来的白色和黑色的贝壳珠子。北美洲东部林区部落的人们认为贝壳串珠非常珍贵，将其视为宝贝。15世纪，在欧洲人尚未踏上美洲大陆之前，人们只在举行一些传统仪式的时候才使用贝壳串珠。

那时，北美洲东部林区部落的人们对钱币都不感兴趣。在他们看来，只有贝壳串珠才是真正有价值的东西。当欧洲人到达北美大陆之后，他们带来的先进工具使贝壳串珠的生产得以革新，荷兰殖民者开始大规模批量生产贝壳串珠。不久，他们就开始使用贝壳串珠进行贸易，和当地居民做生意，购买需要的商品。于是，贝壳串珠迅速得到广泛认可，成为一种在贸易中交换的货币。直到17世纪70年代，人们才逐渐减少使用贝壳串珠，其价值也随之逐渐减小。

上图这个肖尼单肩包上的装饰就是北美部族曾经使用过的贝壳串珠。这些部落将贝壳串珠当作货币使用，并用于交易。

以钱生钱

金融服务

背景介绍

聚焦

银行和金融

主要人物

美第奇家族（1397—1494）

此前

13世纪 学者们谴责高利贷现象。

此后

1873年 英国记者沃尔特·白芝浩（Walter Bagehot）鼓动英格兰银行成为银行系统的“最后贷款者”。

1930年 国际清算银行在瑞士巴塞尔成立，建立了银行监管的国际法规。

1992年 美国经济学家海曼·明斯基（Hyman Minsky）出版的《金融不稳定性假说》一书对解释2007—2008年的金融危机非常有帮助。

人类有着悠久的借贷历史，有证据显示，在5000年前的美索不达米亚（如今的伊拉克）文明的初期，人类的“借贷”活动就已经存在了。但直到14世纪，现代银行系统才在意大利北部出现。

“银行”一词来自意大利语中的“工作台”，即银行家做生意时坐的地方。14世纪，罗马教皇的影响和税收惠及意大利半岛，这个半岛的地理位置非常有利，恰好位于亚洲、非洲和正在形成的欧洲国家之间，方便各个地区、国家之间进行贸易。特别是威尼斯和佛罗伦

参见： 上市公司 38页，金融工程 262~265页，市场不确定性 274~275页，金融危机 296~301页，银行挤兑 316~321页。

萨，财富开始在这里渐渐积累。凭借制海权，威尼斯成立了相应机构来为航海提供资金，以确保航海的安全。佛罗伦萨则专注于制造业及同北欧之间的贸易。此外，商人和金融家们都聚集在此地的美第奇银行。

佛罗伦萨已经成为银行的根据地，比如当时首屈一指的巴尔迪银行和佩鲁齐银行就在此地。除此之外，各种类型的金融机构都集中在这个城市，其中包括靠抵押私人物品向外放债的当铺，也包括经营外国货币、接收存款并贷款给地方商人的一些当地小银行。而乔万尼·迪比奇·德·美第奇（Giovanni di Bicci de'Medici）在1397年建立的美第奇银行则与其他银行不同。

美第奇银行为长途贸易，如羊毛贸易提供资金。它与同期其他银行的区别体现在三个方面。第一，规模庞大。在它的全盛时期，即在美第奇的儿子科西莫经营期间，该银行在11个城市成立了支行，其中包括伦敦、布鲁日、日内瓦等。第二，网络分散化。美第奇银行支行不由其雇员来管理，而由掌握一定股份的地方合伙人经营。佛罗伦萨的美第奇家族掌握着绝对的控股权，监管着整个银行网络，也赚取了最多的利润，并持有标志着该银行良好声誉的商标。第三，各大支行从富有的储户那里吸收了大量存款，增加了可用于贷款的初始资金，也由此扩大了银行收益。

银行经济学

促使美第奇银行成功的这些因素正好与三个经济概念相符合，这三个经济概念与今天的银行业紧密相关。第一，“规模经济效益”。对于个体商人来说，签署一份合法的贷款合同代价高昂，而对一个银行来说，若签署1000份这样的合同，每份合同的成本就会很小。第二，“分散风险”。美第奇银行通过地域的分散来降低不良贷款的风险。此外，小股份合伙人除了分享利润，还要共担损失，因此，在对外发放贷款的时候，他们必须格外谨慎。也就是说，他们实际上承担了美第奇银行的一部分风险。第三，“资金转型”。商人们既有可

14世纪的商业银行已经开始经营存款和贷款这两项业务，同时它还经营货币兑换业务，并负责监控伪造或违禁货币的流通。

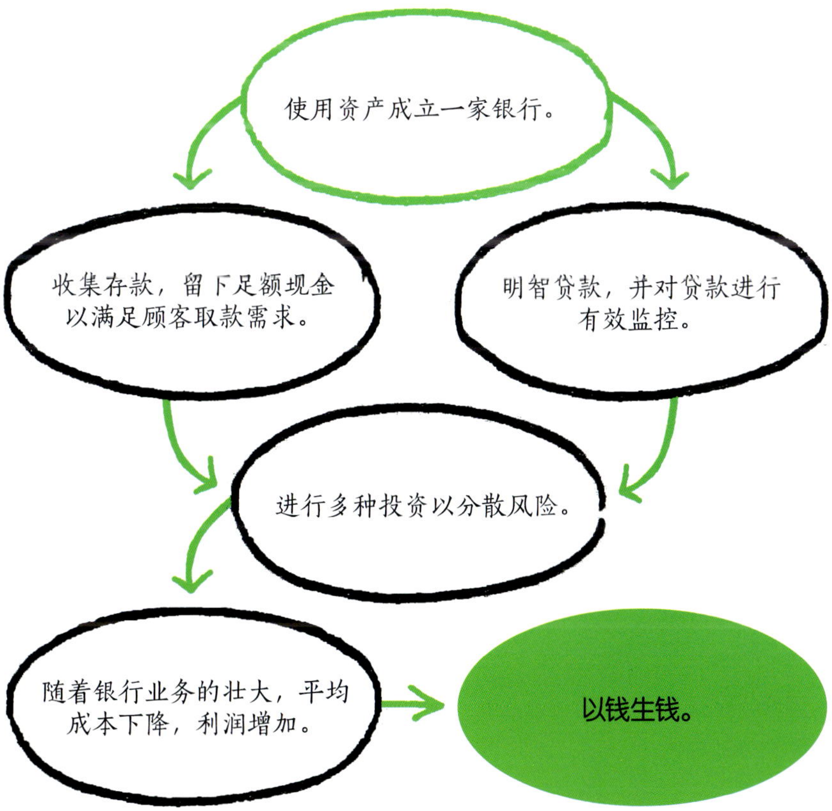

能存钱，又有可能借钱。有的商人可能需要寻找一个安全的地方存放资金，同时希望在需要的时候能够迅速将其取出。而有的商人则想要贷款，而对于银行来说，发放贷款是要承担风险的，且贷款周期可能会很长。因此，银行在二者的需求之间寻求一个平衡点，即“短期借款，长期贷款”。这项举措既适合存款者，又适合贷款者。当然，银行也能从中获益，即通过把顾客的存款用于放贷，利用投资者的资金来增加利益，来获取高额回报。

然而，这使银行变得更加脆弱。如果许多储户同时要求取出他们的存款（“银行挤兑”），那么由于大量储户的存款仍然套牢在长期贷款中，银行只持有一小部分现金，这时候银行就无法满足储户的取款要求。但这种风险是可以事先预估的，且这种体系的优点就在于它能够有效地将储蓄者和贷款人联结起来。

在14世纪的欧洲，为长途贸易提供资金需要冒很大的风险。长途贸易存在时间长和距离远的问题，因此面临着“基本贸易问题”——交易达成之后，一方有可能携货物或钱款逃跑。为解决这个问题，人们发明了“汇票”，一种由出票人签发，要求付款人在见票时或在一定期限内，向收款人或持票人无条件支付一定款项的票据。持票人（卖方）为了筹集资金，可以立刻将该汇票转售他人。意大利商业银行非常精通于处理此类汇票，并且以此创造了巨大的国际货币市场。

通过购买汇票，银行承担了购买方可能不支付货款的风险。因此，银行在购买汇票之前，一定要先对购买方进行了解，尽量降低由此带来的风险。信息的缺失（信息不对称）会带来许多问题，所以贷款方必须具有专业的知识和技能。通常来说，最不想还钱的人，最喜欢申请贷款。一旦申请成功，他们就会想方设法不还款。银行最重要的功能之一就在于它懂得如何进行安全有效的放贷，并打消贷款者冒“道德风险”的念头。例如通过向银行抵押房产而进行的贷款，若贷款者不能按时还款，则银行有权没收其房产。银行就是通过这种手段来敦促贷款者按时按量还款的，以此来保护自己的利益。

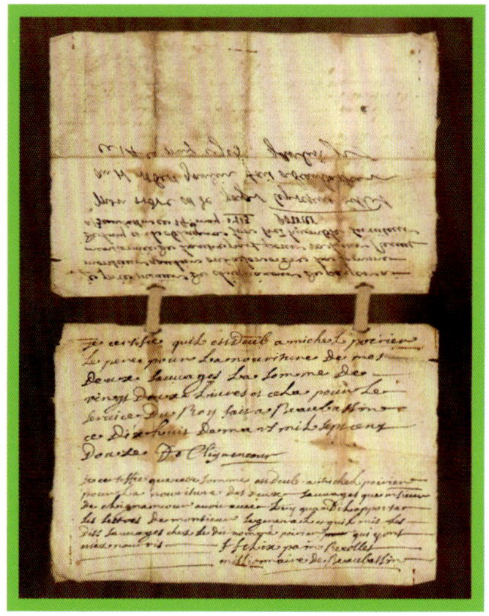

上图为一份1713年的汇票。这种汇票逐渐发展成现在常见的银行支票。所有类型的汇票都是一种承诺，承诺在某一日期支付给汇票持有者一定数额的金钱。

地理集群

银行通常会集中在同一个地

为“次级”贷款人（无法还贷的人）提供房贷，引发了一场银行收回房产的浪潮，由此导致了2007—2008年的金融危机。

21世纪的银行危机

2007年开始的全球金融危机使人们开始重新思考银行的本质意义。举债经营是导致这次全球金融危机的主要原因。1900年，大约四分之三的银行资产来自储户存款。而到了2007年，这一比例通常能达到95%~99%。银行对未来过于乐观，大量的金融衍生产品赌的是市场走势会越来越好，而这令银行面临的风险越来越大。金融危机之后，国家大幅度放松了对银行的管控。在渐渐复苏的市场上，大量的金融创意似乎又开始发挥作用，不断创造利润。然而，这一切导致了两种性质恶劣的贷款：一种是为贫困的美国家庭提供房贷，一种是一些债券投资者过分依赖信用评级机构。自美第奇银行以来，所有银行都面临着信息缺乏、财政激励及风险等问题。

> 银行家就是在晴天借给你雨伞，而在雨天收回的那种人。
>
> ——美国作家，马克·吐温（1835–1910）

方，以实现信息和技能的最大化和最优化。这可以用来解释大城市金融区的存在。经济学家们将这种现象解释为“网络外部效应”。也就是说，当一个银行集群区开始形成时，会深化相关的技能和信息，所有的银行都可以从中获益。佛罗伦萨就是这样一个经济集群区。此外，以拥有众多金匠和船舶专家而著称的伦敦，也是这样一个经济集群区。如今，随着互联网的出现和普及，又出现了新的网络集群方式。

专业化的优势使我们明白了从储蓄银行到按揭银行，再到车贷银行等各种不同类型银行存在的原因。银行的类型也可以反映相关信息问题。例如，19世纪开始出现的互助社会和合作银行，所有权都属于客户。即使处在一个社会变革的时代，它们依然在银行和顾客间享有越来越好的声誉。由于这些组织机构的成员们互相监督，银行经理对当地的情况非常熟悉，因此可以为有需要的顾客提供长期的贷款。在德国等国家，这样的银行机构得以发展壮大。荷兰拉博银行就是合作银行的一个典型，此外还有印度的“小额信贷”孟加拉乡村银行，该银行专门经营大量小额贷款业务。

然而，银行集群同样也会导致风险竞争和从众行为。对于银行来说，拥有良好的信誉是尤其重要的，因为银行还要承担资产转换的责任（将存款转换为贷款），而相对于存款–债务来说，他们的贷款–资产承担的风险更高，时间更长，将贷款转换为现金更艰难（流动性不强）。

负面消息很容易引起人们的恐慌。银行倒闭将给其他银行、政府及社会带来一系列的连锁反应。例如，1931年奥地利的联合信贷银行倒闭，先后导致德国马克、英国先令及美元的挤兑。接着，美国发生大规模的银行挤兑，最终导致了骇人听闻的大萧条。

因此，银行需要受到严格的控制和管理。大多数国家对谁有资格组建银行、需要掌握多少信息，以及经营规模有多大，都有着十分严格的规定。

广义的金融

银行业只是金融业中最大的一部分，整个金融业将有富余财富的人和急需用钱的人联结在一起。股票交易通过股票（赋予股票持有者部分公司所有权）、债券（可以用来交易的贷款）或其他工具将这些需求直接联结起来。

这些交易要么发生在一个真实的地点，比如纽约股票交易市场，要么发生在一个可以通过电话或计算机进行交易的规范市场，比如国际债券市场。这些由交易产生的集群使长期资金投入（如贷款）的流动性更强，它们可以很容易地被出售并兑换成现金。储蓄可以由此集中起来，以降低交易成本并分散风险。公共基金、养老保险基金及保险公司的运作都是一样的道理。■

伦敦中世纪街道聚集了各种各样的银行。今天，伦敦仍然是世界上最大的外汇交易中心和跨境银行贷款中心。

货币导致通货膨胀

货币数量论

背景介绍

聚焦

宏观经济

主要人物

让·博丹（1530—1596）

此前

1492年 哥伦布到达美洲大陆。大量的白银和黄金开始流入西班牙。

此后

1752年 大卫·休谟提出，货币供给和物价水平有直接关系。

1911年 欧文·费雪用数学公式解释了货币数量论。

1936年 约翰·梅纳德·凯恩斯认为货币流通速度是不稳定的。

1956年 米尔顿·弗里德曼认为，货币数量的变化对人们收入的影响是可以预见的。

16世纪的欧洲，商品价格无缘无故地不断上涨。有传言说，当时的统治者通过减少硬币中掺杂的黄金和白银的量而使货币贬值。事实就是如此。然而，法国律师让·博丹（Jean Bodin）认为，事实可能没这么简单，一定有更惊人的事情发生。

1568年，博丹发表了《答马莱特鲁瓦悖论》一文。法国经济学家让·马莱特鲁瓦（？—1578）认为，价格的通胀只能归咎于货币贬值；博丹则证明，即使我们只用纯银来衡量商品的价值，价格依然会飞速上涨。博丹强调，这一切都应

参见：货币的功能 24~25页，凯恩斯乘数 164~165页，货币主义政策 196~201页，通货膨胀与失业 202~203页。

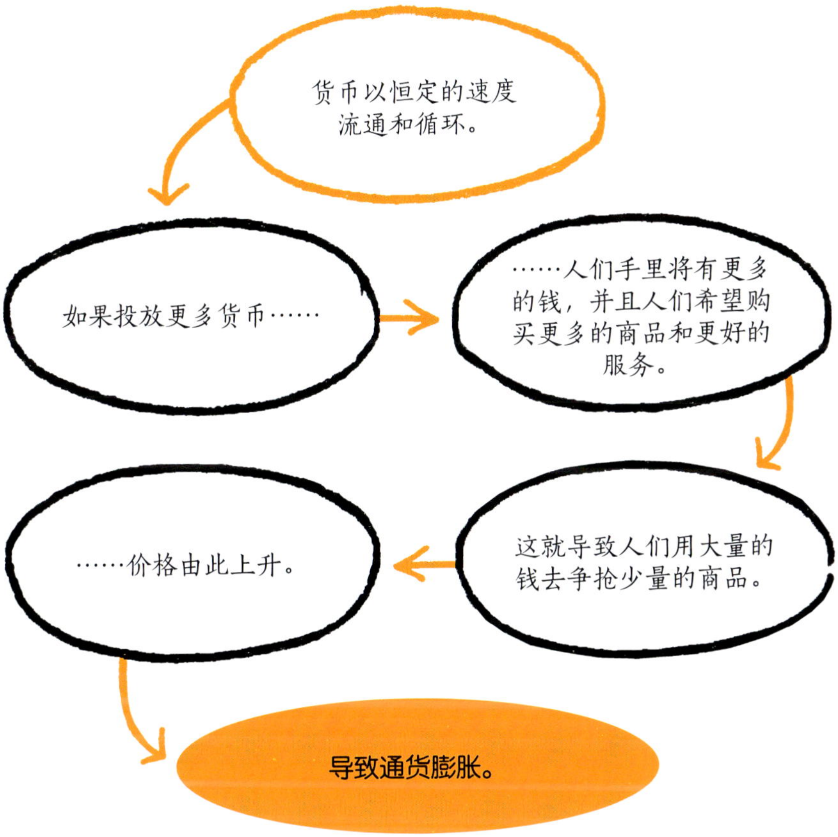

当归咎于富足的白银和黄金储备。这些贵金属从西班牙在美洲的新殖民地流入西班牙国内，并由此流入了整个欧洲。

博丹对铸币增长速度的计算准确得惊人。后来的经济学家们发现，16世纪时，整个欧洲的商品价格增加了3倍，同时，货币体系中实际流通的白银和黄金数量则增加了2倍。博丹曾估算过，贵金属的数量将增加不止2.5倍。他还强调了隐藏在通货膨胀背后的其他因素：对奢侈品的需求，因出口和浪费而造成的用于销售的商品不足，以及贪婪的商人通过垄断限制商品供应等。

货币供应

从美洲流入欧洲的黄金和白银给欧洲大陆带来了新的影响，市场上流通的货币数量将对价格水平产生巨大影响。博丹并不是第一个提出这个理论的人。1556年，一个叫纳瓦鲁斯的西班牙人也得出了同样的结论。然而，博丹的文章还讨论了货币的需求和供给、二者在经济中的运作机制，以及货币供应失调是如何导致通货膨胀的。他透彻的研究被认为是货币数量论的首个重要的论述。

让·博丹

让·博丹是一位裁缝大师的儿子。1530年，博丹出生在法国昂热。早年在巴黎读书，后来就读于图卢兹大学（University of Toulouse）。1560年，博丹在巴黎成为一名王权拥护者。博丹在学术方面的造诣（精通法律、历史、政治、哲学、经济学及宗教学）使他备受皇室重视。1571年至1584年，博丹担任伟大的阿朗松公爵的助手。

1576年，他同弗朗索瓦丝结婚并接任了他姐夫在法国北部拉昂的王室检察官一职。1589年，国王亨利三世遭到暗杀，宗教内战爆发。博丹主张宽容，但是迫于压力，他不得不在拉昂宣布他支持天主教，直到新教教徒亨利四世平息了这个城市的内战。博丹于1596年死于瘟疫，享年66岁。

主要作品

1566年 《史学易解》
1568年 《答马莱特鲁瓦悖论》
1576年 《国家六论》

这一理论背后的推论大部分是以常识为基础的。例如：为什么同样一杯咖啡在经济发达地区比在欠发达地区更贵呢？答案是经济发达地区的顾客更有钱。认真思考一下，在某个国家，假如我们将人们口袋里的钱乘以2，那么人们可以用来消费的钱就增多了。购买力上升后，人们就会想用这些钱来购买更多的商品和享受更多的服务。但商品和服务的供给总是有限的，也就是说，需求大于供给，价格自然就上升了。

这一系列的思考表明，一个经济体系里货币数量和价格水平之间存在重要的关系。货币数量论表明，货币供应量翻倍之后，商品的成交价值也会翻倍（或收入、消费翻倍）。另一种更为极端的说法则是，货币供应量翻倍带来的只是价格的翻倍，而商品或服务的价值并未相应增加。在对商品与服务真实的、相对价值的影响方面，货币是中性的。例如，买一台电脑的钱可以买多少件夹克衫。

真实价格和名义价格

在博丹之后，许多经济学家都对他的理论做出了更进一步的发展。他们渐渐意识到，在经济的真实方面与名义价格之间有着明显的区别。名义价格只是货币的价格，会随着通货膨胀的变化而变化。这就是为什么经济学家们总是关注真实的价格，而不管名义价格是多少。他们关注的是为了得到某一件物品应当相应支付多少其他物品（如夹克、电脑或工作所花的时间）。货币数量论的极端情况是货币的供应会影响价格，但对真实经济变量（如产品产量和失业率）不会产生任何影响。此外，经济学家们还意识到，货币本身就是一件人们想要拥有的“商品”，因为货币的多少意味着购买力的大小。然而，人们想要的货币并不是名义上的货币，而是真正意义上的货币，可以购买更多商品的货币。

> 如今这个国家拥有的金银数量比此前四百年的总量还多。
>
> ——让·博丹

费雪方程式

美国经济学家欧文·费雪（Irving Fisher, 1867—1947）运用数学公式$MV=PT$对货币数量论做出了最完整的解释。这里，P表示商品和服务价格的平均水平，T表示一年内商品和服务的交易总量。因

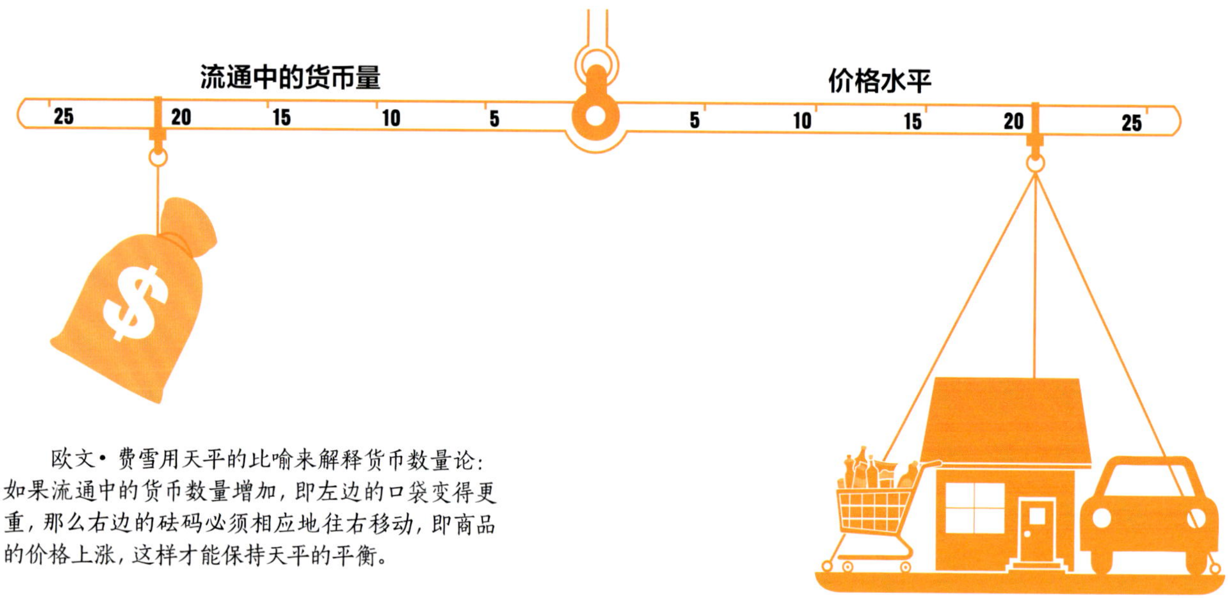

欧文·费雪用天平的比喻来解释货币数量论：如果流通中的货币数量增加，即左边的口袋变得更重，那么右边的砝码必须相应地往右移动，即商品的价格上涨，这样才能保持天平的平衡。

荷兰绘画大师彼得·勃鲁盖尔绘制的这幅画展示了大斋节期间流浪汉与富人交往的场景。15世纪物价飞涨，给穷人带来无穷的苦难，许多人被迫流浪，多地发生起义。

此，PT（价格×交易总量）就是一年里的交易价值总量。M表示一定时期流通中的货币数量。但是，由于PT代表的是交易价值总量，而M代表的是可以循环利用的货币存量，因此这个方程式就需要用某个单位来代表货币的循环。这个循环流通就像衣服随着洗衣机的滚筒而转动一样，会使货币随着经济的变化而发生变化。这就是V，代表一定时期内单位货币的平均周转次数，也就是货币流通速度。

当对这几个字母之间的关系做出假设时，这个方程式就成了理论。经济学家们有三种假设方式：第一，货币流通速度V，由于我们使用货币的方式受到社会制度和习惯等因素的影响，因此这一变量在长期内比较稳定（洗衣机滚筒旋转的速度是固定的），我们把它视为常数，这是货币数量论的关键假设。第二，交易数量T，这一数量只由消费者的需求和生产者的技术决定，它们一起决定价格的高低。第三，货币存量M，它会发生变化，比如金银从美洲流入欧洲，使欧洲的金银存量增多。当货币流通速度V和交易数量T不变时，不难得出，货币数量的增加会导致价格的上升。

综上所述，结合名义价格和真实价格的区别，货币数量论认为，货币对经济的影响是中性的。

挑战与重述

但是，货币真的是中性的吗？很少有人认为货币在短期内是中性的。人们手里有更多的钱，其最直接的结果就是人们会用这些钱去购买一些货真价实的商品和服务。凯恩斯认为，从长远来看，货币可能是中性的，但从短期来看，货币会影响真实经济变量，比如产量和失业率。还有证据显示，货币流通速度并不是恒定不变的。在经济繁荣时期，通货膨胀率高，货币流通速度加快；在经济衰退时期，通货膨胀率低，货币流通速度减缓。

凯恩斯还提出了其他挑战货币数量论的观点。他指出，货币不仅是一种交换媒介，还有价值储存功能。你可以储存货币，不管你的目的是用来购买商品，还是作为一种应对未来困难的保障，抑或对未来进行投资。

凯恩斯主义经济学家认为，这些动机受收入或者交易（费雪方程式中的PT）的影响更大，而受利率的影响更小。利率的上调会加快货币的流通速度。

1956年，美国经济学家米尔顿·弗里德曼为货币数量论辩解，他认为个人对实际货币余额的需求由个人所拥有的财富决定。而决定人们需求的，是人们的收入水平。

现在，中央银行通过购买政府债券来实行人们所熟知的量化宽松政策，其目的是防止人们担忧货币供应量减少。到目前为止，这一措施最明显的效果是政府债券利率下降了。■

> 无论何时何地，通货膨胀都是一种货币现象。
>
> ——米尔顿·弗里德曼

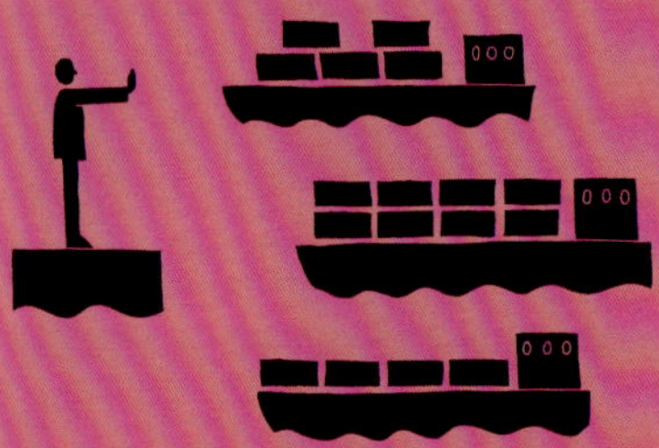

免受外国商品之害

保护主义与贸易

背景介绍

聚焦

全球经济

主要人物

托马斯·孟（1571—1641）

此前

约1620年 杰勒德·德·马林斯认为，英国应该管制对外贸易，以防止国内的黄金和白银外流。

此后

1691年 英国商人达德利·诺思认为，消费是带动国内财富增加的主要方式。

1791年 美国财政部部长汉密尔顿认为，应该保护新兴行业。

1817年 英国经济学家大卫·李嘉图认为，对外贸易对所有国家都有好处。

20世纪70年代 美国经济学家米尔顿·弗里德曼坚持认为，自由贸易对发展中国家有好处。

黄金储量代表着一个国家的财富。

↓

出口贸易可以增加黄金储量。

↓

进口外国商品导致黄金外流，黄金储量减少。

↓

国家应该通过限制进口来达到保护黄金储量的目的。

↓

这样就可以使国内经济免受外国商品之害。

近半个世纪以来，许多经济学家都支持自由贸易，认为只有取消对贸易的限制（如关税），商品和货币才能在世界上自由流通，全球市场才能无拘无束地发展。然而，依然有经济学家反对自由贸易，认为国家之间贸易严重不平衡会对就业和国家经济造成消极的影响。

重商主义观点

从16世纪到18世纪晚期，欧洲一直处于重商主义时期。对自由贸易利弊的争论可以追溯至这一时期。随着荷兰和英国海上贸易的兴起，经济中心开始从南欧逐渐向北欧转移。

这一时期同样也是民族融合开始的时期，我们可以通过一个民族拥有的金银数量来衡量这个民族的经济。重商主义者认为，整个世界都在同一个“锅”里获取财富，因此，一个国家的经济是否繁荣取决于贸易是否平衡，是否有贸易顺差，即流入这个国家的黄金必须多于流出的黄金。如果大量黄金

参见: 比较优势 80~85页，国际贸易与布雷顿森林体系 186~187页，市场整合 226~231页，依附理论 242~243页，全球储蓄失衡 322~325页。

外流，这个国家的经济发展就相对缓慢，工资水平下降，就业机会减少，失业率上升。英国一直希望通过限制奢侈消费的法律来减少人们对外国商品的消费。例如英国法律规定，只能使用某些布料来制造衣物，这样就减少了对外国高档棉织品或丝织品的需求。

马林斯和孟

杰勒德·德·马林斯（Gerard de Malynes）是研究对外贸易的英国专家。他认为应当限制黄金的外流。如果太多黄金外流，英国国内的货币就会贬值。

然而，当时最伟大的重商主义理论家托马斯·孟（Thomas Mun）则坚持认为，在对外贸易中支出了多少财富不是最重要的，重要的是最终收支是否相抵并达到平衡。他主张通过减少本国商品消费来刺激出口，减少进口。然而，他发现，花钱进口商品，再转手出口到其他国家赚取差价，最终可以为国家赚取更多的黄金。这种方法不仅可以刺激贸易的发展，还可以为航运业创造大量就业机会，促进国家经济的增长。

自由贸易合约

然而，18世纪的亚当·斯密则不赞成这一观点。在《国富论》一书中，他强调，最重要的是所有国家的财富总量，而不是某一个国家拥有多少财富。此外，这口“锅”也不是恒定不变的，它可以随着时间的推移而变大，但这仅限于在国与国之间的贸易不被限制的情况下。斯密认为，如果不限制国家之间开展贸易，整个市场将逐渐发展壮大，并最终惠及所有国家。

早期，斯密的观点一直是经济领域的主流思想，因为大部分西方经济学家都认为限制国家之间进行贸易阻碍了经济的发展。现在，世界上有许多正规的自由贸易区，如欧盟、东盟及北美自由贸易区等。此外，国际性经济组织，如世界贸易组织和国际货币基金组织等都呼吁各国降低关税或取消贸易壁垒，允许外国公司进入国内市场。

然而，有些经济学家担心，过度的全球商业开放会给发展中国家带来许多潜在的不利因素，因为这样一来，发展中国家就无法通过贸易保护来扶植本国的新兴产业，而英国、美国等国家在成为经济强国之前都曾实施过贸易保护政策。某些发展中国家的贸易政策在很多方面与孟的理论相呼应，如追求大规模贸易顺差，建立巨额外汇储备等。■

2010年，在法国巴黎，农民驾驶卡车示威游行，抗议进口自由化使谷物价格大幅下降。

托马斯·孟

托马斯·孟，1571年出生于一个富裕的伦敦商人家庭。他的父亲在他三岁时去世，母亲改嫁给英国最大的贸易公司——东印度公司的董事托马斯·科德尔（Thomas Cordell）。在地中海地区，孟开始以一名商人的身份经营生意。1615年，他成为东印度公司的董事。他的理论最初是为了支持公司输出金银，以此产生转口贸易。1628年，东印度公司呼吁英国政府保护本国贸易，与荷兰竞争，孟特地向参议院就此提议。1641年孟去世时，他已积累了大量财富。

主要作品

1621年 《贸易论》
约1630年 《英国得自对外贸易的财富》

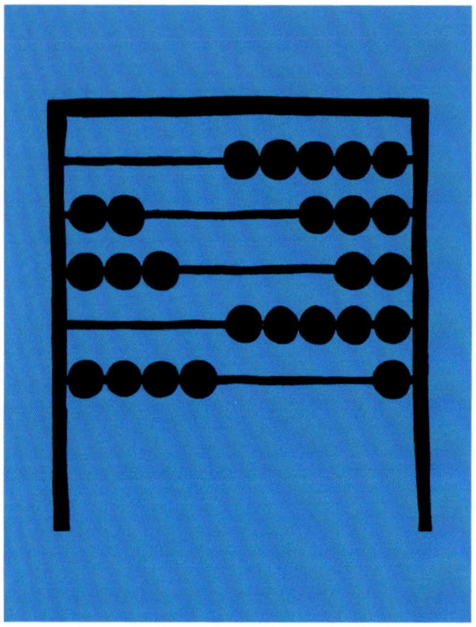

经济是可以计算的

财富的衡量

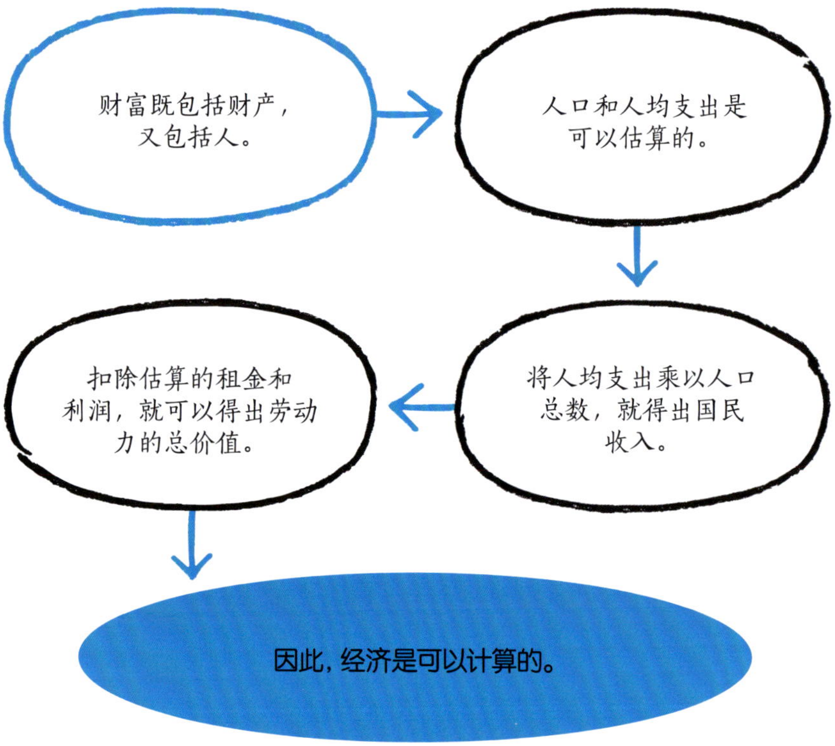

背景介绍

聚焦

经济方法

主要人物

威廉·佩蒂（1623—1687）

此前

1620年 英国科学家培根认为，我们需要一种以事实为依据的科学研究方法。

此后

1696年 英国统计学家格里高利·金发表了关于英国人口统计的调查报告。

20世纪30年代 澳大利亚经济学家科林·克拉克提出了国民生产总值（GNP）的概念。

1934年 俄裔美国经济学家西蒙·库兹涅茨发展了现代国民收入的核算方法。

20世纪50年代 英国经济学家理查德·斯通提出了均衡的复式记账方法。

如今，我们总是想当然地认为，经济是可以衡量的，经济的扩张和收缩都可以被准确地量化，但事实并非总是这样。衡量经济这一想法可以追溯至17世纪70年代英国科学家威廉·佩蒂开拓性的研究。他认为，英国应将科学领域的实证研究方法应用于经济和政治领域，即运用现实世界的数据，而不是仅依靠逻辑推理来研究经济和政治。他决定只用“数字、重量和尺度”来表达他的观点。这一方法

参见: 经济的循环流通 40~45页，经济测算理论 170页，幸福经济学 216~219页，性别与经济学 310~311页。

为经济学学科的建立奠定了基础。

在《政治算术》一书中，佩蒂使用的是真实的数据，结果显示，英国比以往任何时候都更加富有，这与人们普遍持有的观点相反。他的另一个具有开拓性和创新性的举措是，在计算经济时，不仅要考虑土地和资金，还要计算劳动力的价值。尽管人们对佩蒂的观点有争议，毋庸置疑的是，他的基本观点是正确的。他的计算包括人口数量、人均支出、人均工资、租金等。他将这些数据加起来，得出一个国家的总财富量，为整个国家经济编写出一份账目表。

在法国，布阿吉尔贝尔和塞巴斯蒂安也提出了类似的方法。在英国，格里高利·金对英国、荷兰及法国的人口和经济进行分析之后得出结论，认为任何一个参战国的经济都无力将九年战争支撑到1698年之后。事实上，战争确实在1697年结束，由此看来，格里高利·金的计算很有可能是正确的。

九年战争期间的1692年，发生了拉乌格海战。英国统计学家格里高利·金利用统计出的数据，计算每个参战国还可以在战争中支撑多久。

对经济进步的衡量

如今数据已经是经济学的核心。今天，经济学家们通常会计算国内生产总值（GDP），即一个国家在一段时期（通常为一年）内的所有商品和服务交易的货币总量。但是，尽管人们已经投入大量精力来制定一个标准的方法，但目前仍然没有一个权威的方法来计算一个国家的所有经济账目。

经济学家们已经开始拓宽衡量财富的方法，发展出一些系统的方法，如真实发展指标（Genuine Progress Indicator，简称GPI）和快乐星球指数（Happy Planet Index，简称HPI）。GPI在计算财富总量的时候考虑到了因收入的地区差异、犯罪、污染而需要做出的调整；HPI衡量的是人们是否幸福及对环境的影响。■

威廉·佩蒂

威廉·佩蒂，1623年出生于英国罕布什尔郡的一个贫穷家庭。他经历过英国内战，先后在联邦政府和复辟王朝谋得高位。年轻的时候，他曾在荷兰为英国政治经济学家霍布斯工作。回国后，佩蒂在牛津大学任教，教授解剖学。他笃信新科学，认为大学校园压抑无趣，因此离开英国去了爱尔兰。正是在爱尔兰这个地方，他对整个国家进行了一次大规模的土地调查。

17世纪60年代，佩蒂回到英国，开始致力于他后来蜚声世界的经济学研究。在这之后的日子里，由于工作的原因，他一直在爱尔兰和英国之间搬来搬去。他被公认为早期最伟大的政治经济学家之一。1687年，佩蒂逝世，享年64岁。

主要作品

1662年 《赋税论》
1671–1672年 《政治算术》
1682年 《货币略论》

让公司上市交易

上市公司

为了募集资金支持远洋贸易，船商通常会向投资者们承诺在贸易结束后分给他们一定的利润。在16世纪初，这样的利润颇为丰厚，但也存在着很大的弊端：这类投资的风险非常高。在利润兑现之前，资金因被套牢而常年得不到周转，要解决这个问题，就要想办法让别人来分担风险。因此，股份公司应运而生了。

东印度公司

1599年，为了发展英国和东印度群岛之间的贸易，一个早期的股份公司成立了，即东印度公司（EIC）。东印度公司有权利进行自由贸易，重商主义之父、伦敦商人乔赛亚·柴尔德（Josiah Child）大力支持这一权利，东印度公司的贸易也因此遍及全球，成为一个国际性的公司。当柴尔德去世时，这家公司已经拥有大约3000名股东，认购的股票超过300万英镑。此外，东印度公司还通过发放债券筹集了大约600万英镑，它的年销售额也上升到200万英镑。

股份有限公司这一概念来自股份公司。即使公司亏损，股份有限公司的股东亏损的也不过是他们的投资。出售股票是一种很重要的集资方式。尽管有人认为股东售卖股票的权利可能导致短视现象，但股份公司仍然是资本主义社会公司运营的主要方式。■

具有高风险、高回报潜力的商船也是股份公司的一部分。如上图所示，在19世纪50年代的孟买，约翰·伍德号这样的轮船正在往国内运货物。

背景介绍

聚焦

市场与公司

主要人物

乔赛亚·柴尔德（1630—1699）

此前

16世纪初 在特定地区，政府允许商人们进行垄断贸易。

1552—1571年 为方便股东买卖股票，比利时安特卫普交易所和英国伦敦交易所相继成立。

此后

1680年 伦敦的股票经纪人聚集在乔纳森咖啡馆，商讨股票交易事宜。

1844年 英国合股公司法使公司合并更加方便快捷。

1855年 限制债务保护了合股公司的投资者们，使他们避免在像1720年南海泡沫事件这样的骗局中遭受损失。

参见：经济均衡 118~123页，公司治理 168~169页，经济制度 206~207页。

财富源于土地

经济中的农业

背景介绍

聚焦

增长和发展

主要人物

弗朗斯瓦·魁奈（1694—1774）

此前

1654—1656年 英国经济学家威廉·佩蒂在爱尔兰开展了大规模的土地调查，并计算其对英国军队的生产潜力。

此后

1766年 亚当·斯密认为，价值大部分是源于劳动力的，而非土地。

1879年 美国经济学家亨利·乔治认为，土地应当为社会公众所有，国家只能对土地征税，而不能对生产性的劳动征税。

20世纪50年代 美国经济学家西奥多·舒尔茨的"理性小农"假设认为，农业是经济发展的核心。

最近几年，人们有时称银行家为寄生虫，专门通过攫取别人用劳动创造的财富来获取利润，而非自己创造财富。出生于法国农民家庭、18世纪伟大的天才之一弗朗斯瓦·魁奈会非常认同这一观点。

魁奈认为，财富并非来源于金银，而来源于生产——农民或者制造商生产制造的产品。他认为，农业是人类通过与自然合作来进行生产的，可使农民的努力和资源加倍，实现净增长，因此特别具有价值。相反，制造业是没有"生产能力"的，其输出的价值与投入是相等的。然而，后来的理论家们证明，制造业也可以创造纯产品（从无到有的产品，具有增值属性）。

> **如果我们懂得农业经济学，我们就对贫穷有了更多的了解。**
>
> ——美国经济学家，西奥多·舒尔茨（1902—1998）

自然秩序

魁奈倡导农业具有重要价值，这对后来的人们产生了很大的影响，直接促进法国重农思想学派的形成和发展。该学派认为，"自然秩序"在经济中起着最重要的作用。包括西奥多·舒尔茨在内的许多经济学家都认为，农业发展是贫困国家进步的基础。2008年，世界银行的报告表明，农业的进步比其他任何方面的进步都更有助于消除贫困。但今天的经济学家们也认为，一个国家要得到长期的发展，工业、农业、服务业和金融业等多元发展是非常关键的。■

参见：人口与经济 68~69页，劳动价值论 106~107页，现代经济的出现 178~179页，发展经济学 188~193页。

货币和商品在生产者与消费者之间流通

经济的循环流通

背景介绍

聚焦

宏观经济

主要人物

弗朗斯瓦·魁奈（1694—1774）

此前

1664—1676年 英国经济学家佩蒂提出了国家收入和支出的概念。

1755年 爱尔兰商人、银行家理查德·坎蒂隆的《商业性质概论》首次在法国发表，讨论了从城市到乡村的货币循环流通。

此后

1885年 运用受魁奈启发而设计的一种模型，马克思在《资本论》中描述了资金的循环流通。

20世纪30年代 俄裔美籍经济学家西蒙·库兹涅茨提出了现代国民收入核算的方法。

在经济学中，我们可以从微观的角度去思考问题，即微观经济学，或者从整个经济系统的角度去思考问题，即宏观经济学。

在18世纪的法国，一群被认为是重农主义思想的学者努力想要理解和解释整个经济系统。他们的观点为宏观经济学奠定了基础。

重农学派

"重农主义"（physiocracy）这个词源于古希腊语，意思是"自然的主宰"。重农学派认为，一个国家的财富源于自然，尤其是农业。国王路易十五的情妇蓬帕杜夫人的外科医生魁奈，就是重农学派的代表。通常认为，魁奈发展的复杂的经济模型与人体血液循环模型非常相似。

上图为蓬帕杜夫人，她任命魁奈为她在凡尔赛宫的外科医生。对于魁奈来说，蓬帕杜夫人的生活方式是拥有巨额财富的土地所有者的一个缩影。

当时，重商主义占据了经济学思想的主导地位。重商主义者认为，国家应该像商人一样，发展商业，吸收黄金，通过税收、补助、调控及垄断特权来积极对经济实施干预。而重农主义者的观点则恰好相反，他们认为经济可以自我调节，只需要政府保护经济免受外界不良影响就可以了。他们还赞成自由贸易、低税收、安全财产权及低政府债务。重商主义者认为，财富来源于金银珠宝。魁奈和他的追随者们则认为财富源于现代经济学家们所说的"真正的"经济，即真正生产商品和提供服务的经济部门。他们相信，农业是这些部门中最具有生产性的部门。

法国地主布阿吉尔贝尔对重农主义思想家们的思想产生了早期的影响。他认为农业应该优先于制造业，消费品比黄金更有价值。他说，人们消费越多，流入经济系统的钱就越多，消费就会成为经济的驱动力。他还认为，从经济的角度来看，穷人掌握一笔钱比富人掌握等量的钱更具有意义，因为穷人会把这笔钱用于消费，从而推动经济的发展，而富人则不会。货币的循环流通是最重要的。

经济表

从1758年到1767年，魁奈对《经济表》一书进行了几次修订。在该书中，魁奈用一个图表呈现了重农主义经济的流通体系。这个图表用交叉连接的各种线条阐述了货币与商品在地主、农民及工匠这三个社会群体之间的流通循环。这里的商品指的是农民与工匠生产的农产品与工业产品。尽管魁奈用玉米作为农产品的例子，但他自己认为，农产品指的是人们通过土地获得的一切，因此也包括矿产品。

要想更好地理解魁奈的模型，可以看一个例子。假如这三个社会群体各自都有200万英镑的启动资金。地主不生产任何东西，他们将这200万英镑全部花在购买农产品和工业产品上，并将这些产品全部消费掉。但是，他们从农民那里获

参见：财富的衡量 36~37页，经济中的农业 39页，自由市场经济学 54~61页，马克思主义经济学 100~105页，经济均衡 118~123页，凯恩斯乘数 164~165页。

得了200万英镑的土地租金（农民是唯一可以产生盈余的群体，他们可以支付这笔资金），便又回到了刚开始的状态，即手里有200万英镑的资金。

农民是最具有生产潜力的群体。他们利用这200万英镑的初始资金，生产出价值500万英镑的农产品，这远远超过他们自己能够消费的数量。这价值500万英镑的农产品，有价值100万英镑的农产品被卖给地主，以供他们消费；再卖价值200万英镑的农产品给工匠，一半作为原材料来加工制造新的产品，另一半供他们消费。剩下的价值200万英镑的农产品用来满足自己未来一年的消费。就生产量而言，农民也回到了原点。但是，他们通过销售农产品获得了300万英镑，其中200万英镑用于支付土地租金，另外100万英镑用于购买工匠生产的商品（如工具、农业器械等）。

魁奈认为，任何不靠土地进行生产的农民与地主都是"没有生产能力"的，因为在他看来，他们不能创造纯产品。在这个例子中，工匠们使用他们的200万英镑初始资金加工制造出价值200万英镑的产品，也远远超过他们自己的消费。这些产品都同样被出售给农民和地主，但是工匠们把所有的收入都用于购买农产品：一半用于自己消费，一半用作原材料。他们消费掉了他们拥有的一切，没有创造任何纯产品。

魁奈的模型比现在的年终业绩报表更有价值，因为它可以同时显示在这一年里货币和商品是怎样流通的，并能够证明流通的重要性。各群体进行产品销售产生的收入又被用于购买更多的产品，产生更多收入，于是就出现了"乘数效应"，这与20世纪30年代英国经济学家凯恩斯指出的经济低迷期间政府支出增加会带来良性连锁效应的

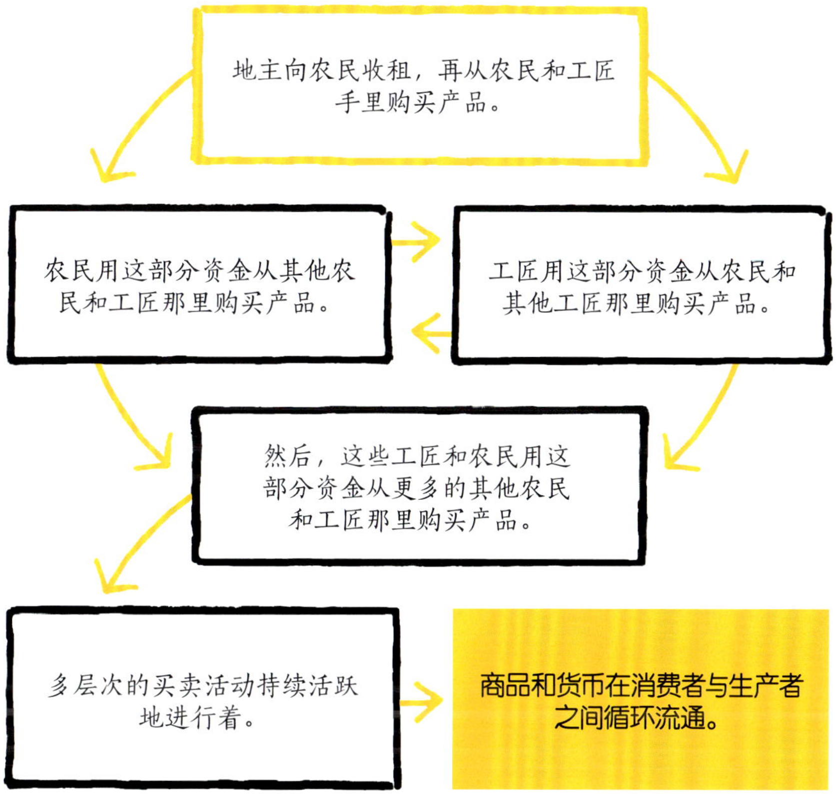

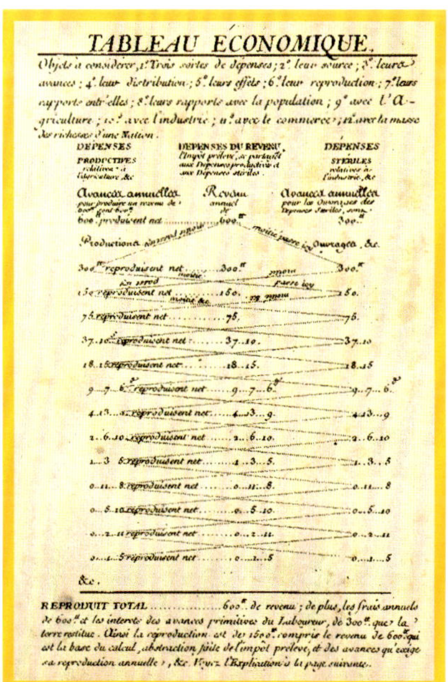

魁奈的经济表反映了地主、农民和工匠之间财富的交错流动，并首次尝试解释国民经济的运作机制。

> 让每年的所有收入都回到市场继续循环流通吧。
>
> ——弗朗斯瓦·魁奈

观点类似。

经济分析

从魁奈提出的问题及他回答问题的方式，我们都能看到现代经济学的影子。他是最早尝试揭示经济发展一般规律的人之一。他将经济分解为几个组成部分，然后对每个部分之间的关系进行严谨的分析。他的经济模型包括投入、产出及不同部分之间相互依存的关系。魁奈认为，这所有的一切都共存于一种均衡状态之中。这一观点后来被里昂·瓦尔拉斯（Léon Walras）进一步发展，成为现代经济理论的基础之一。

由于魁奈将经济规律进行了量化，《经济表》可能是第一本实证宏观经济模型的著作。书中的数据都是在对法国经济体系进行严谨调查之后得到的，有着坚实的实证基础。这项研究也表明，农民依靠农业完全可以创造出至少100%的纯产品。在上面这个例子里，农民已经达到了如下目标：用价值200万英镑的玉米的初始资金创造出的价值除去初始资金后，还有200万英镑用于支付地租。现代经济学家们利用这些实证研究结果来思考政策变化可能会对经济造成的影响。此外，魁奈的经济表也有类似的功能。他认为，如果农民需要直接或间接支付的赋税太高，他们就会缩减用于农业技术的资金投入，这样一来，农业产出就会下降，无法达到经济繁荣所需要的产出水平。因此，重农主义思想家们认为，只能对农民征收一种税，即对土地的租赁价值征税。

根据实证研究，魁奈提出了大量政策性建议，其中涉及农业投入、收入分配、禁止囤积货币、低赋税及自由贸易等。他认为资本尤其重要，因为为了改良土地，农民们需要更加方便而又实惠地获得贷款。

古典主义观点

当人们将工业与服务业、私营部门与国营部门进行对比的时候，魁奈关于各种经济成分是否具有生产性的观点在经济学思想里反复出现。从现代视角来看，魁奈只重视农业的发展，这无疑是狭隘的，因为在人们现在的观点中，工业和服务业创造的财富在经济发展中发挥着举足轻重的作用。然而，他强调要关注经济真实的一面，这是经济学朝着现代经济思想迈出的重要一步。他为现代国民收入核算做出了巨大贡献，完善了国家宏观经济运营的评估。现代国民收入核算体系是以收入和支出在经济系统中的循环流通为基础的。一个国家所有产品的总价值与该国的总收入是相等的，这是魁奈理论中的一个重要观点。在20世纪，宏观经济学里的许多分析跟凯恩斯乘数都有很多联系。凯恩斯向人们展示了政府的支出可以怎样拉动消费——“乘数效

根据重农主义学派的观点，对农业的投资是保证法国国民财富的关键。自由出口是维持消费者对商品的需求和限制商人势力过分强大的一种方法。

弗朗斯瓦·魁奈最先证明了消费者和生产者之间的相互依赖关系。消费者依赖生产者提供商品和服务，而生产者反过来又依靠消费者提供劳动力，并消费生产的产品。

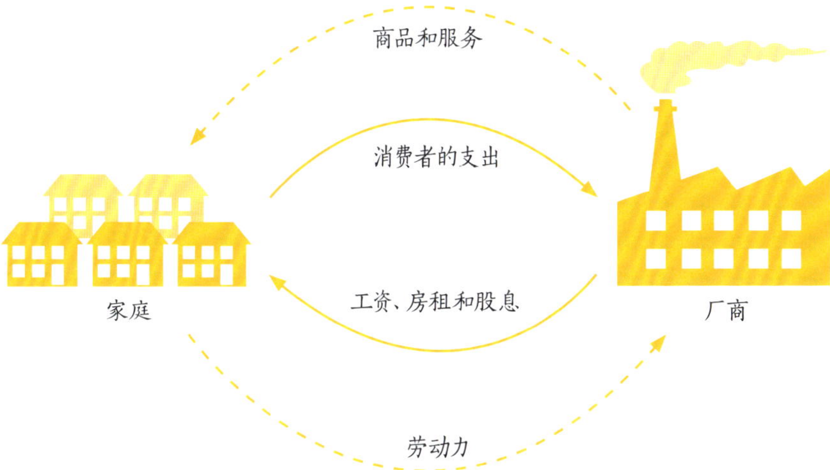

应”。这与魁奈的收入和支出（对经济的膨胀和停滞非常敏感）在经济体系里循环流通的观点有明显的关联性。

魁奈关于纯产品和资本的概述成为古典经济学家们分析经济增长的重要方法，这也许才是最重要的一点。典型的古典经济模型会集中关注生产的三个方面：土地、劳动力和资本。土地所有者收取土地租金，然后将钱挥霍在奢侈品上；劳动者通过劳动获得微薄的工资，且如果工资上涨的话，他们就生养更多的小孩（劳动力）。

> 这个方法……大概是政治经济学领域迄今发表的最接近真理的方法。
>
> ——亚当·斯密

然而，企业家们赚取高额利润，再将利润在工业领域进行重复投资，以赚取更多的利润。因此，利润可以驱动经济的增长，而经济运营的好坏则取决于各种经济成分创造的纯产品的多少。因此，魁奈的观点与后来有关经济增长的思想有着很大的关联。此外，他的观点还激发了马克思的灵感。

马克思说，魁奈是“第一个在政治经济学思考中达到如此高度的天才”。■

弗朗斯瓦·魁奈

弗朗斯瓦·魁奈（François Quesnay），1694年出生于法国巴黎郊区的一个农民家庭，是家中的第13个孩子。17岁的时候，他成为一名学徒，开始学习雕刻，之后进入大学学习。1717年毕业于外科医学会，成为一名外科医生。

作为一名外科医生，他很有名气，并且专门为贵族服务。1749年，魁奈搬到巴黎附近的凡尔赛皇家宫殿，成为蓬帕杜夫人的私人医生。

魁奈对经济学的兴趣始于18世纪50年代。1757年，他与法国重农主义经济学家马奎斯·德·米拉波（Marquis de Mirabeau）会面，随后两人一起建立了重农主义学派。1774年，魁奈去世。

主要作品

1758年 《经济表》

1763年 《农业哲学》（与米拉波合著）

1766年 《经济表运算公式的分析》

个人从来不用为路灯付费

公共物品与服务的供应

背景介绍

聚焦
决策

主要人物
大卫·休谟（1711—1776）

此前
约公元前500年 在古代雅典，间接税用来支付城市节庆、寺庙及城墙修筑的费用。偶尔在战争期间，才会征直接税。

1421年 为了保护自己发明的起重设备驳船的知识产权，意大利工程师菲利普·布鲁内莱斯基（Filippo Brunelleschi）被授予了第一项专利权。

此后
1848年 《共产党宣言》提倡生产资料归工人阶级集体所有。

19世纪 欧洲和美国引入公共街道照明系统。

1954年 美国经济学家保罗·萨缪尔森（Paul Samuelson）提出了现代公共物品理论。

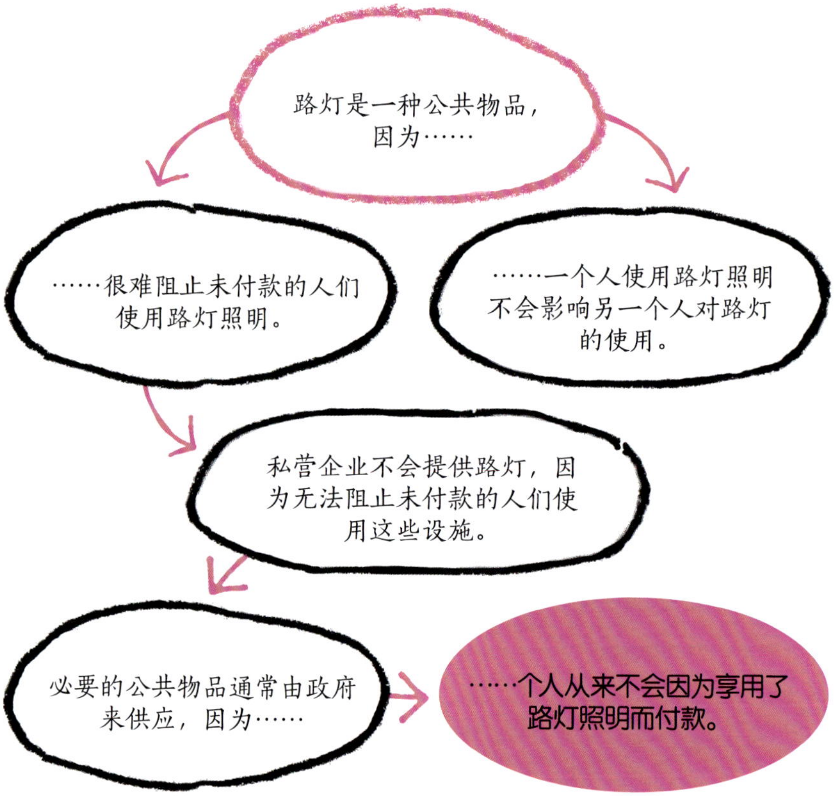

即使运转良好的市场经济也无法避免市场失灵现象，其中一个重要的例子就是公共物品（对所有人免费开放使用的物品，或者无法避免不付费的人享用的设施）的供应。像国防这样的公共物品，不能也无法由私营企业或个人来提供。这个问题常被描述为“搭便车”（消费者免费享受服务与设施），这意味着这一活动中不存在

参见: 自由市场经济学 54~61页, 外部成本 137页, 市场与社会结果 210~213页。

灯塔也是一种公共物品，人们完全不能阻止未付费的人享用它，此外，许许多多的人都在同时享用它。他们总是集体供应的。

奖励机制，即供应方无法获得利润。然而，公共物品是社会的必需品，且需求量大。由于私人市场不能满足这一要求，公共物品通常都由政府提供，通过公民纳税来买单。

18世纪，哲学家大卫·休谟发现了公共物品供应这一市场失灵现象。在休谟的影响下，自由市场的忠实倡导者亚当·斯密承认，政府的角色就是提供个人或企业无法无偿提供的公共物品。

市场上公共物品供应不足的原因在于公共物品的两个显著特点：第一，公共物品具有非排他性，这就意味着没有办法阻止未付费的人使用这些设施；第二，公共物品具有非竞争性，这就意味着一个人对公共物品的使用不会影响到其他人的使用，大家可以共同享用。街道照明是一个典型的例子：我们不可能避免未付费的人使用路灯，同时，任何一个人使用路灯后，其他人同样可以享受路灯带来的方便。

随着19世纪工业经济的发展，各个国家都不得不着手解决知识产权等领域的“搭便车”问题。无形的财产，如新知识和新发现等，都有非排他性和非竞争性这两个属性，因此就有可能面临着市场供不应求的风险。这不利于新科技的发展，除非这些新知识和新发现可以得到保护。

为了解决这个问题，各个国家都制定和颁布法律，对新知识和新发明等授予专利和版权，对商品进行商标注册，以实现对此类知识产权的保护。大多数的经济学家都认为政府有责任为公众提供公共物品，但是至于这份责任应该尽到什么程度，大家仍然持不同观点，尚无定论。■

如果一个地区的财富掌握在少数人手中，那么这些占有财富的人就应当为这一地区大部分的公共物品买单。

——大卫·休谟

大卫·休谟

作为苏格兰启蒙运动的代表，大卫·休谟是18世纪最具影响力的英国哲学家之一。他于1711年出生在爱丁堡。很小的时候，他的才智就展露无遗。他12岁就进入爱丁堡大学，先学习法律，后学习哲学。

1734年，休谟搬到法国，在那里开始了他的主要哲学著作《人性论》的创作。之后，他将大部分精力投入到文学创作和政治论文写作中，并与年轻的亚当·斯密建立起一段深厚的友谊。斯密也从休谟的作品中得到大量灵感。1763年，休谟在巴黎担任外交官，与法国革命哲学家卢梭成为好友。1768年，他回到爱丁堡定居，直到1776年去世，享年65岁。

主要作品

1739年 《人性论》
1748年 《人类理解研究》
1752年 《政治论》

THE AGE OF REASON 1770–1820

理性时代

1770年—1820年

1766年

安·罗伯特·雅克·杜尔哥提出支持对贸易和工业**免税**。

18世纪70年代

大卫·休谟谴责贸易保护主义，认为国家的对外贸易不一定非得是顺差。

1771年

理查德·阿克赖特在英国成立了第一家**机械化棉纱厂**，随后采用了推动工业化发展的机械。

1774年

安·罗伯特·雅克·杜尔哥被任命为法国财政部部长，尝试改革**税收系统**，向富有的地主征税。

1776年

亚当·斯密发表《国富论》。

1776年

瓦特发明的第一台蒸汽机在英国工厂投入使用，标志着**工业革命**的开始。

1776年

美国国会通过**《美国独立宣言》**。

18世纪80年代

英国首相小威廉·皮特采纳了斯密关于**贸易自由化**的提案。

18世纪末期，世界各地发生了翻天覆地的政治变革。在这个所谓的理性时代，涌现出了许多新的科学家，他们的发明推动了新科技的出现，改变了商品的生产方式。与此同时，政治哲学家们在法国和北美洲开展革命，对新旧大陆都产生了深远的影响。在经济学领域，新的科学方法颠覆了古老的重商主义的观念，人们不再认为通过保护贸易和依赖出口可以促进经济的发展并实现一个国家的富有。1815年，拿破仑战争结束，以英国为代表的欧洲开始了大规模的史无前例的工业革命。这个迅速崛起的经济新世界急需新的科学方法。

理性经济人

面对新的挑战，苏格兰经济学家亚当·斯密做出的回应最成功。受英国启蒙思想家约翰·洛克和大卫·休谟等人的影响，斯密最初把经济学这个问题看作一个道德哲学问题。然而，1776年，他在著名的《国富论》这本书中，对市场经济及市场经济如何影响人的经济福利做出了综合性分析，中心论点就是“理性经济人”的概念。斯密认为，个人总是理性地、从个人利益角度出发做出经济决定的，而不是从整个社会的利益出发的。在一个自由的竞争性社会中，“看不见的手”在引导着经济的发展，人们从自身利益出发做出理性的决定能够实现社会利益的最大化。这是对自由市场经济的第一次详细论述。斯密认为，这种方式能够保证经济的自由和繁荣。人们普遍认为这是经济学发展道路上的里程碑。斯密提出的经济学理论通常被称为“古典经济学”。他描绘的竞争性市场，本质上就是我们今天所熟知的资本主义经济。然而，《国富论》远远不止对整个经济或“宏观经济学”进行了描述，还讨论了劳动分工、分工为经济增长带来的好处，以及在衡量商品价值时应该考虑的因素等话题。斯密的作品刚一发表，英国的工业革命就开始了。在工业革命期间，充满活力的新技术和科技创新加速了经济的增长和繁荣。在

1789年

巴黎发生**攻占巴士底狱**事件，成为法国革命的导火索。

1791年

英国哲学家杰里米·边沁提出**功利主义**理论，目标是“最大多数人的最大幸福”。

1795年

埃德蒙·伯克对国家参与工资和价格监管进行批判。

1798年

托马斯·马尔萨斯就人口增长超过资源的危险及其后果发出警告。

1803年

让·巴蒂斯特·萨伊提出“**萨伊市场定律**”，认为经济中永远不会出现需求不足或商品供过于求的现象。

1817年

大卫·李嘉图为19世纪的**古典经济学**奠定了基础，提倡自由贸易和专业化分工。

1819年

让·查尔斯西斯蒙第描述了**经济周期**及经济长期增长和短期起伏之间的关系。

1819年

美国遭遇了**第一次大型金融危机**，随后经济保持了一段时期的持续增长。

此背景下，斯密获得了一大群人的忠实拥护，他们迫切想知道市场的运作机制，以及如何最充分地利用市场获利。斯密的理论具有深远的影响，他提出了许多在工业化社会背景下管理经济应该重视的问题。此外，他还特别强调了资本主义国家中政府的地位，认为政府只能拥有有限的权力。

保护主义的终结

在斯密的众多追随者中，英国政治经济学家李嘉图是最有影响力的人物之一。李嘉图是自由贸易的忠实拥护者，他向人们展示了国家可以通过自由贸易获取更大的利益，即使那些生产力严重低下的国家也不例外。他彻底结束了保护主义，将保护主义送入了坟墓。此外，他对政府通过政府支出和借贷来促进经济发展的做法持怀疑的态度。斯密理论的另一位继承者是英国牧师和学者托马斯·马尔萨斯（Thomas Malthus）。他最广为人知的是对人口过快增长而资源无法满足人口需求将造成的结果的悲观预测。此外，法国重农学派也赞成斯密的许多观点，其中最具有代表性的人物是安·罗伯特·雅克·杜尔哥、弗朗斯瓦·魁奈，以及让·巴蒂斯特·萨伊。魁奈认为应该建立公平的税收制度，而萨伊则最先描述了市场经济中供给与需求之间的关系。

当然，并不是所有人都赞成斯密的观点。19世纪，社会上掀起了一股反对资本主义经济中市场绝对自由的思潮，但是工业革命时期古典经济学家们提出的问题在今天仍然是经济学的核心问题。■

人是冷血的、理性的计算器

经济人

背景介绍

聚焦

决策

主要人物

亚当·斯密（1723—1790）

此前

约公元前350年 古希腊哲学家亚里士多德认为，人与生俱来的自利倾向是推动经济发展的主要动力。

18世纪50年代 法国经济学家弗朗斯瓦·魁奈提出，自利是所有经济活动背后的驱动力。

此后

1957年 美国经济学家赫伯特·西蒙（Herbert Simon）认为，人们无法获取和消化所有可得的信息，因此，人们的理性是“有限的”。

1992年 美国经济学家加里·贝克尔（Gary Becker）因对歧视、犯罪及人力资本领域理性选择的研究而获得诺贝尔奖。

作为个体，我们都是以自我利益为中心的。

↓

我们通过消费商品和服务，以及实现目标来增进自己的幸福感。

↓

通过收集和分析信息，我们会计算采取哪种行动能帮助我们以最低的成本实现目标。

↓

人是冷血的、理性的计算器。

大多数经济模型假设，“人本质上都是理性的，是以自我利益为中心的”，这就是“经济人”假设。它对男女都同样适用。它假定每个人在做决定之前都会客观冷静地对收集到的所有信息进行评估，然后根据评估结果做出一个能使自己的利益最大化的决定。人们最后选择的方案能够以最小的成本带来最大的效用。1776年，斯密在《国富论》中首次阐述了这一理念。

斯密的中心思想是人与人之间的经济交往主要受自身利益驱动。他认为：“我们的晚餐并非来自屠宰商、酿酒师和面包师的恩惠，而来自他们对自身利益的关切。”产品供应商们在决定下一步该如何行动的时候，关心的是怎样能使他们自己获得最多的利润，而不是我们的餐桌上是否有食物，或者有什么样的食物。

19世纪，英国哲学家约翰·斯图亚特·穆勒（John Stuart Mill）发展了斯密的观点。穆勒认为，人都渴望拥有财富，渴望拥有包括金

参见: 自由市场经济学 54~61页, 经济泡沫 98~99页, 经济学与传统 166~167页, 市场与社会结果 210~213页, 理性预期 244~247页, 行为经济学 266~269页。

钱在内的所有美好的东西。在他看来，人们都想获得最大程度的幸福，同时又希望付出最少的代价。

成本和收益

现在，一谈到“经济人”，人们首先想到的往往是理性选择理论。这个理论认为，人们的所有经济决策和社会决策都建立在对成本与收益的分析基础之上。例如，一个想要抢银行的罪犯在做出是否行动的决定之前，会在收益（大量的财富、来自其他罪犯的尊重）和成本（被抓的风险、策划抢劫所花费的精力）之间进行权衡。

经济学家认为，在仔细权衡实现目标的收益与成本之后所采取的行动是理性的行动。经济学与目标本身可能没什么关系，并且有些目标在大多数人看来可能是非理性的。例如，对于我们中的大部分人来说，注射违禁药物这一行为是很危险的，但是有些人受利益驱使，却认为这也许不失为一个理性的选择。

有人对“经济人”这一理论提出质疑，怀疑它是否具有现实意义。他们认为，这一理论并未考虑到一个事实，即我们在做决策的时候不可能综合考虑到所有的相关因素，因为这个世界太复杂，我们不可能在每次做决策之前都对所有相关的事实进行对比和评估，并计算其成本和收益。事实上，我们经常根据以往的经验、习惯或经验法则，迅速地做出决策。

此外，当长期目标和短期目标发生冲突时，这一理论也无法发挥作用。例如，尽管大家都知道汉堡是不健康的食物，还是会买来应对一时的饥饿。行为主义经济学家们开始寻找人类行为中与“经济人”所描述的不一致的行为方式。用“经济人”这一理论来解释个人的行为可能并不完全准确，但是许多经济学家认为，在分析企业如何获得最大利益的过程中，它依然发挥着重要作用。■

僧侣们生活清贫，每日诵经念佛。他们对来世的美好生活充满期待。不管别人怎么看待他们想要的生活，在信念的支撑下，他们抛弃了世俗的物质生活，一言一行都非常理性。

在贝克尔看来，父母对孩子的投资，尤其是在教育方面的投资，是经济资本存量的一项重要来源。

家庭经济学

美国经济学家加里·贝克尔（Gary Becker）是最早将经济学应用于社会学研究领域的经济学家之一。他认为，与家庭生活相关的决策制定通常需要权衡成本和收益。例如，他将婚姻比作一场交易，研究了经济特征如何影响伴侣之间的搭配。贝克尔总结道，家庭成员之间互相帮助并不是出于爱，而是希望得到经济回报。他认为，人们对孩子进行投资是因为它的投资回报率比传统的退休储蓄高。贝克尔认为家庭活动不仅是一种单纯的消费活动，还是一种生产活动，它生产某种“满足”。此外，他还用机会成本的概念来分析家庭生育问题。

无形的手在维持市场秩序

自由市场经济学

背景介绍

聚焦

市场与企业

主要人物

亚当·斯密（1723—1790）

此前

1714年 荷兰作家伯纳德·曼德维尔（Bernard Mandeville）举例说明人们追求自身利益可能带来意想不到的后果。

1755—1756年 爱尔兰银行家理查德·坎蒂隆描述了“自发秩序”这一概念。

此后

1874年 里昂·瓦尔拉斯演示了供给和需求如何使市场达到一般均衡状态。

1945年 奥地利经济学家弗里德里希·哈耶克指出，市场经济会带来高效的市场秩序。

20世纪50年代 肯尼斯·阿罗和杰拉德·德布鲁对自由市场在什么情况下可以带来最佳的社会成果进行了分析和界定。

根据苏格兰思想家斯密的观点，西方世界在18世纪前发生了巨大的经济变革，从农业社会变成了商业社会。中世纪时，城镇快速发展，且各个城镇之间慢慢地有了公路相通。人们将商品和新鲜的农产品带到城镇进行买卖，市场逐渐变成了生活的一部分。科技创新使可信赖的、统一的度量单位散布在欧洲各地并开始统一，并形成中央集权的民族国家。人们获得了新的自由，开始为自己的利益进行商品买卖，而不再为了君王的利益而工作。

自由个体的行为怎样才能催生有序而稳定的市场呢？在这个市场中，人们可以生产、购买和销售任何他们想要的东西，却不会造成巨大的浪费或过度的需求。斯密对此感到非常疑惑。没有任何的指导和规范，这怎么可能实现呢？1776年，在他的巨著《国富论》中，他对这一问题做出了解答。斯密认为，人们自由地争取利润的行为，以及对利润的渴望，都是“由一只无形的手来调控并推动实现某种结果的，而这并不是人的本意”，个人的行为只是无意间服务了更广大的社会利益。

当人们的行为以个人利益为中心时，也会为整个社会带来好处，正如以自身利益为中心的蜜蜂能使整个蜂巢繁荣起来一样。曼德维尔在《蜜蜂的寓言》中对此观点进行了论述。

自由放任主义

“自发秩序”这一概念并不新鲜。1714年，荷兰作家曼德维尔在他的诗歌《蜜蜂的寓言》中提出了这一概念。这首诗歌讲述的是一个蜂巢在每只蜜蜂都疯狂追逐自身利益时呈现出一派繁荣景象的故事。当所有的蜜蜂都开始注重个人品德，不再追求个人利益，而为整

这幅画描绘了1774年位于伦敦的考文特花园市场。斯密认为，市场是社会公平的关键。有了买卖自由后，人们才可以真正享有“天赋自由权”。

参见：经济人 52~53页，劳动分工 66~67页，经济均衡 118~123页，竞争性市场 126~129页，创造性破坏 148~149页，经济自由主义 172~177页，市场与社会结果 210~213页。

个蜂巢的利益而奋斗时，整个蜂巢便渐渐萧条和坍塌了。斯密关于个人利益的观点并无恶意。他认为，人们在交易时有讨价还价的倾向，想为自己谋得更多的利益。在他的观点中，人是一种社会动物，做事有道德准则约束，在竞争中也会遵守“公平比赛”的规则。

斯密认为，政府不应干预商业活动。他的这一观点得到其他苏格兰思想家的拥护，其中就包括哲学家休谟。早期的一位法国作家布阿吉尔贝尔使用了“勿干预自然”（法语为：laisse faire la nature）一词，他的意思是“勿干预经济”。在经济学中，“laissez-faire”被用来提倡弱化政府权力。在斯密看来，政府的职责是保护商业、促进商业公平，以及提供某些私人市场不能或不会提供的公共物品，如公共道路，这些职能对经济发展确实非常重要。

斯密的见解在本质上是积极乐观的。英国哲学家霍布斯曾经认为，没有强有力的权力机构，人类生活将会非常“可怕、野蛮及粗暴无礼”。英国经济学家托马斯·马尔萨斯对市场进行观察之后预测，财富的增加将直接导致大规模的饥荒。斯密之后，马克思又预测，市场将发生重大变革。然而，斯密却认为社会具有完善的功能，整个经济是一个成功的系统，是一部运转良好的机器。在他长达五卷的作品中，只提到过一次市场这双“看不见的手”，但是我们总能感觉到它的存在。斯密对他的“完全自由”

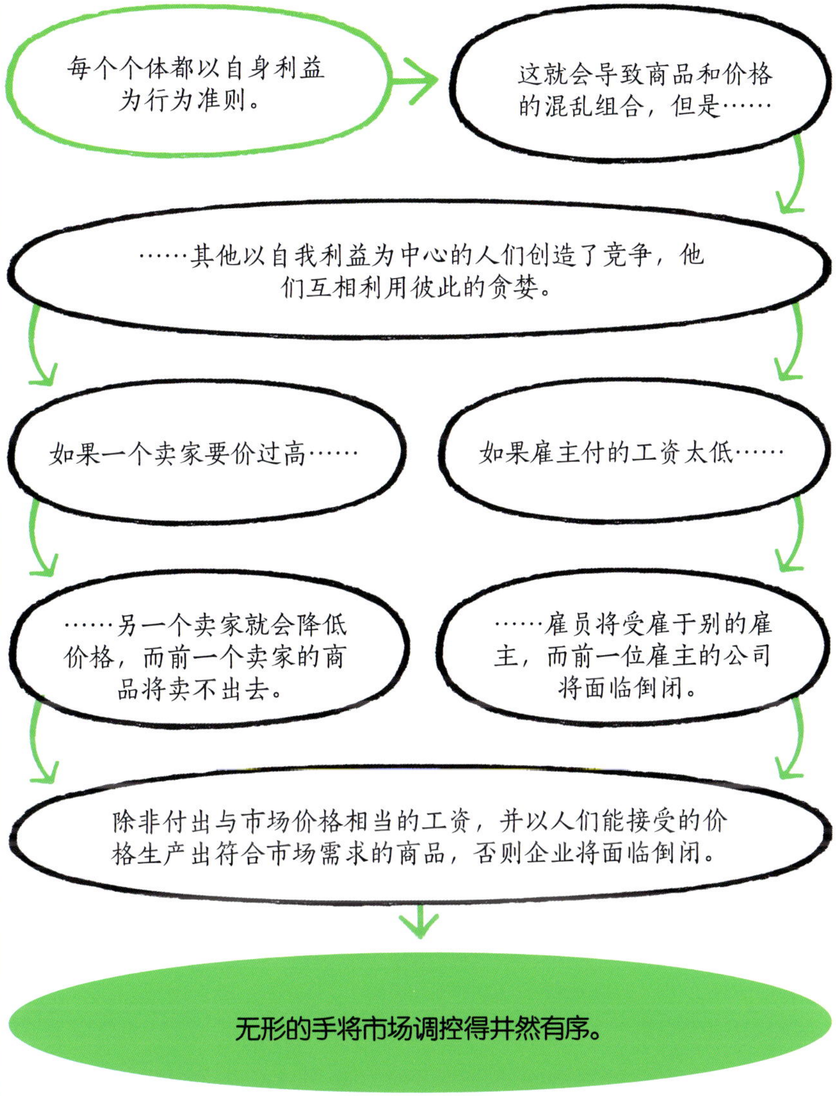

体系进行了描述，阐述了这一体系将如何发挥积极的作用。首先，这个体系供应人们需要的商品。如果人们对商品的需求超过了供给，那么消费者之间会互相竞争，导致价格上升，这样就为生产者提供了盈利的机会，而生产者之间又互相竞争，为市场供应更多的商品。

事实证明，这一论点经受住了时间的考验。1945年，奥地利经济学家弗里德里希·哈耶克在他的一篇名为《知识在社会中的运用》的论文中，展示了价格怎样对个体的局部知识和需求做出反应，价格的变化又会怎样导致市场对商品的需求量和供应量发生变化。哈耶克认为，中央计划者不可能将如此分散的信息完整地收集起来。通常认为，东欧共产主义的失败就是因为中央计划无法提供足够的商品。有人开始对斯密的这种观点进行批判，例如如果市场只提供富人需要的商品就忽视了穷人的需求。还有观点认为，市场也会满足人们的不良需求，例如纵容药物上瘾和肥胖。

公平价格

其次，斯密认为市场会自动形成“公平的”价格。他认为，所有的商品都有一个反映生产成本的自然价格。生产占用的土地应当获得其自然租金，资本理应获得自然利润，而劳动力应当获得自然工资。市场价格和回报率在不同时期的自然水平可能不同，比如在物资匮乏的时期，获利机会增加，商品价格上涨，然而一旦市场上有许多新的厂商进入，价格就会回到自然水平。如果市场对某厂商生产的产品需求大幅下降，那么价格和工资也会跟着下降，但是随着其他行业的新企业的出现，为吸引员工，市场上员工的工资水平又会上升。因此斯密认为，从长远来看，市场和自然率将相等，现代经济学家们将此称为均衡。

要保证价格的公平，就必须有竞争的存在。资本主义体系下出现的垄断要求政府对对外贸易加以控制。斯密批判了这种垄断现象，他认为，当一种商品只有1个厂商供应时，这个厂商就可以将此商品的价格永久地控制在自然价格水平以上。相反，如果有20个厂商出售同一种商品，这时候的市场将比只有两个厂商同时出售这种商品更具有竞争性。在斯密看来，有效的竞争和低市场进入门槛仍然是很有必要的，因为这种情况下的价格将更低。约瑟夫·熊彼特（Joseph Schumpeter）对此持有异议，认为即使在没有竞争的情况下，科技创新也可以降低价格，并且当发明家们愿意以低价格提供高质量产品的时候，这些厂商就将在这场创造性破坏中被扫地出门。然而，尽管确实有些经济学家对此还存有异议，斯密的这些观点仍然为后来主流经济学家们提出的有关竞争的观点奠定了基础。

> 消费是所有生产的唯一目的和归宿。
>
> ——亚当·斯密

公平的收入

斯密还指出，市场经济提供

斯密描述道，劳动者、地主和资金（用于购买马和犁等劳动工具的资金）一起运作，推动经济的前进和发展。

给每个人的收入是公平的，人们可以用这些收入在一个可持续的“循环流”中购买商品。在这个“循环流”中，人们的工资通过购买商品又回流到经济体系内，最后又被当作工资发给人们，并如此循环往复。投入到生产设备中的资金增强了劳动力的生产能力，这就意味着雇主可以付给员工更高的工资。如果雇主有这个经济能力的话，为了与其他雇主竞争优质的劳动力，他们会乐意支付更高的工资。

谈到资金，斯密认为，将一笔资金投入生产而获得的预期利润值和利息大致相等。这是因为，雇主之间互相竞争，贷入资金，将其投资于可获利的机会。随着时间的推移，任何领域的利润率都将下降，因为资金积累和可获利的机会都将用尽。同时，随着收入的增加，更多的土地被占用，房租也会随之渐渐上涨。

斯密的一大突破是他意识到了土地、劳动力和资本之间的相互依存关系。他注意到，工人和地主都倾向于将他们的收入用来消费，而雇主则比较节俭，会将他们的积蓄用来投资。他认为，工资率会随着“技能、灵敏性、判断”水平的不同而不同。此外，劳动可以分为两类：生产性劳动（农业和手工业生产）和非生产性劳动（为支持主要工作而提供所需的服务）。斯密或多或少预见到了今天的市场体系中一些最不公平的现象。

经济的增长

斯密认为，“看不见的手”自身就可以刺激和促进经济的增长。

许多原因可以使市场需求发生变化。当需求变化时，市场通过调节供应量来对此做出回应。这两件事情是同时发生的，因此，一个鼓励为了自我利益竞争的市场不需要一双手来引导，也不需要一个计划。

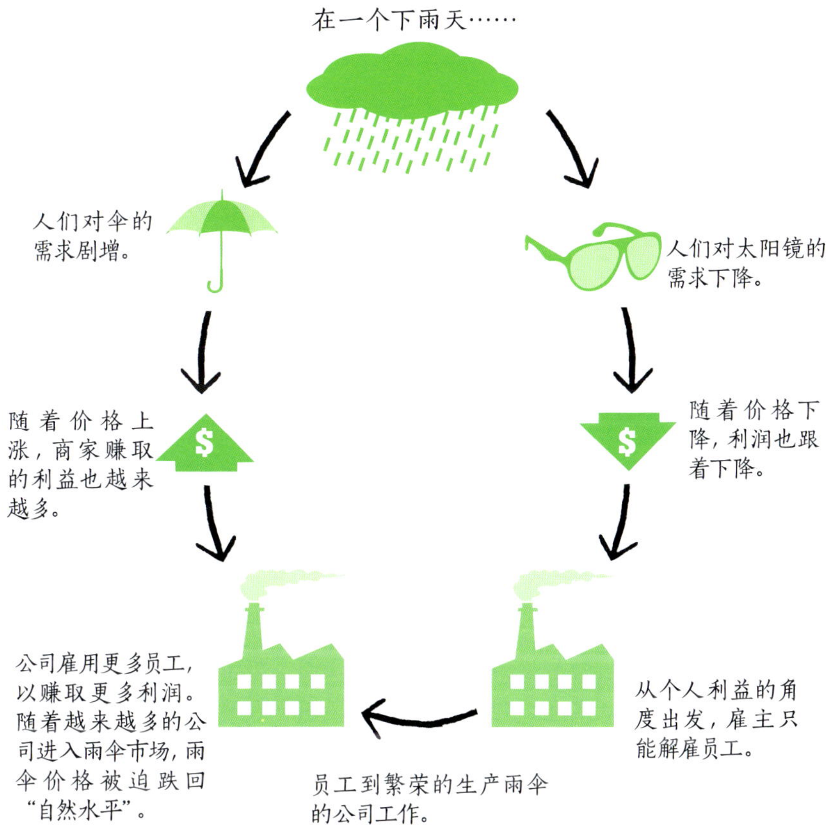

经济增长来源于两个方面：第一个是由劳动力分工带来的生产效率的提高。经济学家们将其称为“斯密式增长”。随着生产和消费的产品越来越多，经济和市场都在不断地增长和发展，而市场的发展又促进了工作的专门化。第二个是储蓄和赚钱机会驱使下的资本积累。斯密认为，商业失败、用以维系固定股本的资源短缺、不完善的货币制度（纸币增加速度超过黄金增加速度），以及非生产性劳动比重过高，都有可能阻碍经济的增

> **我们的晚餐并非来自屠宰商、酿酒师和面包师的恩惠，而来自他们对自身利益的关切。**
>
> ——亚当·斯密

长。他认为资本在农业领域产出能力最高，其次是制造业，再次是贸易或交通运输业。最终，经济会持续增长，直至达到一种富裕、稳定的状态。在这里，斯密低估了熊彼特曾描述的技术和创新的力量。

古典主义遗产

斯密的理论是综合性的。他考虑到了小的细节（微观经济）和大的图景（宏观经济）。他从短期和长期两个方面对经济进行了分析。此外，他的分析既是静态的（贸易的状态）又是动态的（经济的发展）。他细致地关注了劳动阶层，将企业家同劳动力的供应者区分开来。从本质上说，他为专注于研究生产力各个基本要素（资本、劳动力、土地及利润）的古典经济学打下了基本框架。后来的自由市场理论在研究一般均衡理论时则采取了一种不同的、新古典主义的形式，

> **再没有比一个政府向另一个政府学习怎样从人们身上榨取钱财更‘艺术’的事了。**
>
> ——亚当·斯密

希望解答整个经济体系中的价格如何才可以达到一种稳定的均衡状态这一问题。里昂·瓦尔拉斯和维尔弗雷多·帕累托等经济学家运用数学方法，重新构建了斯密关于“看不见的手有益于社会”这一理论。肯尼斯·阿罗和德布鲁向人们展示了自由市场中看不见的手是如何做到这一点的，但同时，他们也向人们表明，实现这一目标对社会经济条件的要求非常严格，而这些条件在现实社会中几乎是不存在的。

然而，事情并未到此为止。第二次世界大战之后，自由放任主义这一政策进入冬眠状态。然而，从20世纪70年代开始，提倡政府干预经济的凯恩斯主义政策失败，自由放任主义政策强势复苏。关于这一时期经济发展的情况，我们可以在米尔顿·弗里德曼和奥地利学派，尤其是哈耶克的作品中找到答案。哈耶克对政府干预经济所能起的作用表示怀疑，他认为解放市场可以促进社会的进步和发展。凯恩斯主义者们也意识到了市场的力量，他们认为，要使市场自身运转达到最佳效果，需要政府助市场一臂之力。

20世纪六七十年代，在理性和理性预期的基础上，人们开始大规模推崇自由市场法则。例如，公共选择理论将政府刻画成一群利己主义者，只寻求自身的最大利益，而不考虑社会的整体利益（“寻租”）。新古典主义宏观经济学借用了斯密的猜想，认为市场自身会将这些问题解决掉。此外，他们还补充道，人们可以预见任何政府行为可能产生的作用，并能理解经济体系是如何运转的，因此，国家的经济干预将不会起到任何作用。即

左图是印度喀拉拉邦自由市场。斯密提出的自由市场的所有特征都可以在这种本土市场里找到，它展示了商品的供应和价格随着需求的变化而进行调整的自然方法。

斯密没有预见到目前的自由市场形式可能引发的不公平问题。在股票交易市场和货币市场中，“公平”这一概念变得几乎无关紧要。

便如此，今天的大部分经济学家依然相信，单靠市场自身不会取得成功。他们将注意力集中到信息不对称问题，即各个市场参与者手中的信息各不相同。乔治·阿克洛夫（George Akerlof）在他的《柠檬市场》一书中提到了信息不对称问题。行为主义经济学家们则对整个理性假设提出质疑，认为是人的非理性导致了市场的失败。

自由放任主义经济学将经济学家们按照政治立场分成两派。右派赞成自由放任主义，左派则支持凯恩斯主义的市场干预。今天，这仍然是经济学争论的一个热点话题。

2007—2008年的经济危机更激化了这场经久不息的争论。自由市场经济的拥护者通过商业周期证明自己的正确性，而凯恩斯主义者则指出了市场的失灵。美国经济学家鲁里埃尔·鲁比尼（Nouriel Roubini）预测到了这一次经济危机。他所说的“几十年的自由市场原教主义为经济崩溃奠定了基础”指的就是那些歪曲斯密观点的人。■

> 当我们从某个抽象、哲学的角度来思考人类社会时，它就像一个巨大的机器。
>
> ——亚当·斯密

亚当·斯密

亚当·斯密是现代经济学的创始人。1723年，他出生在苏格兰克科迪。在他出生前6个月，他的父亲就去世了。斯密是一个有些遁世的、心不在焉的学者。14岁的时候，他进入格拉斯哥大学学习，之后在牛津大学继续深造，6年之后回到苏格兰，在格拉斯哥大学担任逻辑学教授。1750年，他与哲学家休谟相识并结为知己。

1764年，斯密从格拉斯哥大学辞职，去法国游学，成为苏格兰贵族布克莱公爵的家庭教师。斯密在法国结识了重农学派经济学家和哲学家伏尔泰。此后，他开始了长达10年的创作，撰写了著名的《国富论》。10年之后，他担任关税部长一职。斯密于1790年去世，享年67岁。

主要作品

1759年 《道德情操论》
1762年 《法学讲座》
1776年 《国富论》

最后一名工人的产量比第一名工人少

边际收益递减

背景介绍

聚焦

市场与厂商

主要人物

安·罗伯特·雅克·杜尔哥

（1727—1781）

此前

1758年 法国经济学家弗朗斯瓦·魁奈撰写了《经济表》，提出了一个论证重农主义经济学理论的模型。

18世纪60年代 法国重农主义经济学家圣皮埃尔（Guérineau de Saint-Péravy）发表了关于税收原理的论文，认为投入产出比是固定不变的。

此后

1871年 奥地利经济学家卡尔·门格尔（Carl Menger）在他的《经济学原理》一书中指出，边际成本决定最终价格。

1956年 美国经济学家罗伯特·索洛（Robert Solow）在《对增长理论的贡献》一书中，运用边际收益递减理论来预测一个国家的经济增长前景。

法国经济学家杜尔哥是重农学派为数不多的成员之一。该学派认为国家财富来源于农业生产。

杜尔哥提出一套理论来解释当劳动力被不断投入到生产过程中时，每一新增劳动力所能带来的产出将会发生的变化。另一名重农主义推崇者圣皮埃尔则认为，每一新增劳动力带来的额外产出是不变的，即每个额外劳动力对产量的贡献和最后一名劳动力的贡献相同。但是，1767年杜尔哥指出，在未翻耕过的土地上播种的产能极低。如果翻耕一次，这块土地的产能就会增加；如果翻耕两次，其产能有可能再翻一番。然而新增劳动力对提高土地产能所起的作用越来越小，到最后将完全不能提高产能，因为土壤的肥力已经耗尽。

> **泉水因承受向下的压力而涌出地面，额外的压力所起的作用越来越小。土壤的肥力就如同这泉水一样。**
>
> ——安·罗伯特·雅克·杜尔哥

科技的作用

杜尔哥认为，在短期生产过程中其他条件不变（土地）的前提下，增加某种可变生产要素（工人）的投入，当该要素投入到一定程度后，每增加一单位该要素所增加的产量是递减的。这就是著名的“边际收益递减”理论，它不仅解释了为什么生产越多产品消耗越大，还阐明了当技术止步不前但人口不断增长时，一个国家依然要努力变得更加富强的原因。■

参见：经济的循环流通 40~45页，人口与经济 68~69页，经济增长理论 224~225页。

为什么钻石比水贵？

价值悖论

背景介绍

聚焦

价值理论

主要人物

亚当·斯密（1723—1790）

此前

1691年 英国哲学家洛克将商品的价值和它的效用（它能提供的满意度）联系起来。

1737年 瑞士数学家丹尼尔·伯努利（Daniel Bernoulli）提出了"圣·彼得堡悖论"。这个悖论考察玩家怎样评估涉及概率问题的选择。运用边际效用理论可以解决该悖论。

此后

1889年 奥地利经济学家庞巴维克（Eugen von Böhm-Bawerk）提出了主观价值论（商品的价值取决于人的需求，而不是商品本身）。这一理论运用了边际效用理论。

1769年，杜尔哥注意到一个问题：在水资源丰富的国家，尽管水是生活的必需品，但没有人认为水是珍贵资源。7年后，斯密将这一观点深化，发现尽管世界上再也没有比水更有用的东西，但水的价格却非常低廉。而就使用价值而言，尽管钻石几乎毫无用处，却经常有人用大量其他商品来换取钻石。换句话说，一种商品的价格与其对人们的重要性之间存在着明显的矛盾和不一致。

边际效用

要理解这个悖论，我们就必须用到边际效用这一概念，它指最后一单位消费品给消费者带来的满足程度。1889年，奥地利经济学家庞巴维克通过一个农民和五袋小麦的故事对这个概念进行了解释。农民把小麦的使用分成两类：重要的（如自己食用）和不重要的（如喂鸟）。如果他弄丢了一袋小麦，他只需要停止喂鸟就行了。即使这个农民需要小麦来养活自己，但他愿意为弄丢的那袋小麦支付的价格是很低的，因为那袋小麦只会带来一点点的满足（喂鸟）。

水资源非常充裕，但钻石是稀有的。一块钻石具有很高的边际效用，因此，它的价格也比一杯水的价格要高很多。■

钻石比水更有价值，因为不论你拥有多少钻石，每一块钻石都具有非凡的价值，相反，水的量越多，每单位水的价值却越低。

参见：劳动价值论 106~107页，效用与满意度 114~115页，机会成本 113页。

让税收公平而有效

税收负担

背景介绍

聚焦

经济政策

主要人物

安·罗伯特·雅克·杜尔哥（**1727—1781**）

此前

1689—1763年 耗资巨大的战争和低效率的税收体系（对地主、行会免税）为法国金融危机和大革命埋下了伏笔。

此后

1817年 英国经济学家大卫·李嘉图在他的《政治经济学及赋税原理》一书中提出，应当对奢侈品征税。

1927年 英国数学家弗兰克·拉姆齐（Frank Ramsay）强调了价格弹性的重要性。

1976年 经济学家安东尼·阿特金森和约瑟夫·斯蒂格利茨在《税收结构设计》一书中建议，统一商品税是一种值得选择的方法。

税收负担到底应该由谁承担呢？著名经济学家杜尔哥在1774—1776年间担任法国财政部部长，他对“税负归宿”这个问题非常感兴趣。“税负归宿”并不是简单的“谁应该纳税”的问题，因为税收会对许多方面造成影响，例如从价格、利润、消费多少商品到拿多少工资。而价格、利润和薪水等的变化又会以惊人的方式影响整个经济体系。承担税负意味着快乐、福利或金钱的减少，这些影响会从某个人或某个群体向其他个人和群体扩散。如果当你正在计划外出度

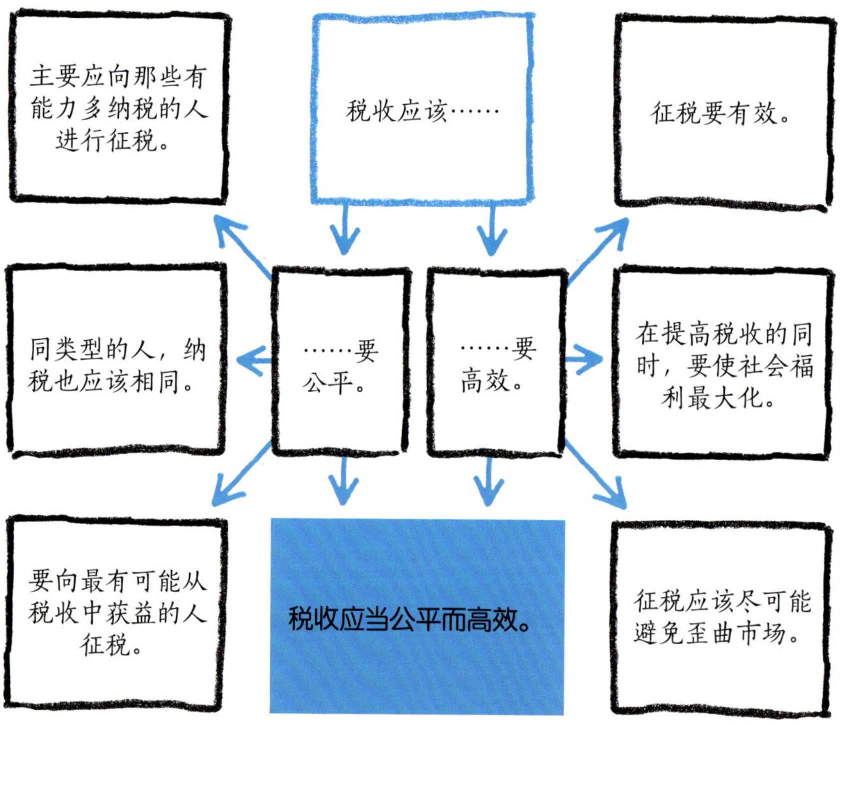

参见：经济的循环流通 40~45页，效率与公平 130~131页，外部成本 137页，次优理论 220~221页，税收和经济激励 270~271页。

假的时候，新的机票燃油税出台将使你要支付的机票价格超过预期，那么你会因此而不快乐。因为这项新的燃油税减少了你（消费者）的福利，但航空公司的利益则毫发无损。

谁应该纳税？

杜尔哥认为，税收干预了自由市场的正常运转，因此应尽量简化税收体系。有权势的群体也要纳税，并且税制的具体实施也同样非常重要。杜尔哥建议实施单一税制，对一个国家的净产品征税——去掉折旧贬值部分后的产品和服务的总价值。

杜尔哥的思想受到了早期重农主义学派的影响。该学派认为只有农业（土地）才会产生纯产品。他认为其他的行业不能产生纯产品，因此也没有能力赋税，并且如果对他们强制征税的话，他们只会提高产品的价格，最终纳税的负担依然会落到地主的头上。由于农民将大部分的纯产品都用于向地主支付地租，而地主本身不生产任何产品，因此，杜尔哥认为，应该对地主征收的地租进行征税。

后来，经济学家们对最优税收制度中公平和效率的原则进行了修订。公平包含如下内容：有能力赋税的人应该多赋税，同一类型人的赋税应相同，从政府开支中获益的人（如使用新建大桥的人）应该赋税。效率则不仅意味着收税的高效率，还意味着在提高税收的同时，要尽可能地增加社会福利。经济学家们认为，效率意味着尽量不干预市场，尤其要避免打击人们工作和投资的热情。

完善的税收制度

过去的几十年间，税收制度将公平和效率结合起来，变得越来越复杂。例如，“完全市场”理论认为，商品税应该是统一的，只应对“最终产品”（用来卖给终端消费者的产品）进行征税；收入税应该与能力而不是工资挂钩；应该将对公司利润和资本收益的征税降至最低。另一方面，对“市场失灵”的分析则认为有必要对消极产品（如污染）进行征税，这有利于提高人们的福利。

总之，在考虑到国家收入和政治可接受性的前提下，税收政策已经在朝着这些理论要求的方向前进。■

1776年，杜尔哥的赋税改革指向了凡尔赛宫的贵族们。他建议不应再对这些贵族免税，导致这些贵族合力把他解雇了。

安·罗伯特·雅克·杜尔哥

出生于1727年法国巴黎的杜尔哥本应成为一名牧师，但1751年他获得一笔遗产，使他可以去追求他热爱的行政事业。到18世纪60年代晚期，他已经和重农学派思想家们成为好朋友，并与斯密结识。1761年到1774年期间，杜尔哥担任利摩日地方行政长官一职。1774年，路易十六继位，杜尔哥成为法国财政部部长，开始着手进行改革，鼓励发展自由贸易。1776年，他废除行会，撤销强制劳动力免费修建公路的政策，新拟定了一项道路建设税。路易十六不赞成杜尔哥的做法，将其革除公职。尽管后来有人认为他的改革本可以阻止1789年法国大革命的爆发，但他的改革仍然就此夭折了。1781年，杜尔哥去世，享年54岁。

主要作品

1763年 《税收概论》

1766年 《关于财富的形成和分配的考察》

1776年 《六法令》

分工生产大头针可以提高生产效率

劳动分工

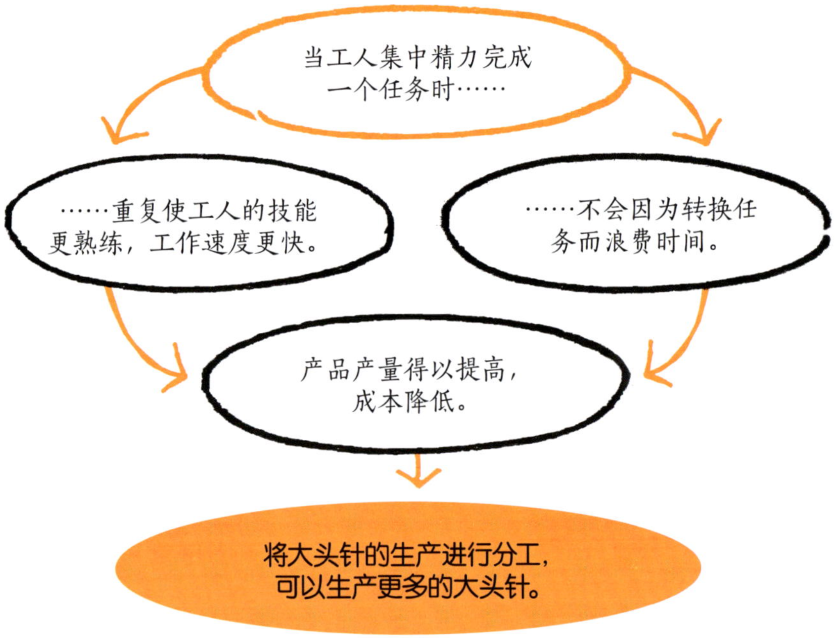

背景介绍

聚焦

市场和厂商

主要人物

亚当·斯密（1723—1790）

此前

公元前380年 希腊哲学家柏拉图在他的《理想国》一书中解释了城市是怎样形成的，以及如何通过利用劳动分工而发展壮大。

1705年 荷兰哲学家曼德维尔在他的诗歌《蜜蜂的寓言》中创造了“分工”这个词。

此后

1867年 马克思认为，分工使工人变得麻木，没有思想，最终必将被取代。

1922年 奥地利经济学家路德维希·冯·米塞斯认为，分工不会使人思想麻木，反而会创造巨大的利益，节约大量的时间，使人们有更多的空闲时间。

无论什么时候，当一群人在一起工作时，人们总会首先进行分工，把任务分配给每一个人。伟大的经济学家斯密将这一分工现象称为经济学的中心思想。在《国富论》这一具有非凡影响力的著作的开始，斯密就对一个人完全承担生产某一产品的所有工序和几个人分工完成生产某一产品的区别进行了阐述。1776年，在撰写这部作品的时候，斯密注意到，如果一个人承担生产大头针的所有工序，那么他可能“一天也生产不出一个大头针”。但是，如果把这些工序分配给几个人一起完成，每一个人专门从事一道工序，那么这些人一天可以生产许多大头针。斯密总结道：“所有工艺生产行业，一经分

参见：比较优势 80~85页，规模经济 132页，现代经济的出现 178~179 页。

图为一个忙碌的仓库，工人们按职责可以分为搬运工、库存管理员、经理、会计、分销专员、信息技术人员及卡车司机。

工，生产力便相应地提高了。”

经济增长的动力

斯密并不是第一个认识到分工价值的人。大约2200年前，柏拉图就认为，一个国家需要专业化的人才，如农民、建筑师等，来供应人们生活所需要的物品。伊斯兰哲学家穆罕默德·阿尔·加札利（Muhammad Al-Ghazali）注意到，如果考虑制作面包的每一道工序，以及从在田野里锄草到收获小麦，就可以发现，一个面包经过了千百万人的劳动才最终制作出来。

许多早期的思想家们将劳动分工与城市和市场的发展联系起来。有人认为，分工促进了城市和市场的发展，而另一些人则认为是日益发展的城市促使分工的出现。斯密最具开拓性的观点是他将分工划为经济体系的核心。他坚持认为，分工推动了经济的发展和进步。劳动力和工业的专业化程度越高，市场的发展就越快，投资的回报率就越高。

必要之恶

马克思认为，分工确实是有利的，但是它只是一个暂时的必要之恶。专业化使工人整天置身于机器旁边沮丧、抑郁地重复着同样的工作。他将劳动分工分为技术分工（如专门从事房屋修建的工作）和社会分工（权力和身份等社会等级制度下出现的分工）。

今天，在大部分公司里，分工已经非常规范。许多大公司将原来由自己员工从事的工作外包给成本更低的海外员工，使分工走向国际化。■

> 每一次劳动分工的扩展和深化都会给所有参与者带来好处。
>
> ——路德维希·冯·米塞斯

全是美国人的工作吗？

在工厂里工作的人们会对他们本国的经济实力和人们的就业率感到担心，于是，他们有时会鼓励消费者购买国产商品。然而，想要分清楚哪些是国产商品，哪些是外国商品，并非一件易事，因为现在分工已经全球化了。例如，苹果公司是美国公司，消费者可能会认为，如果他们购买iPhone的话，就是在为美国的就业做贡献，而事实并非如此。在生产一部iPhone的所有工序里面，只有产品和软件的设计及营销是在美国进行的。

每一部iPhone都是由其他国家的工人将外壳、屏幕、处理器等零件（主要由韩国、日本、德国及其他六个国家生产）装配而成的。此外，每个零件又由全世界的许多专业工作人员生产和装配而成。因此，一部iPhone是真正的由成千上万的人生产制造的全球性产品。

某装配线上的工人正在装配计算机处理器，而计算机处理器的零件由多达九个国家生产。

人口增长使我们贫困

人口与经济

背景介绍

聚焦

增长和发展

主要人物

托马斯·马尔萨斯（1766—1834）

此前

17世纪 重商主义思想认为，人口众多可以促进经济的发展。

1785年 法国哲学家尼古拉斯·德·孔多赛（Marquis de Condorcet）认为，要提高人们的生活水平，就要进行社会变革。

此后

1793年 英国哲学家威廉·戈德温（William Godwin）号召重新分配国家资源以帮助贫困人群。

19世纪70年代 马克思对托马斯·马尔萨斯的观点发起攻击，认为他是一个反动的现状捍卫者。

1968年 美国生态学家加勒特·哈丁（Garrett Hardin）在他的论文《公共的悲剧》中提出了警告，认为人口过多会带来消极影响。

18世纪，启蒙思想家们开始思考通过明智的社会和经济改革来改善社会命运是否具有可行性。在这样一个人人都对未来无限乐观的时代，英国经济学家马尔萨斯却是一个悲观主义者。他认为人口增长注定会使社会走向贫困，因为在人类性本能驱使下，人口扩张会加剧。根据边际收益递减规律，食物供应必将跟不上人口增长，最后将导致人口增长和食物供应之间越来越不平衡的结果。

然而，在人口增长和食物供应之间的不平衡日益加剧的同时，还有一股力量在抵消这种不平衡。马尔萨斯认为，食物供应不足会导致人类疾病和营养不良的加剧，这必然会使死亡率上升。这样一来，这种不平衡就不至于失去控制。世界范围内的食物供应不足还意味着人们能够抚养的孩子数量减少，人口的出生率会随之下降。这样就可以降低土地的压力，恢复人们的生活水平。

图为巴基斯坦地震之后慈善机构向幸存者分发食物的场景。马尔萨斯对这类帮助贫困者的行为表示反对，他认为，这样只会鼓励他们生养更多的小孩。

马尔萨斯陷阱

人口出生率和死亡率的变化，不仅使人类无法阻止大规模的饥荒发生，还使人类无法长期享受高水平的生活。假如一块新大陆的发现意外地促进了经济的发展，这块意外发现的土地使食物产量增加，每一个人都可以享用更丰裕的食物，人们变得更加健康，死亡率也会下降。更高的生活水平使人们能够抚养更多的小孩，因此人口增长速度加快。食物产量再一次跟不上人口增长的步伐，经济又恢复到原来的状态，人们生活水平降低。这种现象被称为马尔萨斯陷阱：生活水平

参见：经济中的农业 39页，边际收益递减 62页，现代经济的出现 178~179 页，经济增长理论 224~225页。

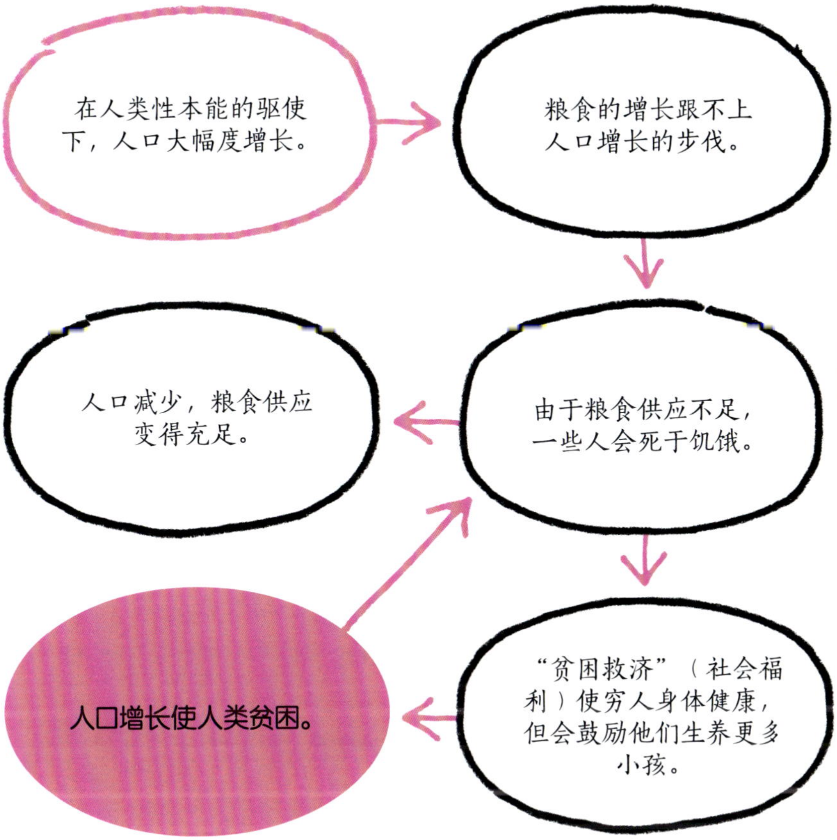

的提高总是受到人口增长的限制。因此，不论发生了什么事情，经济总会回到粮食产量只能养活一个稳定数量人口的水平。

马尔萨斯认为，经济将会停滞，人类只能勉强维持生计，饥荒和疾病会阻碍人口的增长。然而，到18世纪，马尔萨斯的模型便已经无法与当时的经济状况相吻合了。马尔萨斯认为，农民一直使用简单的工具在土地上劳作。然而，随着新的科学技术的出现，在一块同样大小的土地上，运用同等数量的劳动力可以生产出更多的粮食。随着新的机器和工厂的出现，每个工人可以生产出更多的商品，生产效率将大幅度提高。技术进步意味着，虽然人口越来越多，但人们依然可以享受更高水平的生活。

马尔萨斯未曾预料到的是，随着时代和科技的发展，膨胀的人口和有限的土地不再是一个问题。然而今天，新的恐惧又开始出现了，人口的过度膨胀对地球环境和资源带来了巨大的压力，即使科学技术也没有办法解决这一问题，而这一恐惧，恰好与马尔萨斯当初的观点遥相呼应。■

托马斯·马尔萨斯

托马斯·马尔萨斯，1766年出生于英国萨里。马尔萨斯的乡绅父亲从小就对他进行人文主义教育。他的教父是哲学家休谟和卢梭。马尔萨斯从小长着一张兔唇，还有腭裂，因此，他的语言能力不怎么好。

1788年，马尔萨斯被英国国教委以圣职。在这之前，他在剑桥大学求学，他的老师是宗教异教徒威廉·弗雷德（William Frend）。正如他的老师一样，他从来都不畏惧人们对他的争议。1798年，他发表了令他臭名昭著的论文《人口论》。1805年，东印度公司学院聘任他为教授，教授政治经济学。这是政治经济学第一次作为一门学科出现，也使马尔萨斯成为第一个学术型的经济学家。1834年，马尔萨斯因心脏病去世，享年68岁。

主要作品

1798年 《人口论》
1815年 《地租理论》
1820年 《政治经济学原理》

商人联合一致抬高价格

卡特尔与勾结

背景介绍

聚焦

市场和厂商

主要人物

亚当·斯密（1723—1790）

此前

13世纪90年代 波西米亚公爵瓦茨拉夫二世（Wenceslas II）颁布法令，防止商人们勾结起来提高金属矿产产品的价格。

16世纪90年代 荷兰商人联合起来形成卡特尔，几个寡头垄断了东印度群岛的香料贸易。

此后

1838年 法国经济学家安东尼·奥古斯丁·古诺（Antoine Augustin Cournot）阐述了寡头垄断中的竞争。

1890年 美国通过了第一部反托拉斯法。

竞争是自由市场有效运行的关键。当市场中多个生产商共同存在时，为吸引顾客，厂商之间会相互竞争，而这种竞争会导致产品的产量增加和价格下降。如果市场中某一产品只有一个供应商——垄断组织，那这个供应商就会限制产品的产量以抬高产品价格。位于完全竞争和垄断这两个极端中间的是寡头垄断：几个（有时候只有两三个）产品供应商主宰了某一种产品的市场。寡头垄断中生产商之间的竞争很明显有利于消费者，但是生产商还有另一种选择，这种选择可能对他们自己更有利，那就是

参见: 有限竞争的影响 90~91页，垄断 92~97页，竞争性市场 126~129页，市场与社会结果 210~213页，博弈论 234~241页。

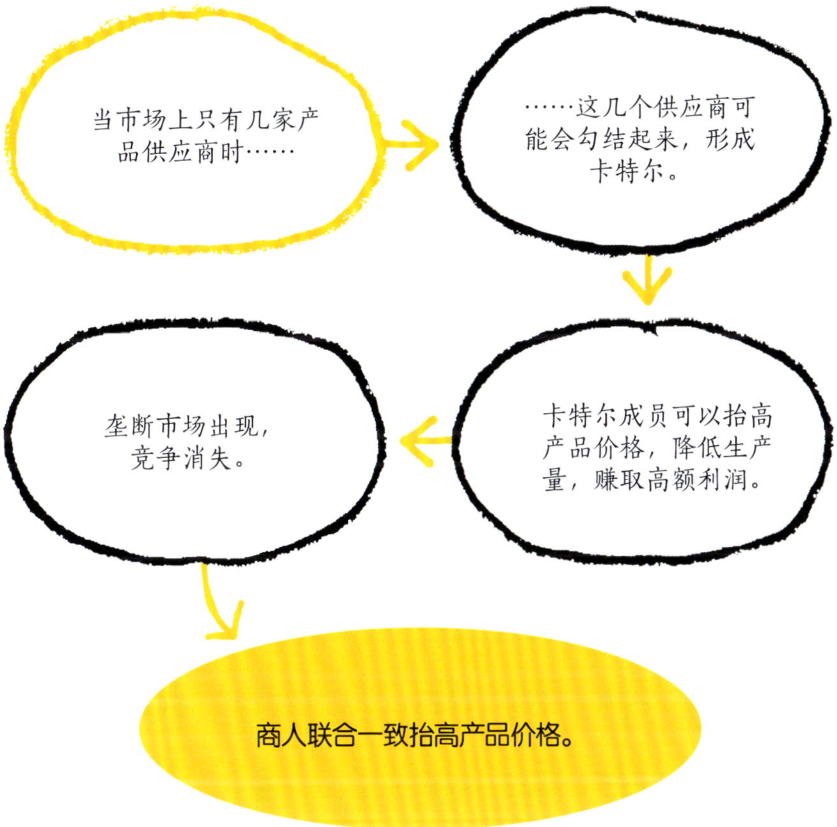

合作。如果他们选择合作，那么就必须达成一致，不能互相削价。他们可以像一个垄断组织一样联合起来，为了自己的利益而决定市场中此种产品的数量和价格等因素。

卡特尔的形成

厂商之间的这种合作称为“串通”。“串通”的结果使市场不再能有效地发挥作用。苏格兰经济学家斯密认识到了自利在自由市场中的重要性，但是，他置疑产品供应商的动机，警告人们，“做同一生意的商人很少会聚集起来，即使为了娱乐也不例外，但是，他们很有可能会联合起来共谋，与人民大众的利益作对，想办法抬高商品的价格”。

早在市场开始形成的时候，生产商之间的合作就已经存在了，许多商业领域都有为共同利益而结成的联盟。在19世纪的美国，人们将这些限制性或垄断性的行为称作“托拉斯”；现在，人们通常用“卡特尔”来指代这种全国性或者国际性的合作。尽管卡特尔这样的合作组织是20世纪二三十年代德国和美国经济的典型特征，但如今这个词已经有了消极的含义。

2007年，大西洋维珍航空公司承认其与英国航空公司曾经会面6次，讨论提高票价的方案。之后，英国航空公司因“串通”被罚款3亿多英镑。

20世纪，美国和欧盟采取了一些法律措施来防止公司之间进行“串通”。但是，生产商之间结成卡特尔依然是市场经济的一大特点。这种合作可能只是两个公司之间的一种简单的协议，也有可能使各方联合形成一个国际贸易联盟，比如国际航空运输协会（IATA）。国际航空运输协会最开始的功能是设定机票的价格，后来，这一举动被控告为航空公司间的“串通”，但这个协会现在依然存在，仍然是航空公司的一个代表机构。此外，国与国的政府之间也可以联结起来形成卡特尔，合作生产某一特定的产品。例如在1960年，为了控制石油价格，石油输出国组织（OPEC）应运而生。

卡特尔面临的挑战

建立和维持卡特尔并不容易，卡特尔的成员国们面临着许多问题，尤其是产品的价格和成员国之间的信任问题。卡特尔的成员国不仅要设定产品的价格。还需要达成一致的生产配额，以此来维持产品的价格，当然，除此之外，他们也要就利润的分成达成一致意见。卡特尔的成员越少，他们之间就越容易达成一致。当只有少数几个公司来提供大部分产品时，这种卡特尔是最为稳固的串通形式。

卡特尔面临的第二个问题是如何确保成员国遵守他们之间约定的规则。生产商之所以加入这一“串通”组织是因为他们受到了高价格所能创造的利润的诱惑，但是这种自利倾向同样也是卡特尔的弱点。每一个成员都有可能欺骗其他成员，不按照约定好的生产配额和价格生产产品，而是超量生产或者进行降价销售。事实上，这就和囚徒困境一样。两个囚徒可以都选择沉默或坦白。如果二人行为一致，即都保持沉默或者坦白，那么他们将被轻判。但是，如果他们中的一个人坦白他们的罪行，而另一个人保持沉默，那么坦白的人将被豁免而另一个人将被重判。最好的方法是他们都保持沉默（这样他们将获得最短的刑期），但是关键在于，免罪是非常具有诱惑力的。囚徒困境的策略同样适用于卡特尔：如果成员之间合作，所有成员获得的回报将比他们展开竞争获得的回报更高。但是对于任何某一个成员来说，违反约定得到的回报才是最高的，而其他成员将因此遭受损失。

实际上，这就是卡特尔组织内部可能会发生的情况，尤其是当每个成员之间的配额不平等时，这种情况就更有可能发生。例如，石油输出国组织有多个成员国，他们定期会晤，商讨石油的产量和价格，但是很少有成员国会遵守这些约定。不够富强的成员国见到可以获得额外利润的机会，就会超量生产石油，在成员国中引起竞争，减弱整个卡特尔的力量。这样一次小小的欺骗，就足以削弱卡特尔的力量。此外，卡特尔的成员越多，成员就越有可能违反约定的规则。

协议的执行

在一个卡特尔组织中，产能最大的成员通常是大家公认的协议“执行者”。例如，当石油输出国组织的功能受到安哥拉（为了谋取利益而超量生产石油）的威胁时，石油输出国组织最大的成员国沙特阿拉伯就会采取行动，阻止安哥拉背叛其他成员国。因为沙特阿拉伯是最大的石油生产国，他的生产成本最低，有能力增加石油产量，可以将石油价格降低到一定水平以示惩罚，甚至使小国破产，而它自己所受的影响只不过是短期内的利润下降而已。然而，大多数时候，由于执行者不愿自己的利益受损，便不会采取行动来阻止成员国做出欺骗

> 我们不能容忍政府或工业寡头通过垄断或卡特尔对我们进行压迫。
>
> ——亨利·阿加德·华莱士（1888–1965）

行为，卡特尔最终也就瓦解了。正是组建和维持卡特尔面临的这些困难使卡特尔这样的“串通”或“共谋”并没有斯密预料的那么多。20世纪60年代，美国经济学家斯蒂格勒认为，商人之间天生会互相竞争、猜疑彼此，没有任何信任可言，这与卡特尔的“串通”相悖。随着越来越多的公司进入市场，卡特尔形成的可能性也就越来越小。因此，即使在只有几个生产商的行业领域，生产商们也倾向于互相竞争，而非合作。

然而，市场中确实存在着好几个卡特尔，他们对市场构成了威胁，这让政府认为有必要进行干预。消费者反对协议售价，这种公众压力推动了20世纪反托拉斯法的出台，使许多国家的卡特尔成为非法组织。正如囚徒困境一样，由于很难证明“串通”行为，法律大多规定对卡特尔中第一个坦白的成员进行豁免，这就成了卡特尔瓦解的另一诱因。

2011年，荷兰的移动通信公司接受调查，原因是被怀疑有卡特尔行为，其中包括操纵预付费手机移动数据包的价格。

> 经济学家有他们的荣誉，但是，我不认为他们应该以反托拉斯法为傲。
>
> ——乔治·斯蒂格勒

政府许可

一些自由主义经济学家，如斯蒂格勒，对反托拉斯法存在的必要性持怀疑态度。他们认为，既然卡特尔本身就是不稳定的组织，那么出台这样的法律是完全没必要的。在政府看来，有些形式的合作是必要的，因此，政府对卡特尔的态度并不明确。例如，人们认为国际航空运输协会的价格制定政策是一种“串通”，而石油输出国组织却被认为是一个促进稳定的贸易集团。在经济大萧条时期，为保护本国一些行业（如石油和钢铁业）中存在的卡特尔，一些国家也提出了同样的论调。当政府规范卡特尔时，生产商之间的合作就可以稳定产品的产量和价格，同时还能保护消费者和小生产商的利益，使整个行业成为充满竞争力的国际性行业。在20世纪二三十年代的欧洲和美国，这种公共的卡特尔很常见，但第二次世界大战后，这些卡特尔几乎都消失了。而在日本，卡特尔依然是其经济的一个显著特点。■

反托拉斯法

人们认为，和垄断一样，卡特尔的形成会影响自由市场的正常运转，并威胁整个经济的良性发展。大多数政府都已经通过反托拉斯法或竞争法来阻止这样的“串通”。这种政府干预首先出现在美国。1890年，美国通过了《谢尔曼反托拉斯法》，限制洲际贸易或对外贸易的合约从此失效。1914年，美国进一步通过了包括《克莱顿反托拉斯法》在内的一些反托拉斯法律，禁止削价和冻结价格以刺激市场竞争。经济学家们怀疑反托拉斯法的作用。事实上，通常情况下反托拉斯法的确很难真正付诸实施。他们指出，合作并不总是意味着“串通”或“共谋”行为（如协议售价和串通投标）。许多经济学家认为，许多这种“破坏信任”的法律并不是经济分析的结果，而是迫于政治压力应运而生的产品。

上图为1906年一份政治报纸的封面，讽刺的是美国政客尼尔森·奥尔德里奇为抬高美国国内商品价格而设置关税这一事件。

供给创造需求

市场供给过剩

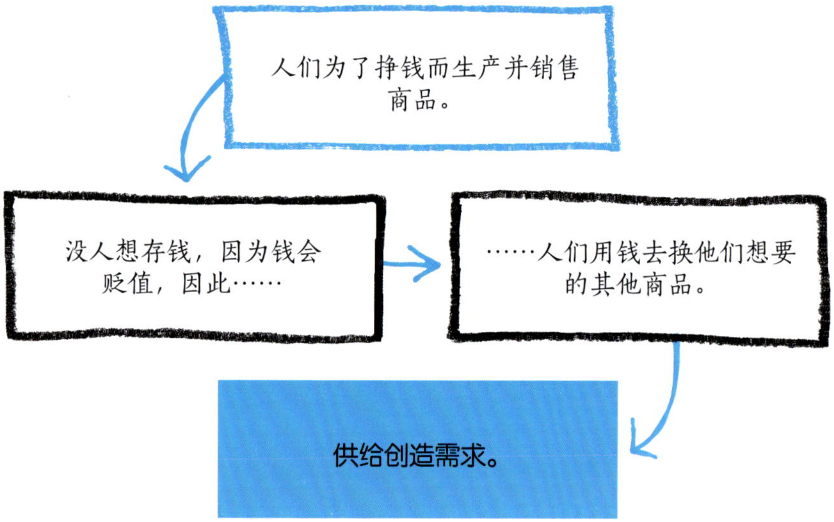

背景介绍

聚焦

宏观经济

主要人物

让-巴蒂斯特·萨伊
（1767—1832）

此前

1820年　英国经济学家托马斯·马尔萨斯预测，市场上可能会出现就业不足和生产过剩的现象。

1936年　约翰·梅纳德·凯恩斯认为，供给不能创造需求——需求不足可能会导致产能下降，最后引起失业。

此后

1950年　奥地利经济学家路德维希·冯·米塞斯认为，凯恩斯否定供给可以创造需求是以经济学中凯恩斯主义的谬误为基础的。

2010年　澳大利亚经济学家史蒂芬·凯特斯把凯恩斯主义经济学称为“概念上的疾病”，他认为萨伊定律是正确的。

1776年，在创作《国富论》时，斯密注意到一个现象：他周围的商人们认为，商业失败的原因在于资金不足或者生产过剩。斯密通过阐述货币在经济中所起的重要作用解开了第一个谜题，而第二个谜题则是后来由法国经济学家让-巴蒂斯特·萨伊解开的。萨伊于1803年发表的《政治经济学概论》主要阐述了生产过剩的不可能性。萨伊认为，当一件产品被生产出来后，它就为别的产品创造了市场。例如，一个裁缝会把他销售衬衫的钱用来向烘焙师购买面包，或者向酿酒师购买啤酒。萨伊认为，没有人会想存钱，因此，市场中供应的商品的总价值和顾客需要的商品的总价值应该是相等的。人们所说的“萨伊定律”已经演变为“供给创造需求”。事实上，萨伊从来没有用过这个表述，它可能是由美国经济学家弗雷德·泰勒（Fred Taylor）于1921年在他的《经济学原理》一书中

参见: 自由市场经济学 54~61页, 经济均衡 118~123页, 经济萧条与失业 154~161页。

创造出来的。

在萨伊看来，这一观点是非常重要的，因为如果供给产生等量的需求的话，经济之中就没有生产过剩这一现象了。当然，厂商有可能会误解市场对某一产品的需求而生产出过量的产品。但是正如奥地利出生的美国经济学家路德维希·冯·米塞斯后来所说的那样，“这个笨拙的企业家”不久就会因为经济损失而被驱逐出市场，与此同时，未利用的资源将被重新分配到利润更加丰厚的其他经济领域中去。实际上，市场上根本就不可能出现生产过剩的情况，因为人类的需求远远大于人类自己的生产能力。

萨伊定律成了古典经济学家和凯恩斯主义经济学家之间争论的焦点。古典主义经济学家（如萨伊）认为，产品的生产或供给是经济发展中最重要的因素；凯恩斯主义经济学家则认为，只有需求的增加才能推动经济的增长。

为什么要存钱?

在1936年发表的《就业通论》一书中，凯恩斯以货币在经济中所起的作用为中心攻击了萨伊定律。萨伊认为，所有赚来的钱都会用于购买其他商品。换句话说，经济的运转是以物物交换为基础的。但是，凯恩斯却认为，有时候人们会出于其他原因去存钱，而不会将所有收入都用来购买商品。例如，人们可能会想将收入的一部分存起来。如果这些存款没有借给其他人（如通过银行），也没有用于投资（例如作为经营生意的资本），那么这部分货币就已经退出了流通领域。原因在于，只要人们手中持有货币，那么对商品的需求最终会低于所生产商品的总价值。凯恩斯认为这种“负需求”也叫作“需求不足”，将会导致大规模的失业。

萨伊定律则认为，失业只会在一些行业里短暂地出现。然而考虑到20世纪30年代大萧条期间可怕的经济状态，凯恩斯的看法似乎更有说服力。■

萨伊认为，供给与需求通过以物易物的形式实现。图为一个印加市场上，一个人正在用肉交换蔬菜。

让-巴蒂斯特·萨伊

让-巴蒂斯特·萨伊于1767年出生在法国里昂。他的父亲是一个纺织品商人，信奉新教。18岁时，萨伊搬到英格兰，跟随一个商人做了两年的学徒。在那之后，他来到巴黎，在一家保险公司工作。他赞成1789年爆发的法国大革命，因为大革命结束了对修金诺教派教徒的宗教迫害，而且这次革命还革除了封建经济，为商业提供了更多的发展空间。

1794年，萨伊成为一家政治杂志的编辑，他在杂志中积极倡导斯密的观点。1799年，萨伊受邀加入法国政府，但是拿破仑反对他的一些观点。因此，萨伊的作品在1814年以前一直都被禁止发表和传播。在这期间，他成立了一家棉纺织工厂，大赚了一笔。在后来的日子里，他在巴黎讲学，教授经济学。1832年，萨伊因中风去世，享年65岁。

主要作品

1803年 《政治经济学概论》
1815年 《英格兰和英国人》
1828年 《实用政治经济学全教程》

先借债，再征税

借贷与债务

背景介绍

聚焦

经济政策

主要人物

大卫·李嘉图（1772—1823）

此前

1799年 在与法国交战期间，英国引入了收入税。英国的公共债务达到国民收入的2.5倍。

此后

1945年 第二次世界大战之后，为了拉动经济，政府大规模增加开支，公共债务也随之急剧攀升。

1974年 美国经济学家罗伯特·巴罗（Robert Barro）重新研究了大卫·李嘉图的等价定理。等价定理认为，无论政府通过债券方式还是税收方式筹资，人们的支出都和原来一样，不会受到任何影响。

2011年 欧洲债务危机加剧，激发了一场关于税收和公开借款的限度的争论。

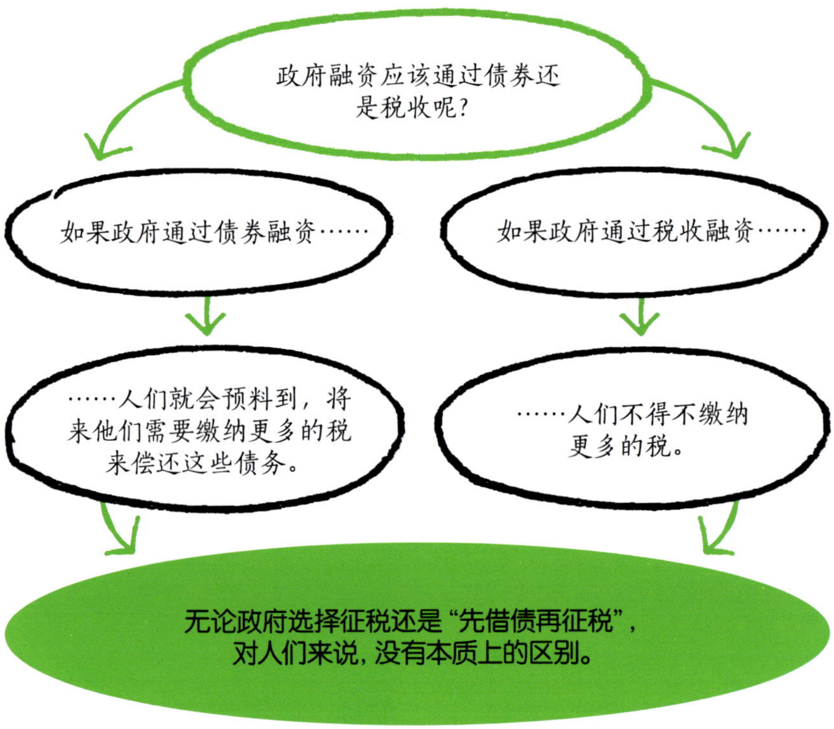

政府应该通过债券或税收来筹集资金吗？英国经济学家大卫·李嘉图在劳民伤财的拿破仑战争（1803—1815年）期间第一次详细讨论了这个问题。在1817年出版的《政治经济学及赋税原理》一书中，李嘉图谈道，融资的方法是无关紧要的。纳税人应该意识到，政府发行债券意味着纳税人将来需要交更多的税。无论征税还是借债，人们最终都必须纳税。如果人们意识到这一点，他们就会把一部分财富积蓄起来，用于支付未来需要缴纳的额外赋税，而人们实际可

参见：经济人 52~53页，税收负担 64~65页，凯恩斯乘数 164~165页，货币主义政策 196~201页，为消费而储蓄 204~205页，理性预期 244~247页。

支配的财富数量与现在的纳税情况并无任何变化。李嘉图认为，无论政府决定征税还是借债，人们应该理解政府的预算约束，并以相同的方式消费，因为无论政府采取哪种方式，人们需要缴纳的税费都是等量的。这就是著名的李嘉图等价定理。

假如一个父亲热爱赌博，但他只能向他的两个儿子要钱去赌博。父亲告诉他的儿子们，这个月他们不用给他钱，因为他已经从他自己的朋友Alex那里借到钱了。小儿子Tom很开心地把这个月多出来的钱花掉了，但大儿子James比较聪明，他知道下个月要连本带利地把欠Alex的钱还掉。因此，James就把额外的钱存起来了，留着下个月给他的父亲。James意识到，无论他父亲向他要钱还是向别人借钱，他自己的财富总量并没有发生任何变化，因此，他不会改变他今天的消费方式。

李嘉图阐述的仅是理论，并没有说明等价定理在现实世界中也显而易见。他认为，普通人都会和例子中的Tom一样，误以为自己的财富增加了，于是便将手中的余钱花掉。然而，现代经济学家认为，大部分人会和大儿子James一样对此事非常清楚，不会因错觉而改变消费方式。

现代的辩论

1974年美国经济学家罗伯特•巴罗在他的一篇文章中再次提到了这个话题，分析了人们在什么情况下将不考虑税收或者借债而照常消费。一种假设认为，人是理性的深谋远虑的决策者，人们明白即使现在将那笔余钱花出去了，将来仍然会通过税收的方式补上。然而，事实并非如此。要实现这一点，借贷利率必须相同，且不存在交易成本。

另一个问题在于，人的生命是有限的。如果人们只关心自己的利益，那么人们就不会关心自己死后的赋税问题。然而，巴罗认为，父母总是会关心他们的子女，为他们留下一笔遗产，并且子女可以用这笔遗产来支付父母死后需要缴纳的税款。这样，个体就把他们死后的赋税问题也纳入了决策时需要考虑的因素。

政府开支

李嘉图的等价定理又被称为债务中性理论。由于现代政府具有高消费、高借贷和高税收的特点，这一定理在今天仍然很热门。新古典主义经济学家用李嘉图的观点来反对凯恩斯主义政策——为拉动需求、促进经济增长而增加政府开支。他们宣称，如果人们知道政府开支的目的是为了拉动经济、防止经济萧条，他们就应该预料到，政府在未来将会征收更多的税，他们就不会盲目地看待经济体系内增加的货币数量。然而，现实给出的证据，无论是赞成这一观点还是反对这一观点的，都不具备说服力。■

2011年，希腊政府为避免破产而被迫大量借债。紧接着的民间动乱清楚地表明，政府借债和征税必须有所节制。

新古典主义宏观经济学

20世纪70年代初期，美国经济学家罗伯特•巴罗（Robert Barro）、卢卡斯（Robert Lucas）和萨金特（Thomas J. Sargent）建立了新古典主义宏观经济学学派。这一学派的主要信条和原则就是理性预期假设和市场出清——价格会自发调整以适应一种新的均衡。新古典主义理论学家们认为，这一理论也适用于劳动力市场：劳动力的供给（找工作的人数）和需求（岗位数量）互相作用而决定工资水平。根据这一观点，任何能够接受这一“现行工资”的人都可以找到工作。因此，所有的失业都是自愿失业。理性预期认为，人们在做决策的时候，既会考虑过去，也会考虑将来，因此，无论政府选择借债还是征税，人们都不会被政府的行为蒙骗。

经济是颗溜溜球

繁荣与萧条

背景介绍

聚焦

宏观经济

主要人物

让-查尔斯·西斯蒙第（1773—1842）

此前

1776年　亚当·斯密认为，市场本身的力量可以促使经济达到均衡状态。

1803年　让-巴蒂斯特·萨伊认为，市场会自发地使供给和需求达到平衡状态。

1817年　威尔士社会改革家罗伯特·欧文（Robert Owen）认为，生产过剩和消费不足是经济低迷的原因。

此后

19世纪20年代　法国经济学家查尔斯·迪诺耶尔（Charles Dunoyer）认为，经济具有周期性。

1936年　约翰·梅纳德·凯恩斯力劝政府增加开支以避免经济发生波动。

经济周期指的是经济在高速增长（即经济繁荣）与经济下滑或经济停滞之间的轮换。人们通常将这种经济现象称为经济繁荣与萧条的交替循环。瑞士历史学家让·查尔斯·西斯蒙第首先发现了经济危机的周期性现象，但是，真正揭示经济周期循环模式的是后来的法国经济学家查尔斯·迪诺耶尔（Charles Dunoyer，1786—1862）。西斯蒙第挑战了斯密、萨伊及李嘉图的“市场知道得最清楚”的观点。他们认为，如果顺其自然，任由市场发展，市场就会很快、很容易

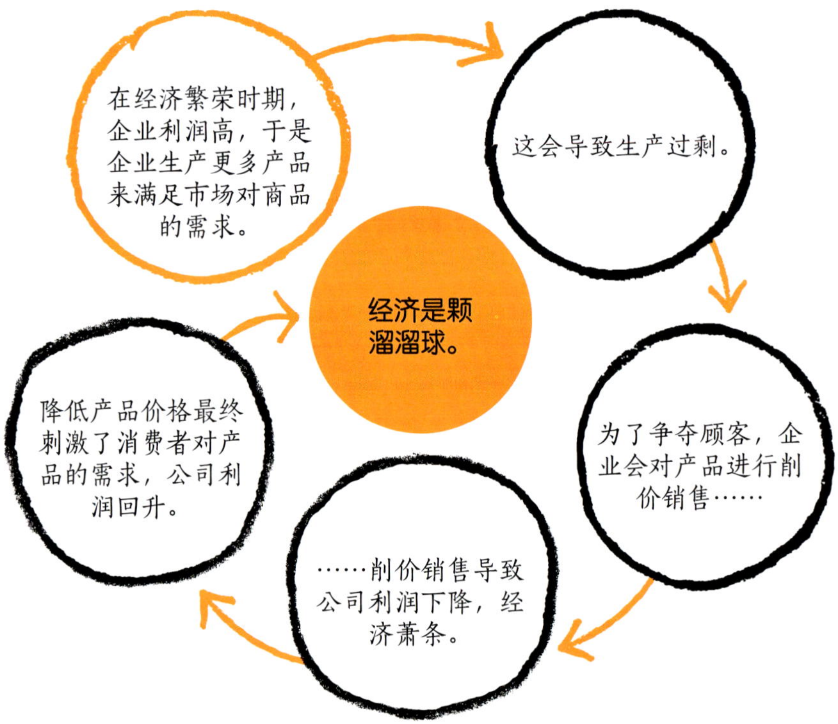

参见：自由市场经济学 54~61页，凯恩斯乘数 164~165页，金融危机 296~301页，住房与经济周期 330~331页。

人们对经济过度乐观的时候通常会建造摩天大楼，这是经济过热的一个可靠标志。而通常情况下，当摩天大楼修建完成的时候，经济已经崩溃了。

地实现经济均衡，促进就业率的提高。而西斯蒙第则认为，经济均衡最终必定会实现，但是在实现之前，市场将会经历一番可怕的挣扎。

1819年，西斯蒙第出版了《新政治经济学概论》一书。在此之前，经济学家们要么忽视短期的经济繁荣或经济萧条，要么认为这些都是外部因素（如战争）引起的。西斯蒙第认为，短期的经济发展是市场力量，即生产过剩和消费不足互相作用的自然结果，而生产过剩和消费不足都是经济繁荣时期增长不均衡所导致的。

推动经济繁荣

随着经济的发展，企业生意兴隆，工人们可以提出加薪的要求，并用更多的工资购买更多的商品，经济也就随之繁荣起来了。为了满足市场中的消费者对商品日益增长的需求，企业势必进行扩张，雇用更多的劳动力来生产更多的商品。然后，新雇用的工人又可以用他们的工资去购买商品了。此举能促进经济持续繁荣。

西斯蒙第认为，竞争意味着市场中所有的企业都会扩大产品的生产，直到市场中该产品的供给大于需求。这时候，为了吸引顾客，企业会进行削价销售，商品利润随之降低，工人的工资也随之减少，企业开始裁员。换句话说，当经济不景气时，接踵而至的就是经济崩溃。一旦商品价格下降到可以刺激需求，且企业信誉开始恢复的时候，企业情况就会好转，另一轮经济周期随之开始。

1825年英国的金融危机证实了经济周期的存在。这次股市崩盘是有记录以来的仅由内部经济事件引起的危机之一。19世纪的麦格雷格尔为了吸引投资虚构了一个叫作Poyais的国家，这些投机性投资促成了这次金融危机，其影响波及全世界。

西斯蒙第反对斯密的自由放任主张，他认为，要调控财富的增长和避免周期性的金融危机，政府对市场进行干预是有必要的。

经济周期的发现使经济学家们开始用一种新的方法去分析和研究经济，并找到避免经济崩溃和经济不景气的方法及策略。凯恩斯在西斯蒙第和迪诺耶尔的基础上提出了他自己的理论。这一理论后来成为20世纪经济学领域的支柱理论之一。■

牛市和熊市

随着整个经济的发展与紧缩，市场也随之起起落落。我们将价格持续上涨期间的市场称为牛市；反之，价格持续下降期间的市场则被称为熊市。通常，我们将这些名称应用到股份、债券或者房产等资产上。例如，行情上涨时的牛市通常都发生在经济繁荣时期。投资者们看好经济前景，大量购进公司股票，这就刺激和促进了资产的升值。当经济低迷时，整个经济状况反转，行情下跌，投资者们就开始抛售资产。20世纪90年代的美国股市正处于牛市，整个商业一片繁荣。而20世纪30年代经济大萧条时期，美国股市则完全处于熊市状态。

> 全球性的竞争或追求以低价生产大量产品的努力……一直是一个危险的体系。
>
> ——让-查尔斯·西斯蒙第

贸易
对所有人
都有好处

比较优势

背景介绍

聚焦

全球经济

主要人物

大卫·李嘉图（1772—1823）

此前

公元前433年 雅典人对麦加拉学派强制进行贸易制裁，这是最早被记录下来的贸易战争之一。

1549年 英国政治家约翰·海尔斯（John Hales）认为，自由贸易会妨碍国家发展。当时的人们普遍接受了这个观点。

此后

1965年 美国经济学家曼瑟尔·奥尔森（Mancur Olson）向人们证明，政府通常倾向于回应集体的诉求，而不怎么理会个别人的诉求。

1967年 瑞典经济学家贝蒂尔·戈特哈德·奥林和伊莱·赫克歇尔深化了李嘉图的贸易理论，验证了比较优势如何随着时间的变化而发生变化。

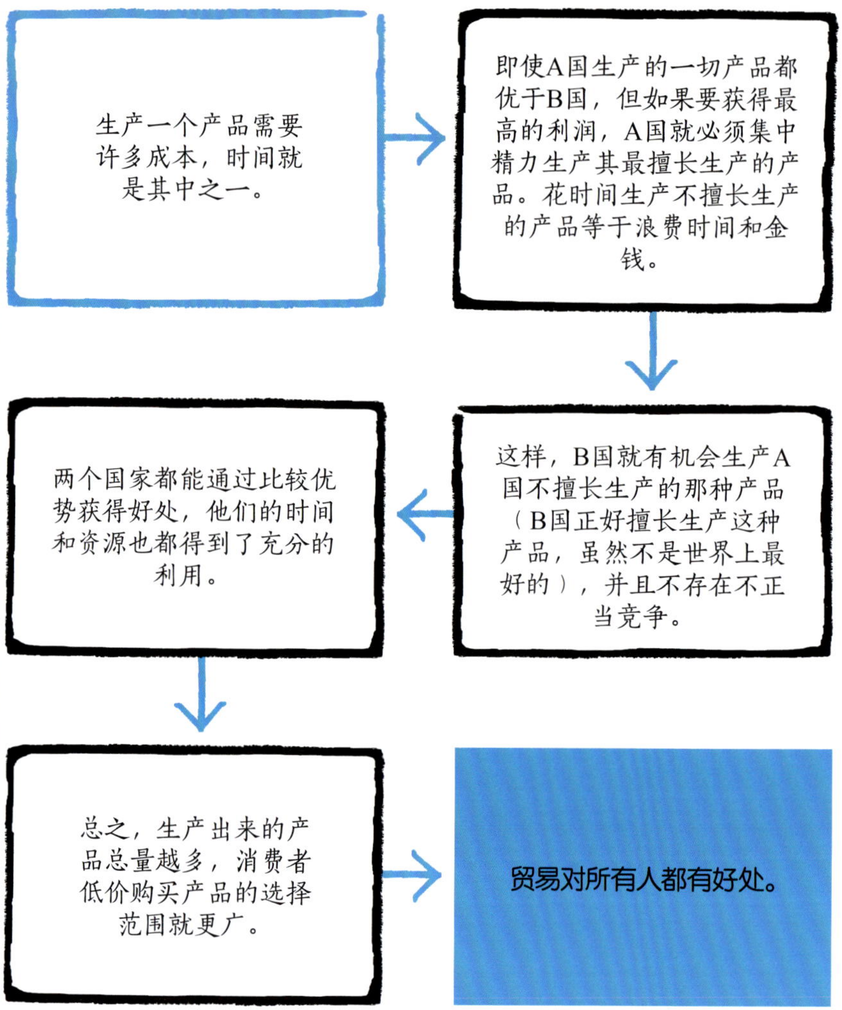

18世纪著名的英国经济学家李嘉图的观点，很明显受到了他所生活的世界和他的个人生活的影响。他住在英国伦敦。在他生活的那个时代，重商主义是经济领域的主导思想。重商主义认为，应该严格限制国际贸易。因此，政府实施了大量增加出口、减少进口的贸易政策，试图通过贸易顺差（流入黄金）使国家富强起来。在英格兰，这一政策可以追溯至伊丽莎白时期。李嘉图认为，从长远来看，这种贸易保护主义政策有可能会阻碍国家经济的发展。

早期的贸易保护

李嘉图对英国引入的税法《谷物法》尤其担忧。在拿破仑战争期间，英国无法从欧洲进口小麦，因此，英国国内小麦的价格大幅度上升，许多地主也相应增加了谷物的种植。然而在1812年，随着战争的暂时停息，小麦的价格下降了。于是，掌控着议会的地主们在拿破仑战争结束时通过了这项《谷物法》，目的是限制外国小麦的进口，为谷物设置一个"最低价格"。这项法律保护了农民的利益，但是它也导致穷人买不起昂贵的面包。而在这一时期，退伍的士兵和海员们都找不到工作，处于失业状态，没有生活来源，根本无法养活自己及家人。

尽管李嘉图本人也是一个富有的地主，但他依然强烈反对《谷物法》。他认为，这项法律不仅不

参见：保护主义与贸易 34~35页，市场整合 226~231页，依附理论 242~243页，汇率与货币 250~255页，亚洲经济体 282~287页，贸易与地理 312页。

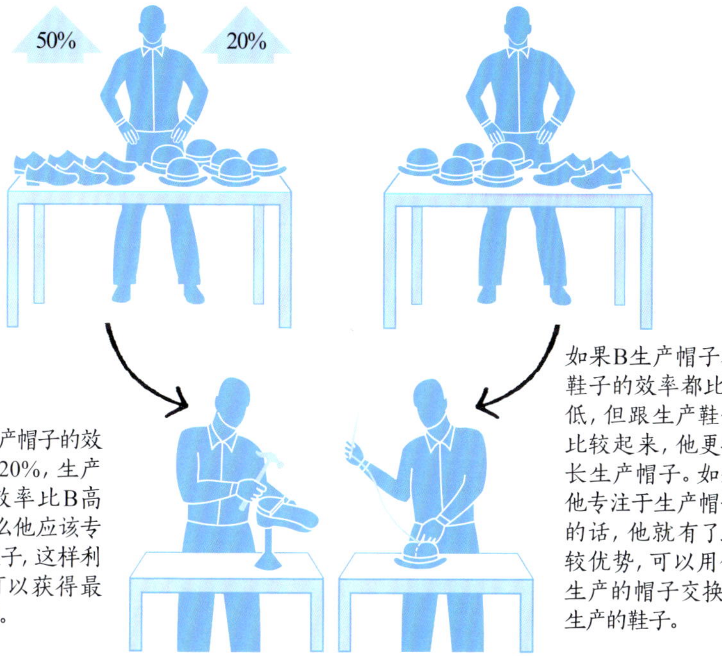

如果A生产帽子的效率比B高20%，生产鞋子的效率比B高50%，那么他应该专心生产鞋子，这样利用时间可以获得最高的利润。

如果B生产帽子和鞋子的效率都比A低，但跟生产鞋子比较起来，他更擅长生产帽子。如果他专注于生产帽子的话，他就有了比较优势，可以用他生产的帽子交换A生产的鞋子。

会使英国富强，还会加剧英国的贫困。他由此提出了一套理论，这套理论后来成为支持国际自由贸易的主要支撑理论。

比较优势

亚当·斯密指出，葡萄牙和英国气候不同，这意味着它们可以通过贸易惠及彼此。一个葡萄牙工人生产的酒比一个英国工人生产的酒多，而一个英国工人生产的羊毛又比一个葡萄牙工人生产的羊毛多。任何一个人或国家能够利用一个单位的资源生产出更多的产品，则这个人或国家就拥有绝对优势。斯密认为，英国和葡萄牙可以生产他们最擅长生产的产品，然后再进行贸易，这样两个国家都可以获得最高的利润。李嘉图的贡献在于，他拓展了斯密的思想，分析了当一个国家在两个产品上都拥有绝对优势时，通过专门生产自己擅长生产的某一产品并进行贸易是否能够获得最大利润。例如一个国家与另一个国家相比既可以生产更多的酒，又可以生产更多的羊毛，那么是否还需要进行贸易呢？

要解决这个问题，需要考虑以下问题：当工人A比工人B更擅长生产帽子和鞋子时，他应该如何分配时间呢？是两种产品同时生产还是专注于生产一种产品，然后再与B进行贸易呢（如左图）？假如A生产帽子的效率比B高20%，但是生产鞋子的效率比B高50%。如果A只生产鞋子（A最擅长的），而稍微逊色的工人B则生产帽子（B最擅长的），那么两个人都可以获益。

这种说法背后的逻辑是产品的相对成本，即生产该产品所花费的时间或者浪费掉的时间。最优秀的这位工人A非常擅长生产鞋子，那么他用来生产帽子的成本就人高

如右图所示，1819年，8万名群众在英国曼彻斯特的大街上游行示威，反对通过限制进口来维持小麦高价的《谷物法》。最终，示威活动被残酷地镇压了。

左图为某国大量生产轮胎。该国在轮胎生产方面较其他国家具有比较优势。

了，因为在这些时间里他少生产了许多鞋子。尽管绝对地说，稍差的那位工人B生产鞋子和帽子的效率都比A低一些，但是他生产帽子的相对成本比工人A的相对成本更低，因为他为生产一顶帽子而少生产的鞋子的数量比A少。因此，稍差一些的工人B在生产帽子方面具有比较优势，而更优秀的工人A在生产鞋子方面具有比较优势。当一个国家专门生产具有比较优势的产品时，就能生产出更多的产品，并通过贸易使两个国家都享用更加便宜的产品。

比较优势理论解决了斯密强调的一个悖论——尽管一个国家不擅长生产某一产品（所谓的绝对劣势），但仍然可以通过出口这一产品获利。

20世纪的优势

到底是什么决定了比较优势呢？瑞典经济学家贝蒂尔·戈特哈德·奥林（Bertil Gotthard Ohlin）和伊莱·赫克歇尔（Eli Heckscher）揭开了这一谜底。在他们看来，比较优势源于一个国家资本和劳动力的相对丰富程度。资本雄厚的国家在生产资金密集型产品（如机械产品）方面具有比较优势，而劳动力丰富的国家在生产劳动密集型产品（如农业产品）方面具有比较优势。因此，每个国家一般都倾向于出口它们拥有比较优势的产品，并且资本雄厚的国家最有可能出口工业产品。奥林和赫克歇尔的分析引出了另一个预测：一方面，贸易不仅能减少不同国家产品价格的差异，还可以缩小不同国家工人薪资水平的差距，因为在劳动力丰富的国家，劳动密集型产业的专业化会促进工人工资率的提高；另一方面，资本雄厚的国家也一样，劳动

大卫·李嘉图

出生于1772年的大卫·李嘉图被认为是世界上最伟大的经济学理论家之一。他随父母从荷兰搬到英国。14岁时，他就开始为他的股票经纪人父亲工作。21岁时，李嘉图与贵格会信徒普利西亚·安·威尔金森私奔。由于宗教信仰不同，双方的家庭都与他们断绝了关系，李嘉图便自己创立了一家股票经纪公司。他与那个时代著名的经济学家都有往来，其中包括托马斯·马尔萨斯和约翰·斯阁亚特·穆勒。1819年，李嘉图从股票交易所退休，成为一名议会议员。1823年，李嘉图因耳朵突发感染去世，遗产价值超过1.2亿美元。

主要作品

1810年 《高价黄金》
1814年 《论谷物低价的影响》
1817年 《政治经济学及赋税原理》

> **一个国家货币减少，另一个国家货币增加，不仅会导致一种商品的价格发生变化，还会使所有商品的价格发生变化。**
>
> ——大卫·李嘉图

力的价格也会上升。因此，尽管短期内整体水平都在上升，但最终既会有赢家也会有输家，最后人们有可能会反对对外贸易。

今天的贸易保护主义

现在和李嘉图的时代一样，贸易保护主义的呼声非常强烈。

贸易保护主义是一种国际贸易理论，是指在对外贸易中实行限制进口以保护本国商品在国内市场免受外国商品竞争，并向本国商品提供各种优惠以增强其国际竞争力的主张和政策。

贸易保护主义主要具有以下几个特点：（1）主要保护手段由关税转到非关税措施；（2）保护政策对产品的针对性越来越强，如对工业品限制减少和降低，但对农产品的保护却极少松动，并且对工业品中不同商品的限制也有很大差别；（3）实行贸易保护政策所针对的国家和地区的区分加强了。

尽管人们都知道贸易保护主义的危害，为什么政治家们还要强制颁布可能破坏整个经济的政策呢？美国经济学家奥尔森对这一问题进行了解释。他指出，那些反对关税的人——一小部分大型的国内生产商及其工人——受到了廉价的进口产品给他们带来的直接的不良影响。然而，增加关税之后，一大批潜在的消费者将支付更高的价格，并且那些相关行业领域内的工人，则有可能因为连锁反应而丢掉他们的工作。这些人并未集中在某一行业，而是分散在经济领域的各个行业的各个角落里。这些影响都是潜在的，但容易被人们忽视。

当代贸易

今天，大部分经济学家都赞同李嘉图的贸易思想。在他们看来，正是李嘉图的贸易思想促进了工业化国家的发展。美国经济学家大卫·多拉尔（David Dollar）和阿尔特·克拉（Aart Kraay）认为，在过去的几十年里，贸易促进了发展中国家的发展，加速了消除贫困的步伐。他们指出，削减关税的国家经济发展更快，贫困率更低。其他经济学家则提出质疑：贸易是否真的能够促进国家的经济发展呢？美国经济学家约瑟夫·斯蒂格利茨（Joseph E.Stiglitz）认为，发展中国家存在制度缺陷，经常出现市场失灵的现象，快速贸易自由化可能会让它们付出沉重的代价。

同样，李嘉图的贸易思想和现实之间也存在着矛盾。例如，当印度政府取消从印度尼西亚进口廉价棕榈油的关税后，印度数百万居民的生活水平得到了提高，这些正面的影响与李嘉图的贸易思想是一致的。但是，上百万靠种植花生榨油贩卖的农民也因此无法营生，因为人们都转而购买更廉价的棕榈油了。按照李嘉图的构想，种植花生的农民只需要转行生产其他商品就可以了，但事实上他们不能，因为他们的投资是无法转移的，例如加工花生的机器在其他行业别无用处。

李嘉图的批判者们认为，从长远来看，这些影响可能会阻碍贫穷国家的工业化和多元化发展。此外，尽管富有的工业化国家在贸易方面取得了成功，但是，在最初开始发展的时候，他们并没有进行自由贸易，也对本国的贸易进行了保护。一个国家怎样才能建立长期的比较优势呢？这可能比李嘉图建立的模型更为复杂。有人认为，欧洲和“亚洲四小龙”也是通过贸易保护建立起了长期的比较优势，并且在对外开放之前，他们的科技就已经发展到了一定水平。■

东方国家生产的商品通过大型集装箱货轮运往西方国家。据估计，美国超市里一个手推车中的商品有75%都是从亚洲进口的。

INDUSTRIAL AND ECONOMIC REVOLUTIONS 1820–1929

工业和经济革命
1820年—1929年

1838年 安东尼·古诺介绍了经济学中**函数和概率**的作用，第一次用图表的方式表达了产品的需求和供给的关系。

1841年 查尔斯·麦基在《大众的迷茫与狂热》一书中阐述了**经济泡沫**现象。

1848年 约翰·斯图亚特·穆勒提倡兼顾贸易的发展与社会公平，为**自由主义经济学**奠定了基础。

1848年 **马克思和恩格斯**合作，发表了《共产党宣言》。

1867年 **马克思**发表了《资本论》的第一卷。在他去世之后，恩格斯发表了这本书的后续内容。

1871年 威廉姆·杰文斯对**边际效用价值**理论进行了阐述，认为商品的价值来自它给消费者带来的价值。

1871年 卡尔·门格尔创立了**奥地利学派**。该学派支持自由市场经济学，反对社会主义思想。

1874年 里昂·瓦尔拉斯认为自由市场是稳定的，为**一般均衡理论**奠定了基础。

到19世纪初，工业革命的影响已经从英国传到欧洲，再漂洋过海传遍了整个北美洲，农业国家由此转变为工业国家。这一变化迅速而剧烈，推动经济结构发生根本性的转变。人们的关注点从买卖商品的商人向生产商和投资者转移。不仅经济领域出现了新的思考方法，资本主义的发展还带来了新的社会和政治问题。

扭曲市场

最值得注意的是，社会变革中出现了新的统治阶级——工业生产商。此外，生产商品的厂商的数量也稳步增长，许多厂商的股票都可以在市场上公开交易。这就使市场充满了竞争，而竞争也正是以市场为中心的古典主义经济学的核心思想。然而，随着市场经济的发展和壮大，新的问题出现了。例如，正如斯密在1776年发出的警告一样，大型生产商可能会控制市场，形成垄断或者卡特尔。他们会降低产品产量，使市场上的产品价格持续走高。尽管一些规章制度可以阻止这样的行为发生，然而，在一些市场里，总共也就有几个生产商，他们很容易就可以找到扭曲市场竞争的方法。斯密曾经假设，就经济领域而言，人们的行为通常都是理性的。但是，当人们疯狂地购买某些被哄抬的厂商股票时，问题就出现了。这会导致泡沫经济，与以理性行为为基础的稳定的经济相矛盾。尽管如此，一些经济学家如里昂·瓦尔拉斯和维尔弗雷多·帕累托认为，市场经济最终总会达到均衡状态，反过来，它也会决定产品的产量和价格水平。与他们同一时代的阿尔弗雷德·马歇尔阐述了供给、需求和价格三者在一个完全竞争体系里的相互作用。

价格问题是那个时代的许多经济学家都关心的问题，因为在新的资本主义社会里，价格与生产者和消费者的利益都是息息相关的。上一代的道德哲学家们起了良好的带头作用，他们开始从效用（商品给人带来的满意程度）的角度来看待商品的价值，而不是仅看让原材料

19世纪70年代 罗伯特·吉芬提出了**“吉芬商品”**这一概念。“吉芬商品”指的是消费量随价格上升而增加的商品。

1890年 阿尔弗雷德·马歇尔出版了《经济学原理》一书，将**新的数学方法**引入经济学的研究。

1894年 社会活动家**韦布夫妇**出版了标志性著作《工会主义的历史》。

1899年 索尔斯坦·凡勃伦在著作《有闲阶级论》一书中描述了富人们的**炫耀性消费**。

1906年 维尔弗雷多·帕累托用公式表述了**帕累托效率**。帕累托效率是指资源分配的一种理想状态。在该状态下，若要改善一部分人的境况，就必定会损害其他某个人或某些人的利益。

1914年 弗里德里希·冯·维塞尔阐述了“**机会成本**”这一概念。“**机会成本**”衡量的是被人们拒绝了的其他选择的价值。

1920年 阿瑟·庇古认为厂商应该缴纳**污染税**。

1922年 **路德维希·冯·米塞斯**在《社会主义：经济学与社会学的分析》一书中批判了共产主义计划经济。

1927年 **约瑟夫·熊彼特**认为，企业家是推动工业发展的创新者，他们起着非常重要的作用。

增值的劳动力的投入。威廉姆·杰文斯运用数学方法对边际效用（消费某一额外产品所增加的效用）进行了阐述。

马克思的价值理论

一些经济学家仍然相信，商品的价值由生产这个商品时投入的劳动量来决定，他们更多关注的是为资本家生产商品的劳动者，而不是生产商或消费者。马克思认为，从这个角度来看商品的价值就不难发现，市场经济的不平等就在于资本家对工人阶级的剥削。在《共产党宣言》和在《资本论》里对资本主义的分析中，马克思支持用社会主义代替资本主义的无产阶级革命。在他看来，社会主义是经济发展的下一个阶段，并且在社会主义社会中，生产资料为工人阶级所有，最终废除私人财产。

尽管后来许多国家采纳了马克思的思想，但是，市场经济依然在其他地方存在。总体来说，经济学家们继续维护资本主义，认为资本主义是保护财产的最好方式，尽管他们也采取了一些措施减少不公正的现象。继以供给和需求为中心的数学方法之后，新的奥地利经济学派出现了。他们强调资本主义体系的创造力，反对社会主义思想。

1929年华尔街股市崩盘之后，自由市场经济很快就受到了猛烈的打击。然而，新古典主义经济学家，尤其是奥地利学派的理论又重新浮出水面，成为20世纪后期西方世界的标准经济模型，甚至开始代替世界上大部分的计划经济体制。■

考虑到竞争，应该生产多少产品呢？

有限竞争的影响

背景介绍

聚焦

市场和厂商

主要人物

安东尼·古诺（1801—1877）

约瑟夫·伯特兰德（1822—1900）

此前

1668年 德国科学家约翰·贝歇尔（Johann Becher）在他的著作《政治论述》一书中讨论了竞争和垄断的影响。

1776年 亚当·斯密阐述了完全竞争如何使社会福利达到最大化。

此后

1883年 法国数学家约瑟夫·伯特兰德将古诺模型中的策略选择从数量改为价格。

1951年 美国经济学家约翰·纳什（John Nash）发表了《博弈论中均衡的一般定义》，并将古诺的双寡头垄断作为重要的例子。

到17世纪下半叶时，经济学家们已经开始研究垄断和完全竞争市场分别会对经济产生什么样的影响。研究发现，垄断组织倾向于通过限制产量来提高产品价格和利润。当市场中充满竞争时，价格水平和成本基本持平，利润非常低，而产品产量通常很高。法国经济学家安东尼·古诺则想知道，当市场上只有几家厂商经营同一类产品时，会是一种什么样的情况呢？

双寡头决斗

安东尼·古诺以两家生产并销售完全相同的矿泉水的厂商为基础，建立了他的双寡头模型。假设

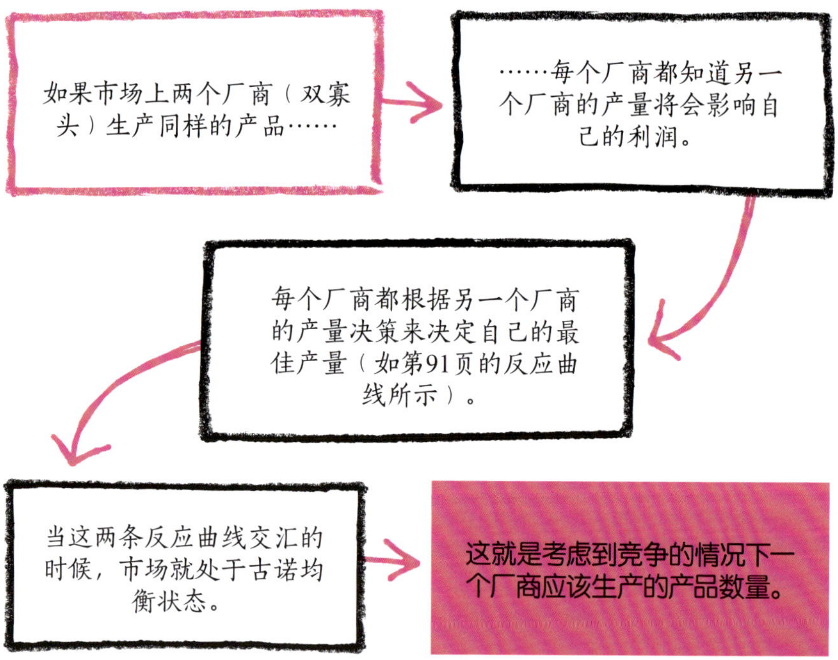

参见: 卡特尔与勾结 70~73页，垄断 92~97页，竞争性市场 126~129页，博弈论 234~241页。

这两家厂商不能通过合作形成卡特尔，其他厂商也不能进入这一行业（因为没有其他的天然矿泉水），并且两个厂商必须同时决定他们要向消费者供给多少瓶矿泉水。

这两家厂商的矿泉水产量之和就是这一行业的总产量。每个厂商都必须猜测另一家厂商会生产多少矿泉水，再以此为基础选择可以使自己获得最大利润的产量。如果厂商A认为厂商B生产的矿泉水数量为0，那么他将会像垄断组织一样生产少量的矿泉水，使利润最大化。相反，如果厂商A认为厂商B将会生产大量的矿泉水，那么厂商A就可能不会生产矿泉水，因为如果厂商A也大量生产矿泉水，其价格势必会大幅度下降，使利润变得非常低。古诺用“反应曲线”来表现两个厂商的决策。两条反应曲线的交点就是市场的均衡点。在这个点上，考虑到另一家厂商的情况，每个厂商的产量都可以获得最高的利润。这一均衡概念就是博弈论中著名的理论——纳什均衡理论。

古诺运用数学方法找出这个均衡，并证明双寡头情况下的产量比一个垄断企业的产量高，但又低于完全竞争市场下的产量。换句话说，整个社会中几家厂商同时竞争比只有一家厂商进行垄断经营更好，但又不如完全竞争。

后来，法国经济学家约瑟夫·伯特兰德（Joseph Bertrand）进一步发展了古诺模型。他向人们展示，如果厂商以他们想要的价格水平为依据来决定产品产量的话，双寡头的均衡点将会同完全竞争下的市场均衡点一致。这是因为，任何设置高价的厂商都会面临其他厂商的削价竞争，这个厂商的产品将失去市场，没有消费者愿意购买他们的产品。这样，价格就会达到完全竞争市场下的水平。■

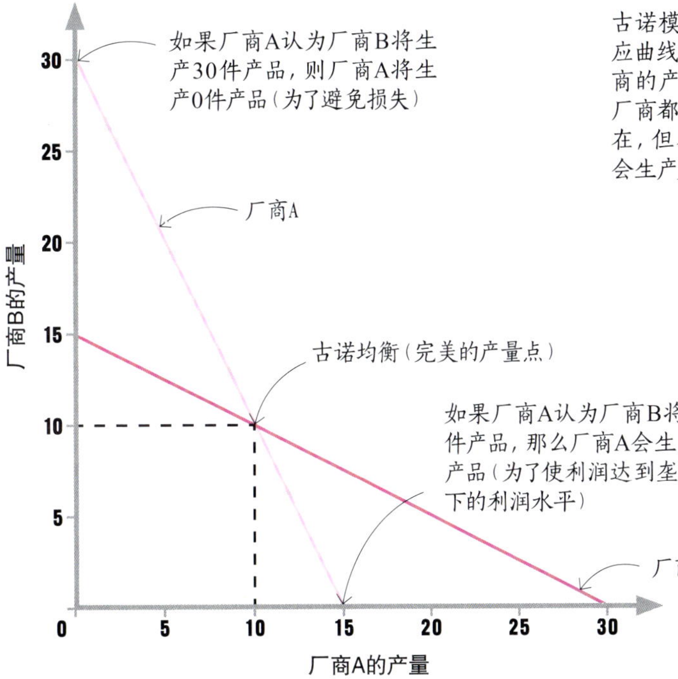

古诺模型运用两条反应曲线来描述两家厂商的产量决策。两家厂商都知道对方的存在，但都不知道对方会生产多少产品。

安东尼·古诺

安东尼·古诺，1801年出生于法国，是一位狂热的阅读爱好者。尽管家境相对贫困，古诺却在这个国家最好的学校学习数学，并获得工程学博士学位。在当了一段时间的私人教师和拿破仑将军的秘书后，他成为一所大学的讲师，之后升任教授。

古诺患有眼疾，但在完全失明之前，他仍然出版了几部著作。这些著作都是将数学应用于经济学领域的开山之作。由于著作中广泛使用新的数学符号，在他生活的那个时代，他的著作并未受到人们的广泛认可。今天，古诺被誉为一名有着先进预言思想的思想家。

主要作品

1838年 《关于财富理论之数学原则的研究》

1863年 《财富理论原理》

如果
没有竞争，
打电话会更贵

垄断

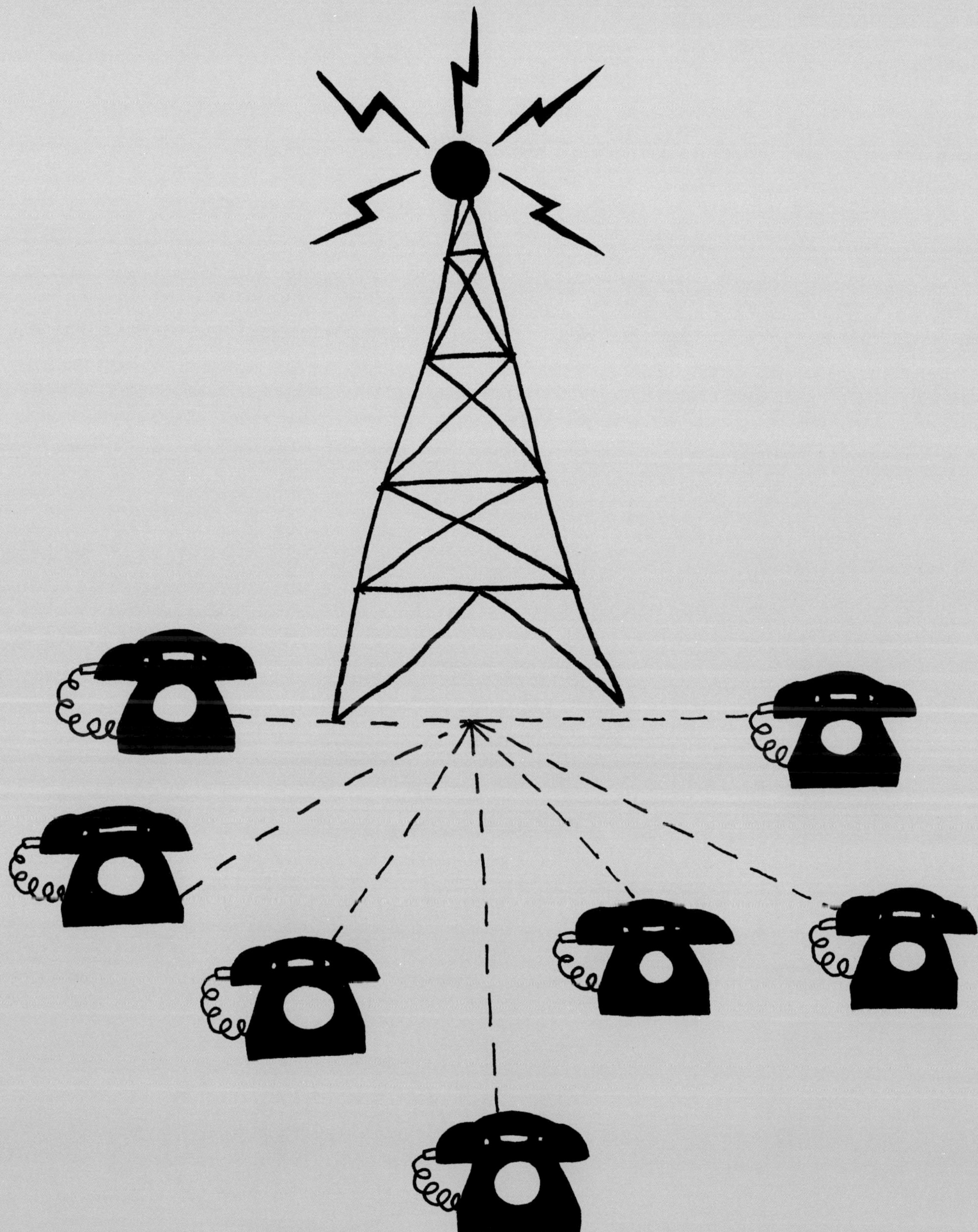

背景介绍

聚焦

市场与厂商

主要人物

约翰·斯图亚特·穆勒（1806—1873）

此前

约公元前330年 亚里士多德在《政治学》一书中阐述了垄断的影响。

1776年 亚当·斯密在《国富论》一书中就垄断的危险发出警告。

1838年 法国经济学家安东尼·古诺阐述了厂商数量减少对产品价格的影响。

此后

1890年 阿尔弗雷德·马歇尔建立了一个垄断模型。

1982年 美国经济学家威廉·鲍莫尔（William Baumol）出版了《竞争市场与行业结构理论》一书，对竞争的本质进行了重新定义。

垄断指的是某一个厂商控制了市场（如手机市场）的情况。这个厂商可能是某一产品或服务的唯一供给商，也可能在这一市场中占据支配地位。在许多国家，如果一个厂商的市场份额超过25%，就可以认为它垄断了市场。

垄断会使商品价格比一般情况下（许多供给商同时提供这一产品）更高，这一思想已存在近两千年了。早在亚里士多德的时代，他就曾通过希腊哲学家泰勒斯的故事对垄断的影响发出警告。人们嘲笑泰勒斯的哲学实践，认为哲学是没用的东西，不能产生任何经济效益。为了证明这些嘲弄他的人是错误的，当冬天橄榄榨汁机价格低廉的时候，泰勒斯将当地所有的橄榄榨汁机都收购了。然后，当第二年夏天人们需要橄榄榨汁机的时候，他再以高价出售这些机器（运用他所具备的垄断力量），因此大赚了一笔。对于泰勒斯来说，只要哲学家们想要变得有钱，他们就可以很有钱。对于经济学家来说，这个故事就是一个警告，警告人们垄断的潜在力量不容忽视。

市场支配力

1848年，英国政治科学家约翰·斯图亚特·穆勒出版了《政治经济学原理》一书，该书收集了经济学家们有关“缺乏竞争是否会导致价格上升”这一问题的大部分见解。普遍的看法是，有些行业本身就倾向于发展成为垄断行业。导致这种趋势的原因有两种：一是人为原因，例如政府对进口产品征收关税；另一种是自然原因，即企业本身发展壮大的结果。由于19世纪末各行业都需要大量的资金，大企业通过占领足够的市场份额，可以为自身发展提供足够的资金支持，而小企业因缺乏资金而被淘汰，使大企业开始支配整个市场，从而抬高产品的销售价格。在工业革命

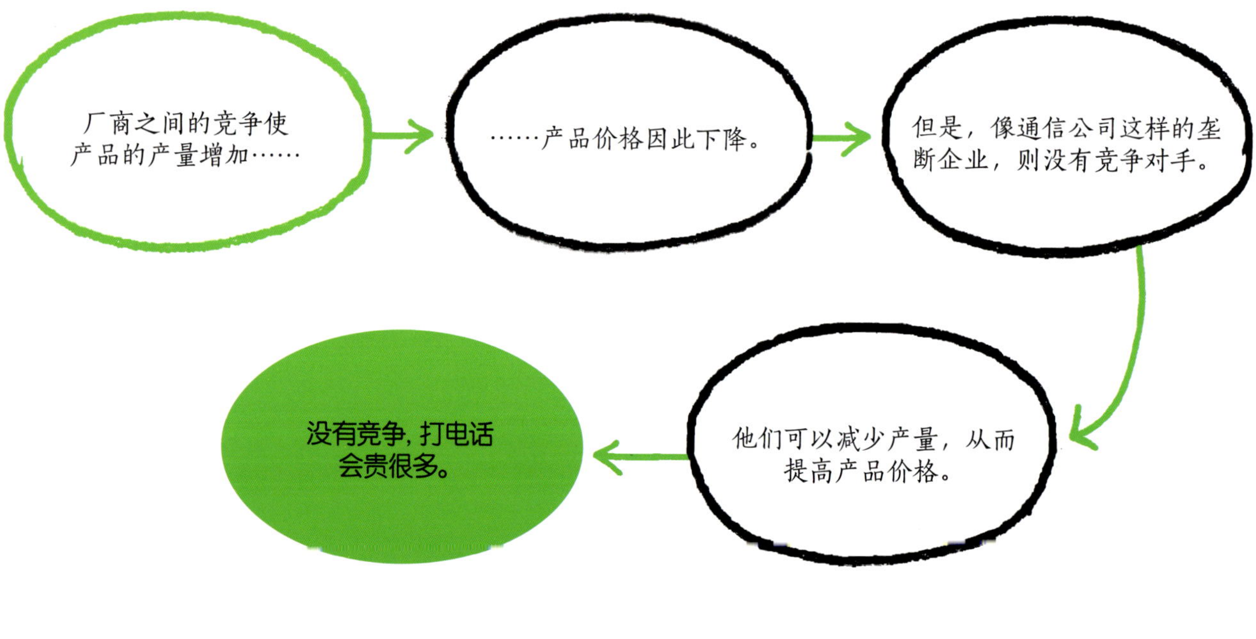

参见: 卡特尔与勾结 70~73页，竞争性市场 126~129页，规模经济 132页，创造性破坏 148~149页。

期间，煤炭、铁路和水的供给都表现出了集中的趋势。在煤炭行业，土地的所有权掌握在少数几个人手中。至于铁路和水的供给，由于基础设施规模过于庞大，如果多家厂商同时提供这些服务，谁都无法负担如此庞大的基础设施建设费用，因此这些行业往往只有少数几家供给商。和斯密一样，穆勒认为，市场的这些特点并非必定会促使垄断出现。最有可能的结果就是，几家厂商串通起来抬高商品价格。但在这种情况下，消费者同样需要支付昂贵的费用去购买产品和服务，他们面临的情况并不比垄断情形好多少。

垄断工人

穆勒意识到，不仅商品市场竞争的缺乏会抬高价格，劳动力市场也存在着垄断。他以金匠为例对此做出阐述：同等技术水平的金匠中，被认为信誉高的金匠（具有高信誉的金匠不多，且很难证明自己具备这一特性）的工资比信誉低的金匠高很多。这样就为进入这一行业设置了一个很高的门槛，金匠就可以为他们的服务制定一个垄断性的价格。穆勒意识到，并非只有金匠这一劳动力市场才存在这一情况，其他行业同样存在垄断。他注意到，大部分的工人阶级都不能进入技能型的行业，因为技能型的行业要求工人应具有多年的教育和培训经验。一个人接受多年的教育和培训需要一笔不菲的费用，而大多数家庭都支付不起，因此，他们也就无法享受他们期待的高工资。与

在穆勒写作的时期，铁路是垄断行业的一个典型例子。因为先成立的厂商已经提供了相关线路的服务，所以新的铁路线路既昂贵又不实用。

约翰·斯图亚特·穆勒

约翰·斯图亚特·穆勒，1806年出生于英国伦敦，在一个殷实的家庭长大。他的父亲对他要求严苛，为了让穆勒继承和发展他在哲学方面的研究，从穆勒3岁开始，他就让穆勒在家里学习难度很高的课程，其中包括希腊语。穆勒在20多岁时就出现了精神问题，这无疑与他父亲对他的培养方式有必然的联系。

穆勒是他那个时代最伟大的天才之一，有着雄辩的口才。他敢于为诸如法国大革命和妇女权利这样的"叛乱"事件发言辩护，他还反对奴隶制。他与哈里特·泰勒（Harriet Taylor）交往了20年，为自己的私生活带来了很多传言。哈里特·泰勒为他的写作带来了很多灵感。1873年，穆勒去世，享年67岁。

主要作品

1848年 《政治经济学原理》
1861年 《功利主义》
1869年 《女性的屈从地位》

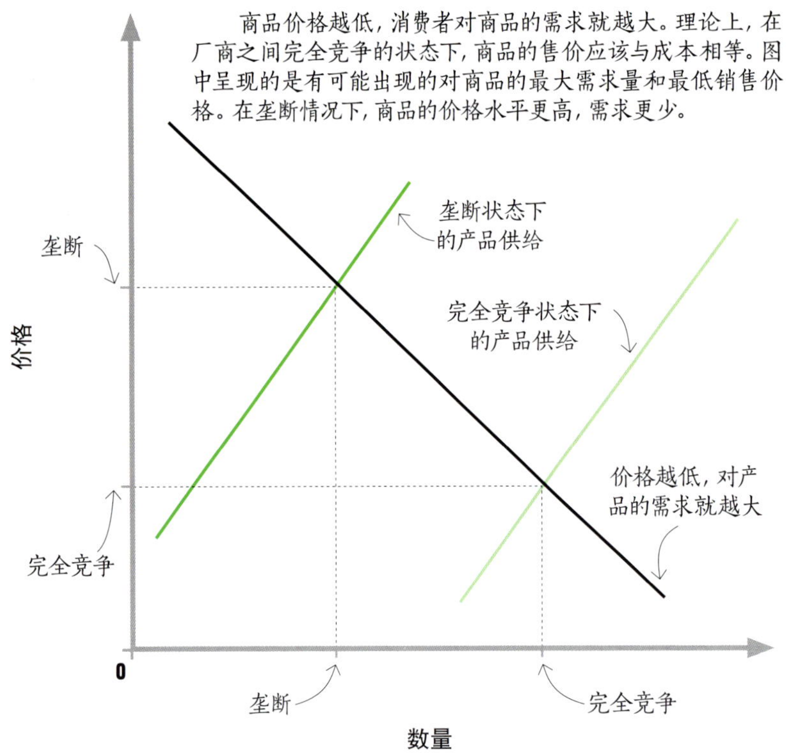

之类似，有些历史学家发现，在中世纪时期的行会里，有特权的工匠也一直在排斥其他工人参与竞争。

从19世纪90年代末期开始，英国经济学家阿尔弗雷德·马歇尔详细地分析了垄断对价格和消费者福利造成的影响。那么，垄断下的高价格和低产出是否会导致社会总福利的减少呢？马歇尔对此非常感兴趣。在《经济学概论》这本书中，他用公式阐述了消费者剩余这一概念——消费者愿意支付的最高价格和实际支付价格之间的差额。假如消费者愿意花50美分买一个苹果，但实际上他只花了20美分，那么这次消费中他的消费者剩余就是30美分。在一个有多家厂商的市场中，厂商之间在价格上展开竞争，消费者可以获得一定的剩余。购买最后一个苹果的消费者愿意支付的价格和苹果的实际价格相等，因为卖家没有别的苹果可以出售了。垄断市场中可供销售的苹果总量比完全竞争市场中本可以销售掉的苹果总量要少，这就是垄断市场中社会福利减少的原因。从本质上说，这意味着本来有足够产生消费者剩余的苹果可供销售，但是，这些苹果并不会出现在市场上。

> **垄断者使商品长期处于供给不足的状态……再以高于自然水平的价格销售他们的商品。**
>
> ——亚当·斯密

垄断的优势

垄断同样会产生更为复杂的价格和社会福利影响。马歇尔认为，垄断者实际上可能为了吸引消费者使用其通信网络服务而进行削价。例如，人们一旦开始使用某一产品或服务之后，就会一直使用下去，即使其竞争对手（其他厂商）提供的产品或服务的质量和目前使用的产品或服务的质量可能一样好。

有经济学家指出，垄断也可能产生良性的影响。在许多市场中，由垄断厂商提供产品或服务的总成本可能比由许多厂商提供该产品或服务的总成本更低，因为垄断厂商投入广告宣传的费用要低许多，他们可以充分利用规模经济的好处。由于成本很低，所以尽管垄断厂商的产品价格较低，但其利润却比其他厂商更高。那么，假若是这样的话，低价格就既对消费者有利，又可以拉动经济的增长。

同样，大厂商可能会为了赚取垄断利润，而在短期内通过恶性削价将对手逐出市场。经济学家们将这种现象称为掠夺性定价。从长远来看，由于市场被垄断了，消费者的利益势必会受到损害。然而，在20世纪五六十年代，美国经济学家威廉·鲍莫尔（William Baumol）宣称，只要没有设置障碍限制厂商进入和退出市场，即使存在垄断也没有关系，因为竞争的威胁意味着垄断厂商设定的价格水平必须具

上图所示为20世纪40年代美国电话电报公司（AT&T）的配电盘操作工人在工作。基于企业规模和主导地位，人们通常认为该企业是一个自然垄断企业。

有竞争力，否则的话，产品的高价将吸引新的厂商进入这个市场，夺走该垄断厂商的市场份额。正是由于这个原因，当市场处于垄断状态时，产品的价格也不一定比多家厂商竞争状态下的产品价格高。

自然垄断

在马歇尔那个时代，一种新的思想正在渐渐成形：由于单一厂商巨大的成本优势，有些垄断是自然形成的。许多公共事业都存在自然垄断，包括通信网络、天然气和水。在天然气行业，与注入额外气体所需的费用比起来，建立燃气输配管网的固定成本无疑是巨大的。在这一观点的作用下，许多国家的垄断公共事业厂商都获得了认可。即便这样，政府还会干预这些市场，尽可能排除可能产生的垄断影响。然而，问题在于，这些自然垄断企业的固定成本非常高，竞争性的价格会使这些企业无利可图。解决这个问题的一个办法是将这些厂商全部国有化，另一个办法是建立监管机构来限制价格上涨，保护消费者利益，确保这一行业的经济活力。

主流经济学家们认为，垄断市场仍然不如完全竞争市场的状态理想。根据这一观点，政府出台了反托拉斯政策，帮助市场形成竞争性的市场。这意味着政府应采取措施，限制垄断厂商滥用他们的市场支配力，其中包括打破垄断和禁止有可能形成垄断的厂商并购。

包括美国经济学家托马斯·迪罗伦佐（Thomas DiLorenzo）在内的现代奥地利学派经济学家对这种做法表示反对。在他们看来，真正的市场竞争不是均衡状态下完全具有竞争力的厂商的被动行为，而通常是少数大厂商之间割喉式的竞争。这些厂商可以在价格和非价格方面、广告和市场方面，以及大厂商的创新和新产品开发方面展开竞争。

除了奥地利学派的经济学家，约瑟夫·熊彼特也强调了市场上潜在的动态垄断，认为厂商会为获得潜在利润而互相竞争并开发新产品，从而垄断整个市场。经济学家们一致认为，真正的竞争是对消费者有利的竞争。那么，竞争和垄断是否相容呢？对于这一问题，人们至今仍然没有找到确定的答案。20世纪初期，德国经济学家罗伯特·利夫曼（Robert Liefman）认为，“只有一种竞争和垄断的特殊组合才可以产生最让人满意的效果”。■

> 任何需要投入巨额资本的行业或贸易都会限制该行业内的竞争。
>
> ——约翰·斯图亚特·穆勒

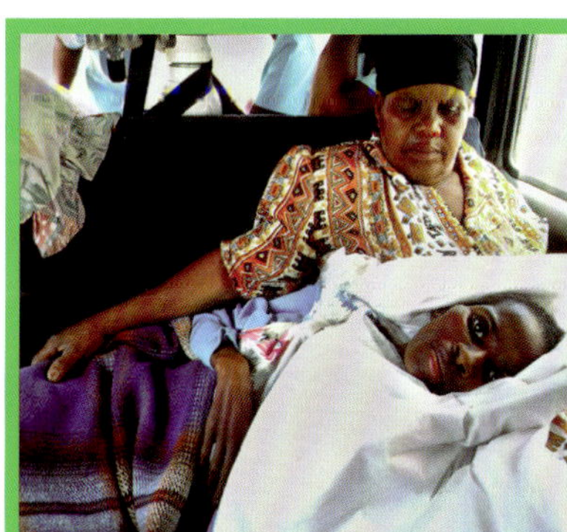

1998年，美国医药行业对南非政府采取法律行动，确定了其对治疗艾滋病药物的垄断地位。在这之前，南非政府一直都采购较便宜的、通用的治疗艾滋病的药物。

群体导致集体失控

经济泡沫

背景介绍

聚焦

宏观经济

主要人物

查尔斯·麦基（1814—1889）

此前

1637年 荷兰花匠P. Cos出版了《郁金香手册》一书，为未来郁金香的价格提供了原始数据。

此后

1947年 美国经济学家赫伯特·西蒙（Herbert Simon）出版了《行政行为》一书。西蒙在书中对“有限理性”这一概念进行了阐述，认为能力、信息及时间的不足导致了错误的决定。

1990年 彼得·加伯（Peter Garber）在他的论文《闻名遐迩的第一泡沫》中批判了查尔斯·麦基的著作。

2000年 美国经济学家罗伯特·希勒（Robert Shiller）出版了《非理性繁荣》一书，分析了经济泡沫的原因，并提出了可能阻止经济泡沫的政策干预措施。

1841年，苏格兰记者查尔斯·麦基（Charles Mackay）出版了《非凡的大众幻想与全民疯狂》一书，对市场和集体非理性行为进行了经典的分析。

麦基认为，人们集体性的疯狂炒作会导致商品价格上涨，上涨后的价格可能远远超过商品本身的内在价值。我们把商品价格失控上涨的这种情况称为经济泡沫。和真正的泡沫一样，当出现经济泡沫时，商品价格虽然上涨，经济却变得更加脆弱，最后将不可避免地崩溃。

上图是亨德里克·珀特为郁金香狂潮所作的画（1640）。画中的郁金香花神被视金钱为中心的醉汉们所驾驭，其他人则不顾一切地追随这辆马车和车上的人。

郁金香狂潮

发生在17世纪30年代荷兰的郁金香狂潮事件是最早的，也是最臭名昭著的经济泡沫之一。在17世纪初期，来自君士坦丁堡的郁金香在荷兰和德国富人中开始流行起来。不久，每一个人都喜欢上了郁金香，商品供不应求。郁金香被认为是富人生活品质的标志，还能体现其主人的教养。此外，荷兰的中产阶级们还热衷于收集稀有的郁金香品种。到1636年，人们对郁金香稀有品种的需求持续膨胀，以至于郁金香的交易进入了阿姆斯特丹的股票交易市场。

许多人因此一夜暴富。巨大的利益诱惑着人们，无论是贵族，还是女佣，都涌入了郁金香市场，想通过郁金香大捞一笔。在他们看来，郁金香会永远畅销。但是，当富人们不再在花园里种植郁金香的时候，郁金香渐渐失去了吸引力，人们这才意识到，这场荒唐的闹剧不能再继续下去了。这时，人们大肆抛售郁金香，郁金香的价格也因此暴跌。对那些借钱来投资郁金香

参见：供给与需求 108~113页，行为经济学 266~269页，银行挤兑 316~321页，全球储蓄失衡 322~325页。

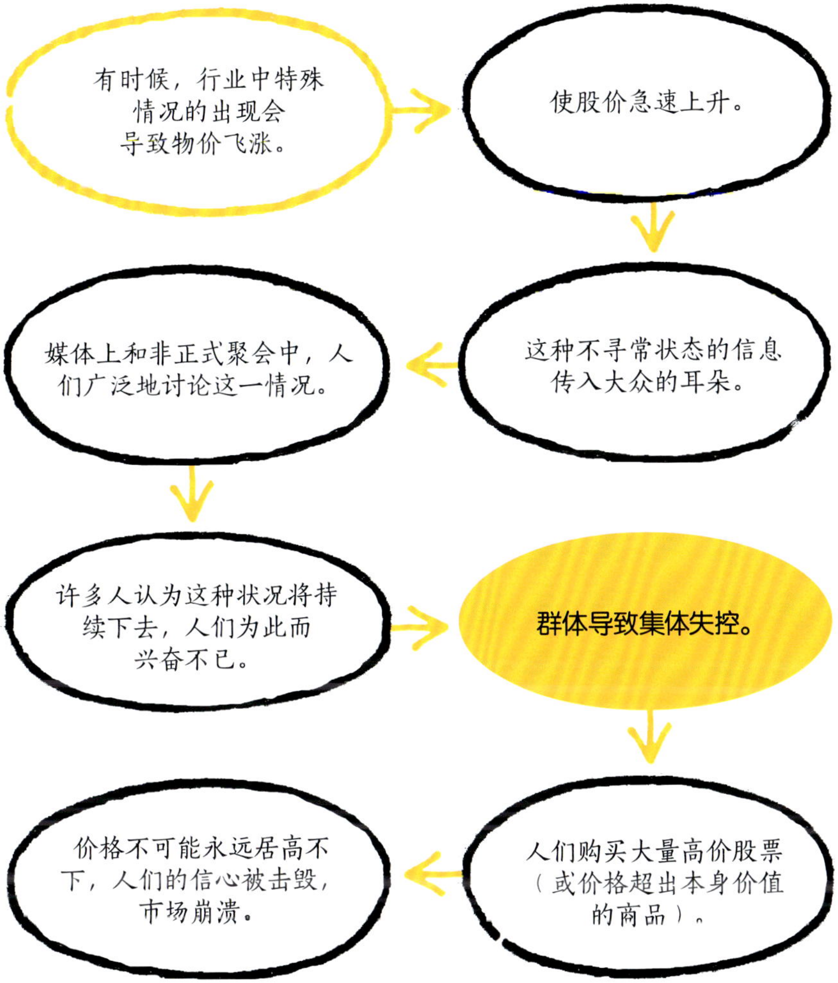

的人来说，这就是一场灾难。

经济泡沫的形成

美国经济学家彼得·加伯（Peter Garber）认为，经济泡沫中的炒作者在购买商品的时候，完全知道商品的价格已经超出了商品的“基础价值”，但是他们仍然继续炒作，因为他们期待价格在崩溃之前继续上升。但商品的价格毕竟不可能永远上涨，这其中也包括一些荒唐的信念，如“购买郁金香的人非常愚蠢（至少比我愚蠢），他们不会预见到价格崩溃”。然而加伯认为，有时候，价格上涨的背后有其他真正的原因，如法国女性将佩戴稀有品种的郁金香视为一种时尚。尽管如此，在任何经济泡沫中，唯一的建议依然是“投资要谨慎”。■

21世纪的经济泡沫

2000年爆发的互联网泡沫是21世纪第一个经济泡沫。该经济泡沫有着典型的经济泡沫的特征：炒作，而不是商品价值的变化（基于产量或资产）使价格上升。投资者们认为，世界将因为互联网而永远发生改变，因此，人们视投资电子商务为一次千载难逢的机会。

新的厂商没有贸易经验，销售量非常低，几乎没有任何利润，但是，他们仍然吸引了巨额的美元资金。人们认为，每个厂商都有可能成为下一个美国在线（AOL）（美国在线的客户数量曾在两年内由20万上升至100万，并且随后以每月新增近100万新用户的速度攀升）。贪婪最终战胜了恐惧，人们对互联网进行的投资发展到狂热的地步。在2000年3月到2002年10月期间，互联网股份一共损失了超过7万亿美元的市场价值。

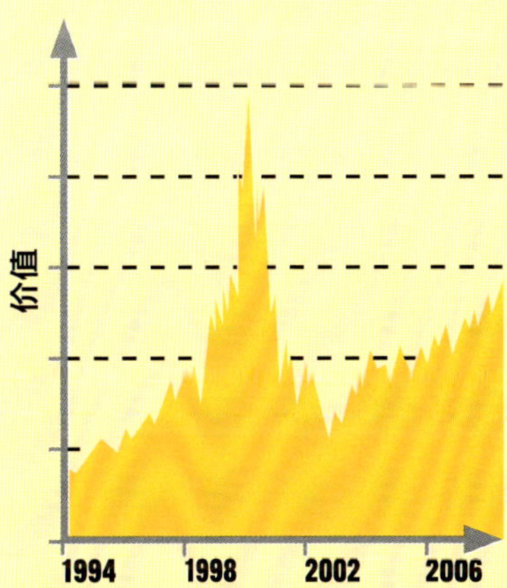

互联网泡沫在2000年达到顶峰。股票价格迅速上涨，世界各地的人们在餐桌上讨论的都是这一问题，而这就是经济泡沫即将爆发的可靠标志。

让统治阶级在共产主义革命面前颤抖吧

马克思主义经济学

背景介绍

聚焦

经济体制

主要人物

卡尔·马克思（1818—1883）

此前

1789年 法国大革命清除了法国古老的封建统治和贵族政体。

1816年 德国思想家格奥尔格·黑格尔（Georg Hegel）在他的《逻辑学》一书中阐述了辩证法思想。

1848年 在欧洲，不满于现状的中产阶级和工人阶级开始发起革命。

此后

1922年 列宁按照马克思主义基本原理建立了苏联。

1949年 中华人民共和国成立。

1989年 柏林墙倒塌，标志着东欧社会主义的瓦解。

尽管经济学的大部分是关于自由市场的，但不可忽略的是，在20世纪，多达三分之一的世界是社会主义政体。这些国家实行的是中央集权经济或者计划经济。尽管现代的自由市场经济已经出现了，但政治哲学家们仍然在寻找一种能够代替资本主义的社会形态。

然而，直到19世纪中期，当马克思完成他批判资本主义的著作时，共产主义才第一次得到了系统的经济论证。

1848年6月，巴黎工人起义，反抗政府和人为设置的障碍。这次起义是席卷欧洲的失败的革命浪潮的一部分。革命很快就遭到了镇压。

尽管人们普遍认为马克思对世界产生了深远的政治影响，但与其说马克思是一名政治家，不如说他是一位经济学家。他认为，社会的经济组织是社会和政治组织的基础，经济推动了社会的变革。

马克思没有从战争或殖民主义的角度来看待历史，而是将历史看作不同经济体制的发展进程，而这些经济体制又孕育了新的社会组织形式。

市场出现后，商人也随之出现。随着工厂的出现，工人阶级也出现了。资本主义渐渐代替了封建主义，共产主义也会同样渐渐代替资本主义。1848年，马克思在他的著作《共产党宣言》中指出，这一切都会通过革命来实现。为了解释这一不可避免的社会变化，他在三卷《资本论》中对资本主义体系及其固有的弱点进行了深刻的分析。

然而，马克思并没有绝对地批判资本主义。他认为，资本主义是经济进程中代替过时的封建主义（农民被非法禁锢在土地上）和重商主义（重商主义中政府控制国际贸易）所必经的一个阶段。甚至在阐述资本主义如何促进科技创新和工业效率提高的过程中，马克思一直都持肯定的态度。但最后，他认为资本主义只是一个过渡阶段，是一种不完美的制度，并且由于其固有的弱点，资本主义必将走向没落，直到最终被取代。

马克思的中心思想是，资本主义社会分化出了资产阶级（拥有生产工具的少数人）和无产阶级（构成劳动力的大部分），而这一分化则是资本主义的典型特征。

剥削工人

随着现代工业的出现，资产阶级成功地变成统治阶级，这是因为他们拥有的生产资料使他们比占人口大多数的无产阶级具有优势。工人们为了获得工资而提供劳动，生产商品和提供服务，而资产所有

参见：财产权 20~21页，劳动价值论 106~107页，集体谈判 134~135页，中央计划 142~147页，社会市场经济 222~223页，计划经济的短缺 232~233页。

者，即工业家和工厂主们，则为了获取利润而卖掉这些商品和服务。正如马克思所说，如果商品的价值基于生产这一商品所需要的劳动力，那么资本家应该首先将劳动力的价格和商品的原始成本加起来，然后再加上利润，这样来确定商品成品的价格。在资本主义体系中，工人生产创造的价值肯定会大于他们获得的工资。这样，资本家们才可以从工人身上获得剩余价值，即利润。

为了使利润最大化，资本家肯定会考虑付给工人最低限度的工资。同时，他们还会引进新的科学技术来提高生产效率，而让工人做一些低级的、单调乏味的工作，甚至会造成大量工人失业。马克思认为，对工人的剥削是资本主义的一大特点，工人得不到应得的物质报酬。此外，专业化生产使工人脱离了整个生产过程，体会不到工作的满足感。马克思认为，这种与生产过程的脱离必将会造成社会的动荡

到20世纪中期，新的科学技术和劳动力的专业化使工业生产更加高效。马克思认为，其结果就是产生了大量被剥削、被疏离的劳动力。

在资本主义体系中……

……生产资料为少数私人所有。

少数占有生产资料的人利用更多数的劳动力赚取利润。

不可避免的是，工人们变得更加熟练，也更有知识。

工人们意识到自己的处境，想要摆脱被压迫的现状。

……对利益的贪婪导致商品生产过剩，引起经济衰退。

资本主义发展速度减缓，无休止的经济危机周期性地发作。

经济的不稳定性导致社会动荡不安。

革命爆发，工人推翻统治阶级，控制了生产资料。

让统治阶级在共产主义革命面前颤抖吧。

无产者失去的只是锁链。在这幅纪念1917年俄国革命的海报中，一个工人象征性地摆脱了他的压迫者。俄国革命是在马克思思想直接作用下发生的事件。

和不安。

竞争和垄断

生产商之间的竞争是资本主义另一个必不可少的元素。为了在市场中竞争，厂商不仅要降低产品的生产成本，还要削减竞争对手的价格。在这一过程中，有些生产商失败，走向破产，而另一些生产商则赢得了更多的市场份额。正如马克思所说，这一趋势使市场中控制生产资料的生产商越来越少，资本集中在少数资本家的手中。从长远来看，这有可能导致垄断，而垄断不仅会剥削工人，还会损害消费者的利益。同时，破产的资产阶级和失业的工人变成了无产阶级，使无产阶级队伍越来越庞大。

马克思认为，竞争导致了资本主义体系的另一种失败。若某一市场中的利润持续增加，人们就蜂拥进入这一市场，导致生产规模扩大，有的厂商甚至会不顾市场对该产品的需求而盲目扩大生产。生产过剩不仅会导致浪费，还会造成经济停滞，甚至还有可能造成整个经济的下滑。就其本质而言，资本主义是无计划的，它只受到市场的复杂性控制，而供给和需求不平衡必定会造成经济危机。因此，资本主义经济的增长不会一帆风顺，周期性的经济危机会始终伴随着这一发展过程，并打断经济的增长。马克思认为，这样的经济危机将会越来越频繁，对无产阶级造成的负面影响尤其重大。

在马克思看来，资本主义经济的这些无法克服的弱点必然会导致其最终瓦解。为了解释这一现象，他借用了德国哲学家黑格尔在辨证过程中解决矛盾的方法：每一种观点或者事物的状态（正题）中都包含着一个矛盾（反题），通过这一矛盾斗争，最终形成新的更有深度的观念（合题）。

马克思认为，经济学中固有的矛盾，即不同群体和阶级之间的斗争，推动了社会变革。他分析了资本主义社会中资产阶级剥削无产阶级的现象，并将此作为社会矛盾的例子。在社会矛盾中，正题（资本家）包括自己的反题（被剥削的工人）。对工人的压迫和疏离与资本主义经济固有的不稳定性，贯穿了一次又一次的经济危机，最终必定会导致社会大规模的动荡不安。在共产主义取代资本主义的历史进程（合题）中，要摧毁资本主义，就必须进行无产阶级革命。马克思在《共产党宣言》的最后鼓舞道："无产者在这个革命中失去的只是锁链。他们获得的将是整个世界。全世界无产者，联合起来！"

革命

马克思预言，一旦资产阶级被推翻，生产资料就将归无产阶级所有。这就是马克思所说的"无产阶级专政"：经济权力由大多数人掌握的一种社会主义形态。然而，这仅是为了实现共产主义国家共同所有权而废除私有财产的第一步。同他对资本主义详尽彻底的分析比较起来，除了说明共同所有权是共产主义经济的基础和计划经济能够确保供求平衡这两点，马克思对能够代替资本主义经济的共产主义经济的阐述相对较少。考虑到共产主义没有资本主义的不公平和不稳定，马克思认为共产主义是历史发展进步的最高点。毋庸置疑，他对

> **资产阶级……迫使所有国家采用资产阶级的生产方式。**
>
> ——卡尔·马克思
> 弗里德里希·冯·恩格斯

资本主义经济的批判遭到了强烈反对。那个时代大部分的经济学家都将自由市场视为保证经济增长和繁荣的方式，至少对于某一阶层的人来说的确如此。但是，马克思也不乏支持者，他的支持者主要是一些政治思想家。

后来，历史证明了他对共产主义革命的预言——尽管这些共产主义革命不是发生在他所预言的欧洲和美国，而是一些农业国家，如俄罗斯和中国。

马克思并没有亲眼看到共产主义国家，如苏联和中华人民共和国的成立，所以他无法想象这两个国家计划经济的实际状况。

混合经济

在第二次世界大战结束后的几十年里，西欧国家在共产主义和资本主义中间开辟出了“第三条道路”。

虽然许多欧盟国家仍然是混合经济体制，但各个国家政府的干预和国有化程度各不相同。有些国家，尤其是英国，已经脱离了混合经济，朝着更加自由的经济发展，国家的作用更加微乎其微。

一些人对共产主义产生了怀疑，因为与马克思那个时代比较起来，现在没有明显迹象表明资本主义将会坍塌。一些人认为，马克思关于资本主义制度导致经济危机和革命的理论与现实偏差较大。

不过，马克思主义经济理论并没有被完全否定，近期的金融危机又促使人们开始重新思考他的理论和观点。

日益增加的不平等现象、财富集中于少数大公司、频繁的经济危机，以及2008年的次贷危机都被认为是自由市场经济所致的结果。

尽管人们不会极力提倡社会变革，但有越来越多的思想家——并非全部来自政治领域——已经开始认真考虑马克思对资本主义的批判。■

1959年，卡斯特罗领导革命队伍夺取了古巴政权。这次革命最初是国民革命，但由于卡斯特罗与苏联结盟，不久就演变成了共产主义革命。

卡尔·马克思

1818年，马克思出生于德国普鲁士的特里尔。马克思开始学习的是法律，但是后来对哲学产生了兴趣，获得了耶拿大学的哲学博士学位。1842年，马克思搬到科隆，成为一名新闻记者，但是他的观点很快就导致他受到审查。于是，他带着妻子珍妮逃到了法国巴黎。在巴黎，他遇到了德国工业家恩格斯，两人在1848年发表了《共产党宣言》。后来，他曾经搬回德国一段时间，但是在革命被镇压之后又离开德国，去了英国伦敦，并在伦敦度过余生。在伦敦期间，他将全部时间和精力都投入到撰写《资本论》一书中。尽管恩格斯持续为他提供经济援助，但1883年，马克思还是在贫困中去世。

主要作品

1848年 《共产党宣言》(与恩格斯合著)

1858年 《政治经济学批判》

1867年、1885年、1894年 《资本论》

商品的价值取决于生产该商品所耗费的劳动

劳动价值论

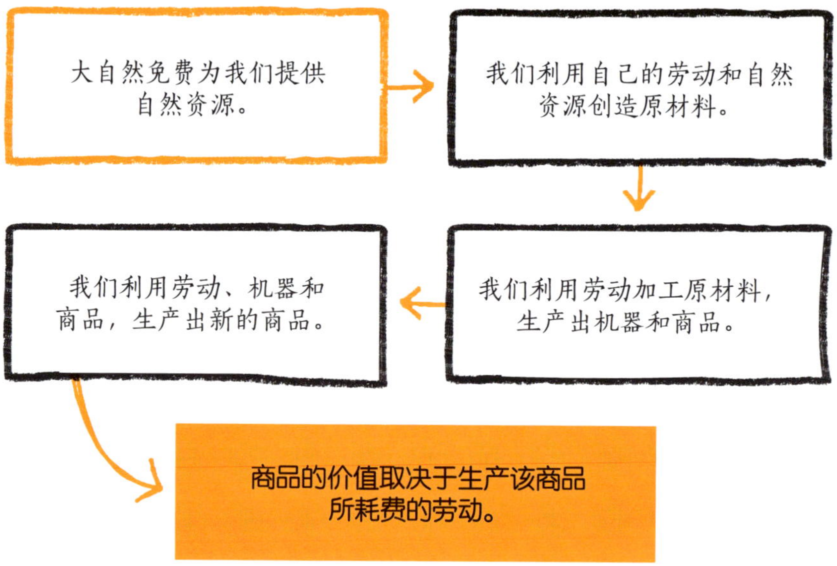

背景介绍

聚焦

价值理论

主要人物

卡尔·马克思（1818—1883）

此前

1662年 英国经济学家威廉·佩蒂认为，土地是自然免费赐予的礼物，因此，所有的资本都是“过去劳动”。

1690年 英国哲学家约翰·洛克认为，工人理应获得他们的劳动果实。

此后

1896年 奥地利经济学家柏姆·庞巴卫克（Eugen von Böhm-Bawerk）出版了《卡尔·马克思及其体系的终结》一书，总结了对马克思劳动价值论的批判。

1942年 激进的美国经济学家保罗·斯威齐撰写了《资本主义发展论》，为马克思的劳动价值论进行辩护。

劳动力是确定商品价值的重要因素，其重要性可以追溯至古希腊的哲学家。在17世纪中期以后的200年里，这一观点一直是经济思想的中心。在文艺复兴时期和工业化社会以前，用一个商品能够交换多少其他商品呢？劳动力在这一决策中起着最简单、最直接的作用。如果织一张渔网花了工匠一周的时间，那么，这个工匠肯定不会用这张渔网去交换一个只花了一个早上就做好的木汤勺。然而，随着18世纪现代工业社会的形成，这个问题变得越来越复杂。古典主义经济学家亚当·斯密和大卫·李嘉图各自发展了一套与劳动力相关的价值理论，但马克思在《资本论》中对劳动价值论的阐述才是最闻名遐迩的。

劳动和成本

马克思认为，生产一个商品

参见：经济中的农业 39页，价值悖论 63页，马克思主义经济学 100~105页，供给和需求 108~113页，效用与满意度 114~115页，机会成本 133页，中央计划 142~147页。

> 所有商品的价值都是通过劳动实现的。
>
> ——卡尔·马克思

所耗费的劳动量与该商品的价值成正比。以下论据可以证明这一观点。如果理发一次要耗费半小时的劳动，该劳动的价值是每小时40英镑，那么理发一次的价值就是20英镑。理发的过程中还需要用到剪刀和刷子，而剪刀和刷子的价值为60英镑。每用一次，剪刀和刷子的价值就下降1英镑。那么，理发一次的总价值为21英镑。至于工具，剪刀价值20英镑，是因为用价值12.5英镑的原材料钢铁锻造，并需要花费45分钟的劳动（该劳动的价值是每小时10英镑）。同样，可以通过计算用生铁制造钢铁耗费的时间来解释为什么一块钢铁价值12.5英镑。我们可以计算一个商品在生产完成之前各个环节所耗费的劳动量，但最初的原材料，即原始的自然资源，是大自然为我们免费提供的，是没有价值的。因此，所有的价值都是由劳动者付出的劳动创造的。

马克思指出，这种方法太复杂，以至于不能用来计算任何商品的价值。他认为，价值是凝结在商品中无差别的人类劳动。他还指出，价值由我们认为生产一个商品耗费的正常的劳动量来决定。一个低效率的理发师理一次发可能会花一个小时的时间，但是人们不可能为此多支付20英镑。马克思并不否认市场中供给和需求会在短期内影响商品的价值或价格，但是，他认为从长远来看，价值体系的基本结构和动态一定取决于劳动力。■

工作中的愉悦

马克思认为，人们天生希望与他人建立某种联系，这种人际关系会让人感到愉悦。在工作中，人们也会表现出这种欲望。

当一个人在生产某一商品时，这个商品就反映了他或她的人格特性。其他人购买这个商品时，生产者不仅会因为自己满足了别人的需求而感到高兴，还会因为自己个性中的“美”得到肯定而感到幸福。而马克思认为，资本主义摧残了人类的这一本性，因为资本主义将劳动者与他们生产的商品隔离开。劳动者不能控制他们的产出，他们仅是被雇用来生产商品的，几乎不用投入任何创造力，并且他们也不可能消费，甚至交易自己生产的商品。

劳动价值论作为经济学的主导思想，面临着许多基于矛盾问题的批判：

如果沙堡是由劳动创造的，那么，为什么沙堡一文不值呢？马克思的回答是，并非一切由劳动创造的物品都是有价值的，因为人们可以将劳动耗费在没人想要的物品上。

怎样用创作一件艺术品所耗费的劳动量或时间来衡量一件艺术品的价值呢？马克思对这一批判做出的辩护是：艺术品是个例外，因为它是独一无二的。因此，无法衡量完成一件艺术品需要的平均时间，也就无法用消耗的劳动量或时间来衡量艺术品的价值。

为什么在未投入任何额外劳动的前提下，葡萄酒存储10年后价值却上升了呢？马克思对此问题的辩护是：等待葡萄酒成熟的时间自然而然地需要额外的劳动，因此，陈年葡萄酒的价值更高。

供求决定价格

供给和需求

背景介绍

聚焦
价值理论

主要人物
阿尔弗雷德·马歇尔（1842—1924）

此前
约1300年 伊斯兰学者伊本·泰米叶发表了有关供给和需求影响价格的研究报告。

1691年 英国哲学家约翰·洛克认为，销售者和消费者的比例会直接影响商品价格。

1817年 英国经济学家大卫·李嘉图认为，价格主要受商品成本的影响。

1874年 法国经济学家里昂·瓦尔拉斯研究了市场中的均衡（平衡）。

此后
1936年 英国经济学家约翰·梅纳德·凯恩斯确定了经济范围内的总需求和总供给。

供给和需求是经济学理论中的两大基石。市场提供的商品数量和消费者想要购买的欲望相互作用就构成了市场的基础。

早在中世纪时期，人们就已经开始研究供给和需求在经济学中的重要性了。苏格兰学者邓斯·司各脱（Duns Scotus）意识到，商品的价格对消费者来说必须是公平的，但是价格同样要将生产这一商品所耗费的劳动量纳入考虑，因此，商品的价格对生产者来说也必须是公平的。后来的经济学家研究了成本对商品最终价格的影响，而斯密和李嘉图则将商品的价格同其生产过程中耗费的劳动联系起来。这就是古典的劳动价值论。

19世纪60年代，新的经济理论开始出现，打着新古典主义的旗帜对古典劳动价值论发出挑战。这一学派的思想引入了边际效用理论，认为消费者从购买的商品中获得或失去的满足感不仅会影响消费者的需求，也会影响商品的价格。

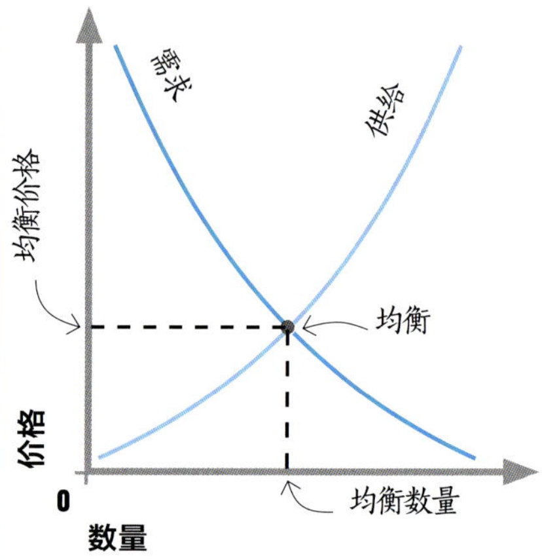

上图为马歇尔交叉图，展示了供给和需求的关系。供给曲线和需求曲线的交叉点所对应的价格是均衡价格。

英国经济学家马歇尔将对供给的分析和对需求的新古典主义分析结合起来。马歇尔发现，供给和需求共同决定市场价格。其研究的重要性在于，他阐述了供给和需求在短期市场（如经营易变质的商品的市场）和与此相对的长期市场（如黄金市场）中的不同动态。他将数学应用于经济理论，创造了“马歇尔交叉图”，用交叉的曲线

阿尔弗雷德·马歇尔

1842年，阿尔弗雷德·马歇尔出生于英国伦敦。他在克拉珀姆自治市长大，并在剑桥大学学习数学。之后，他又学习伦理学。他的研究使他将经济学作为实施他的道德信念的可行工具。

1868年，马歇尔成为一名讲师，讲授伦理学。他一直对伦理学感兴趣，直到1875年，马歇尔来到美国，开始专注于研究政治经济学。1877年，马歇尔与他之前的学生玛丽·培里（Mary Paley）结婚，并成为英国布里斯托尔大学的校长。

1885年，他回到剑桥大学，担任政治经济学教授，直到1908年退休。从1890年到1924年他去世的这段时期，马歇尔一直都是英国经济学领域的领军人物。

主要作品

1879年 《工业经济学》（与玛丽·培里合著）
1890年 《经济学原理》
1919年 《工业与贸易》

参见：价值悖论 63页，劳动价值论 106~107页，经济均衡 118~123页，效用与满意度 114~115页，支出悖论 116~117页，需求弹性 124~125页，竞争性市场 126~129页。

> 市场中某一商品的供给量越大，消费者愿意为此商品支付的价格就越低。
>
> ——阿尔弗雷德·马歇尔

来表示供给和需求的关系。两条曲线的交叉点所对应的价格，就是使供给（生产商）和需求（消费者）平衡的均衡价格。

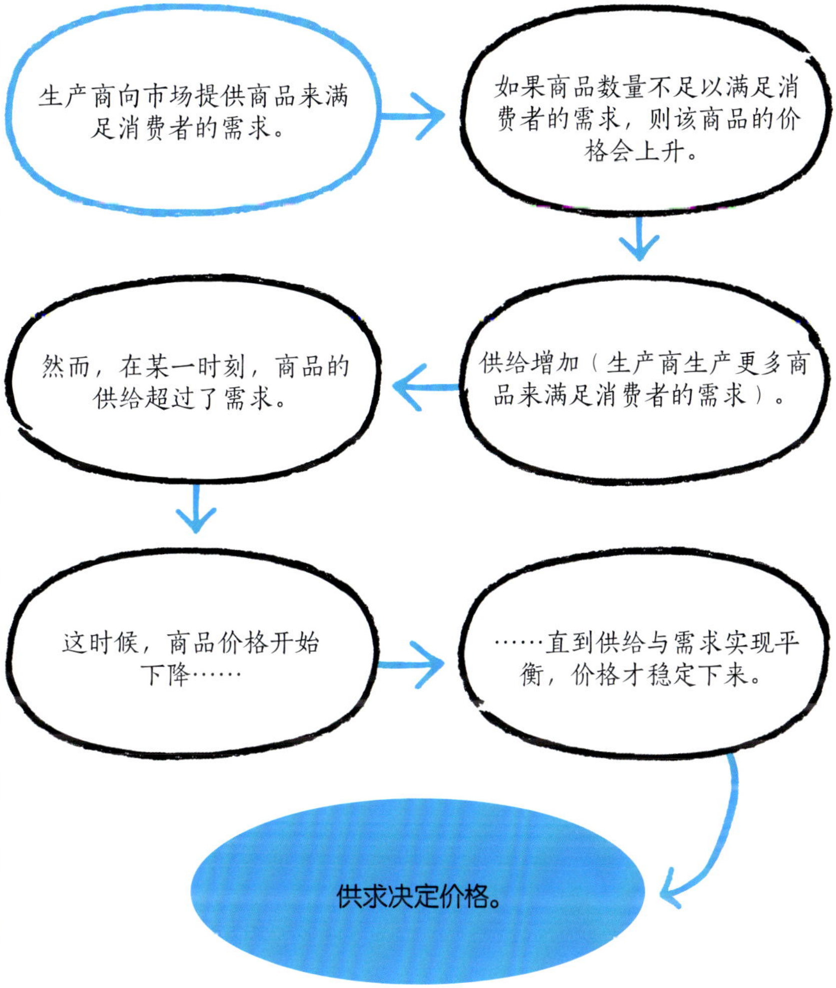

供给法则

单个厂商的生产量是由生产的商品的市场价格决定的。如果生产某一商品的各种成本（劳动力、原材料、机器及房屋）之和比市场愿意支付的价格高，那么，生产这一商品就无利可图，其生产量就会减少或者停止生产。相反，如果某一商品的市场价格比其生产成本高很多，厂商则会考虑扩大生产以赚取尽可能多的利润。这一理论中包含一个假设：厂商对商品的市场价格没有任何影响，只能接受市场提供的价格。

例如，生产一台计算机的成本总计200英镑，如果计算机的市场价格低于200英镑的话，生产计算机就无利可图。相反，如果计算机的市场价格是1000英镑，这时候，厂商就会尽可能多地扩大生产规模，以获取最大利益。马歇尔交叉图（见第110页右上图）可以很清楚地表现供给法则，曲线上的每一个点都代表特定价格下厂商愿意生产和销售多少单位的商品。

此外，固定成本和可变成本之间还有一些区别。上面的例子假设可以在商品的单位成本不变的情况下增加产量。然而，事实并非如此。如果工厂每天只能生产100台计算机，而市场需求是每天110台计算机，那么生产者就会考虑增加额外的成本来建一家新工厂是否值得，或者还可能考虑稍微提高计算机的价格，使消费者对计算机的需求减少到每天100台。

需求的本质

需求法则站在消费者的角度来看待问题。当某一商品的价格上升时，需求会不可避免地降低（一些必需品，如药物除外）。这是因为有些消费者的经济能力无法负担上升的价格，或者他们认为购买其他商品可以获得更多的满足感。

还是运用前面曾提到的例子，如果购买一台计算机只需要花费50英镑，那么，对计算机的需求会很高，因为大部分人都可以支付得起购买一台计算机的钱。相反，如果购买一台计算机需要1万英镑，这时市场对计算机的需求将会非常低，因为只有少数非常富有的人才有能力购买。市场对某一商品的需求随着该商品价格的上升而下降。

为了刺激市场对商品的需求，厂商通常会选择降价，但这个价格也有一个下限。如果计算机的价格降到5英镑以下，每个人都买得起计算机，但是没有人需要两三台或者更多的计算机，价格再低也无法继续刺激人们对计算机的需求。这时消费者意识到，他们的钱可以用来购买别的商品，于是对计算机的需求就减少了。

> **当消费者愿意支付的价格和生产者愿意销售的价格相同时，该商品的产量既不会增加也不会减少，此时市场达到了均衡状态。**
>
> ——阿尔弗雷德·马歇尔

价格并不是影响需求的唯一因素。消费者的品位和对商品的态度也同样会影响需求。如果某一商品变得非常流行，那么整个需求曲线就会向右移动，每一价格下消费者愿意购买的商品数量都增加了。这种情况下，假如供给曲线保持不变，那么商品的价格就会上升。生产者还可以通过广告等手段来操纵消费者的品位，从而改变需求曲线的形状和位置。

寻找均衡点

消费者总是希望以尽可能低的价格来购买某一商品，同时，生产者也总是希望以尽可能高的价格来销售某一商品。当价格太高的时候，消费者对该商品失去兴趣而不愿意购买。相反，如果价格太低，对于生产者来说，继续生产该商品已经毫无意义，因为该商品已经没有利润空间，生产者无利可图了。因此，必须要寻求一个均衡点，使均衡价格既能被消费者接受，生产者也能从中获利。这一均衡点就是供给曲线和需求曲线的交叉点，这一均衡点对应的价格既符合生产者赚取最大利润的想法，也能满足消费者节省更多开支的心意。

然而，许多因素使这些本来较简单的法则变得复杂起来。除了时间因素，市场的位置和规模对于价格来说也是非常关键的。生产者心仪的售价并非只受到生产成本的影响。

例如，在一个以销售新鲜农产品为主的市场上。农民在进入这一市场前，已经支付了生产这些农产品的所有成本，如购买种子、种植农作物和收获农作物时付出的劳动、将产品运进市场的交通费用等。农民知道，如果想要有利润的话，每个苹果的售价必须是

一天的销售结束时，水果商不得不扔掉没卖出去的苹果。销售时间的紧迫性是决定易变质商品销售价格的主要因素。

可口可乐等商品的生产商可以通过广告提升商品及品牌形象，以此影响消费者的需求。随着需求的上升，商品的价格也可能上涨。

1.2英镑。因此，在一天的销售刚开始时，农民会将他的苹果价格定为1.2英镑。如果他的苹果卖得很好，那么他可能会觉得他可以将价格提高到1.25英镑，以获取更多的利润。这样一来，苹果销量就有可能下降。如果幸运的话，他仍然可以卖光所有的苹果。但是，如果在这一天的销售快结束时，他的苹果还没有卖完，而卖不掉的苹果将会腐烂变质，那么为了避免剩下太多苹果，他必须将苹果的价格下调为1.15英镑。

> “
>
> **任何商品的价格都会根据买卖双方的数量比例变化而上下波动……（这一规律）适用于任何用于买卖的商品。**
>
> ——约翰·洛克
>
> ”

在这个例子中，苹果的成本是固定的，而在短时间内卖掉苹果才是更重要的压力性因素。这个例子对于描述短期市场和长期市场的区别非常有用。农民要根据本年苹果的销售情况来决定下一年他应该种植多少苹果。这样，市场最终才会达到均衡。

农民所在的市场还受到距离的限制。只有在一定的区域内，销售某一农产品才具有可行性。例如，从海外运输苹果的成本会使这些苹果的价格失去竞争力，因为国内种植的苹果会更加便宜。这就意味着，在一定程度上，农民可以自由地将价格稍微调高一点，因为消费者不可能去别的地方购买该产品。

与果农面临的情况相反的是像黄金交易这样的全球商品市场。在这种长期市场中，由于黄金可以保值和增值，因此黄金的持有者没有销售黄金的时间压力。市场越大，市场知识越丰富，该商品就更有可能达到均衡价格。这使得市场价格的任何微小变化都变得非常重要，因为任何变化都有可能引起黄金的销售和购买狂潮。

尽管这些例子中提到的因素都使市场变得更加复杂，但市场中最基本的原则仍然不变，即产品供应商只会以他们可接受的价格销售商品，而消费者也只会购买他们认为价格合理的商品。

以上例子涉及的都是进行实物贸易的市场，但供给和需求定律在整个经济中都是适用的。例如，它还可以应用到劳动力市场。劳动者提供和销售自己的劳动，雇主即消费者，希望购买尽可能廉价的劳动力。同样，我们也可以用供给和需求定律来分析货币市场，其中的利率等同于价格。

经济学家们将马歇尔的研究称为“局部均衡”分析，因为该理论表明了一个单一的市场如何通过供给和需求的力量达到均衡或者平衡。然而，经济是由许多相互作用的市场构成的，那么这些复杂的市场是怎样相互作用并最后达到“一般均衡”的呢？19世纪，里昂·瓦尔拉斯对这个复杂的问题进行了分析。■

第一块巧克力比最后一块更香甜

效用与满意度

背景介绍

聚焦

价值理论

主要人物

威廉姆·杰文斯（1835—1882）

此前

1871年 奥地利经济学家卡尔·门格尔在《国民经济学原理》一书中阐述了边际效用递减理论。

此后

1890年 美国经济学家阿尔弗雷德·马歇尔在《经济学原理》一书中呈现了根据边际效用理论绘制的需求曲线。

1944年 美国经济学家约翰·冯·诺伊曼和奥斯卡·摩根斯顿将效用理论应用到结果不确定的情况中。

1953年 法国经济学家莫里斯·阿莱（Maurice Allais）在《理性人行为的风险》一书中论证了现实中人们的行为往往与效用理论相悖。

需求与价格负相关：当价格下降时，市场需求上升。

↓

这意味着只有当商品价格下降时，消费者才会购买更多商品，因为……

↓

……消费者购买和消费每一额外单位商品所获得的乐趣都少于前一单位的商品，例如……

↓

……第一块巧克力比最后一块更香甜。

亚里士多德最先发现了这个道理：当一件有用的物品数量太多时，该物品就不再有用了。当人们连续购买和消费某一商品时，该商品给人们带来的满足感会越来越少。此观点在经济学理论中叫边际效用递减（DMU）规律。边际是指“边界”的变化（增加或减少），如多吃一块巧克力。效用指的是购买和消费某一商品带来的满足感和愉悦感。英国经济学家杰文斯在他的《政治经济学原理》一书中指出，可以通过某种方法来衡量效用，这种方法与市场中可得的商品数量相关。

需求曲线

到底是什么因素决定着商品的价格呢？经济学家们努力地想要解开这个难题。在这个过程中，边际效用递减规律发挥了越来越重要的作用。假设大家都认为多吃的那一块巧克力带给人们的满足感和愉悦感更低，那么，只有在价格下降的时候，人们才愿意购买额外的巧克力，因为这块额外的巧克力带给

参见：价值悖论 63页，劳动价值论 106~107页，供给和需求 108~113页，风险与不确定性 162~163页。

人们的满足感和愉悦感相对较少。所以，除非巧克力价格更低，否则人们是不会购买的。因此，需求与价格是负相关的。此外，需求和供给共同决定一块巧克力的均衡价格或“自然”价格。

边际效用递减规律固然重要，但是，仍然有许多例外情况存在，如寻找最后一块拼图（最后一块拼图带给人们的效用最高）。令人上瘾的商品，如烟或酒也是例外，消费越多，效用（满足感）越高。此外，边际效用递减规律还包含某些假设，如“消费必须是连续的”。一次吃一整盒巧克力比一天内间歇地吃完一整盒巧克力更能证明边际效用递减规律的正确性。

积极贡献

边际效用递减规律不仅能证明更平等的收入分配可以为社会创造更多的福利，还有着其他重要的应用价值。如果政府从富人手里拿走1英镑给一个贫困的人，社会的总效用就增加了。效用理论已经扩展到了其他领域，如研究个人在面临不确定性和风险时如何做出决定。在这种情况下，人们的决定更依赖于他们对事物的喜好和对可能发生的不同结果的评估。20世纪50年代，美国数学家伦纳德·萨维奇展示了人们怎样做出不同的决定——人们的决定不仅跟评估的商品效用大小有关，还与他们对风险的感受有关，例如讨厌风险的人会做出使他们风险最小化的选择。■

边际效用递减规律在需求和供给的负相关关系中尤其明显。个体拥有的某一商品越多，他愿意为每单位的该商品支付的价格就越低。

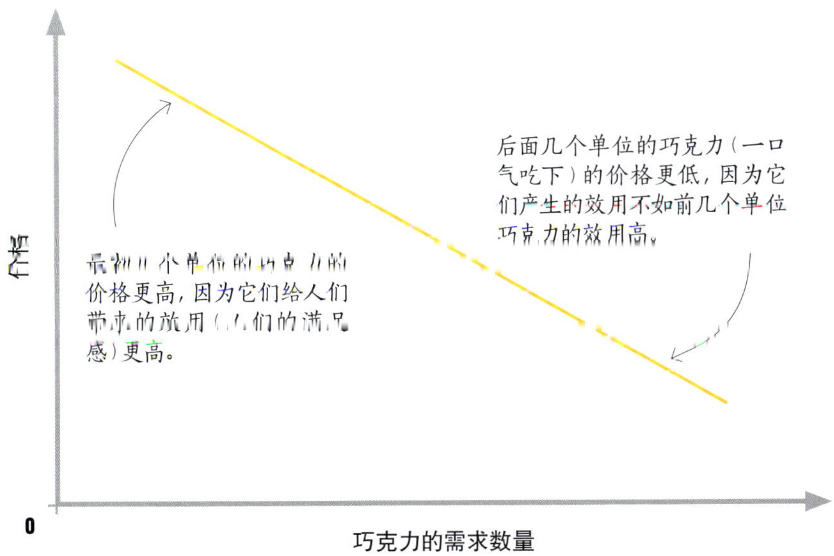

威廉姆·杰文斯

1835年，威廉姆·杰文斯出生在英国利物浦。他的父亲是一名贩卖钢铁的商人，曾经写过关于法律和经济的文章。在他父亲的影响下，他对经济学产生了浓厚的兴趣。1855年，他父亲的公司倒闭，迫于经济压力，他不得不中断在伦敦大学学院的学习，并到澳大利亚工作，成为一名化验员。5年后，他回到伦敦大学学院，继续完成他的学业。

1863年，杰文斯在曼彻斯特担任家庭教师，并在那里与哈里特·泰勒相识并结婚。1876年，杰文斯携家搬往伦敦，在伦敦大学学院担任教授。尽管疾病缠身，他仍然是一位非常著名的多产作家，在经济学和逻辑学领域颇有成就。1882年，他因不小心溺水去世，享年47岁。

主要作品

1865年 《煤炭问题》

1871年 《政治经济学理论》

1874年 《科学原理》

当价格上涨时，有些人反而会买更多

支出悖论

背景介绍

聚焦

决策

主要人物

罗伯特·吉芬（1837—1910）

此前

1871年 奥地利经济学家卡尔·门格尔论证了边际效用如何决定市场对商品的需求。

此后

1909年 英国经济学家弗朗西斯·埃奇沃思在《现存的自由贸易》一书中对吉芬商品的存在提出了质疑。

1947年 美国经济学家斯蒂格勒对马歇尔在《关于吉芬悖论历史的说明》一书中的吉芬商品例子提出了反驳。

2007年 美国学者罗伯特·詹森和诺兰·米勒在《吉芬行为：理论与证据》一书中重新提出了这一论点。该书记载了中国一些贫困农村地区存在的吉芬商品现象。

1895年，英国经济学家马歇尔论证了供给和需求如何决定商品的价格。在解释了“需求越大，价格越低”的基本规律之后，他继续寻求一些有趣的案例。马歇尔认为，在某些情况下，价格的上升可能会造成需求的大幅度增加。他将这一例外的发现归功于这一时期著名的苏格兰经济学家和统计学家罗伯特·吉芬爵士。现在，需求随价格的上升而增加的商品就被称作吉芬商品。

最初的吉芬商品是面包。面包是19世纪英国最贫穷人群的主要食物，相对于奢侈的肉类食物而言，这种食物质量要低劣一些。贫穷的工人阶级们将他们收入的一大部分用于购买面包来填饱肚子。马歇尔认为，随着面包价格的上升，贫穷的人们不得不花更多的钱来购买面包以维持生存。他们别无选择，因为肉类食物太贵了。结果，面包的价格上涨之后，对面包的需求也随之上涨。

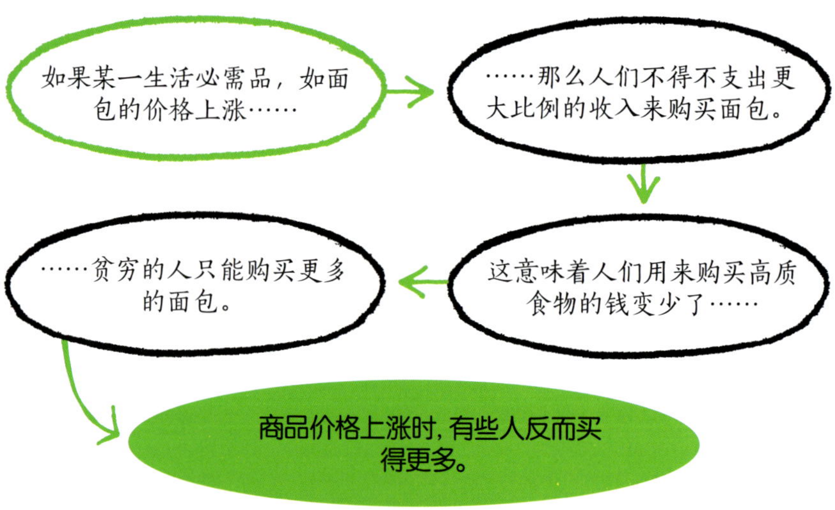

参见：供给和需求 108~113页，需求弹性 124~125页，炫耀性消费 136页。

低质与贫穷

吉芬商品必须依赖几个假设才能成立。首先，该商品必须是低质的商品。也就是说，当人们的收入增加之后便不再购买如此多的这类商品，因为人们有更好的选择（在这个例子中，肉类食物就是优于面包的一个选择）。其次，消费者必须花费他们收入的大部分来购买此商品。因此，这个例子涉及的必须是社会底层最贫穷的人群。最后，除了购买此种商品，人们别无他选。在面包这个例子中，再没有比面包更便宜的主食了。

如果这些假设都成立，面包价格的上涨就会产生两种影响。其中一种是人们购买面包的数量减少，因为用于购买面包的支出给人们带来的效用比购买其他商品带来的效用低。这种替代效应使面包的供求关系变化与一般规则无异：对面包的需求量随着价格的上涨而减少。然而，面包价格的上涨同样还使人们对其他商品的购买力下降。因为面包是低质商品，价格上涨后，人们的实际收入相对降低，使人们对面包的需求量增加。吉芬商品如此特别的原因就在于，贫困的人们将收入的大部分用于购买面包，收入效应的影响巨大，甚至超过了替代效应的影响。因此，当面包价格上涨之后，人们对面包的需求反而增加。

难以找寻的证据

马歇尔遭到了另一名英国经济学家埃奇沃思（1845—1926）的攻击。埃奇沃思认为，马歇尔提出的“与需求基本法则相悖的商品是存在的”这一假设没有任何实际证据。从理论上说，吉芬商品与人们的行为是一致的——收入效应和替代效应相互作用的结果——这是需求曲线的基础。尽管吉芬商品有可能存在，但这种商品非常稀少，并且吉芬商品存在的证据都来自一些特殊的例子，而其中一些并不完全可信。但是，经济学家们仍然在继续研究和寻找吉芬商品。在2007年的一次研究中，哈佛经济学家罗伯特·詹森和诺兰·米勒找到了证据，证明在中国存在着吉芬行为——一些贫困家庭对大米的需求随着大米价格的上涨而增加。■

图为孟加拉国的一名女孩正在购买大米。2011年，为了改善贫困居民的食品安全，孟加拉国政府对人们赖以生存的主食实施经济补助。

凡勃伦商品

图为一辆劳斯莱斯豪华轿车正在展出。经济学家们认为，人们购买豪华奢侈轿车，正是因为这些车的高价可以显示人们的身份和地位。

凡勃伦商品是以美国经济学家托斯丹·邦德·凡勃伦命名的。凡勃伦系统地阐述了“炫耀性消费”理论。凡勃伦商品非常奇怪，随着价格上涨，人们对这些商品的需求也随之上涨。然而，与低质的吉芬商品不同的是，这些商品一定代表着优越的身份和地位。人们愿意支付高价来购买这些商品不是为了提高自己的生活质量，而是为了炫耀自己的财富。因此，一个真正的凡勃伦商品的质量并不会优于低价位的同类商品。如果该商品价格大幅度下降，使中低等收入人群也有能力购买，那么，高收入的富人们就不会再购买此类商品了。

在汽车、手表，以及某些品牌服饰等奢侈品市场中，我们都可以找到大量此类行为。这些商品降价后，短期内销量会增加，但不久后，该商品的销售额就会下降。

稳定的
自由市场体系

经济均衡

背景介绍

聚焦

市场与厂商

主要人物

里昂·瓦尔拉斯（1834—1910）

此前

1881年 埃奇沃思在《数学心理学》一书中从数学角度评价了经济学。

此后

1906年 帕累托提出了一套新的均衡理论，将对个体的激励和约束之间的和谐纳入讨论范围。

20世纪30年代 约翰·希克斯、奥斯卡·兰格、莫里斯·阿莱、保罗·萨缪尔森及一些经济学家继续研究一般均衡理论。

1954年 肯尼斯·阿罗和德布鲁用数学方法论证了一般均衡理论。

经济学家们隐约感觉到，在经济领域内，可能也存在着像牛顿运动定律一样具有可预测性的科学规律。牛顿将整个复杂、丰富的物质世界分解为三种简单而可信的数学关系。那么，在复杂而又变化多端的经济市场中，是否有可能存在类似的关系呢？

1881年，英国教授弗朗西斯·埃奇沃思出版了《数学心理学》一书，这是早期的关于经济学的数学著作。埃奇沃思意识到，经济学处理的也是变量之间的关系，这就意味着可以将这些关系转化为方程式。埃奇沃思认为，经济与效用因素有关。换句话说，经济可以用幸福感来衡量。

其他经济学家同样对用数学思维来解决经济问题的想法感到好奇。在德国，经济学家约翰·冯·杜能（Johann von Thünen）提出了公平薪资和最有效利用土地的公式。在法国，学者里昂·瓦尔拉斯（Léon Walras）尝试为整个经济学学科建立完整的数学和社会学框架。瓦尔拉斯也因此被公认为最伟大的经济学家之一。瓦尔拉斯坚信，一定存在着将经济学发展成为和牛顿的“纯自然科学”一样的“纯伦理科学”（描述人类行为）的经济法则，他也一直在为实现这一目标而奋斗。他提出的一般均衡理论可以用来解释整个经济中的生产、消费和价格的运行规律。

瓦尔拉斯认为经济中所有过度需求的总和为零。在只有苹果和樱桃的市场中，市场中的苹果供不应求就意味着市场中的樱桃供过于求。

供给和需求

瓦尔拉斯最开始关注的是商

里昂·瓦尔拉斯

1834年，里昂·瓦尔拉斯出生在法国诺曼底。年轻的时候，瓦尔拉斯在巴黎沉迷于放荡不羁的生活。他的父亲告诉他，人生最重要、最浪漫的目标是要将经济学变成一门学科。瓦尔拉斯听从了父亲的劝告，但他依然过着放荡不羁的生活，直到1870年他变得一贫如洗，搬到瑞士的洛桑，成为一名经济学教授。

瓦尔拉斯相信，社会组织是经济学领域外的一门“艺术”。他对社会公平有着强烈的感知，还参加土地国有化运动，支持平均分配土地。1892年，瓦尔拉斯退休，搬到能俯瞰日内瓦湖的克拉伦斯。从此，直到1910年去世，瓦尔拉斯都日日垂钓，潜心思考和研究经济学。

主要作品

1874年 《纯粹经济学要义》
1896年 《社会经济学研究》
1898年 《实用经济学研究》

参见：经济的循环流通 40~45页，自由市场经济学 54~61页，供给和需求 108~113页，效率与公平 130~131页，市场与社会结果 210~213页，复杂与混乱 278~279页。

品交易的运作：商品的价格、数量及消费者对商品的需求之间是如何相互作用的。也就是说，他正在试图找出供给和需求是如何相互作用达成一致的这个问题的答案。他认为，商品的价值取决于该商品的稀有性，但是，瓦尔拉斯却用此来阐述市场对该商品的需求强度。从这一方面来看，瓦尔拉斯与包括埃奇沃思和杰文斯在内的许多同时代的经济学家不同，因为这些经济学家们都认为，决定商品价值的关键因素是商品的效用。

瓦尔拉斯开始构建用来描述供给和需求之间关系的数学模型。通过这些模型，我们可以清楚地发现以下规律：当商品价格上涨时，商品的供给量增加，需求量减少。当需求和供给相等时，市场就处于一种均衡（平衡）状态。

一般均衡

为了阐述这种均衡，我们先假设现在手机的市场价格为20美元。在一个当地市场上，手机商人拥有100部价格为20美元的手机。如果有100个消费者都愿意支付20美元来购买这款手机，那么，这种便宜的手机的市场就会处于均衡状态，因为供给和需求刚好达到平衡状态。为了建立一般均衡理论，瓦尔拉斯继续将这一想法应用到整个经济中。如果某一地区市场中的某商品处于过剩状态，那么，这时候该商品的价格一定“过高”。价格的高低是通过对比判断得出来的，因此，如果一个市场中

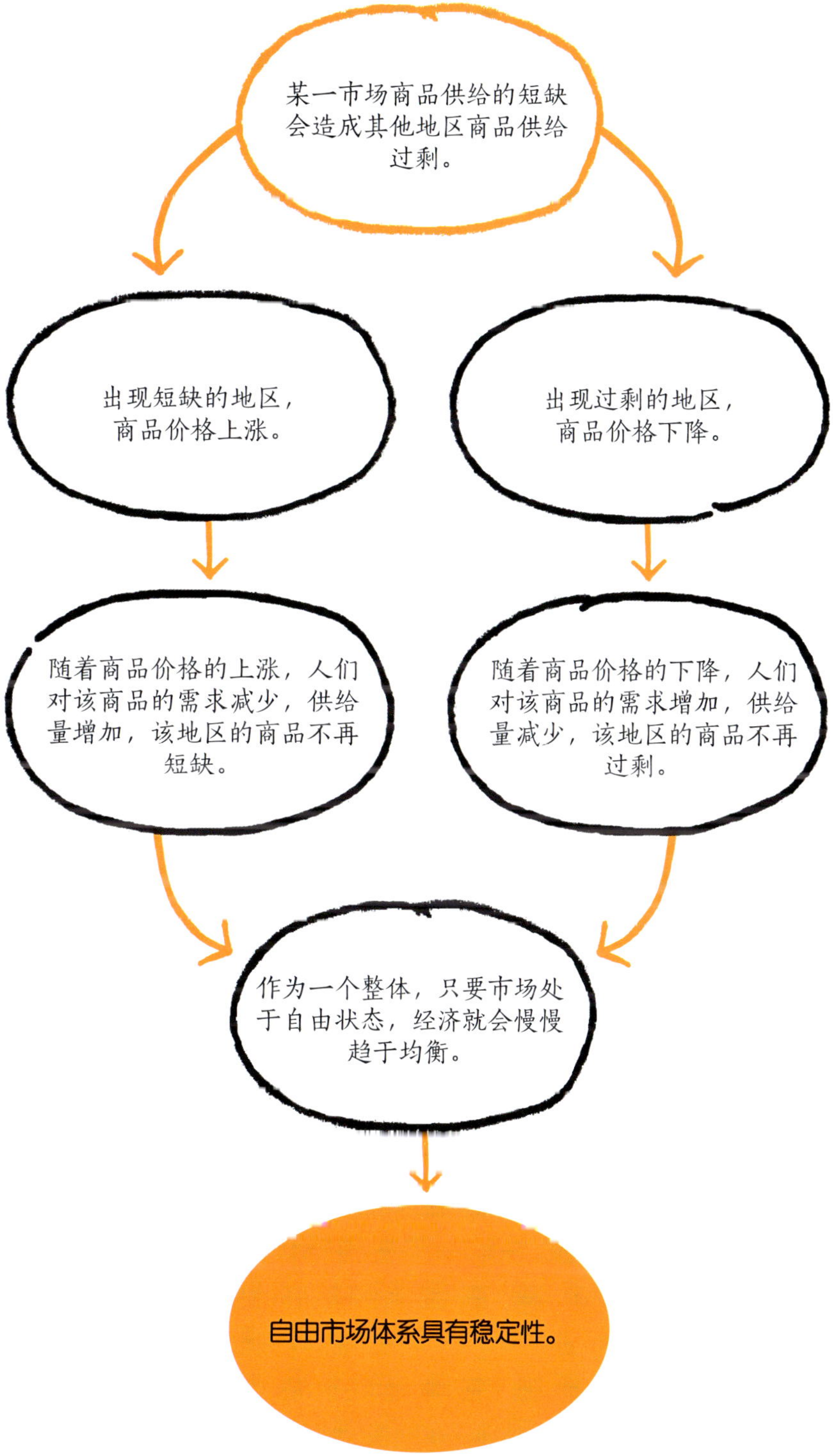

拍卖商在拍卖会上为牛竞价。瓦尔拉斯假设，拍卖商会为市场提供完整的信息。价格由拍卖商来宣布，只有价格处于均衡状态的时候，拍卖才会成交。

商品的价格“过高”，那么一定有另外一个市场中该商品的价格“过低”，这样才造成了高价市场中该商品的剩余。

瓦尔拉斯为整个经济创建了一个数学模型，其中包括如椅子、小麦等商品及资金、劳动力等生产要素。经济内部各个要素之间互相依存，彼此间存在着内在联系。瓦尔拉斯认为，这些要素之间相互依存的关系非常关键：价格不会无缘无故地发生变化，只有在供给和需求变化的时候，价格才会变化。此外，当价格变化的时候，其他一切也相应地发生了变化。经济中任何一个小小的变化都会对整个经济造成影响。例如，如果一个主要的石油生产国国内爆发了战争，那么世界范围内石油的价格都会上涨。这对政府、厂商和个人都会产生深远的影响，比如油价上涨、室内供暖费用增加，甚至昂贵的度假或商务旅行都可能被取消。

> 一旦经济平衡被打破，它就会自动重建，直到再次回到均衡状态。
>
> ——里昂·瓦尔拉斯

趋向均衡

瓦尔拉斯成功地将他的经济模型简化成了几个由价格和数量构成的方程式。由此，他得出两条结论：第一，一般均衡状态从理论上来说是可能存在的；第二，无论经济活动处于什么初始位置，自由市场都会让它慢慢趋向均衡状态。因此，自由市场本身就是稳定的。

瓦尔拉斯通过“探索”（法语：tâtonnement）的方法来演示他得出的结论，并指出经济在探索过程中会慢慢趋向均衡，正如登山者慢慢登上山顶一样。他假设有一个拍卖商，消费者和销售者向这个拍卖商提交他们对某一商品的不同出价或者要价。然后，拍卖商宣布在每个市场中供给和需求达到一致的那个价格，这时买卖才正式开始。

模型的缺点

瓦尔拉斯特意强调，这仅是一个用来协助经济学家们进行研究的数学模型。这个模型不适用于现实世界中的经济。在当时，其他经济学家都不看重他的研究成果。他们相信，现实世界中的经济太过于复杂和混乱，不可能达到一种真正的均衡状态。

尽管后来瓦尔拉斯的学生维尔弗雷多·帕累托从新的角度研究发展了他的成果，但是，从技能的层次来看，瓦尔拉斯的方程式非常复杂，许多经济学家都无法理解，这也是他的研究得不到认可的原因之一。20世纪30年代，在瓦尔拉斯去世20年之后，出生在匈牙利的杰出的美国数学家冯·诺依曼对他的方程式进行了细致的研究。冯·诺依曼在瓦尔拉斯的方程式中发现了一个缺陷，即根据这些方程式计算出的结果可能是负数，这意味着销售者销售商品给消费者时，还得向消费者支付费用。

然而，瓦尔拉斯的研究成果并未从此销声匿迹。20世纪50年代，美国经济学家肯尼斯·阿罗和麦肯

> 每件商品都有自己的价格。这些价格使所有商品的供给和需求达到均衡状态。
>
> ——肯尼斯·阿罗

齐，以及法国经济学家吉拉德·德布鲁在研究中又再次讨论了瓦尔拉斯的研究成果。德布鲁发展和完善了瓦尔拉斯的成果，并建立了一个更简洁的模型。阿罗和德布鲁运用严密的数学思维和知识，发现了支持瓦尔拉斯的一般均衡理论成立的条件。

他们发现，当人们的买卖决策是“理性”的时候，即在某种程度上具有一致性，那么一个经济体系中的所有市场才能处于均衡状态。一致性的其中一个要求就是人们的偏好要具有“可传递性”，比如：相对于橘子，你更喜欢苹果。相对于葡萄，你更喜欢橘子。那么，相对于葡萄，你必须更喜欢苹果。

可计算的经济

20世纪80年代，计算机技术的进步使经济学家们可以计算现实经济中多个市场之间相互作用的影响。这些可计算的一般均衡（CGE）模型将瓦尔拉斯经济因素间的相互依存性应用到一些特殊的情况中，来分析变化的价格和政府政策所带来的影响。

可计算的一般均衡模型的优势在于，大型机构如政府、世界银行及国际货币基金组织等，可以利用这个模型来迅速并准确地计算出整个世界经济的状况，以及经济参数的变化会带来的影响。

现在，局部均衡分析——将单一市场中使需求和供给达到平衡的因素考虑在内——是经济学学生首先要学习的内容。

瓦尔拉斯对一般均衡的深刻理解仍然对最前沿的经济理论产生着深刻的影响。对于大部分经济学家来说，均衡和使经济回到均衡状态的力量的存在仍然是经济学的基本信念。这些思想可能是主流经济分析的精髓思想。■

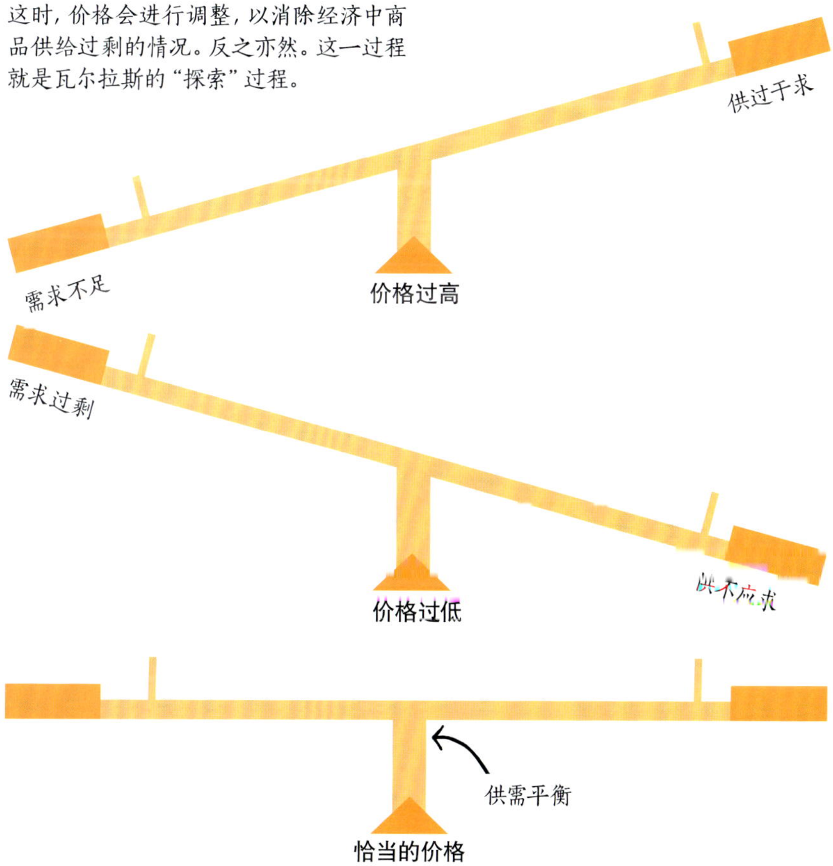

当市场中某一商品的价格过高时，该商品的供给将会出现富余，即供过于求。这时，价格会进行调整，以消除经济中商品供给过剩的情况。反之亦然。这一过程就是瓦尔拉斯的“探索”过程。

假如你加薪了，别买面包，买点鱼子酱吧！

需求弹性

背景介绍

聚焦
决策

主要人物
厄恩斯特·恩格尔（1821—1896）

此前
1817年 英国政治经济学家大卫·李嘉图反对收取地租，因为土地的供给是固定不变的，无法对价格变化做出反应。

1871年 奥地利经济学家卡尔·门格尔认为，边际效用（每一额外单位商品的价值）的减少会影响需求。

此后
1934年 英国经济学家约翰·希克斯（John Hicks）运用弹性这一概念来衡量商品之间在多大程度上可相互替代。

1950年 阿根廷经济学家劳尔·普雷维什（Raúl Prebisch）和英籍德裔经济学家汉斯·辛格（Hans Singer）各自独立地呈现了贸易带来的好处如何惠及富有的工业国家。

需求弹性指需求对其他因素如价格的变化做出的回应。人们一般认为，这一概念是由英国经济学家阿尔弗雷德·马歇尔在1890年最先提出的，但早在5年前，德国统计学家恩格尔就在他发表的一篇论文中演示了收入的变化如何改变需求水平。虽然对这一概念的起源还存在争议，但是其重要性毋庸置疑。需求弹性很快就成为经济分析中利用最广泛的工具之一。

马歇尔是最早正式提出“需求随着价格的上涨而下降”这一观点的经济学家之一。马歇尔发现，当生活必需品如面包的价格发生变化时，人们对生活必需品的需求几乎没有变化，面包价格的变化不会影响人们对面包的需求。这是因为几乎没有商品可以替代面包。相反，当奢侈品价格发生变化时，人们对奢侈品的需求就会发生明显变化。人们对这种商品的需求具有价格弹性。马歇尔意识到，收入一般的人群对鱼子酱这样的奢侈品价格的变化比富人们更为敏感，因为无论奢侈品价格怎么变化，富人们想要多少，就可以买多少，他们都能支付得起。

随着收入的提高，人们用于购置名牌服装这种奢侈品的费用占收入的比例也越来越高，而面包这类生活必需品的花销占收入的比例则越来越低。

恩格尔定律

恩格尔认为，随着收入的增长，人们用于购买食物的支出占总收入的比例将会降低。人们对食物的需求是无收入弹性的，这就是恩格尔定律。恩格尔对比利时199户居民的预算进行了研究。研究表明，随着收入的增长，人们对生活

参见：供给和需求 108~113页，效用与满意度 114~115页，支出悖论 116~117页，竞争性市场 126~129页。

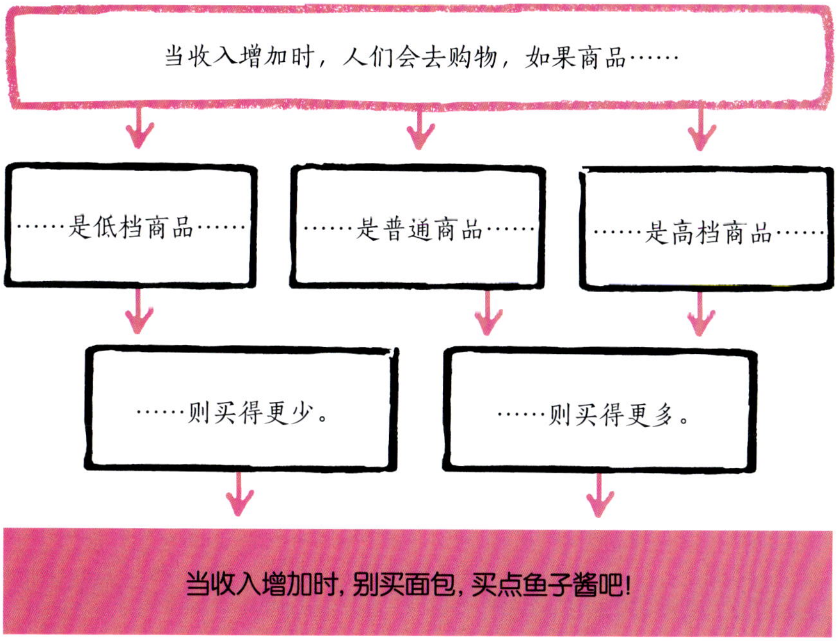

必需品如食物的需求增长较慢，而对奢侈品如度假的需求增长率和收入增长率至少是持平的。经济学家们将商品分成了两类。第一类是普通商品，人们对这些商品的需求随着收入的增长而增长。奢侈品是普通商品的特例，被称为高档商品。人们对奢侈品的需求的增长比收入的增长还要快。第二类是低档商品，人们对这些商品的需求随着收入的增加而减少。

> 个家庭的收入越少，食物支出占预算的比重就越大。
>
> ——厄恩斯特·恩格尔

有些商品类别既包含奢侈品，也包含必需品，如食物中既有鱼子酱也有面包。这就意味着把鱼子酱和面包作为同一类商品会对判断收入增长对食物需求的影响产生误导。更复杂的是，有些商品并不总是属于普通商品或者低档商品中的某一种，随着人们收入水平的变化，这些商品的属性也会变化。如果有额外的收入，非常贫穷的人可能会购买更多面包，但那些高收入的人则可能购买更多鱼子酱，而那些更富有的人则会放弃鱼子酱而选择更昂贵的食物。■

厄恩斯特·恩格尔

厄恩斯特·恩格尔，1821年出生于德国德累斯顿。他就读于法国高等矿业学院采矿专业，并在那里受到家庭预算先驱弗雷德里克·勒普莱（Frédéric Le Play）的影响。一回到德国，恩格尔就先后担任了萨克森和普鲁士的统计局局长。在普鲁士，恩格尔用公式系统地阐述了他享誉盛名的恩格尔定律。1881年，恩格尔发表文章攻击宰相俾斯麦的农业保护主义政策，很快，国家就以他的健康问题为借口将他辞退。恩格尔是德国经济历史学派的一员。作为一名多产作家，他相信，必须通过政策改革来改善工人阶级的生活。也许，恩格尔最伟大的遗产就是他对欧洲各国统计分析机构的创立产生的巨大影响。恩格尔卒于1896年。

主要作品

1857年 《萨克森的生产与消费》
1883年 《人的价值》
1895年 《比利时工人的生活费用》

企业是价格接受者，而不是价格制定者

竞争性市场

背景介绍

聚焦

市场与厂商

主要人物

阿尔弗雷德·马歇尔（1842—1924）

此前

1844年 法国工程师杜普伊（Jules Dupuit）创造了消费者剩余这一概念。消费者剩余是衡量福利的一种方式。通过衡量福利，我们可以评估竞争的影响。

1861年 约翰·卡尔尼斯（John Elliott Cairnes）阐明了穆勒和李嘉图的竞争理论背后的逻辑。

此后

1921年 弗兰克·奈特（Frank Knight）提出了完全竞争这一概念。

1948年 弗里德里希·哈耶克在《个人主义与经济秩序》一书中攻击了马歇尔的完全竞争理论。

18世纪晚期，斯密阐述了竞争对厂商设定价格和赚取高于自然水平的利润的影响。然而，直到1890年马歇尔出版《经济学原理》，才第一次有人对这一情况做出正式分析。尽管有人批判这一思想并不能代表竞争的真正本质，但马歇尔模型中的思想一直是主流经济理论的关键。

完全竞争

为什么厂商不能自己设定价格呢？马歇尔建立了一套模型来解释这一现象，这就是著名的完全竞

参见: 垄断 92~97页，供给和需求 108~113页，经济自由主义 172~177页，市场与社会结果 210~213页。

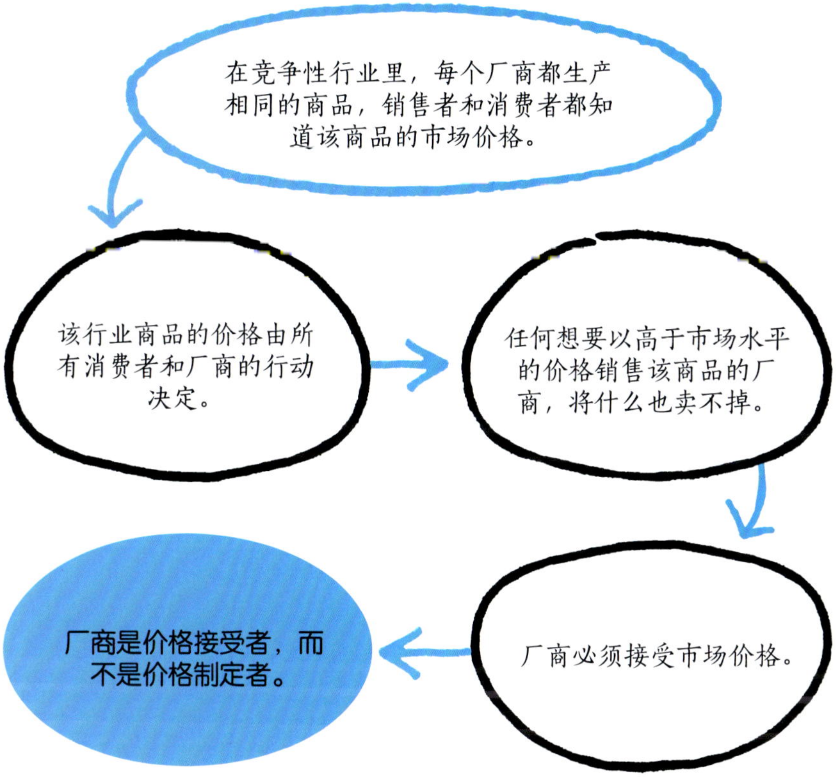

> **完美市场……所在的地区有许多销售者和消费者，他们有敏锐的警觉意识，对彼此的事务都非常熟悉。并且，整个地区商品的价格总是相同的。**
>
> ——阿尔弗雷德·马歇尔

争模型。事实上，马歇尔更喜欢称这一模型为自由竞争或完全市场模型。

完全竞争模型建立在一系列假设基础之上，这些假设来源于古典主义经济学家有关市场情况和厂商行为的思想见解。

首先，马歇尔假设，在市场中，某一商品的生产者和消费者数量如此之多，以至于每个厂商和消费者个体在市场中的作用微乎其微。

第二个假设是每个厂商销售的商品完全相同。

第三个假设是所有的厂商都可以按照自己的意愿自由进出该行业，他们可以很容易地转移或获得生产要素。

竞争的作用

外汇交易市场满足完全竞争的所有条件，可以作为探讨完全竞争如何运作的一个例子。

首先，全球范围内销售外汇的企业很多，每个企业只是市场（如美元市场）中微小的一部分。他们向数以百万计的消费者销售外汇，而每个消费者在整个市场中又是微乎其微，甚至是可以忽略不计的。

其次，各企业出售的外汇没有任何区别，因此，消费者并不在意从哪里购买外汇。

再次，任何人都可以销售和购买外汇，任何人都可以自由进入外汇交易市场。

在完全竞争中，信息也是完全的，所有交易者都能准确地知道现行的价格。此外，每个厂商都对其他厂商的生产成本了如指掌。市场透明意味着消费者不会被欺骗而支付较高的价钱，厂商也明白通过什么方式可以提供成本最低、质量最好的商品。

关注自身利益的厂商会追求利润的最大化，工人会寻找报酬最高的工作，投资者会寻找能够获取最大利润的市场。在马歇尔模型的这些假设下，完全竞争市场上的厂商面临着一些特定的结果。其中最重要的就是厂商不能控制商品的价格。这是因为许多厂商都销售同一种商品，如果其中一家厂商想要以高于其他厂商的价格销售这种商品，由于消费者对所有厂商的要价都清楚明了，那么就没有人会购买他的高价商品。这样，市场价格就由所有厂商和消费者的集体互动决定，每个厂商都不得不接受这一价格。他们是价格接受者，而不是价格制定者。

竞争性销售

马歇尔以完全竞争行业的标准表示法（见下图）阐述了这一理念。例如，在任何时候，小麦都有一个由行业决定的世界统一价格，如每吨350英镑。如下图中虚线所示，每个农场都可以以这个价格销售所有的小麦，但是，售价一定不能超过这个价格（因为买家可以去任何其他地方购买小麦）。如果愿意的话，农场也可以以低于每吨350英镑的价格销售小麦，但是这对农场来说没有任何好处。这是因为在完全竞争中，每个农场都只是整个世界市场中很小的一部分，降低价格，损伤的只是农场自己的利益。农场需要决定的是生产多少小麦才能获取最大利润。在这个例子中，为实现利润最大化，农场需要生产3000吨小麦，每吨可卖350英镑。

在这个例子中，农场小麦的售价远远高于其成本价格。以每吨350英镑的价格售出这3000吨小麦，农场可获得105万英镑。而农场生产这3000吨小麦的成本只有45万英镑（150英镑/吨×3000吨）。用总收入减去总成本得到的就是农场的利润。此例中农场利润为60万英镑。这就是以大卫·李嘉图为代表的古典经济学家所描述的“市场价格偏离了自然价格”。然而，在完全竞争市场中，这种高利润的现象是不会长期存在的。

> **劳动者会寻找工资最高的工作。同样，资本家会寻找利润最高的投资模式。**
>
> ——约翰·埃雷特·凯尔恩斯

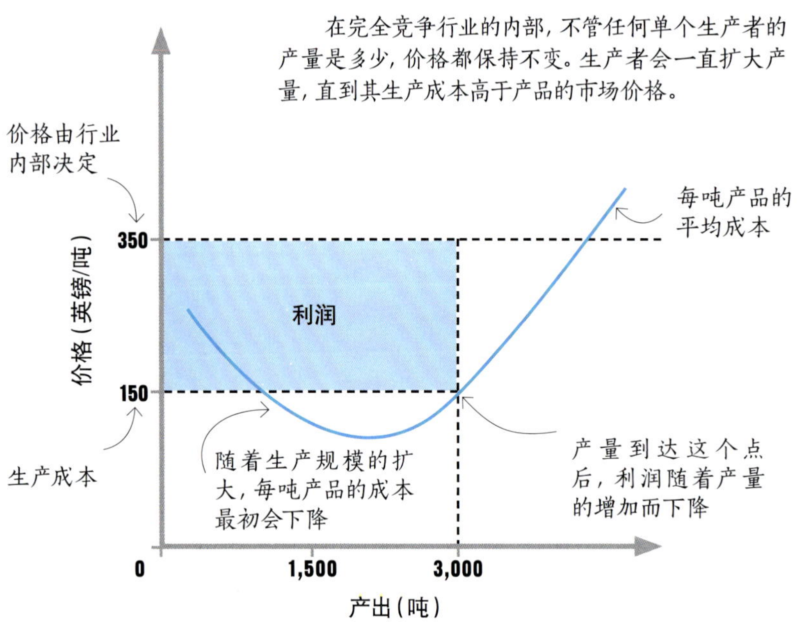

短期利润

古典经济学家如斯密和李嘉图都意识到了完全竞争市场中价格高于成本的结果。市场中利润水平的走高会刺激新的厂商进入这一行业。而完全竞争市场对新厂商的进入没有任何限制，任何厂商都可以自由进入市场。在这个例子中，不难想象，如果小麦的利润比大麦高，那么农民就会停止种植大麦。这样，市场中小麦的总供给量就增加了。在竞争的压力下，小麦的价格将会下降，那么不久之后，厂商就只能获得“正常”利润了。此时小麦的售价刚好能弥补其生产成本，超额利润将消失。

当完全竞争的假设不成立时，

厂商在长期内都可以获得高额利润。例如，如果对新厂商进入市场加以限制，或人为设置一些障碍（如技术性或法律壁垒），超额利润就不会因为竞争而消失。这种最极端的形式就是垄断。为了获取高额利润，垄断者会减少产量以抬高商品价格，使市场上的商品供不应求。这就解释了为什么对整个社会来说，完全竞争市场比垄断市场更有益。在垄断者产量过低的情况下，只有生产更多的商品才能为消费者创造福利。但是，在完全竞争市场中，由于新的厂商会进入市场，商品总量增加后，价格随之下降，超额利润也就随之消失了。

完全竞争的不可能性

马歇尔的完全竞争模型引发了大量的争议。

首先，即使可能，也很少有行业真正符合模型的假设。事实上，货币市场和农业市场都不是完全竞争市场，因为有许多大厂商可以影响商品的价格，并且政府也可以操纵这些市场。支持完全竞争市场理论的人认为，尽管事实上没有任何产业可以满足这些要求，但这个模型代表的是一种理论上理想的市场结构，可以帮助我们理解厂商的行为。

其次，对马歇尔模型更为根本的批判是完全竞争没有实际意义，并且在这个模型中根本不存在“竞争”。厂商生产同样的商品，被动地接受商品的价格，并接受他们最后只能获得正常利润这一事实，与亚当·斯密所阐述的“厂商为了提高商品价格而相互竞争，努力生产有特色的高质量的商品，或引进新的技术来降低成本，最终提高利润”相去甚远。

整个20世纪，经济学家们都在围绕这些内容攻击完全竞争模型。英籍奥地利经济学家弗里德里希·哈耶克认为，竞争是一个动态的发现过程，企业会在一个变化莫测的世界里寻找新的获利机会，而不是马歇尔所说的简单乏味的价格重复。■

如上图所示，商家们通过相互竞争决定小麦等商品的价格。在竞争性市场中，没有任何一个企业强大到足以影响商品的价格。

马歇尔对风险、不确定性和利润的看法

1921年，美国经济学家奈特撰写了《风险、不确定性和利润》一书，分析了不确定性因素对马歇尔完全竞争模型的影响。奈特将风险定义为一种可以衡量的不确定性因素，如香槟酒瓶爆炸的可能性。事实上，发生爆炸的酒瓶的比例是一个常量，企业可以将此计入成本或为其购买保险。因此，酒瓶爆炸的风险并不会干扰竞争的均衡，企业也不会因为承担这些可预测风险而获得额外的利润。相反，真正的不确定性因素是无法衡量的，这种不确定性主要来自对未来的不可预见。在奈特看来，企业清楚未来具有不确定性，但他们承担了在不确定情况下进行生产的责任，并在此基础上做出决策。由于未来充满未知，因此他们能够赚取的利润也是未知的。

在不损害他人利益的情况下改善一个人的状况

效率与公平

背景介绍

聚焦

福利经济学

主要人物

维尔弗雷多·帕累托（1848—1923）

此前

1776年 斯密的《国富论》将个人利益与社会福利联系起来。

1871年 英国经济学家威廉姆·杰文斯认为，商品的价值完全由其效用决定。

1874年 法国经济学家里昂·瓦尔拉斯使用方程式来计算经济的整体平衡。

此后

1930—1950年 希克斯、萨缪尔森和一些经济学家将帕累托最优理论作为福利经济学的基础。

1954年 美国经济学家阿罗和法国经济学家德布鲁运用数学方法展示了自由市场和帕累托最优之间的联系。

19世纪，一群被称为功利主义者的英国哲学家提出了一个新的观点：个人的效用是可以计算并加总的。意大利经济学家维尔弗雷多·帕累托对此持反对意见。他在《政治经济学手册》中给社会福利下了一个定义，这一定义在现代经济学中占据着主导地位。帕累托的理论以序数效用论为基础，即按效用的相对高低排序，而不管效用的绝对值（基数效用）。

帕累托认为，每个人都知道自己的偏好，会选择最适合自己的商品。虽然受到限制，但如果每个人都按自己的偏好进行选择的话，社会将很快达到一个在不损害他人利

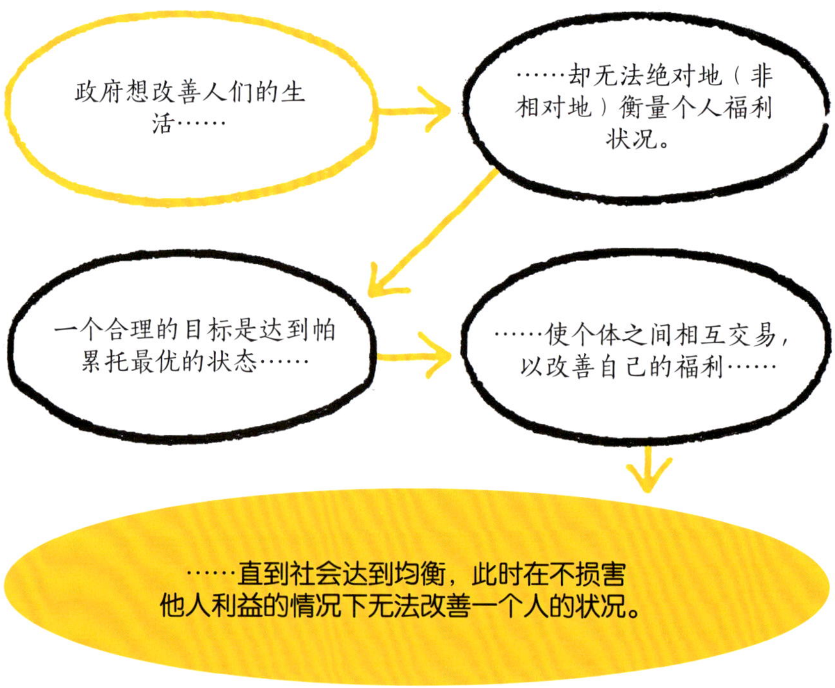

参见：自由市场经济学 54~61页，经济均衡 118~123页，市场与社会结果 210~213页。

益的情况下无法使任何人的状况得到改善的状态。这种状态就是著名的帕累托最优，也叫帕累托效率。

帕累托效率

假设Jane和John都喜欢吃米饭。如果把一袋大米任意分给他们，甚至将一袋大米都分给其中一个人，那么任何分法都是最理想的分法，因为从任何一个人那里拿走大米都会损害其利益。由此看来，帕累托效率与公平是不相同的。

一般情况下，市场中有不止一种商品，人们的偏好也各不相同。如果John喜欢大米而不喜欢鸡肉，而Jane喜欢鸡肉却不喜欢大米。那么要是把所有一切都分给John，就是帕累托低效。这时候，应该将John的鸡肉分给Jane，这样既对Jane有益，又不损害John的利益。通常，人们的偏好不会有这么明显的区别，例如两个人都喜欢米饭和鸡肉，但是喜欢的程度不一样。在这种情况下，Jane和John就可以交换一小部分鸡肉和米饭，直到最优的分配出现。

我们全都赞成

运用帕累托效率可以减少判断利益冲突的必要。避免这样的判断是实证经济学（研究经济现象是什么）的标志，而规范经济学（研究经济现象应该是什么）则正好相反。帕累托认为，从这个角度来看，自由市场是高效的。斯密认为个人利益和自由市场竞争有利于改善人们的共同利益，而帕累托则将这一观点形式化了。■

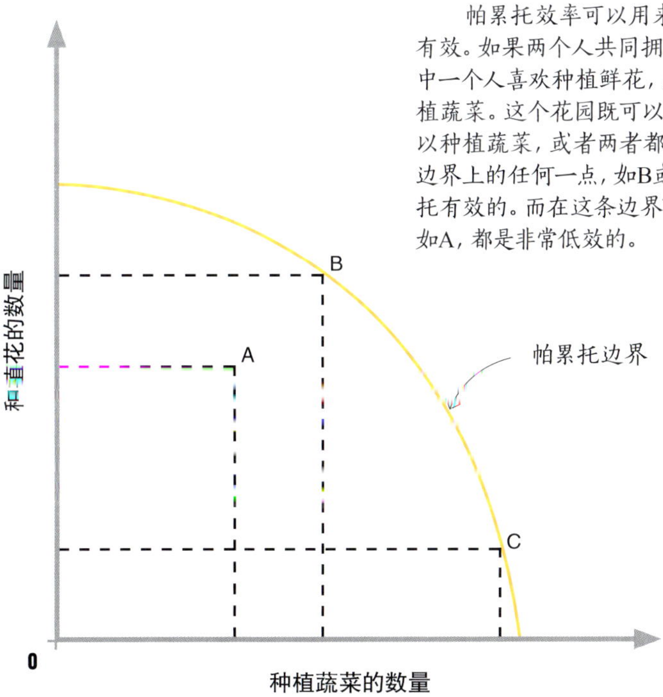

帕累托效率可以用来决定生产是否有效。如果两个人共同拥有一个花园，其中一个人喜欢种植鲜花，另一个人喜欢种植蔬菜。这个花园既可以种植鲜花，也可以种植蔬菜，或者两者都种植。在帕累托边界上的任何一点，如B或者C，都是帕累托有效的。而在这条边界下的任何一点，如A，都是非常低效的。

维尔弗雷多·帕累托

维尔弗雷多·帕累托，1848年出生于法国，父亲是意大利侯爵，母亲是法国人。在帕累托4岁时，他们全家从法国搬到意大利。帕累托在佛罗伦萨上学，之后在都灵求学，并获得工程学博士学位。作为一名土木工程师，他在工作中渐渐对经济学和自由贸易产生了兴趣。1893年，在他的朋友、意大利经济学家庞塔雷奥尼的推荐下，帕累托继瓦尔拉斯之位，成为瑞士洛桑大学政治经济学教授。从45岁开始在此任职，他对政治经济学领域做出了杰出贡献，其中，他的关于收入分配的理论也是在这一时期形成的。帕累托的教学生涯一直持续到1911年。他的著作非常丰富，除经济学外，他的研究还涉及社会学、哲学及数学。1923年，他在日内瓦去世。

主要作品

1897年《政治经济学讲义》
1906年《政治经济学手册》
1911年《数理经济学》

工厂规模越大，成本越低

规模经济

背景介绍

聚焦

市场与厂商

主要人物

阿尔弗雷德·马歇尔（1842—1924）

此前

1776年 斯密阐述了大型厂商如何通过劳动分工降低产品的单位成本。

1848年 约翰·斯图亚特·穆勒认为，只有大型厂商才能够成功适应某些商业变化，这就促使了自然垄断的形成。

此后

1949年 南非经济学家皮特鲁斯·约翰内斯·维多恩向人们表明，经济的持续增长可以通过规模经济促进生产力的提高来实现。

1977年 艾尔弗雷德·钱德勒（Alfred Chandler）撰写了《看得见的手：美国商业的管理革命》一书，描述了大型厂商和批量生产的崛起。

从工业革命开始，制造业从小规模作坊转变为大型的工厂。我们可以清楚地看到，大型厂商的生产成本更低。随着厂商的成长壮大，产量增加，厂商引进更多机器设备、劳动力及原材料。这样一来，大型厂商的总成本会更高，但是，它可以用更低的单位成本生产出更多的产品。这种平均成本随生产规模扩大而降低的现象被称为规模经济。

1890年，英国经济学家马歇尔在《经济学原理》一书中对此现象进行了探讨。他指出，厂商在短期内只能通过增加劳动力数量来提高产量，除此别无他法。由于新增工人的产量低于先前的工人，那么单位产品的成本就提高了。但是在长期内，若一个厂商可以将工厂、劳动力及机械设备的投入都扩大一倍，那么这个厂商就能从专业化生产中获益，产品的单位成本也会降低。

20世纪60年代，另一位美国经济学家钱德勒向人们展示了大型厂商的崛起在20世纪初如何掀起一场新的工业革命。大型厂商主宰着各个行业，它们可以用更低的成本生产出更多的产品，并将竞争者们驱逐出市场。这些大型厂商通常都“自然垄断”了其所在行业的生产。■

钱德勒描述了美国的大型厂商（如汽车制造商）发展为庞大的流水线工业的过程。

参见：边际收益递减 62页，劳动分工 66~67页，垄断 92~97页，竞争性市场 126~129页。

看电影的成本是溜冰获得的快乐

机会成本

背景介绍

聚焦

价值理论

主要人物

弗里德里希·冯·维塞尔
（1851—1926）

此前

1817年 大卫·李嘉图认为，商品的价格由生产该商品所耗费的劳动时间总量来决定。

此后

1920年 马歇尔在《经济学原理》一书中谈道，供给和需求都对价格的形成有影响。

1949年 路德维希·冯·米塞斯（Ludwig von Mises）在《人类行为》中阐述了市场中的价格如何传递重要信息。

1960年 意大利经济学家皮埃罗·斯拉法在《用商品生产商品》中对用机会成本衡量价值的方式提出质疑。

商品的价值是由什么因素决定的？19世纪末的经济学家们仍在为这个问题争论不休。1914年，奥地利经济学家弗里德里希·冯·维塞尔（Friedrich von Wieser）认为，人们为了得到物品A，必定会放弃物品B，那么，A的价值就由被放弃掉的B的价值决定。在这个世界上，人的需求是无限的，而满足人类需求的资源却是有限的。他认为，商品的稀缺性使人们不得不做出选择。他在《社会经济基础》（1914）一书中将此描述为机会成本。1935年，英国经济学家莱昂内尔·罗宾斯认为，当我们选择一样东西的时候，总会放弃另一样东西，正所谓“鱼和熊掌不可兼得”，这就是人类生活的悲哀。

> “经济学使人们意识到，人类一个永恒的特点就是面临选择的冲突。”
>
> ——莱昂内尔·罗宾斯

真实成本

以看电影和溜冰为例，看电影的成本并不只是买电影票花的钱，还有那些因不能去溜冰而享受不到的快乐和幸福。因此，无论选择看电影还是选择溜冰需要花的钱都没有它们的机会成本高。你不能同时看电影和溜冰。有时即使没有花钱，也会有机会成本。维塞尔认为，商品的最终价格由人们的消费意愿决定。人们的消费意愿取决于人们为消费它而愿意放弃的东西的价值，而不是生产该商品的成本。■

参见：经济人 52~53页，劳动价值论 106~107页，效用与满意度 114~115页。

工人们必须团结起来改变自己的命运

集体谈判

工人依靠雇主谋求生计。

由于工人数量众多，却只有为数不多的雇主，因此，雇主掌握着力量均势。

单个工人的权力非常小，因为他很容易被替换掉。

雇主对工人提出条件。

工人联合起来就掌握了力量均势。

工人必须联合起来改善自己的命运。

背景介绍

聚焦

社会与经济

主要人物

比阿特丽斯·韦布（1858—1943）

此前

1793年 早期慈善团体互助会在英国得到法律上的认可。

1834年 美国和欧洲的工人开始团结起来形成全国性的组织。

19世纪70年代 法国和德国的工会力量与社会主义运动相互支持，形成联盟。

此后

20世纪二三十年代 经济大萧条期间，工会四处奔走，为工人争取权利。

1955年 美国工会联合起来，成立了美国劳工总会与产业劳工组织（AFL-CIO）。

20世纪80年代 为了抑制工会的力量，右翼政府采取措施，将公共服务设施私有化，在这种情况下，工会成员和集体交涉开始减少。

1891年，英国社会主义改革家比阿特丽斯·韦布（Beatrice Webb）创造了“集体谈判”这个词，指的是工人为了自身利益团结起来形成工会，同雇主谈判与协商工资和生产、生活条件的这一过程。比阿特丽斯·韦布和她的丈夫西德尼·韦布（Sidney Webb）参加了反对贫困的运动，他们的书也引起了政府层面的巨大变化。1894年，他们撰写了《工联主义史》一书，记录了英国工业革命时期，新工厂中工人大量联合而逐渐形成工会的过程。工人们的生活条件非常艰苦，工作中的人身安全几乎无法得到保障，工

参见：马克思主义经济学 100~105页，劳动价值论 106~107页，经济萧条与失业 154~161页，社会市场经济 222~223页，黏性工资 303页。

> 如果工人们团结起来，派出代表与资方进行谈判，争取整个工人群体的利益，那么工人的地位会马上得到逆转。
>
> ——韦布夫妇

资基本只能买得起面包。1799年和1800年通过的《结社法》使工会失去了法律的保护，任何与其他工人联合起来希望增加工资或降低工作时长的工人都将被判处3个月的监禁。1824年，这一法律被废除。在那之后，工会数量迅速增加，纺织业内的工会尤其如此。一系列的罢工连续发生，新的限制工会权利和为了集体谈判目的而举行集会的法律条文再次出现。

19世纪，欧洲工会成员迅速增加。有人认为工会遵循了手工业行会的传统，其集体谈判的目的是改善工会成员的工作条件。也有人将工会看作改革先锋，它们为改善所有劳动者的处境而奋斗。

持续的斗争

集体谈判这种方式得到广泛采用，因为它不仅有利于工人，也有利于雇主。这种方式大大简化了劳资双方达成一致的过程，某些谈判协议可以应用于整个行业领域。

然而，从20世纪80年代开始，工会和集体谈判的力量减弱了很多。美国经济学家米尔顿·弗里德曼（Milton Friedman）认为，工会组织的成员可以获得较高的工资，这是以工作机会为代价的；而在没有工会组织的行业中，工人工资也因此变得较低。或许出于这个原因或其他政治原因，政府总是希望通过限制罢工来削弱工会的力量。

2010年，西班牙马德里公共部门的工人进行示威，抗议削减工资。今天，在大部分国家，公共部门领域内的工会依然比私营部门更加强大。

生产的全球化将国与国之间的工人群体孤立起来。生产全球化产品的工人，其工作条款通常都与当地的厂商协商决定，而没有一个全国通用的行业标准。■

比阿特丽斯·韦布

比阿特丽斯·韦布，1858年出生于英国格洛斯特郡，其父亲是一名激进的议员。她从小就对社会问题非常感兴趣，并对贫困问题背后的基础性结构问题特别着迷。

1891年，她邂逅了她的人生伴侣西德尼·韦布，他们俩都参加了英国劳工运动。他们系统地阐述了“全国最低”的概念——最低工资标准和最低生活质量标准，呼吁工人的工资和生活质量不得低于这一最低水平。他们还成立了伦敦经济学院，创办了《新政治家》杂志。韦布夫妇为工会运动的形成做出了巨大的贡献，为英国国家健康服务和世界范围内的福利体系绘制了蓝图。1943年，韦布去世。

主要作品

1894年 《工联主义史》（与西德尼·韦布合著）
1919年 《男性和女性的薪酬》
1923年 《资本主义文明的衰亡》

消费是为了引人注目

炫耀性消费

背景介绍

聚焦

社会与经济

主要人物

索尔斯坦·凡勃伦(1857—1929)

此前

1848年 英国哲学家约翰·斯图亚特·穆勒的政治经济学理论认为,效用(满意度)是经济学的核心。

1890年 英国经济学家阿尔弗雷德·马歇尔将经济学的研究中心由市场转向对人的行为的研究。

此后

1940年 匈牙利经济学家卡尔·波兰尼(Karl Polanyi)认为,经济行为植根于社会和文化。

2010年 美国经济学家内森·佩蒂特(Nathan Pettit)认为,炫耀性消费及其导致的债务是2008年全球金融市场动荡的重要原因。

美国经济学家索尔斯坦·凡勃伦首先注意到,人们的经济行为不仅受到自身利益的影响,还受到恐惧和对地位的追求等心理因素的影响。凡勃伦在明尼苏达州的一家挪威农场社区长大,他作为一个局外人长期观察了19世纪90年代那些特别富有和自鸣得意的美国人的生活。1899年,凡勃伦撰写了具有破坏性的批判性著作《有闲阶级论》,认为纽约高层社会对生活质量的定义就像原始的部落酋长一样,追逐过量的休闲和金钱。这些有钱人不是因为需要而购买商品,而是为了显示他们的财富和地位。凡勃伦将这一现象描述为炫耀性消费。

图为美国石油大亨约翰·戴维森·洛克菲勒与其儿子的合影。洛克菲勒是第一个身价超过10亿美元的人,也是受到凡勃伦批判的纽约社会的缩影。

消费陷阱

现在,“凡勃伦商品”就是奢侈品的代名词,如保时捷汽车和劳力士手表。一个人拥有这种商品越多,他就越满足;拥有越少,就越不满足。凡勃伦认为富有的社会可能会遭遇相对消费陷阱,即生产被浪费在这些奢侈品上。因为越来越多的人购买这些商品,却不会给整个社会的福利带来一点好处。有经济学家认为,信用卡支撑下的炫耀性消费是导致2008年全球金融危机的原因之一。■

参见:经济人 52~53页,支出悖论 116~117页,经济学与传统 166~167页,行为经济学 266~269页。

向排污者收费

外部成本

背景介绍

聚焦
经济政策

主要人物
阿瑟·庇古（1877—1959）

此前
16世纪 伦敦居民被迫为他们自己房屋内产生的污水和垃圾付费。

此后
1952年 英国经济学家詹姆斯·米德（James Meade）讲述了一个养蜂人的寓言故事。这个养蜂人的蜜蜂为附近的果树授粉，他却没有获得任何好处。于是，他减少了蜜蜂的养殖数量。

1959年 英国经济学家罗纳德·科斯（Ronald Coase）认为，处理外部成本的关键在于产权，谁制造污染，谁就要为此负责，这样就可以就污染的价格与排污者进行协商。

1973年 詹姆斯·张（James Cheung）认为，蜜蜂的寓言是不成立的，因为养蜂人与苹果种植户确实有进行协商。

如果超市为了节约排污费，将废弃的盒子等扔到附近的一个花园里，他们就必须负责将这些垃圾打扫干净。但是，当这些污染不会造成明显的破坏，整个社会却要为此付出代价时，如工厂废气排放造成的空气污染，市场体系可以找到解决的办法吗？

向排污者征税

20世纪50年代，经济学家们将这些成本称作外部成本，因为这些成本不会在商品的市场价格中显现出来，但是会对第三方造成影响。这就是市场失灵：因为工厂不用承担其行为带来的社会成本，所以工厂将会排放过量的污染物，由此将对社会效益造成更多不良影响。英国经济学家阿瑟·庇古（Arthur Pigou）认为，解决这个问题的方法就是向排污者征税，也就是人们后来所说的“庇古税”，其目的是为了确保排污者在制定决策时将排放污染的成本纳入考虑，并且只有在消费者愿意为污染造成的破坏付费时，生产者才能制造污染。政府为减少二氧化碳的排放而征收的烟尘排放税也体现了这一观点。然而，实施征收“庇古税”并不简单。正如庇古本人所说，正确地评估污染的真正成本绝非一件易事。■

> 一般来说，工业家只对其个人的净产值感兴趣，而不会关心整个社会。
>
> ——阿瑟·庇古

参见： 税收负担 64~65页，市场与市场结果 210~213页，次优理论 220~221页，经济学与环境 306~309页。

新教让我们变得富有

宗教与经济

背景介绍

聚焦

社会与经济

主要人物

马克斯·韦伯（1864—1920）

此前

1517年 马丁·路德（Martin Luther）撰写了《九十五条论纲》，发起了最终导致宗教改革运动的宗教斗争。

1688年 光荣革命的结束扼杀了天主教重返英国的任何可能性，为第一次工业革命铺平了道路。

此后

1993年 瑞典社会主义科学家库尔特·萨缪尔森认为，清教徒的领导人并非真正支持资本主义行为。

2009年 哈佛经济学家大卫·坎托尼（Davide Cantoni）撰写了《16世纪德国新教徒案》一书。在这本书中，他宣称自己发现“新教对经济增长并未产生影响”。

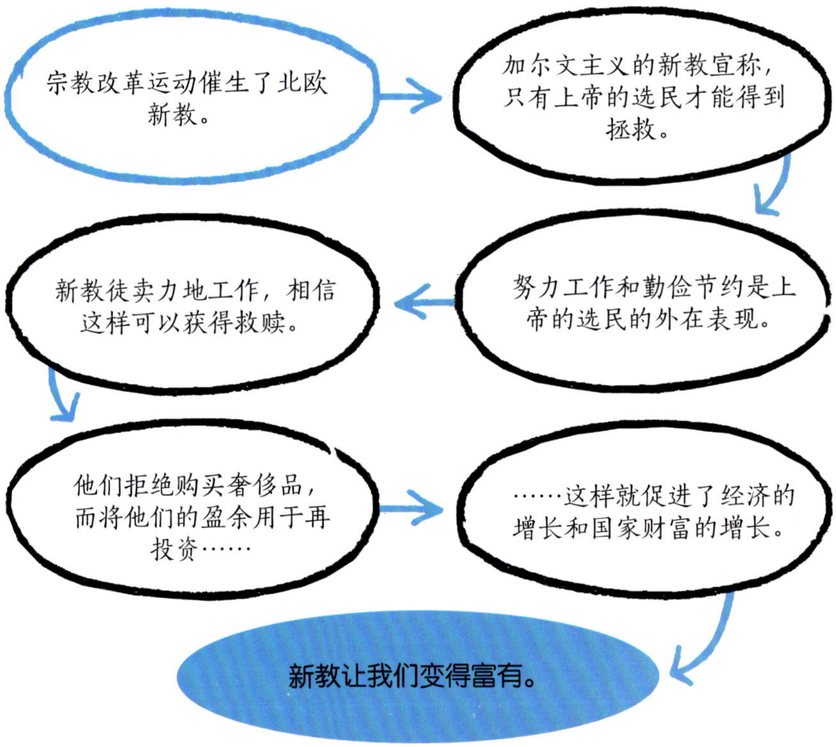

德国社会学家马克斯·韦伯对16世纪到19世纪期间不同国家经济水平的反差非常感兴趣。他在《新教伦理与资本主义精神》一书中谈道，北欧和美国比南美洲和地中海地区奉行天主教的国家更成功，因为新教徒信仰命运、使命和职业道德。

对于天主教徒来说，一切在未来都将有因果报应：为了得到救赎，一个人必须过体面而正当的生活，并多行善事。但是新教，尤其

参见：经济人 52~53页；经济学与传统 166~167页，经济制度 206~207页，市场信息与激励 208~209页，社会资本 280页。

在韦伯看来，村里的铁匠在社区里起着非常重要的作用，因为在神赋予他的职位上，他频繁地同各种人打交道。

是那些由加尔文主义演变而来的新教的教义却认为，神的选民是预先选好的，这些选民注定将会得到救赎，并且作为这些选民的一分子，一个人必须过品德高尚的生活。一个人在世俗生活中的行为不会使他得到救赎，只能表明他命中注定应该去天堂。《圣经》鼓励努力工作和勤俭节约的品格，因此，新教徒们的使命就是要使这些品格具体化，以证明他们自己是能够得到救赎的一分子，而其他所有人都应该被罚至地狱。他们的教义禁止他们购买奢侈品，因此，他们就把自己多余的钱重新投资到生意或事业中。

上帝赋予的天职

天主教徒认为，上帝赋予的唯一天职就是牧师；新教徒们认为，人们可以被上帝召唤到任何一种手工业或其他行业中去。为上帝服务的信仰鼓舞新教徒们带着宗教信仰的热情努力工作，生产更多的商品，创造更多的财富。

韦伯相信，新教徒的信仰不可避免地促进了资本主义社会的形成，因为这种信仰使人们相信，追逐利润是奉献的象征，而不是贪婪或野心等具有道德败坏嫌疑的动机。这种命运观念还意味着信仰者们不必担心社会的不公平和贫困，因为物质财富是精神财富的一种象征。

> 天助自助者。
>
> ——马克斯·韦伯

然而，韦伯的观点受到很多挑战。16世纪和17世纪欧洲的领导力量来自第一个全球性的超级大国，即信奉天主教的西班牙帝国。我们也可以在日益崛起的从未有过新教，甚至基督教的亚洲国家中找到其他与此观点相悖的例子。■

马克斯·韦伯

马克斯·韦伯不仅是一名经济学家，还是现代社会科学的奠基人之一。1864年，韦伯出生于德国爱尔福特，在一个经济殷实、国际化的知识分子家庭长大。

韦伯在海德堡和柏林的大学学习法律。之后，他在德国的多个大学里担任教授，直到1897年他的父亲去世。父亲的去世使他非常沮丧，以至于他不得不放弃教学工作。第一次世界大战期间，他一直从事志愿者服务工作。战争结束后，他参与编写了《魏玛共和国宪法》。后来，他重新开始教学工作。1920年，他染上西班牙流行性感冒，不幸去世。

主要作品

1904~1905年 《新教伦理与资本主义精神》

1919年 《政治家的职业和使命》

1923年 《一般经济史》

穷人只是不幸罢了，他们并没有错

贫困问题

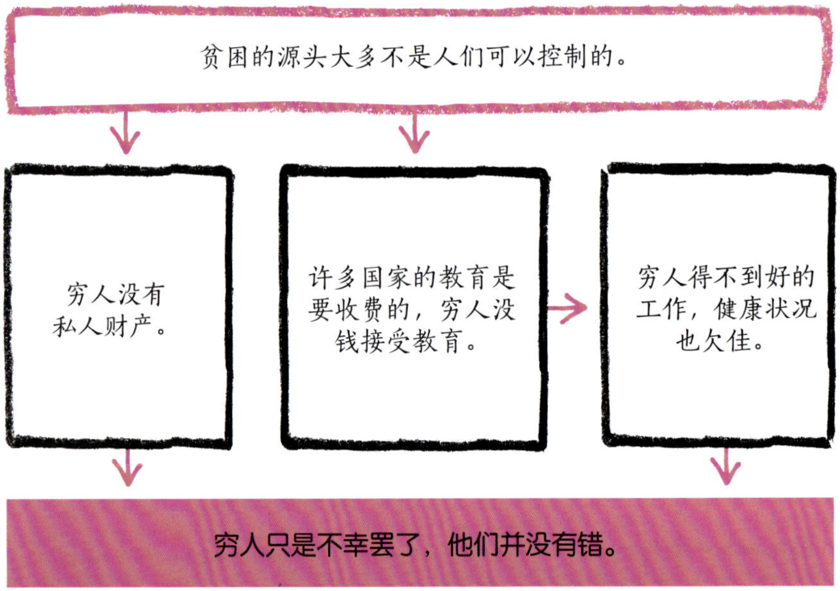

背景介绍

聚焦

社会与经济

主要人物

约翰·斯图亚特·穆勒（1806—1873）

阿玛蒂亚·森（1933—）

此前

1879年 美国经济学家亨利·乔治撰写了《进步与贫困》一书。

19世纪90年代 查尔斯·布思和西博姆·朗特里在英国展开了一次关于贫困的调查。

此后

1958年 美国经济学家约翰·肯尼思·加尔布雷思（John Kenneth Galbraith）在《丰裕社会》中号召人们关注贫困。

1973年 印度经济学家阿玛蒂亚·森提出了一种新的贫困指数。

2012年 世界银行将日薪低于1美元的情况定义为极端贫困。

高收入国家的各项经济支出中，政府支出的比例通常占30%~50%。这些花费中大约一半都用于“转移支付”或者福利支出。从历史角度来看，从20世纪三四十年代开始的这种巨额的社会支出相对来说也算是一个新的发展。

福利支出有着悠久的历史。早在16世纪，英国的《济贫法》就指出，世界上有三种穷人：值得同情的穷人（老人、小孩和病人）、值得帮助的失业的穷人（他们想工作，却没有人愿意雇用他们），以及不值得同情的穷人（乞丐）。当地人会为前两种贫困人群捐赠食物和金钱，但是，人们却不正确地看待第三种人群。随着工业的发展，人们对穷人的观点和看法也发生了改变。到18世纪，许多人都认为，穷人之所以贫穷，完全归咎于他们

参见：人口与经济 68~69页，发展经济学 188~193页，权利理论 256~257页。

上图由古斯塔夫·多雷于1872年所作。和大部分欧洲城市一样，伦敦贫困人群居住的环境和卫生条件非常差。成人、小孩，以及各种害虫互相争抢珍贵的居住空间。

自己。英国经济学家大卫·李嘉图和托马斯·马尔萨斯请求废除《济贫法》，认为接济穷人只会鼓励人们不劳而获，而对鼓励人们参加工作、自食其力起的作用不大。

尽管大多数人都接受这一观点，仍然有人提出不同的看法。1848年，英国哲学家穆勒提出，经济学探讨的只是生产的问题，而财富的分配是一种社会选择。在他有关政治学的作品中，穆勒认为，应当限制政府对经济的干预。但在这件事情上，他却认为，国家（政府）应该介入并帮助那些无法自救的人们，并为他们提供谋生所需的教育。

随着欧洲国家在19世纪和20世纪选举权范围的扩大，社会支出也越来越多，人们对重新分配财富的呼声也越来越强烈。随着社会福利的完善，公共健康和公共教育体系也将越来越完善。

21世纪的贫困问题

1800年以后，欧洲、北美洲及世界其他地区都出现了巨大的财富两极分化现象。经济学家们强调，除了对这些贫困人群的直接经济援助，居民的健康、受教育程度，以及交通状况对于消除贫困都起着非常重要的作用。

印度经济学家阿玛蒂亚·森认为，贫困问题主要受限于“能力和功能性活动”（人们可以借此取得成功），而与人们能得到的商品和服务无关。这个观点在有关贫困线到底是绝对的（满足基本要求）还是相对的（如平均收入的比例）这类问题中也有体现。■

发展目标

2000年9月，来自联合国的189位世界领导人联合签订了8项在2015年之前要实现的千年发展目标。这些目标包括：消除极端贫困和饥饿，普及教育，促进男女平等并赋予妇女权利，降低儿童死亡率，改善产妇保健，与疾病（艾滋病毒/艾滋病、肺结核、疟疾等）做斗争，确保环境的可持续发展能力，全球合作促进发展。其中一个重要目标就是，截至2015年，将全球极端贫困人口的数量减半。世界银行的数据显示，在对不同国家商品的不同价格进行调整之后，发展中国家日薪低于1美元的人口比例从1990年的30.8%降至2008年的14%。这一成果应主要归功于东南亚国家。然而，日薪1美元几乎是令人绝望的生活水平。发展中国家一般使用的平均“贫困线”是日薪2美元。2008年，发展中国家约有25亿人口（约占世界总人口的43%）的收入低于这个水平。

图为一个男人在巴西福塔雷萨街头乞讨。联合国资料显示，现在的穷人面临着“凄惨可怜、毫无尊严的生活条件”。联合国承诺要在2015年之前将世界贫困人口减少一半。

社会主义不同于理性经济

中央计划

背景介绍

聚焦

经济制度

主要人物

路德维希·冯·米塞斯（1881—1973）

此前

1867年 马克思认为，科学社会主义像一间巨大的工厂一样条理分明。

1908年 意大利经济学家埃里科·巴罗内（Enrico Barone）认为，在社会主义条件下可以实现社会的高效率。

此后

1929年 美国经济学家弗雷德·泰勒（Fred Taylor）认为，可以利用数学的试错法来实现社会主义经济体系下的均衡。

1934—1935年 经济学家莱昂内尔·罗宾斯和弗里德里希·哈耶克强调了社会主义面临的实际操作问题，如所需的经济计算规模和缺乏冒险的问题。

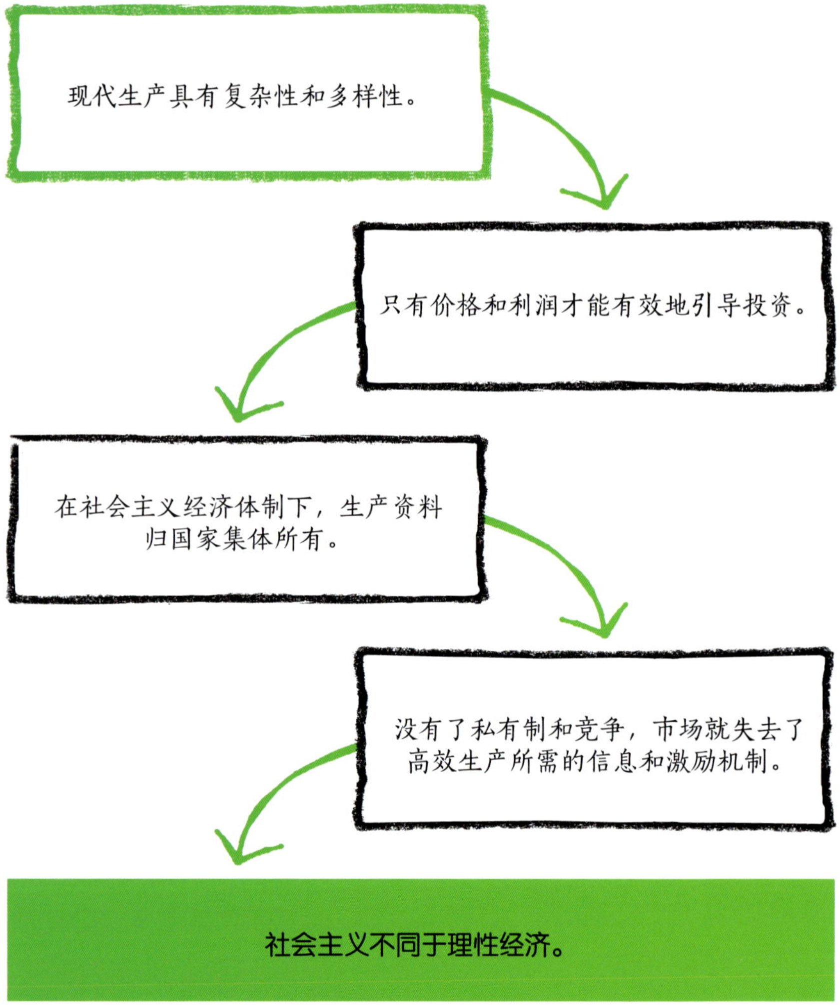

1867年，德国哲学家马克思在《资本论》中对社会主义经济进行了阐述。他认为，在社会主义经济体制下，生产资料（如工厂）归国家集体所有，竞争是一种浪费。马克思提出，我们可以像经营工厂那样管理社会。他相信，资本主义必将改革。

经济学家们对马克思的观点进行了严肃而认真的研究。意大利经济学家维尔弗雷多·帕累托运用数学方法来阐述自由市场中竞争怎样带来有效的社会结果。此外，他还提出，社会主义经济体制同样可以实现这个目标。他的同胞巴罗内在《集体主义国家的生产部门》中对这一观点进行了进一步的阐述。

几年之后，欧洲卷入了第一次世界大战。人们认为，可以将第一次世界大战看作旧秩序灾难性的失败。1917年的俄国革命为社会主义接管经济提供了一个范例，而第一次世界大战的战败国德国、奥地利和匈牙利则见证了社会主义政党夺取政权的过程。

自由市场经济学家似乎无法找到反击社会主义的理论证据。但是，1920年奥地利经济学家路德维希·冯·米塞斯提出了根本性的反对意见。他认为，社会主义体制下的计划经济是不可能的。

用货币计算

路德维希·冯·米塞斯在1920年发表的文章《社会主义国家的经济计算》中对社会主义经济体制发起了挑战。他认为，现代经济的生产非常复杂，如果要对经济进行计划，必须要有市场价格提供的相应

参见：自由市场经济学 54~61页，马克思主义经济学 100~105页，经济自由主义 172~177页，市场与社会结果 210~213页，社会市场经济 222~223页，计划经济的短缺 232~233页。

信息，而市场价格则是多个生产者为了各自利益相互竞争而产生的。我们需要通过价格和利润来判断市场的需求并引导投资。他的观点引爆了一场关于资本主义和社会主义孰优孰劣的大辩论，人们称这场著名的大辩论为“社会主义计算”或“体系之争”。

假设要在两座城市之间修建一条铁路。应该选择哪条线路呢？到底有没有必要修建这条铁路呢？要做出决定，就必须将利润（不同铁路使用者的交通费用）和成本（劳动时间、钢铁、煤、机械设备等）进行对比。在计算的过程中，我们有必要使用一个统一的单位——货币，而货币的价值是以市场价格为基础的。但是，在社会主义经济体制中，这些事物的真正货币价格已经不存在了，因为它们的价值由国家设定。路德维希·冯·米塞斯认为，消费品的价格不应该由政府决定。根据消费者的需求，我们很容易得出应该用一块土地来产出1000升酒还是500升汽油。一个人可以很容易地计算出应该花一天时间来制造一个凳子还是一口锅，是摘水果还是修建一堵墙。然而，复杂的生产要求正式的经济计算。路德维希·冯·米塞斯认为，如果不进行正式的经济计算，人脑“将在管理和分配问题面前不知所措”。

> 在社会主义经济体制中，对于任何的经济变革，既不能提前预测它是否能取得成功，也不能通过回顾来判定它是否成功。一切都只是在黑暗中摸索罢了。
>
> ——路德维希·冯·米塞斯

鲍里斯·克斯托依列夫的作品《布尔什维克》反映了俄国革命的理想政策。在经过4年的苦苦挣扎后，这些理想政策最终还是被新经济政策取代了。

市场价格

除了把货币价格作为统一的单位来评估，资本主义经济体制下的经济计算还有其他两个优点：第一，市场价格会自动反映贸易双方的估价；第二，市场价格可以反映生产工艺的技术可行性和经济可行性。生产商之间的竞争意味着只有利润最高的生产工艺才会被选择。

路德维希·冯·米塞斯认为，真正的市场价格依赖于商品生产和消费过程中流通的货币。在社会主义经济体制中，货币的使用具有很大的限制性，例如支付工资和购买生活消费品。但是，国营经济的生产环节已不再需要货币，就像一个工厂的内部运转不再需要货币一样。路德维希·冯·米塞斯考虑为货币寻找替代品，就像马克思认为可以通过生产一件商品耗费的劳动时间来衡量其价值一样。但是，这种方法没有考虑到不同生产资料、不同劳动力或不同生产过程耗费的

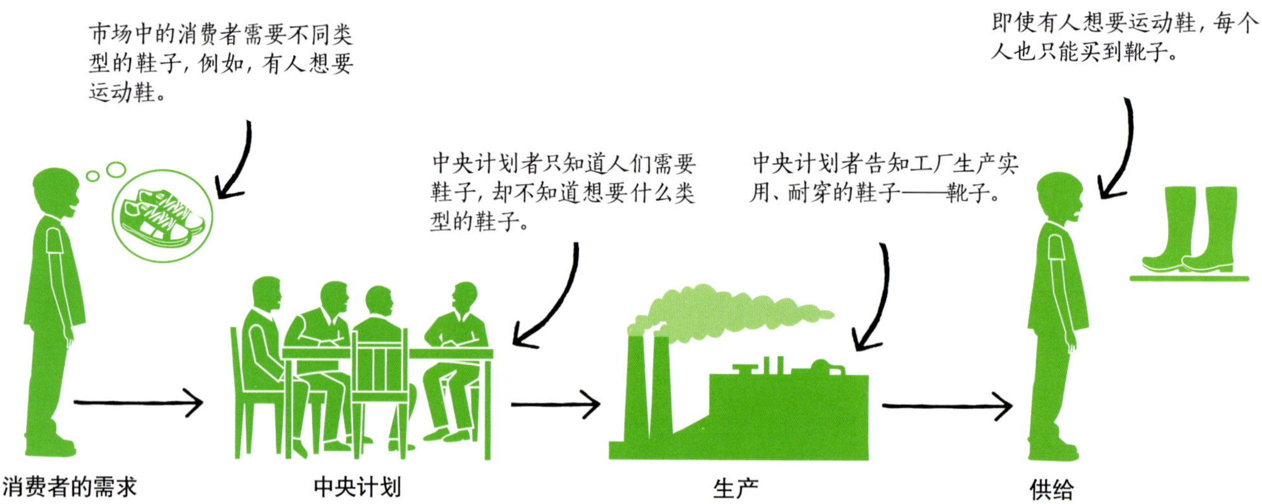

实际时间（相对劳动）的相对稀缺性。只有市场价格才能反映一切影响因素。

变化的价格

路德维希·冯·米塞斯和他的奥地利学派支持者们都不相信社会可以达到均衡状态——经济可以自动靠近某种水平或平衡状态。他认为，经济总是处于一种不平衡的状态中，总是在发生变化，每个市场主体都面临着各种不确定性。此外，中央计划者不可能简单地采用前一个市场下的价格体系。如果中央计划依赖于来自不同体系的价格，那么计划经济怎么可能取代市场经济呢?

路德维希·冯·米塞斯的挑战得到了一些回应。有经济学家认为，中央计划者可以通过试错法来平衡商品的供给和需求，这与里昂·瓦尔拉斯提出的在市场经济中实现均衡的过程类似。然而，这种数学方法与巴罗内的观点没有任何区别。奥地利学派认为，任何关于数学平衡的讨论都不具有实际的参考价值。

对此，路德维希·冯·米塞斯的支持者莱昂内尔·罗宾斯和弗里德里希·哈耶克补充道，这样的计算也没有实践意义。此外，社会主义经济体系也不能模拟市场经济体系中厂商面临不确定因素时所承担的风险。1936年，经济学家奥斯卡·兰格和阿巴·勒纳提出一种市场社会主义体系。在这个体系中，许多独立的国营厂商在国家设定的价格下寻求最高利润。奥地利学派新的领军者弗里德里希·哈耶克对社会主义市场经济体系做出回应，认为只有自由市场可以提供必需的激励机制和信息。

实践中的社会主义

苏联曾经采用过市场社会主义体系。一开始，这一体系发挥了良好的作用，但整个经济体系总是面临着各种问题。为了解决这些问题，苏联进行过一段时间的尝试和改革，将目标由产出转向销售，并给予国有企业更多自主决定权。但是，国有企业实际上未能完成中央计划者制定的目标，造成了大量的浪费，使商品产量下降，不符合目标要求。这一体系的解体也证实了奥地利学派对激励机制和信息的担忧确实是有道理的。

路德维希·冯·米塞斯认为，政府的干预会产生更多不良影响，致使政府实施进一步的干预。他和奥地利学派的其他经济学家认为，在市场经济中，厂商通过服务消费者赚取利润，如此有意义的活动不应该受到任何限制。奥地利学派的经济学家们不接受“市场失灵”这一说法，或者他们认为这不过是为政府措施不得力所找的借口而已。他们认为，垄断是由政府造成的，而不是私营企业。消费者们会将污染这样的外部因素纳入考虑范围之内，志愿者机构或者那些受到外部性问题影响的人，都会想办法解决这些外部性问题。

对于奥地利学派来说，政府控制货币供给才是最坏的干预方式。

他们认为，政府增加货币供给量（如印刷更多的货币）会导致货币利率降低，进而导致糟糕的投资。当经济泡沫产生之后，人们唯一可以做的就是接受商业的失败和接踵而至的经济萧条。他们建议撤销中央银行，使货币供给建立在真正的商品（如黄金）的基础之上。奥地利学派对此坚决拥护放手不管的政府。

1900年，经济学领域中共有5个主要流派。除了马克思主义和德国历史学派（对市场经济体系持批判态度），还有支持自由市场主流思想的3个流派：英国学派（以马歇尔为首）、洛桑学派（通过数学方程表达一般均衡理论）和以门格尔为首的奥地利学派。英国学派和洛桑学派是经济学领域内的主流学派，但是奥地利学派却坚决不肯妥协。

在对2008年全球金融危机的重新思考之后，奥地利学派又开始流行起来。■

社会主义经济将自身看作集经济所需的一切于一身的庞大生产线。在第二次世界大战期间，这种命令式的生产线发挥了良好的作用。

路德维希·冯·米塞斯

路德维希·冯·米塞斯是奥地利学派的代表人物。他的父亲是一位铁路工程师。1881年，他出生于奥匈帝国的兰堡，也就是现在的利沃夫。他在维也纳大学求学期间，曾定期参加经济学家庞巴维克主办的学术研讨会。1909年到1934年间，米塞斯就职于维也纳商会，担任奥地利政府的首席经济顾问。与此同时，他还在大学教授经济学理论，并因此有了大批崇拜者。但是，他一直未能成为一名教授。1934年，他移居日内瓦，在日内瓦大学担任教授一职。1940年秋天，在德国入侵法国后不久，米塞斯移居美国纽约。1948年到1967年间，米塞斯在纽约大学教授经济学理论。1973年，米塞斯去世。

主要作品

1912年 《货币与信贷理论》
1922年 《社会主义》
1949年 《人类行为》

资本主义摧毁旧部门，催生新部门

创造性破坏

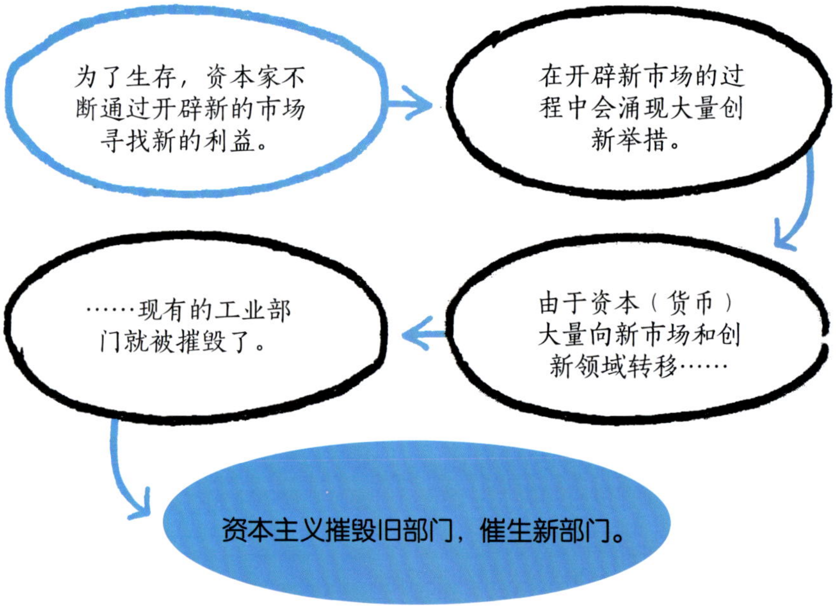

背景介绍

聚焦

经济体系

主要人物

约瑟夫·熊彼特（1883—1950）

此前

1867年 马克思认为，资本主义通过一次次的经济危机逐步向前发展，反复摧毁整个生产力。

1913年 德国经济学家沃纳·桑巴特认为，对旧事物的破坏也为新事物的出现开辟了道路，正如木头的缺乏促使人们开始使用煤炭一样。

此后

1995年 美国经济学家克莱顿·克里斯坦森将创新分为破坏性创新和可持续发展的创新。

2001年 美国经济学家理查德·福斯特（Richard Foster）和莎拉·卡普兰（Sarah Kaplan）认为，即使最杰出的厂商也不可能永远战胜资本市场。

当经济出现停滞时，企业和工作岗位就会逐渐减少。为了消除这些不良影响，政府有必要对经济进行干预。20世纪30年代大萧条期间，奥地利经济学家约瑟夫·熊彼特在经济最不景气的时候发表文章否认这一看法。他坚持认为，经济的停滞是资本主义为了继续进步而铲除阻碍因素、为新的发展开辟道路的过程，并且马克思将这一过程描述为创造性破坏。

约瑟夫·熊彼特坚信，企业家是资本主义进步的核心因素。斯密认为利润源于投资创造的收益，马克思认为利润源于对劳动力的剥削，熊彼特则认为利润既不源于资本，也不源于劳动力，而源于创新。熊彼特将企业家视为人类的一种新阶级，一种既不属于工人阶级，也不属于资本家的“暴发户”，

参见：自由市场经济学 54~61页，繁荣与萧条 78~79页，马克思主义经济学 100~105页，技术飞跃 313页。

在市场充满不确定因素的情况下，他们通过创新开发出新的产品和新的生产方式。

企业家们通常只会对微小的经济变化做出适应性调整，这就使那些对经济变化做出创新性回应的企业家们脱颖而出。迫于压力，企业家们不得不通过借债将他们的创新投入市场，他们不可避免地会遇到一些阻碍。他们打破旧的经济体系，为牟利开辟了新的机会。在熊彼特看来，创新创造出的新市场远比亚当·斯密提出的“看不见的手”或自由市场竞争有效。

突破性进展

熊彼特认为，尽管创新会促进新市场的发展，但其他企业家不久就会相继模仿，试图从最初想出这个创意的企业家那里分一杯羹。这个时候，经济又会出现停滞，市场发展缓慢。虽然经济停滞会带来许多负面影响，但它可以清除市场中许多无效的经济因素，是促进市场继续向前发展的一个重要过程。在最近几年，商业策略家，如美国经济学家克莱顿·克里斯坦森，将创新分为两类。其中，可持续发展的创新有一套不断发展进步的体系，通常都是技术性的革新。相反，破坏性创新会扰乱市场，通过产品创新改变市场，进而推进经济的发展。例如，尽管苹果公司并没有研发出制造数码音乐播放器的技术，它却创造性地将高科技产品（iPod）和音乐下载软件（iTunes）结合起来，提供了一种新的享受音乐的方式。

上图为具有远见卓识的美国企业家史蒂夫·乔布斯带领苹果公司推出的产品iPhone。行业游戏规则的改变迫使竞争对手们开发新的产品，这样才能在竞争中取胜。

> **新旧产品和方法之间的较量……并不平等，但新的产品和方法有着绝对的优势，必定会替代旧产品和旧方法。**
>
> ——约瑟夫·熊彼特

马克思相信，创造性破坏赋予资本主义巨大的能量，同时也使资本主义面临着有可能被彻底摧毁的爆炸性危机。熊彼特虽然赞成这一观点，但是他还补充道，资本主义可能将自己摧毁并不是它的失败，而是它的成功。他认为垄断是创新的促发机制，但是垄断企业必定会继续发展，直至规模过于庞大，其官僚主义最后注定会超越最初为其注入生命力的企业精神。■

约瑟夫·熊彼特

约瑟夫·熊彼特，1883年出生于奥匈帝国的摩拉维亚，父亲是一位德国工厂主。熊彼特4岁时，父亲去世，他与母亲移居维也纳。他的母亲与一个维也纳贵族将军结婚后，这位继父帮助他开始了一段旋风般的事业。他成为一名经济学教授、奥地利财政部部长，以及彼得曼银行行长。

1924年，彼得曼银行破产，奥地利和德国也相继成为纳粹国。这之后，熊彼特移居美国，成为哈佛大学的讲师，并在那里有了一批狂热的崇拜者。熊彼特于1950年去世。

主要作品

1911年 《经济发展理论》
1939年 《经济周期》
1942年 《资本主义、社会主义与民主》
1954年 《经济分析史》

WAR AND DEPRESSIONS 1929–1945

战争与萧条

1929年—1945年

1929年

苏联强制实行农业集体化。

1929年

华尔街股市崩溃（美国股票价值剧烈下降）标志着**大萧条**的开始。

1930年

为了从**数学和统计学**角度研究经济学，人们在美国成立了计量经济学学会。

1931年

弗里德里希·哈耶克认为，政府对经济进行干预是不明智的，最终只会压制经济的发展。

1931年

金本位制（将各个国家货币的价值与黄金联系起来的一种货币体系）终止。

1932年

莱昂内尔·罗宾斯将经济学定义为**“有关稀有资源的科学”**。

1933年

约翰·梅纳德·凯恩斯在《纽约时报》上给美国总统罗斯福写了一封公开信，建议通过增加政府支出来拉动经济的发展。

1933年

拉格纳·弗里希将经济学分为**宏观经济学**和**微观经济学**。

第一次世界大战结束后，传统的经济学思想开始受到欧洲和北美洲事件的挑战。德国经济因恶性通货膨胀而崩溃。

20世纪20年代，美国经济繁荣昌盛。1928年，美国总统胡佛发表讲话：“我们国家的经济繁荣已经超越了历史上任何国家所达到的经济繁荣程度。”一年后，华尔街崩溃，股市崩盘，美国成千上万家公司倒闭。到1932年，美国失业人数已经超过1300万。美国收回以前贷给欧洲的巨额贷款，这直接导致欧洲各家银行破产。

在约10年的时间里，世界上的许多国家都处于严重的经济萧条之中。也正是在这一时期，英国经济学家莱昂内尔·罗宾斯系统地将经济学定义为“有关稀有资源的科学”。后来的经济学家们经常引用这一定义。

新的研究方法

人们曾相信自由市场可以保持市场的稳定，促进经济的发展，但此时这一观念开始动摇，经济学家们开始寻找新的经济策略来解决经济发展中遇到的难题，尤其是失业这一问题。有人甚至开始验证发达的资本主义国家存在的体制问题。例如，美国经济学家阿道尔夫·伯尔勒（Adolf Berle）和戈迪纳·米恩斯（Gardiner Means）向人们演示了经理们怎样在工作中为自己谋利而不是为公司谋利。当时最迫切的就是要刺激经济发展，但这需要一种完全不同的新方法。

英国经济学家凯恩斯找到了答案，他意识到没有任何政府干预的自由市场已经完全失灵。人们曾经完全信任自由市场，深信自由市场能够自发纠正错误和失灵，而凯恩斯则提倡政府对经济实施干预，尤其可以运用政府支出来刺激需求，推动经济复苏。

一开始，凯恩斯的观点遭到了人们的质疑，但后来人们开始慢慢接受并支持凯恩斯的观点。凯恩斯把经济看作一部机器，政府可以通过调整变量（如货币供应和公共支出）来控制这部机器的运转。1933

1933年 美国总统罗斯福实施**新政**：通过政府干预政策促进经济的恢复和发展。

1936年 凯恩斯撰写《通论》，解释了宏观经济学的研究方法和国家在经济发展中**发挥的关键作用**。

1937年 约翰·希克斯描述了**IS-LM模型**，为凯恩斯乘数提供了数学模型。

1939年 **第二次世界大战**在欧洲爆发。

20世纪40年代 西蒙·库兹涅茨阐述了**经济周期**这一概念，为发展经济学奠定了基础。

1944年 《**布雷顿森林协议**》签署生效，对第二次世界大战后主要工业国家的金融关系进行了规范。

1944年 卡尔·波兰尼从**文化角度**研究经济学，向传统的经济学思想发起挑战。

1945年 第二次世界大战结束，各参战国家开始**经济重建**。

年，美国总统罗斯福根据凯恩斯的基本观点，推出了著名的罗斯福新政（以下简称“新政”），期望推动美国经济的复苏。新政的具体措施为政府增大开支，大量投资于大型基础设施建设，所有的银行都收归中央管理等。新政成为第二次世界大战后美国和欧洲经济政策的基础。

挪威经济学家拉格纳·弗里希提出了研究经济学的两种不同方法：部分研究（微观经济学）和整体研究（宏观经济学）。计量经济学（对经济数据的数学分析）这一新的研究领域成为经济计划和经济预测的有效工具。

现代宏观经济学利用的主要是凯恩斯广受推崇的方法。然而，尽管凯恩斯提出的解决20世纪30年代经济大萧条的方法非常有效，许多经济学家仍然认为，政府干预经济对市场经济来说仍有不妥。有些美国人认为凯恩斯的方法完全背离了“美国方式”，而欧洲经济学家则将这一方法同社会主义联系起来。凯恩斯本人认为，这种方法是英国自由主义传统的一部分，因为经济中出现的这些问题都是社会因素作用的结果。

全球差异

经济学的发展会被打上不同国家或民族的烙印，不同文化背景下的经济学派思想都有民族特点。

在奥地利，激进派在哈耶克思想的基础上逐渐演变，最后支持绝对自由的市场。哈耶克认为，西方世界的自由和民主是随着自由市场经济的发展而产生的。一些其他经济学家对这一思想进行了深化，认为竞争对于经济的发展是非常必要的。

20世纪30年代，大批德国和奥地利思想家移居英国和美国，他们也将这些思想传播到了这些国家。

后来，人们渐渐不再迷信凯恩斯的经济学思想，新一代的经济学家又重新开始研究自由市场，认为应该由市场自身来解决经济发展中遇到的问题。■

失业
不是人们
自愿的

经济萧条与失业

背景介绍

聚焦

宏观经济

主要人物

约翰·梅纳德·凯恩斯

（1883—1946）

此前

1776年 苏格兰经济学家斯密认为，市场这只“看不见的手”会自动调节经济，实现经济的繁荣。

1909年 英国社会活动家比阿特丽斯·韦布在她的作品《少数派报告》中指出，贫困的原因在于社会结构，而不应该责备穷人。

此后

1937年 英国经济学家约翰·希克斯对凯恩斯体系进行了分析。

1986年 美国经济学家乔治·阿克洛夫和珍妮特·耶伦用效率工资模型阐述了“非自愿失业”。

1936年，约翰·梅纳德·凯恩斯撰写了具有开拓性的著作《就业、利息与货币通论》。凯恩斯也因此成为世界上最著名的经济学家之一。该书的重要性在于，它从一个完全不同的角度来思考经济的运作。

苏格兰经济学家斯密在1776年撰写了著名的《国富论》，勾勒出古典主义经济学的轮廓。从那以后，经济就被看作单个市场和决策制定者之间完美平衡的结合。经济学家们有一个共识：经济会自发地达到一种平衡状态，所有想要工作的人都可以找到雇主。

然而，凯恩斯颠覆了古典模型中基本的因果推论。他认为，宏观经济（整体经济）与微观经济（经济的一个部分）完全不同。凯恩斯曾接受古典学派思想的教育，但他自己非常努力才摆脱了习惯性的思维方式。然而，正是由于成功地摆脱了习惯性的思维方式，他才发展出激进的经济分析方法。此外，他对失业原因的看法也颠覆了传统，并且找到了一套与传统方法完全不同的解决办法。在《就业、利息与货币通论》出版前的一个世纪里，失业不是主要的问题，贫穷才是长期存在的社会问题。直到19

图为埃德加·德加于1875年创作的绘画作品，描述了酒吧中一个喝苦艾酒的人。在1936年凯恩斯发表他的观点之前，酗酒等问题都被认为是导致失业的原因。

古典经济学认为失业是人们自愿的，如果人们愿意为低一点的工资工作的话，工作总会有的。

工资的变化是很缓慢的。在经济停滞期间，随着物价降低，工资的实际价值上升，企业需要的劳动力随之减少。

随着经济中需求的减少，工人失业，企业陷入生产不足的困境。

失业并不是人们自主选择的。

参见：自由市场经济学 54~61页，市场供给过剩 74~75页，凯恩斯乘数 164~165页，通货膨胀与失业 202~203页，理性预期 244~247页，激励与工资 302页，黏性工资 303页。

右图是1929年10月29日纽约股市崩盘那一天，焦虑的人们聚集在华尔街上。一天之内，美国几乎有一半的股票被抛售，世界经济大萧条由此开始。

世纪80年代，以英国和美国为首的一些国家发生了工业革命，经济快速发展，人们生活水平有了大幅度提高，但是，贫困仍然存在。

懒惰的穷人

长期以来，经济学家都把贫困当成一个大的社会政策问题来研究，但是，到了19世纪末，人们开始越来越担心工人失业的问题。起初人们认为，失业问题是由疾病或工人自身的问题（如懒惰、生理缺陷或职业道德缺失等）造成的。也就是说，人们认为失业不是社会问题导致的，而是由工人自身的问题导致的，他们出于一些原因不能参加工作。很明显，当时人们认为失业问题并不是一个需要公共政策关注的问题。

1909年，英国社会活动家比阿特丽斯·韦布撰写了《少数派报告》。这是第一个提出福利国家概念和政策的文件。文件宣称，“部长应该承担起组织国家劳动力市场、防止失业或使失业最小化的责任”。“非自愿失业”这个概念第一次出现了。与此同时，人们也渐渐意识到，造成失业的原因并不是劳动者本身的缺陷，而是劳动者控制能力之外的经济情况。

非自愿失业

1913年，英国经济学家亚瑟·庇古对“非自愿失业”这一概念进行了进一步阐述，使人们能够更加容易地理解这一概念。他认为，在一个行业内，如果工人愿意在目前的工资水平下更努力地工作，而不提出更高的工资要求，这种情况下的失业就是非自愿失业。即便在今天，这一定义也能很好地阐述“非自愿失业”，因为这个定义指明了非自愿失业的根本原因是工人根本没有选择工作还是不工作的权利。在这一时期，传统的失业观点仍是经济学的主导思想。传统观点认为，失业在很大程度上是人们自愿的，因为人们不愿意在当前的工资水平下工作，或者宁愿去参与一些非市场活动，如照顾小孩等。传统观点的支持者认为，自由市场的自我调节和修正的机制可以解决任何非自愿失业问题。

传统观点还认为，非自愿失业不会长期存在，因为市场的自我调节机制很快就能使就业恢复到充分就业状态。有证据显示，凯恩斯最初也赞成这一观点。在他1930年出版的《货币论》中，凯恩斯写道，当价格下降速度超过成本下降的速度时，企业有三种选择：忍受亏损、停业或减少工人工资。凯恩斯认为，从国家的角度来看，只有第三种选择才能使经济回到真正的均衡上来。

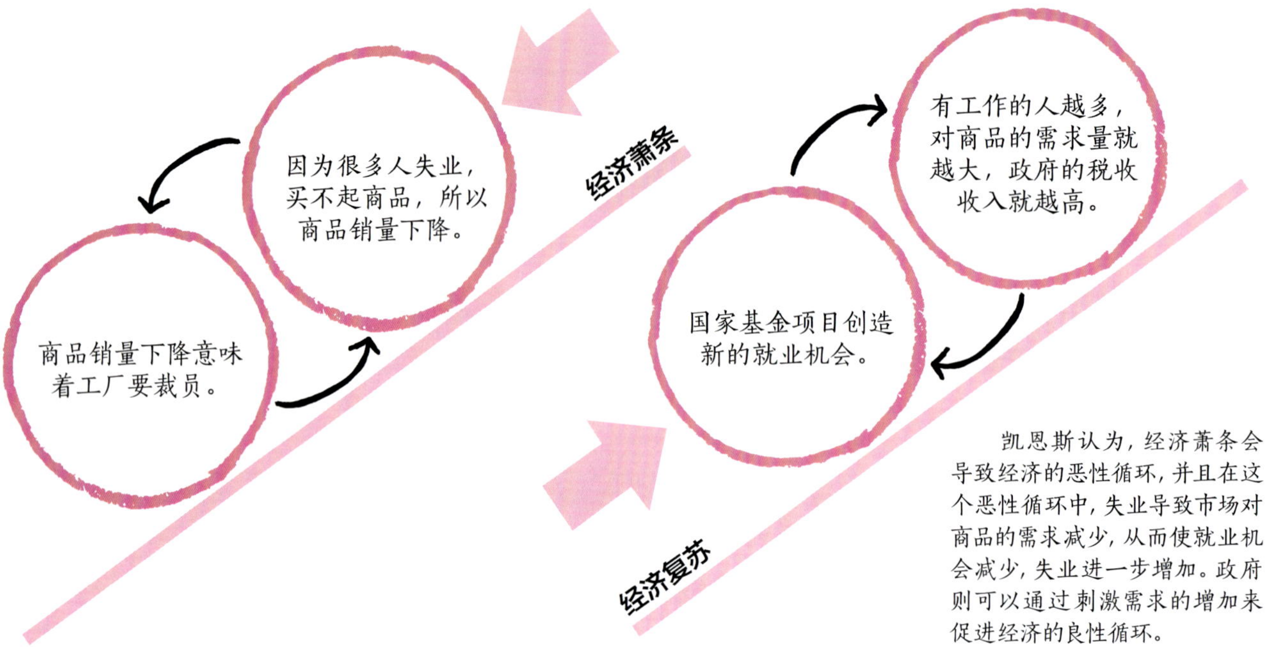

凯恩斯认为，经济萧条会导致经济的恶性循环，并且在这个恶性循环中，失业导致市场对商品的需求减少，从而使就业机会减少，失业进一步增加。政府则可以通过刺激需求的增加来促进经济的良性循环。

然而，1929年美国股市崩盘及紧随其后的世界经济大萧条之后，凯恩斯的思想发生了改变。华尔街金融危机使世界经济严重衰退，其中美国经济就退步了40%。到1931年，美国国民收入从股市崩盘前的870亿美元下降为420亿美元。到1933年，美国失业人数达到1400万。生活水平急剧下降，骨瘦如柴的身影随处可见，这些都是那一时代贫穷和绝望的见证。正是目睹了这一时期的种种惨状，凯恩斯才写下了著名的《就业、利息与货币通论》一书。

大萧条

世界经济大萧条成为凯恩斯新的出发点。市场的正常运转似乎无法解决经济中长期存在的非自愿失业这一问题。一般情况下，就业人数由真正的工资水平决定，即工资水平与市场上商品和服务的价格有关。在经济停滞时期，由于人们对商品的需求减少，商品的价格也随之下降，而且价格下降速度大于工资下降速度。然而，工人却反对降低自己的工资水平。这一切使工人的真实工资水平上升。在高工资水平下，愿意工作的工人数量增加，但由于工资水平上升，工厂真正需要的工人数量相对减少，这就导致了失业。

> 新的思想并没有问题，问题在于怎样跳出旧的思维方式。
>
> ——约翰·梅纳德·凯恩斯

黏性工资

减少失业率的一种方法是让剩余劳动力（没工作的人）形成使货币工资下降的压力，即让工人愿意在低于当前工资水平的条件下工作。古典主义经济学家认为，市场具有灵活性，可以随时做出调整，降低真实工资水平。但凯恩斯认为，工资可能具有黏性：非自愿失业还将继续存在。凯恩斯认为，工人不可能在工资水平下降的情况下回到工作岗位。他指出，从理论上来看，如大萧条时期一样，当需求下降时，工厂可能愿意以真实工资水平去雇用更多的工人，但实际上这是不可能的。这是因为，整个经济对商品的需求减少了，这就限制图为1931年在芝加哥职业介绍所找工作的人们。截至1933年，超过1000万美国人失去了工作。为了促进经济的复苏，美国颁布罗斯福新政，实施了众多刺激措施。

了产品的产量，工厂不会生产太多的产品。但是，工人想提供更多的劳动力，工厂也希望生产更多的商品，因为如果不这样的话，工厂和机械设备就闲置了。因此，需求不足使工人和工厂陷入了一种失业和生产过剩的恶性循环中。

政府的角色

凯恩斯认为，必须要到工人和工厂之外去寻找解决非自愿失业的办法。在他看来，要解决这一问题，政府就要在经济上增加投入，这样就可以提高市场对商品的整体需求，而这又可以鼓励工厂雇用更多的工人。随着商品价格上升，真实工资水平就会下降，就业率才能恢复到充分就业的水平。对于凯恩斯来说，政府怎样投入则是不重要的。他的至理名言是：“国库把钱币装入旧瓶子，再将瓶子埋入土中……让经受住自由市场考验的私营企业将这些钱挖出来。”只要政府拉动经济需求，整个经济体系就会开始恢复。

真实工资

《就业、利息与货币通论》并不是一部简单的著作，甚至凯恩斯本人也用“复杂、杂乱和晦涩”来描述这本书。

此外，人们对凯恩斯的意图仍然没有定论，尤其是对于自愿失业和非自愿失业之间的区别，人们仍然疑惑不清。企业对劳动力的需求量由企业需要支付的真实工资决定，高非自愿失业率的一种解释就是以此为基础的。工人和企业只能就某一工作或行业内的工资进行协商，他们无法控制整个经济内部的价格水平。实际上，一般来说，低工资水平既可以减少生产成本，也可以降低商品的价格，这就意味着真实工资并不会下降到可以消除失业的水平。那么，失业就并非工人自愿的，因为工人对此无能为力。人们普遍认为，工会可以通过集体谈判等行动来调节工资水平，使工资无法调整到消除失业的水平。因此，那些失去工作的人们就无法重新获得工作。凯恩斯将这种类型的失业归为自愿失业。他认为，当工资低于现行水平时，工人们就会不愿意工作。

凯恩斯的推理与此后的以数学模型为主要研究方法的经济学有很大不同。第二次世界大战后的宏观经济学主要将凯恩斯的观点进行重新解释，用正规的模型或者公式

下图为1919—1939年间各个国家的失业率。大部分国家在20世纪20年代开始恢复经济增长，而又遭受了1930年经济大萧条的严重打击，失业率急剧上升。

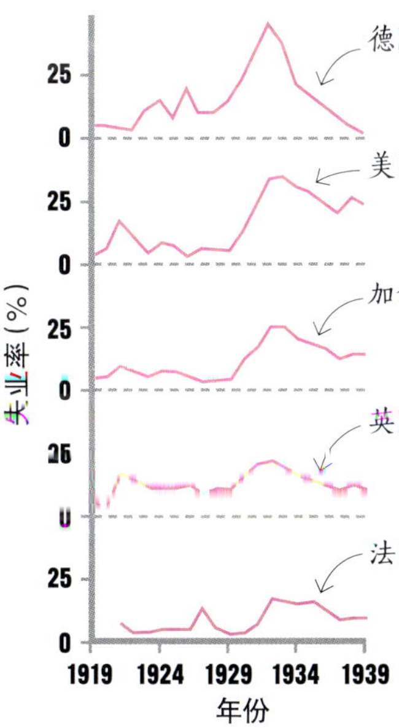

来阐述他的观点。英国经济学家约翰·希克斯用IS-LM模型阐述了凯恩斯的观点。这一模型后来成为标准的宏观经济模型，现在仍然是经济学学生首先要了解和学习的内容之一。

新的解释

对凯恩斯著作的现代研究表明，工人最关心的是他们相对于其他人的工资。工人从报酬列表上可以看出自己处在什么工资水平，任何人为削减他们工资的行为都会引发他们激烈的反抗和斗争。有趣的是，通货膨胀引起的价格上涨同样会造成工人真实工资水平的下降，但在这种情况下，工人们的反抗反而不如前者激烈，因为所有工人的真实工资水平都下降了。

效率工资模型提出了一个问题：为什么企业不通过削减员工工资来提高自身的利润呢？该模型认为，企业不愿意这样做的原因是削减员工的工资会打击员工的工作积极性。削减工资实际上会造成利润损失，因为降低工资获得的利益会被员工低效的工作状态和技术工人离职造成的生产力下降所抵消。相关的工资确定模型，如“新凯恩斯”模型，还对刚性工资做出了其他解释。

古典主义的复苏

20世纪70年代，随着欧洲经济滞胀问题的出现，人们不再迷信凯恩斯主义。新古典主义学派的经济学家开始重新研究古典主义经济学关于失业的看法，并再次否定了非自愿失业长期存在的可能性。

美国经济学家罗伯特·卢卡斯（Robert Lucas）是反对凯恩斯主义的代表人物之一。一名会计因为找不到工作，只好去当驾驶员。当被问到如何看待这位会计时，卢卡斯答道：“我认为他是一名驾驶员，因为他现在正在做的工作是驾驶出租车。”

对于现代古典主义学者来说，市场永远是清醒的，工人有选择是否工作的权利。

效率工资理论家也许赞成这一观点：在经济停滞期，如果一个人想工作，他就可以找到工作。但是，有些工人（如上文中提到的会

美国总统富兰克林·罗斯福投入大量资金大兴基础设施建设，如科罗拉多河上的胡佛水坝。即便如此，政府也并不是在追随凯恩斯的政策。

> 如果通过调整国内需求能够防止非自愿失业，我们就为国民生产创造了效益。
>
> ——韦布夫妇

一名驾驶出租车的会计到底属于失业的会计还是有工作的驾驶员？凯恩斯主义者可能会认为他属于非自愿失业人员。新古典主义学派的经济学家则会认为他并未失业。

计）并没有充分利用他自身的优势，对于经济发展来说，他的价值没有实现最大化。作为一名出租车司机，他仍然是一名非自愿失业的会计。当经济恢复到正常水平时，他又可以充分利用他自己的优势，重新成为一名会计。

凯恩斯主义和古典主义经济学家之间的争论，其根本的区别就在于对市场自我调节能力的看法。

古典主义的真相

凯恩斯可能会赞同诺贝尔奖得主、美国经济学家斯蒂格利茨的观点。

斯蒂格利茨认为，在美国大萧条期间，芝加哥四分之一的失业人员都可能是自愿选择失业的，因为他们本可以离开，去加利福尼亚的农场里采摘水果，而且已经有上百万的人这样做了。他认为：尽管事实如此，这仍然代表着一次巨大的市场失灵；如果古典主义理论认为，除了对这些不幸的失业人员表示同情，再没有什么办法可以帮助这些失业人员的话，我们宁愿不要再研究这些理论了。■

> 要解决非自愿失业问题，而且越快越好。
>
> ——罗伯特·卢卡斯

约翰·梅纳德·凯恩斯

1883年，马克思逝世，也正是在这一年，约翰·梅纳德·凯恩斯出生了。凯恩斯在英国剑桥长大，父母都是学者，他因此过着优越的生活。获得剑桥大学的奖学金后，他在剑桥学习数学。后来，他为英国政府驻印度办事处服务并出版了他的第一部著作《印度货币与金融》。第一次世界大战后的巴黎和会，以及1944年的布雷顿森林会议，凯恩斯都是会议顾问。他总能同时做多件事情。在他撰写《就业、利息与货币通论》期间，他修建了一座剧院。他还是一流的作家和艺术家。凯恩斯通过股市大赚了一笔，他将这笔钱的大部分都用于支持他的艺术家朋友们。1946年，凯恩斯因心脏病去世。

主要作品

1919年 《凡尔赛和约的经济后果》
1930年 《货币论》
1936年 《就业、利息与货币通论》

有些人喜爱冒险，有些人规避风险

风险与不确定性

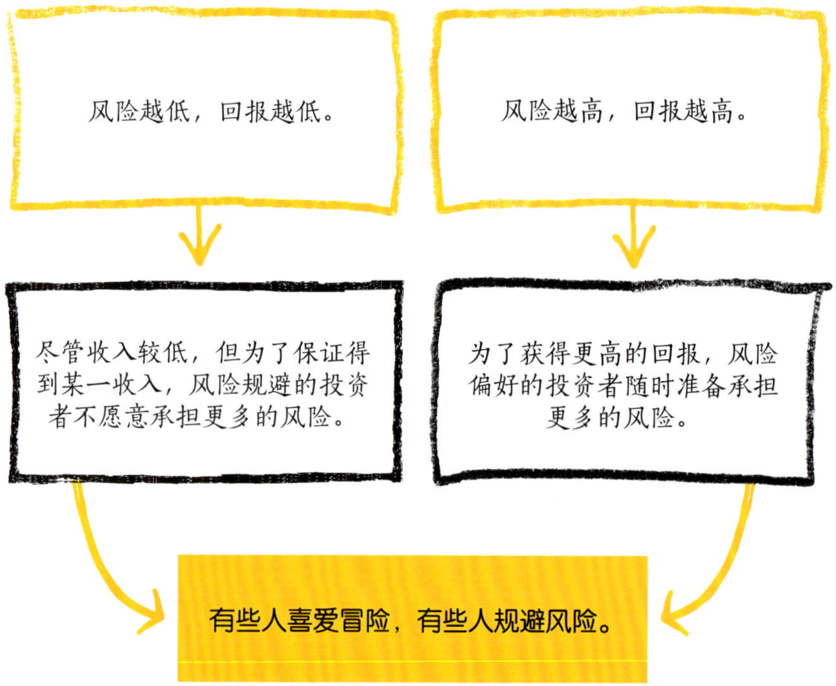

背景介绍

聚焦

决策

主要人物

弗兰克·奈特（1885—1972）

此前

1738年 瑞士籍荷兰数学家丹尼尔·伯努利（Daniel Bernoulli）系统地阐述了风险规避和效用理论。

此后

1953年 法国经济学家莫里斯·阿莱（Maurice Allais）发现了与期望效用理论相矛盾的决策悖论。

1962年 美国经济学家丹尼尔·埃尔斯伯格（Daniel Ellsberg）表示，人们在不确定性情况下做出的决策并不完全建立在概率基础之上。

1979年 以色列心理学家丹尼尔·卡尼曼（Daniel Kahneman）和阿莫斯·特沃斯基（Amos Tversky）以现实生活为试验基础，在他们的前景理论中对经济决策的合理性提出了质疑。

市场经济中的任何投资或者交易都存在着风险。在决定采取某一行动前，任何投资者都必须考虑可能出现的结果，权衡利弊及潜在的收益，也就是计算“期望效用”。如果有安全的选择，那么人们通常会偏好这一安全选择，除非更冒险的选择的预期回报非常高，否则人们一般不会去冒险。风险越大，吸引投资者的收益也应该越高。

很明显，这与分析赌博中的赔率是相似的。18世纪的数学家们对风险进行了早期的研究，他们也

参见：经济人 52~53页，非理性决策 194~195页，决策悖论 248~249页，金融工程 262~265页，行为经济学 266~269页。

> **利润源自事物固有的、绝对的不可预测性。**
>
> ——弗兰克·奈特

同时研究了赌博游戏中的概率问题。20世纪20年代，美国经济学家弗兰克·奈特成为早期分析自由市场经济中风险和利益关系的经济学家之一。此外，他还对风险和不确定性进行了区分和解释。根据他的定义，风险就是你不知道某个行动的结果如何，但却能算出各种可能的结果的概率。人们可以运用数学方法来评估风险，再据此购买保险。同样，人们也可以将期望效益和可供选择的行为进行实际的对比研究。

奈特认为，“不确定性”描述的是人们不知道各种可能结果的可能性，因此，就不能从预期效用角度将各种可能的结果进行对比分析。这就意味着不能用数学的方式对其风险进行衡量。奈特认为，当企业愿意接受这种没有保障的不确定性时，如果冒险成功了，他们就能够从中获利。即使经济处于长期的均衡状态中，他们也能获利。

当意识到潜在的高回报时，即使充满了风险和不确定性，投资者和企业家们通常也会为之一搏。正如那些因一夜暴富而成为新闻头条的证券交易员和银行家的例子一样，有的时候，这种“勇者必胜”的精神有可能会走极端。而另一方面，像那些将一生的储蓄存入有固定利息的银行中的普通人一样，大部分人都愿意放弃高额的利润，而选择稳妥的、低风险的投资。人们对风险的偏好有着本质的不同，就像风险程度也各不相同一样。有的人喜欢冒险，而有的人则更喜欢规避风险。但即使是不愿意冒险的人，也可能因为受到高回报的吸引而去冒一定的风险。

风险水平

风险广泛存在于各种各样的经济活动中，如投资股市、发放没有保障的贷款、在新开辟的市场销售商品等。我们每个个体的经济决策也受到风险的影响：我们要为别人工作还是自己创业？我们要将个人积蓄用于何种投资？正是由于我们规避风险，保险市场才得以存在。保险公司和精算师、信用评级机构及市场调查机构都可以帮助我们评估风险的高低及是否值得投资。但是，不同程度的不确定因素仍然存在。■

图为巴西圣保罗期货市场中，期货交易员们正在就商品价格的未来走向打赌。价格的一点微小变动都会带来巨大的利润或损失。

弗兰克·奈特

弗兰克·奈特是他那个时代最重要的经济学家之一。1885年，他在美国伊利诺伊州出生。他在康奈尔大学学习哲学一年后，开始转而学习经济学。他的博士论文为他著名的《风险、不确定性和利润》一书奠定了基础。奈特是爱荷华大学的第一名经济学教授。1927年，他搬到芝加哥大学，在那儿度过了他的余生。奈特是芝加哥学派经济学家的早期成员。他有许多学生，包括诺贝尔奖获得者米尔顿·弗里德曼、詹姆斯·布坎南及认为奈特有着“无穷无尽求知欲”的乔治·斯蒂格勒。

主要作品

1921年 《风险、不确定性和利润》
1935年 《竞争的伦理》
1947年 《自由与改革：经济学与社会哲学论文集》

政府支出可以拉动经济发展

凯恩斯乘数

背景介绍

聚焦

宏观经济

主要人物

约翰·梅纳德·凯恩斯（1883—1946）

此前

1931年 英国经济学家理查德·卡恩（Richard Kahn）通过明确的理论来阐述凯恩斯提出的政府支出的乘数效应。

此后

1971年 波兰经济学家米哈尔·卡莱斯基（Michal Kalecki）进一步发展了乘数效应理论。

1974年 美国经济学家罗伯特·巴罗开始重新研究“理查德均衡”（人们为了适应政府预算的调整而改变自己的行为）理论。理查德均衡意味着政府支出不会产生乘数效应。

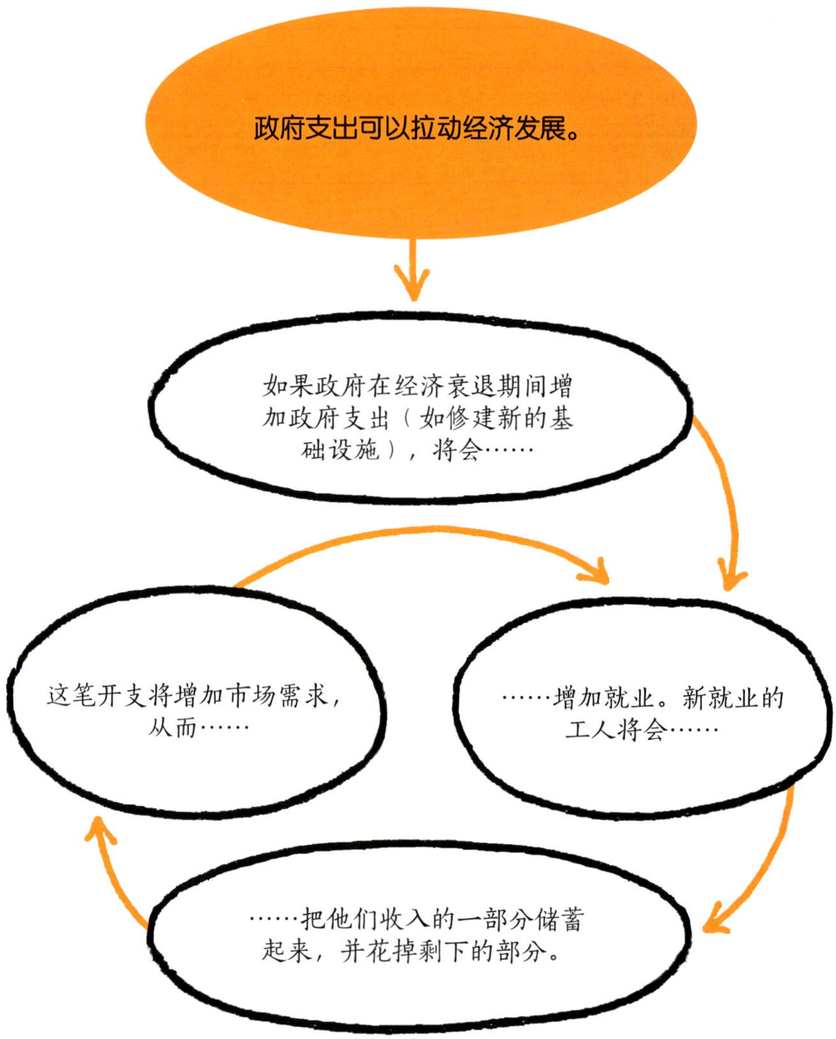

参见: 经济的循环流通 40~45页，市场供给过剩 74~75页，借贷与债务 76~77页，经济萧条与失业 154~161页。

宏观经济学试图阐述整个经济的运作机制。1758年，法国经济学家弗朗斯瓦·魁奈证明，处于经济决策顶端的地主花出去的钱，在经过其他人再消费之后可翻番，甚至达数倍之多。

经济萧条期间，价格和劳动力无法恢复到均衡或者自然水平的原因是什么呢？20世纪，英国经济学家凯恩斯特地对这一问题进行了研究。18世纪到20世纪期间，标准思想学派古典经济学认为，经济必须要在自由市场的正常运转下才能自然而然地达到均衡。凯恩斯得出结论，认为促使经济恢复的最快方法就是通过增加政府的短期开支来刺激市场消费需求。

这其中起关键作用的是政府支出的乘数效应。乘数由凯恩斯和其他经济学家，尤其是理查·康恩（Richard Kahn），共同研究得出，后来约翰·希克斯用数学方法对这一理论进行了进一步研究。

如果政府在经济萧条时期对大型工程（如道路修建）进行投资，那么就业率将会大幅度上升，由此创造的国家财富将比政府的投入多得多。这是因为，为政府项目工作的工人会将他们收入的一部分用来消费，购买其他人生产的商品，由此又带动了就业率的进一步上升。这一过程将会持续发挥作用，但是其作用会渐渐减弱，因为在每一次的政府投入中，工人们都会将一部分收入储蓄起来，或者用来购买进口商品。据估计，政府每花费1英镑，收入就会增加1.4英镑。

大型公共设施修建项目，如修建三峡大坝，可以制造成千上万的就业机会。新就业的这些工人的收入将会重新投入经济中，拉动新一轮消费的增长。

1936年，英国经济学家约翰·希克斯根据凯恩斯乘数设计了一个数学模型，这就是著名的IS-LM模型（I=投资，S=储蓄，L=流动性需求，M=货币供给）。根据IS-LM模型，可以通过IS-LM曲线来预测政府支出或税收的变化对就业水平的影响。在第二次世界大战后，这一模型成为解释经济运转的标准工具。

有些经济学家质疑凯恩斯乘数的原理，认为政府可以通过税收或债务筹集资金以支持政府支出。税收会造成经济中货币的流失，效果适得其反；而债务会引起通货膨胀，降低工资已有的购买能力。■

约翰·希克斯

约翰·希克斯，1904年出生于英格兰沃里克，父亲是一名记者。他在私立学校接受教育，并在数学奖学金的资助下获得了牛津大学的哲学、政治学及经济学学位。1923年，他在伦敦经济学院讲学。1935年，韦布与希克斯结婚。后来，希克斯在剑桥大学、曼彻斯特大学及牛津大学任教。他的著作始终以人道主义为核心。第二次世界大战之后，希克斯和妻子周游世界，为许多新独立的国家的财政结构提供建议。1964年，希克斯被授予爵位，并于1972年获得诺贝尔奖。1989年，希克斯去世。

主要作品

1937年 《凯恩斯先生与古典主义》
1939年 《价值和资本》
1965年 《资本与增长》

> 除了公共基础设施建设直接创造的就业岗位，政府支出还会间接地增加就业。
>
> 美国经济学家，唐·帕廷金（1922—1995）

经济根植于文化

经济学与传统

背景介绍

聚焦

社会与经济

主要人物

卡尔·波兰尼（1886—1964）

此前

1776年 亚当·斯密在《国富论》中强调，人为利润进行贸易和物物交换是一种本能。

1915年 波兰人类学家布罗尼斯拉夫·马林诺夫斯基对特洛布里恩群岛的库拉系统进行了描述。

1923年 法国社会学家马塞尔·莫斯撰写了《礼物》，研究了传统社会的送礼行为。

此后

1977年 美国经济学家道格拉斯·诺斯认为，特洛布里恩岛人的行为可以运用经济学进行解释。

20世纪90年代 以色列经济学家艾夫纳·奥弗尔表明，非经济行为在现代经济中起着举足轻重的作用。

经济学家认为，人是理性的，因为不管选择一辆车，还是一名总统，人们只会做出可以获得最大经济回报的决定。奥地利出生的经济学家卡尔·波兰尼却不赞成这一观点。他认为重要的是，人是社会人，浸泡在文化和传统的“汤”中，正是这种“汤”孕育了经济，而不是精明的个体们的利益动机催生了经济。

岛屿经济

波兰尼在出版于1944年的著作《大转型》中谈道，人们的非经济行为极大地促进了西太平洋新几内亚岛东南部特洛布里恩群岛的部

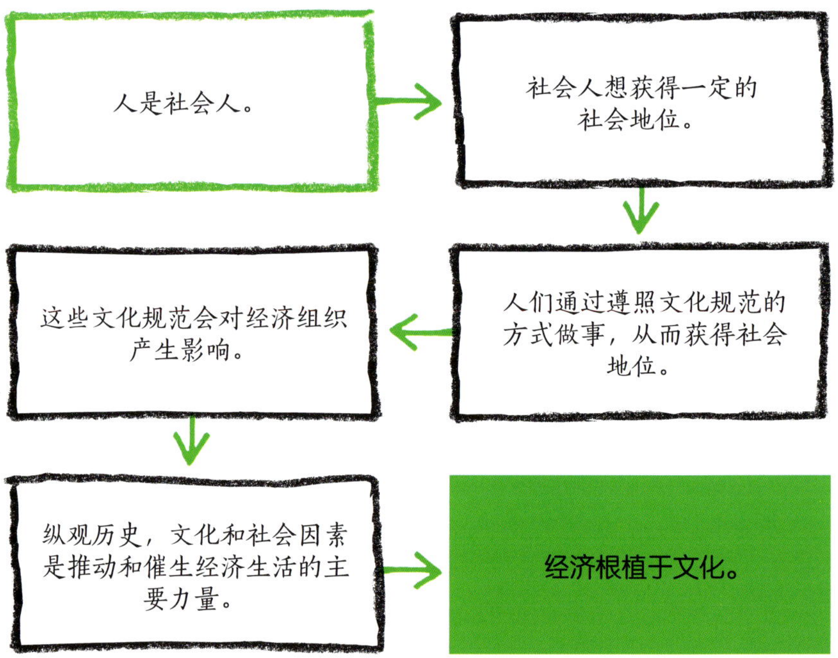

参见：经济人 52~53页，宗教与经济 138~139页，经济制度 206~207页，社会资本 280页。

> 实际上，经济体系仅是社会组织的一个功能。
>
> ——卡尔·波兰尼

落经济的发展。即便在今天，贸易仍然是通过赠送礼物进行的，而不是讨价还价。岛民们会冒险到隔壁岛屿的部落去赠送红贝壳项链和白色手环等礼物，这是一种风俗和仪式，人们称其为库拉。人们通常不会保留这些礼物，而会将这些礼物继续传递下去。通过展示自己的慷慨，岛民们巩固和加强了自己的社会地位。因此，在这些岛屿上，贸易的动机不是利益，而是社会地位。

当然，部落经济体与今天的工业化国家不同。波兰尼认为，随着欧洲国家的发展，风俗文化传统渐渐被排挤出市场。即便这样，文化和社会情结的“汤”依然支撑着发达经济体的发展。

以色列经济学家艾夫纳·奥弗尔记录了现代经济生活中的非市场原则，包括礼物赠送和互帮互助等的作用。就像岛民们一样，现代社会群体在财富的重新分配中也体现了非市场原则。正是这样，道路才得以修建，军队才得以建立。不管在传统经济体还是现代经济体中，人们从事以家庭为基础的经济活动，如烹饪、保洁及育婴工作，为的不是获利，而是这些活动本身值得去做。

个人主义经济

波兰尼相信，经济体源于社会“独立性”的特点，即社会特殊的历史和个性的文化。这对于纯粹经济主义者都是无关紧要的，他们企图用含糊其词的表达掩盖推动经济体发展的真正因素：价格发送给理性经济个体的信号。这些经济个体对利益的渴望超越了宗教或文化对他们的影响，即使在最传统的群体里也一样。只有使社会规范调整的范围从整个社会缩小至每个个体的自利行为，才有可能消除这一对立状况。波兰尼对此持反对意见。他相信，现代市场和社会结构是矛盾的，哪里有市场，哪里就会有不可避免的动乱不安现象。■

特洛布里恩群岛居民一直遵循着不寻常的交换礼物的习俗。人们会沿着顺时针方向在海上传递红贝壳项链，又沿着逆时针方向传递白色手环。

卡尔·波兰尼

卡尔·波兰尼，1886年出生于维也纳，在匈牙利的布达佩斯长大，并在此学习法律。还是一名学生的时候，波兰尼就是一名激进分子。在第一次世界大战期间，他在奥匈帝国军队服兵役，之后搬到维也纳，成为一名记者。他的妻子伊萝纳·杜钦斯卡是一位年轻的革命者。1933年，为逃避纳粹统治，他们双双逃到英国。

在伦敦，波兰尼继续记者的工作，并为工人阶级讲学。这些工人阶级穷苦的生活条件对他产生了深刻的影响。从1940年到退休，波兰尼一直在美国讲学。但是，由于妻子被认定与匈牙利革命有关，他被禁止居住在美国，而只能被迫居住在加拿大，每天乘车上下班。1964年，波兰尼去世，享年78岁。

主要作品

1944年 《大转型》
1957年 《早期帝国中的贸易与市场》（与阿恩斯贝格和皮尔森合著）
1966年 《达荷美和奴隶贸易》（与罗特施泰因合作）

经理们为自己谋利，而不是为整个公司谋利

公司治理

背景介绍

聚焦

市场与公司

主要人物

阿道夫·伯尔勒（1895—1971）

戈迪纳·米恩斯（1896—1988）

此前

1602年 荷兰东印度公司成为世界上第一个发行股票的股份公司。这一年，东印度公司开始在阿姆斯特丹股票交易市场上市交易。

1929年 道·琼斯在黑色星期四这一天损失了百分之五十的价值，经济大萧条开始。

此后

1983年 美国经济学家尤金·法玛（Eugene Fama）和迈克尔·詹森（Michael Jensen）撰写了《业主的分离与控制》，将公司看作一系列合同。

2002年 萨班斯·奥克斯利法案成为美国的一项法律，为美国的董事会设置了更为严格的标准。

大部分人都认为，公司的运营是为了实现股东的最大利益，这是自由市场经济的基本原则。在美国经济学家阿道夫·伯尔勒和戈迪纳·米恩斯看来，这一观点毫无根据可言。他们在1932年出版的《现代公司和私有财产》一书中对公司管理进行了解释，阐述了权力的天平是怎样从公司所有者向管理部门倾斜的。伯尔勒和米恩斯认为，工业革命时期，随着工厂的出现，管理的主导地位开始显现。越来越多的工人聚集在同一个屋檐下，为了获得薪水而将他们的劳动交付给工厂的管理部门。现代公司将无数个体（股东）的财富集中起来，然后将这些财富的管理交付给一个小的管理群体，这同样也需要付出报酬。无论哪一种形式都会产生一个强大的管理部门，这些管理部门不需要向任何人解释他们的行为。

公司治理的失败成为2008年的一个大问题。在公司业绩下滑、股票价格下跌的情况下，许多公司高层管理人员的薪酬仍然大幅度地、不成比例地上涨。

冷漠的股东

伯尔勒和米恩斯认为，现代股东属于被动业主。这些业主将自己的财富让给公司的管理层，不再参与制定关于如何“照顾”他们投入的资金的决策，他们将制定决策的责任和权力转给了管理部门。小股东们对自己的投资的“冷漠”使他们最终只能维持现状，或不能行使他们的投票选择权。不管如何，如果他们想要改变现状的话，就必须持有更大份额的股票，或者刺激足够数量的股东来迫使这一变化发生。因此，公司的业主们对公司运

参见：上市公司 38页，自由市场经济学 54~61页，竞争性市场 126~129页，经济制度 206~207页。

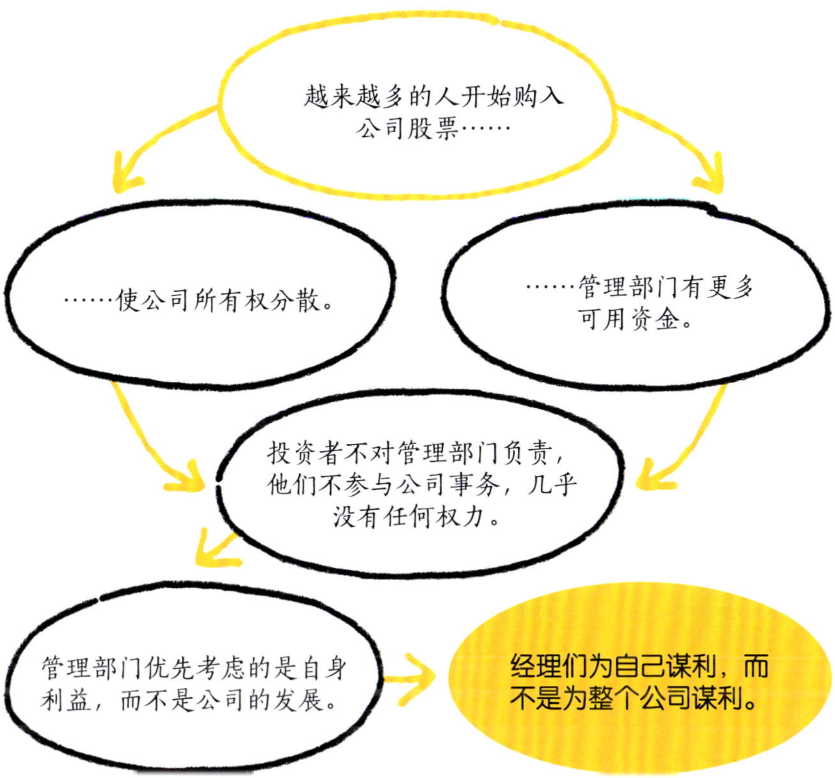

营产生的作用越来越小。当管理部门的利益与股东们的利益一致时，这不会是一个问题。但是，如果管理部门从自己利益的角度出发，一切决策都只为追寻他们的个人利益，他们的关注点将和业主们的关注点大不相同。

伯尔勒和米恩斯认为，应该对公司法进行适当调整，将公司运营的权力归还一部分给股东。他们坚持认为，股东应该有权利雇用和解雇管理部门，有权利主持常规的例会。当他们的著作出版的时候，美国公司法尚不包括这些内容，伯尔勒和米恩斯成为了现代公司法体系的奠基人。

公司倒闭

今天，公司治理的失败是人们对资本主义越来越不满意的主要原因。由于一些大公司的大部分股东是主要纳税人，公司的管理者成为他们关注的焦点，他们希望揭发一些薪水不断上涨、奖金非常丰厚的首席执行官的自利行为。许多人仍然认为，股东在公司治理方面依旧没有任何权力可言。■

高管薪酬

伯尔勒和米恩斯在1932年对公司高层管理人员自利行为的危险性发出了警告。有人认为，在过去的20年里，这一问题在欧洲和美国已经变得日益严峻。股东投票选举董事会，但是高层管理人员的薪酬则是由薪酬管理委员会制定的，而该委员会由其他高收入人员构成。他们通过高报酬来提高市场利率，期望通过市场力量来提高工资水平。股东有权解雇董事会，但是这不符合市场规律，因为解雇董事会将导致股票价格下跌。

对冲基金（投机性投资公司）掌握了大量股票，但他们在公司里没有长期的利益，这一事实使高层管理人员的问题更加恶化。基金管理人同样希望增加自己的收入，和首席执行官保持一致，因此，他们不可能投票反对高薪酬待遇。

今天，由薪酬管理委员会制定公司的薪酬标准。股东们可以对这些委员会发表他们的看法。

经济具有可预测性

经济测算理论

背景介绍

聚焦

经济方法

主要人物

拉格纳·弗里希（1895—1973）

此前

1696年 英国经济学家格里高利·金撰写了《自然与政治观察》一书。书中第一次出现了对经济学的定量分析。

1914年 美国经济学家亨利·摩尔（Henry Moore）撰写了《经济周期：原理和起因》一书，为计量经济学的先驱统计经济学奠定了基础。

此后

1940年 奥地利经济学家路德维希·冯·米塞斯认为，实证研究方法不能应用于社会科学领域。

2003年 英国经济学家克莱夫·格兰杰（Clive Granger）因其对经济变量的时间序列分析获得诺贝尔奖。

20世纪30年代，挪威经济学家拉格纳·弗里希提出了一套新的理论，旨在解释和预测经济的发展，他把该理论称为计量经济学。计量经济学是将数学方法应用于经济理论中，为论证理论提供数据基础的一门经济学科。如“受教育水平越高，薪水越高”这样的假设可能是正确的，但是只有通过对受教育水平和工资水平的相关数据的对比分析才能证明这一点。计量经济学还使经济学家能够通过从经济数据中发现规律，来分析过去的市场趋势和预测市场将来的发展。

> 我们在数学、统计学和经济学之间发现了一个新的学科……也许可以称之为计量经济学。
>
> ——拉格纳·弗里希

统计陷阱

尽管计量经济学是实证研究的一个重要工具，但其中仍然存在着陷阱。例如，过去的市场趋势并不能真正保证未来的市场发展。此外，不可能同时将所有的经济变量都考虑在内。在受教育水平这一例子中，受教育水平并不是影响工资的唯一因素，还有其他不可测量的技能也会影响工资水平。这些问题降低了经济模型研究结果的准确性。同样重要的是，不要将经济的意义和数据的意义混淆。■

参见：财富的衡量 36~37页，通货膨胀与失业 202~203页，金融工程 262~265页，复杂与混乱 278~279页。

经济学是关于稀缺资源的科学

经济学的定义

背景介绍

聚焦
经济方法

主要人物
莱昂内尔·罗宾斯（1898—1984）

此前
1890年 英国经济学家阿尔弗雷德·马歇尔撰写了《经济学原理》一书，将经济学定义为一门研究人类一般生活事务的学问。

此后
1962年 美国经济学家米尔顿·弗里德曼表示赞成罗宾斯的定义，但是，他将罗宾斯定义的经济学边界进行了延伸。

1971年 美国经济学家加里·贝克尔撰写了《经济理论》一书，将经济学定义为对将稀缺资源配置给竞争各方的研究。

1932年，英国经济学家罗宾斯撰写了《论经济科学的性质与意义》一书，对经济学进行了新的解释，引起了巨大争议。罗宾斯将经济学定义为“对面临有多用途的稀缺资源的人类行为进行研究的科学”。他的定义来源于一个事实，即人类的需求是无止境的，而世界上只有有限的资源。

当一个需求得到了满足，其他需求就会接踵而至。但是，世界上的资源（土地、劳动力、企业家精神及资金等）都是有限的。资源的稀缺意味着并不是每个人的要求都能够得到满足。

需求VS资源

无限需求和有限资源之间的紧张关系构成了经济学的基础。每种资源都只能选择一种用途，例如如果一块土地被用来养殖家畜，那么这块土地就不能同时用来生产粮食。这就意味着需要选择能最好地利用这块土地的方式。罗宾斯认为，每个社会都面临同样的关键问题——为了最好地满足消费者的需求，应该生产什么产品，以及生产多少。正是商品的稀缺性赋予商品以价值。

今天，罗宾斯的定义仍然被广泛地接受，但是也有经济学家认为，应该从更广义的角度来看待经济学，即研究社会如何随着时间的推移创造更多的资源。■

罗宾斯的定义关注了一个事实，即资源的稀缺性迫使人们不得不做出经济选择，如一块土地应该用来养牛还是种小麦。

参见：人口与经济 68~69页，机会成本 133页，市场与社会结果 210~213页，计划经济的短缺 232~233页。

我们希望维持一个自由的社会

经济自由主义

背景介绍

聚焦
社会和经济

主要人物
弗里德里希·哈耶克（1899—1992）

此前

1908年 意大利经济学家埃里克·巴罗内指出，如果中央政府能够预测价格，那么它将取代自由市场。

1920年 路德维希·冯·米塞斯驳斥了巴罗内的观点。

1936—1937年 奥斯卡·兰格反对路德维希·冯·米塞斯的观点。

此后

20世纪70年代 弗里德里希·哈耶克的自由市场理论取得了进展。

1991年 美国历史学家弗朗西斯·福山认为，自由市场资本主义已经无可替代了。

21世纪初 社会上对政府救助银行行为的批评促使人们再次关注哈耶克的思想。

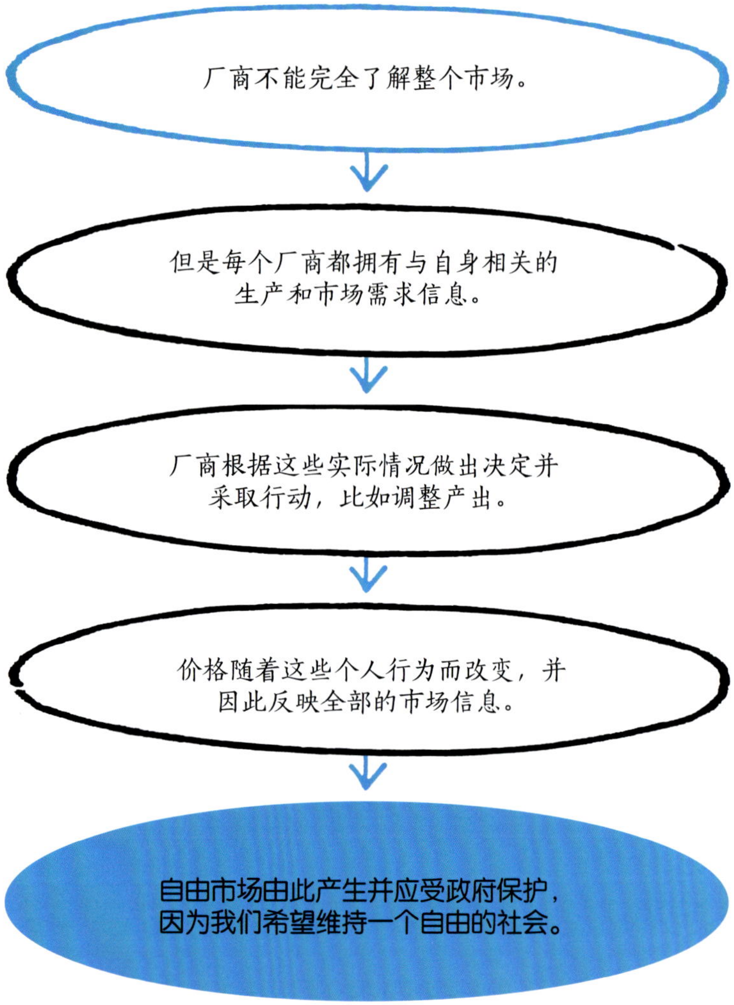

主流经济学总是饱受批评，它关注数学公式，有时候它的假设过于笼统，这招致经济学家们从方法上和实证证据方面提出了质疑。许多这样的批评来自政治左派，他们认为主流经济学思想就是在冠冕堂皇地支持一个不公正的自由市场。

奥地利学派的观点则大为不同。他们大张旗鼓地捍卫自由市场，同时却批判主流思想。他们已经在这一学科领域内开辟出了一块独特的天地。这些激进分子中最突出的是英籍奥地利经济学家弗里德里希·哈耶克。哈耶克与凯恩斯棋逢对手，都是20世纪非常有影响力的经济学家。哈耶克对政治和经济思想做出了一系列的贡献，包括经济学、法学、政治学和神经科学等领域。哈耶克的著作秉承了一套论证严密、连贯一致的原理，他将之称为古典自由主义的信条：支持自由市场、支持私人财产，以及为打造健全的社会而对政府的极度不信任。

走向独裁

1944年，哈耶克在其著作《通往奴役之路》中提出了他最广为人知的观点。当时，社会上对政府干预和中央计划的热情正逐步高涨。哈耶克认为，所有试图将集权命令强加于社会的努力注定将会失败。由于任何计划都必定会违反市场的自发秩序，因此它只有在某种程度的强迫或政治高压下才会起作用。

参见： 财产权 20~21页，经济人 52~53页，经济均衡 118~123页，中央计划 142~147页，凯恩斯乘数 164~165页，计划经济的短缺 232~233页。

政府制定和执行的计划越多，需要的强制措施就越多。而政府并不了解市场运作的细节，导致既定的目标无法实现。为弥补这些失败，政府将变得越来越专制。从这一点来说，无论计划制定者最初的目标多么适度，这个社会都将逐渐走向集权，所有的自由将不复存在。

左派经济学家认为，由中央计划的经济不仅是可能的，而且会比自由市场更有效率。1920年，第一个对此提出鲜明反对意见的人出现了，他就是奥地利学派的另外一位成员——路德维希·冯·米塞斯。米塞斯认为，中央计划在经济上是行不通的。中央计划的定价方法不合理，因为它仅依靠中央计划者或委员会的指令来配置资源。而在自由市场里，这种配置由成千上万个独立的个体共同决定。评估市场稀缺性和盈余，并正确定价需要大量的信息，这种尝试注定是会失败的。米塞斯认为，计划是“对理性经济的否定”。复杂经济需要的是分散定价决策，只有财产私有的自由市场才能为其提供决策依据。

对计划经济的辩护

然而，波兰经济学家兰格不同意米塞斯的观点。1936年，他在《社会主义经济理论》这本书中，运用一般均衡理论对米塞斯的观点做出了回应。这个理论直到第二次世界大战结束以后才得以完善。该理论用数学方法展示了市场经济本质上赤裸裸的剥削。市场的所有缺陷都被剔除了，市场上每个参与者都拥有完全的信息，并且只关心自身的利益。兰格认为，在此基础上，中央计划委员会可以设定经济中的初始价格，然后允许所有市场主体自由贸易，并围绕给定的价格调整他们的需求和供给。接着，中央计划委员会根据调整后的供求调整价格。在他看来，这个结果将是有效的。此外，中央计划还可以减少收入分配不公平并限制市场的短视倾向。

兰格反向运用了微观经济学通常的假设（供给和需求决定价格），认为价格可以决定供给和需求。他后来的研究为福利经济学奠定了基础。福利经济学主要关注的是自由市场如何实现社会理想的目标。

> 国家计划越多，计划对个人来说就越难。
>
> ——弗里德里希·哈耶克

奥地利学派

哈耶克等人提出了关于自由市场的截然不同的优点。他们并没有假设市场完美无缺或个人拥有完全的信息。恰好相反，他们认为，正因为个人和厂商都缺乏信息，而社

朝鲜经常发生物资短缺和饥荒。奥地利学派的经济学家认为，这是中央计划忽略市场所导致的不可避免的结果。

会又不完美，所以市场机制才是资源配置的最佳方式。这一观点成为奥地利学派一个非常重要的原则。

哈耶克认为，在信息持续缺失的情况下，市场是获得信息而非提供信息的最有效的方式。每个人和每个厂商都最了解自己的情况：他们有人们需要的商品和服务，他们可以规划未来，并且他们关注与自身相关的价格。信息是独特的，分散在社会的各个主体身上。价格随着个人和厂商的行为而变动，并因此反映整个社会能得到的全部信息。

哈耶克认为，由于永远不可能完全认识和了解社会，这种自发秩序是组织复杂的现代经济的最好方式。任何企图将集权强加于这种秩序的努力，都代表向原始的、本能社会秩序的倒退。因此，我们必须防止自由市场发生这种倒退。

集体的暴政

自发秩序的观点后来占据了哈耶克思想的主导地位，以至于他的著作越来越多地转向了研究政治问题。在《自由秩序原理》（1960）这本书里，哈耶克就这些问题进行了充分的论述。他认为政府的职能应仅限于尽可能地保护市场自发的运作秩序。私有财产和契约精神神圣而不可侵犯，一个自由社会所遵守的规则必须能限制所有的社会成员，包括国家本身。除此之外，国家在必要时可以采取行动抵御那些威胁要毁坏法律规则的集权力量。

新自由主义的诞生

第二次世界大战以后，重建国家的需要使凯恩斯主义成为共识，倡导政府更多地干预经济。同时，哈耶克和奥地利学派的其他学者组成了培勒林山学会（又名朝圣山学会）。20世纪70年代，凯恩斯共识瓦解时，涌现了许多自由市场的支持者，而培勒林山学会对他们起着领导性的作用。美国南部出现了一种类似的研究经济政策的新方法，英国的撒切尔夫人和美国的里根总统先后都采用了这种方法，使它声名大噪。这就是新自由主义，它与曾饱受争议的奥地利学派的观点十分相似。

国有行业逐渐私有化，政府也减少了对市场运作的干预。苏联解体进一步推动了哈耶克思想在政治上的明显胜利。在全世界范围内，即使那些曾经坚决反对自由市场的政党都开始相信，确实没有可行的替代方案了，其中包括哈耶克《通

根据哈耶克的理论，信息在个体卖家和供应商之间的自由流动（左）促进了合理的商品定价的形成。与之相反，强制实施某一个体或者委员会（右）的观点的中央计划经济则限制了个体的自由交流和企业的贸易能力。

拍卖市场是自由的市场，在这个市场上买家和卖家之间直接且快速地交换信息，价格也随之发生变化。

往奴役之路》曾经直接针对的目标——英国工党。受到自由市场思想强烈影响的主流经济学家开始发挥作用，比如米尔顿·弗里德曼。到2000年，一个“新共识”在宏观经济学领域内盛行，它强调国家应该只发挥有限的作用。

新的相关性

奥地利学派获得了明显的胜利，哈耶克也荣获了1974年的诺贝尔奖。尽管如此，奥地利学派与众不同的方法和理论使其仍然徘徊在经济学的边缘。然而，2007—2008年全球金融体系的崩溃及随后政府救助银行的行为，又引发了人们对其信条的新的兴趣。

奥地利学派的经济学家一直猛烈地批判国家对银行的救助，认为这代表的是一种毫无根据的市场干预。自由银行学派呼吁废除政府垄断货币的供给制度，其理论来源就是哈耶克1976年的一篇文章《货币的非国有化》。凯恩斯主义增加政府支出的计划一直受到类似的批评。

由于主流经济学一直处于不稳定的状态，奥地利学派注定还会产生新的影响。■

弗里德里希·哈耶克

弗里德里希·哈耶克出生在奥地利维也纳的一个知识分子家庭。23岁时，他已经获得了法律和政治学两个博士学位，这期间他还去意大利部队服了一年兵役。由于最初对社会主义感兴趣，他在维也纳参加了路德维希·冯·米塞斯举行的研讨会，并在米塞斯的支持下建立了奥地利经济周期研究所。1923年，哈耶克前往纽约，在那里居住了一年。与奥地利相比，美国报纸对战争的解释比较客观和正确，这使他开始对政府不信任。

1931年，哈耶克去伦敦经济学院任教。在那里，他卷入了一场与凯恩斯的争论中。这场争论历时两年，引起了人们的广泛关注。1938年，哈耶克加入英国国籍。1950年，他离开伦敦去了芝加哥大学。1992年，他在德国弗莱堡去世，享年93岁。

主要作品

1944年 《通往奴役之路》
1948年 《个人主义与经济秩序》
1988年 《致命的自负》

工业化创造持续的增长

现代经济的出现

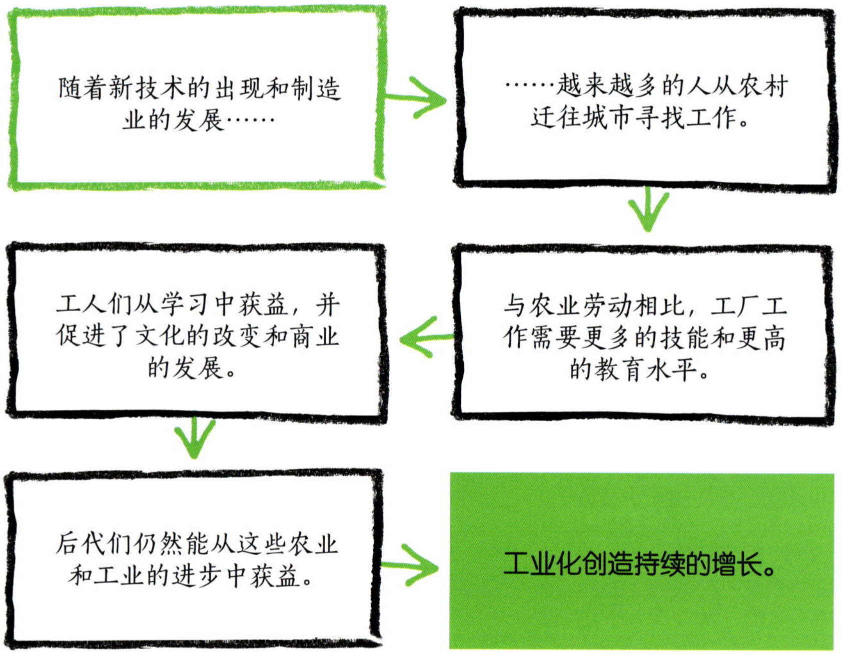

背景介绍

聚焦

增长与发展

主要人物

西蒙·库兹涅茨（1901—1985）

此前

18世纪50年代 法国经济学家弗朗斯瓦·魁奈认为，财富来源于农业，而不是工业。

1940年 英裔澳大利亚经济学家科林·克拉克认为，经济增长应包括从农业向制造业和服务业的转变。

此后

1967年 美国经济学家爱德华·丹尼森强调技术变化和生产率提高对经济增长的重要贡献。

1975年 美国经济学家霍利斯·钱纳里和摩西·赛尔奎因发现，随着农业的衰退，经济得到发展，工业和服务业也获得增长。

经济学家西蒙·库兹涅茨将现代经济的出现描述为一个有控制的革命，在这场革命中工厂代替了农场。人们的生活水平随之提高，人们开始要求经济和社会发生变化，而这一变化远不是最初提出的数字的增长那么简单。库兹涅茨将这一过程称作“现代经济增长”，并展示了现代经济的成功增长是如何扩大国家之间的贫富差距的。

库兹涅茨增长理论的主要特点在于，即使面临着日益膨胀的人口，人均收入仍然在快速增长，因为虽然人口更多了，但每个人都比以前更富有了。越来越多的机器和工厂推动了这种经济的扩张。随

参见: 经济中的农业 39页, 人口与经济 68~69页, 规模经济 132页, 市场整合 226~231页, 技术飞跃 313页。

着维持工业增长需要的资金越来越多，工人们被迫从小规模的家庭作坊进入非个人的公司和工厂里。然而如果人们没文化、迷信或者被束缚在农村，新技术和规模生产的方式仍然得不到很好的利用。在库兹涅茨看来，这个增长推动了一场意义深远的社会变革，使城市化进程加快，使人们的宗教信仰减弱。

工业革命

英国是第一个实现了现代经济增长的国家。18世纪的工业革命使英国踏上了通往发达的工业化国家的道路。蒸汽机和其他发明重塑了整个生产过程。工人们离开土地进入工厂，城市发展壮大，英国厂商开始借助新的交通和通信技术渗透全球经济。英国本身的经济并没有在一夜之间发生翻天覆地的变化，但是技术的、社会的和制度上的变革仍在继续。它们史无前例地使人们的生活水平日益提高。

现代经济增长的传播是有限的。在包括美国、澳大利亚和日本在内的富裕国家里面，这一进程如今仍在继续。第一波工业化浪潮之后，这些国家重工业的比重下降，并开始向服务业领域转移，这必定会带来更深层次的社会变革。■

图为蒸汽锤，发明于1837年，是加快工业化进程的机械工具之一，它使用机器生产机器成为可能。

西蒙·库兹涅茨

西蒙·库兹涅茨，1901年生于俄国。他很早就与经济学联系在了一起。俄国十月革命后，库兹涅茨的家人迁往土耳其，随后又搬到美国。1922年，他追随家人去了美国。

库兹涅茨就读于纽约哥伦比亚大学，于1926年获得博士学位。随后他就职于美国国家经济研究院，在此创建了现代国民收入核算体系。库兹涅茨于1947年协助建立了国际收入与财富研究协会，为许多政府献言献策。1971年，他因对现代经济增长的研究贡献获得诺贝尔奖。库兹涅茨逝于1985年，享年84岁。

主要作品

1941年 《1919—1938年的国民收入及其构成》

1942年 《和平与战争中国民收入的运用》

1967年 《人口和经济增长》

人们面临的价格各不相同

价格歧视

背景介绍

聚焦

市场与公司

主要人物

琼·罗宾逊(1903—1983)

此前

1849年 朱尔斯·杜普伊考虑如何才能就同样的商品或服务对不同的人设定不同的价格。

1891年 美国经济学家弗兰克·陶西格认为，不同的火车票价格反映了不同层次的需求。

1920年 阿瑟·庇古界定了价格歧视的三种基本类型。

此后

1933年 美国经济学家爱德华·钱柏林指出，相似的竞争者应设法通过产品差异化来赢得市场优势。

1996年 美国经济学家托马斯·福尔摩斯提出，即使在只有几家厂商的市场上，仍然可能存在价格歧视。

19世纪40年代，法国工程师和经济学家朱尔斯·杜普伊认为，应该对通过他修建的桥梁和道路的人征收通行费。他提议根据每个人愿意支付的量来征收。杜普伊是第一个认为应该就同样的商品或服务对不同的人设定不同价格的经济学家。这就是价格歧视。通常，只有当存在垄断力量时才会产生价格歧视，因为垄断力量使厂商可以索要不同的价格。

1920年，英国经济学家阿瑟·

厂商追求利润最大化。

↓

他们通常会用较低的价格吸引更多购买者……

↓

……但这样就会失去额外的利润，即人们愿意多支付的那部分。

↓

关键是找到一种以不同价格将同样的商品卖给不同人的方法。

参见：市场与道德 22~23页，有限竞争的影响 90~91页，垄断 92~97页，竞争性市场 126~129页，高效的市场 272页。

庇古界定了三种不同程度的价格歧视。

一级价格歧视与杜普伊的提议一样：厂商对每个人索要他愿意支付的最高价格。事实上，这种价格歧视很少见，因为它要求卖方知道每个人对商品的估价。

二级价格歧视指降低消费者购买的每一额外单位的商品价格，并根据不同购买量来确定不同的价格。大型超市经常采用这种方法，如“第二瓶可乐半价”等。

三级价格歧视可能是最常见的一种形式，指将消费者按不同的特征分为不同的类别。例如，电影院会为儿童、学生和老人提供较低价格的电影票。

歧视性的影响

1933年，在《不完全竞争经济学》一书中，英国经济学家琼·罗宾逊夫人研究了价格歧视对社会的影响。大多数顾客或许会本能地认为所有这三种形式的价格歧视都是不公正的。如果每瓶可乐的成本一样，那为什么超市不以较低的那个价格出售第一瓶可乐呢？为什么一些电影票会更便宜？我们可以这么理解，即垄断者通过攫取大多数顾客的利益来为自己谋取更多的利润。

学生是低收入群体，高价格会使他们对很多东西望而却步。因此，厂商通常会给学生打折，使他们能在一个可接受的价格范围内购买商品。

> **价格歧视是将在同样条件下生产出来的同样产品，以不同价格出售给不同购买者的行为。**
>
> ——琼·罗宾逊

罗宾逊发现，如果垄断者生产同样的产品却对一些人索取更高的价格，那么消费者确实遭受了损失。然而，有时候价格歧视却能使人们做他们在其他情况下无法做到的事情。例如，如果铁路公司实行价格歧视，即高峰时期的火车票价格高于非高峰时期，这也是有理可循的，因为铁路公司需要鼓励人们在非高峰时期乘坐火车。因此，即使一些顾客支付更多，但有更多的人能以较低的价格出行。

这样，当厂商针对不同人群设定不同价格时，总体来说，对消费者还是有好处的。■

琼·罗宾逊

1903年，琼·罗宾逊出生于英国的一个富裕家庭，她被公认为20世纪最伟大的女性经济学家之一。罗宾逊就读于伦敦圣保罗女子学校，然后在剑桥大学学习经济学。她结婚较早，婚后去印度生活了两年，然后回到剑桥大学任教。在剑桥大学，她成为凯恩斯团队的一员，并结识了陪伴她终生的知识搭档——经济学家理查德·卡恩。罗宾逊热衷于旅行，70多岁时还在世界各地演讲，北美洲、南美洲、澳大利亚、非洲和大多数欧洲国家的学生都非常熟悉她。罗宾逊是一个无畏争议的原创思想家，并被认为是没得过诺贝尔奖的最杰出的经济学家。罗宾逊去世时享年80岁。

主要作品

1933年 《不完全竞争经济学》
1937年 《失业理论文集》
1956年 《资本积累论》

POST-WAR ECONOMICS 1945–1970

战后经济学
1945年—1970年

1945年 总部位于美国华盛顿的**国际货币基金组织**开始运行。

1949年 康拉德·阿登纳开始在大型私有企业和公共部门建立德国的**社会市场经济**。

1951年 数学家约翰·纳什运用**博弈论**来分析经济决策行为，进行了一些开创性的研究。

1953年 亚诺什·科尔奈的过度集权化理论批判性地分析了**计划经济**。

1955年 **通用汽车公司**成为第一家年利润超过10亿美元的美国公司。

1949年 **中华人民共和国**成立。

20世纪50年代 米尔顿·弗里德曼提倡实施由政府限制货币供应的**货币政策**。

1951年 肯尼斯·阿罗的**不可能定理**表明，不存在完美无缺的投票系统。

1953年 莫里斯·阿莱提出**决策悖论**，表明在实际结果相同的情况下，与获得收益相比，人们更讨厌损失。

第二次世界大战结束后的几年里，无疑需要大规模地重建经济。早在战争结束前夕，政治家们和经济学家们就已经在为战后的和平时期做规划了。他们希望避免第一次世界大战后出现的问题，期待建立一个彼此合作的和平世界。

国际联盟，一个为维护世界和平而建立的国际组织，在第二次世界大战初期就解散了。1945年，联合国取代国际联盟并继续其使命。联合国成立之初最紧迫的任务之一就是投票表决代表们提出的召开联合国货币和金融会议的提议。

这次会议现在更多地因其地理位置而闻名——布雷顿森林（位于美国新汉普郡）。会议上，来自苏联、英国和美国的代表就建立主要的国际机构达成一致意见，包括建立国际货币基金组织（IMF）、国际复兴开发银行（IBRD）和关贸总协定（GATT）等。

战后的凯恩斯主义

凯恩斯作为英国代表参加了布雷顿森林会议。1919年，他在著作《和平的经济后果》中曾警告，第一次世界大战后的经济政策可能会带来严重的后果。20世纪30年代，受凯恩斯思想的影响，美国总统罗斯福实施新政，增加国家支出，带领美国走出了经济大萧条的困境。因此不难想象，第二次世界大战后凯恩斯主义也同样具有很强的影响力。

在美国，凯恩斯主义政策受到美籍加拿大经济学家加尔布雷斯等人的积极拥护，并很快被民主党采纳。在英国，工党政府根据凯恩斯主义建立了一个福利国家。日本和德国的经济重建则成为它们的历史转折点。尤其，德国在总理康拉德·阿登纳的带领下创造了“经济奇迹”。这些国家社会市场经济建设的成功，即政府干预下的自由市场经济，在20世纪后半叶成为许多西欧国家的典范。而许多国家的经济重建则与此完全不同。“铁幕”将欧洲分为东欧和西欧两个部分。这是苏联和西方国家冷战的时代。

1956年 理查德·利普西和凯尔文·兰开斯特认为，旨在纠正市场失灵的政府干预可能会使情况变得更加糟糕。

1958年 奥尔本·威廉·菲利普斯为人们呈现了**菲利普斯曲线**，显示出通货膨胀和失业之间一定程度上的替代关系。

1960年 **石油输出国组织**（OPEC）在伊拉克首都巴格达成立。

1970年 安德烈·冈德·弗兰克根据**依附理论**，认为全球经济导致了国家间的贫富差距。

1955年 《**华沙条约**》签订。

1957年 根据《罗马条约》相关协议，**欧洲经济共同体**成立。

1958年 中国出现“**大跃进**”运动。

1962年 罗伯特·蒙代尔和马库斯·弗莱明描述了**汇率**和**产量**之间的关系。

1970年 尤金·法玛提出**有效市场假说**，认为投资者不可能一直获得高于市场平均水平的收益。

自由市场的复苏

受奥地利学派路德维希·冯·米塞斯和弗里德里希·哈耶克等经济学家的影响，美国芝加哥学派的经济学家对盛行的凯恩斯主义持相对保守的反对态度。他们提倡回归到政府干预较少的自由市场制度。这一思想源于20世纪后期的新古典主义经济学，后者主要关注的是对供给和需求的分析。芝加哥学派的经济学家纷纷转而研究各子学科以获得灵感。肯尼斯·阿罗试图运用数学方法证明市场的稳定性和有效性，菲利普斯运用物理学的一些方法描述了通货膨胀和失业之间的交替关系。一些西方的经济学家，如莫里斯·阿莱，在20世纪五六十年代将心理学理念引入了经济学。由此产生的新的决策模式，挑战了亚当·斯密提出的“理性经济人”的假设。

战后十年，通信技术的巨大进步使世界变得越来越小，经济学家也比以前任何时候更加明白经济学的国际性。虽然美国和欧洲仍然主导着经济思想，但是人们开始越来越多地关注发展中国家，不只是因为它们是原材料产地，还因为它们自身拥有发展经济的权利。

全球化仍在继续，经济学家们开始思考一些问题：到底是什么造成了国家间的贫富差距？如何才能缩小这个差距？从资本投资到债务减免，越来越清楚的是，实际问题比想象中的还要复杂，它涉及政治、文化、经济等各个领域。与此同时，越来越多的经济学家开始认为，或许经济繁荣并不是衡量一个国家幸福程度的唯一方法，甚至也不是最好的方法。■

在战争与萧条的浪潮中，国家之间必须合作

国际贸易与布雷顿森林体系

背景介绍

聚焦

全球经济

主要事件

1944年7月 《布雷顿森林协议》在美国新汉普郡签订。

此前

20世纪30年代 世界经济体系在大萧条中瓦解，国家之间的合作也因此中断。

1944年 约翰·梅纳德·凯恩斯提议建立国际货币联盟，以调节世界贸易。

此后

1971年 美国总统尼克松取消了美元和黄金的挂钩，布雷顿森林体系就此画上句号。

金本位制是以黄金为本位币的货币制度。在该货币制度下，每单位的货币价值等同于若干重量的黄金。1821年，英国率先实行金本位制。1871年，金本位制已经在资本主义各国普遍采用，它已具有国际性。

通过固定各种货币与黄金的兑换比例，金本位制为国际货币体系创造了稳定的条件。除此之外，它还充当国家间的黄金转移机制，可反映贸易和资本流动的新平衡。然而，第一次世界大战爆发后，各国停止兑换黄金并禁止黄金输出，实行自由浮动的汇率制度，国际货币体系不再稳定，金本位制宣告结束。

德累斯顿是第二次世界大战中无数个被毁的城市之一。国际复兴开发银行建立的宗旨就是为重建提供资金支持。

为了大量地借债以应付日益增加的财政支出，一些国家取消了金本位制，大量印刷钞票。战争结束后也并没有显示出任何回归金本位制的迹象。德国等国家已经耗尽了黄金储备，无法重新实行金本位制，而另一些国家则以各不相同的兑换比例回到了金本位制。

放弃金本位制

20世纪30年代经济大萧条期间，为推动经济发展，一些国家通过本币贬值来增加出口，就此放弃了金本位制。同时，战前几乎不受限制的国际贸易，此时也面临着越来越多的限制，因为各个国家都希望能在逐渐萎缩的世界市场上站稳脚跟。由于每种限制或每次贬值都进一步缩小了世界市场，因此

参见：比较优势 80~85页，经济萧条与失业 154~161页，市场整合 226~231页，国际债务减免 314~315页。

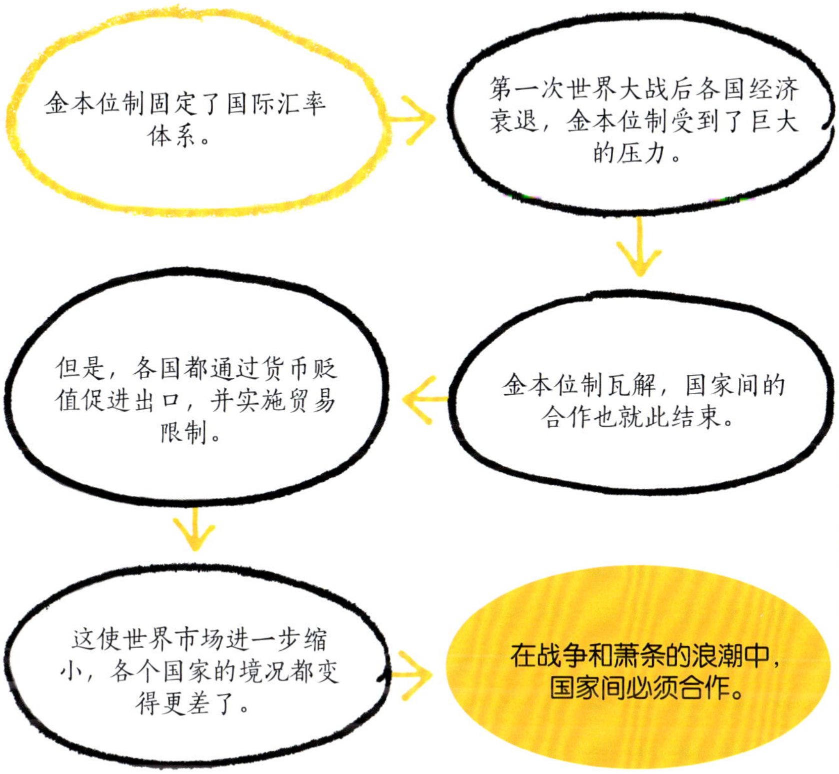

这些政策实际上延长了经济萧条的时间。第二次世界大战以后，盟国的重心转向了战后经济重建的问题。1944年6月，在美国新汉普郡召开了布雷顿森林会议，代表们一致同意美国提出的各国货币与美元挂钩的提议，而美国政府将稳定黄金与美元的兑换比例。

国际货币基金组织（IMF）将负责监督这一体系并提供紧急资金。而国际复兴开发银行（现在是世界银行的一部分）的建立则是为了给重建项目提供资金。1947年，《关税与贸易总协定》出台，其主要职责是重建国际贸易。总之，这一切都是为了重建国家间的经济合作，因为战争期间各国因缺乏合作都付出了高昂的代价。

布雷顿森林体系使经济持续增长了近30年，但是它本身在结构上存在着问题。美国持续的贸易逆差（进口超过出口）有助于维持这一体系的运转，但是美元大量涌入别国，以致国际上美元储备超过了美国的黄金储备，这使黄金的市面价格大大超过了之前固定的金价。随着美国政府开支的增加，这种价格差距进一步扩大。1971年，尼克松总统终止了美元与黄金挂钩的关系，布雷顿森林体系也就此宣告结束。■

国际货币基金组织

国际货币基金组织根据《布雷顿森林协议》而建，是现在世界上最受争议的国际机构之一。它最初的目的是为陷入财政困难的国家提供应急基金。这些财政困难产生于国际收支赤字或债务危机，一般情况下是二者兼而有之。180多个成员国根据自身经济发展水平捐钱给中央基金，同时它们也可以向这个基金申请低息贷款。1971年，布雷顿森林体系瓦解后，国际货币基金组织的角色就发生了变化。从20世纪70年代起，受提倡私有化和缩减政府开支的新自由主义思想的影响，它开始对贷款设定严格的条件，使贷款越来越难。经济学家认为，国际货币基金组织恶化了经济危机，如20世纪90年代东南亚经济危机的爆发就与国际货币基金组织有关系。

1997年，随着由泰铢崩盘引发的金融危机蔓延到亚洲各国，交易者们都持观望的态度。在国际货币基金组织的压力下，泰国政府被迫实行浮动汇率制度。

穷国
需要大力
推动

发展经济学

背景介绍

聚焦

增长和发展

主要人物

保罗·罗森斯坦-罗丹（1902—1985）

沃尔特·罗斯托（1916—2003）

此前

1837年 德国经济学家弗里德里希·李斯特认为，国家应采取进口保护措施，以促进国内产业发展。

此后

1953年 爱沙尼亚经济学家罗格纳·纳克斯提出，发展中国家应该实现平衡增长。

1957年 奥匈帝国经济学家彼得·鲍尔批判了大推动和国家计划的想法。

为了发展经济，贫穷的国家需要大量的投资……

……投资于基础设施建设（如道路和港口）及工业建设（如工厂和发电站）。

由于这些投资彼此依赖，因此它们必须同步进行。

只有政府才能负担这种巨额的投资。

如果政府大力投资基础设施建设和工业建设，这个国家的经济就会得以发展。贫穷国家需要的只是大力推动。

“贫穷国家如何才能变得富有？”这是困扰经济学家的主要问题之一。第二次世界大战以后，这一问题以新的方式再次出现。殖民统治的结束催生了年轻的、独立的国家，但人民的生活水平远不如殖民统治时期，甚至差距越来越大。许多国家的人口快速增长，为提高生活水平，它们的产品和服务都必须相应地增长。

在马歇尔计划的帮助下，欧洲从美国获得巨额的基础设施和产业重建的资金，很快从战争的创伤中恢复过来。波兰经济学家保罗·罗森斯坦-罗丹（Paul Rosenstein-Rodan）认为，这些20世纪五六十年代才独立起来的新兴国家要取得经济的发展，必须在投资上进行“大推动”，正如欧洲从马歇尔计划获得帮助一样。

另一种发展观认为，国家需经历一系列的阶段，要从传统型社会一直发展到大众消费型社会。这一理论的提出者——美国经济学家沃尔特·罗斯托（Walt Rostow）认为，传统型国家的发展需要大量的投资，即能够触发经济增长到可以实现自我维持增长的大推动。这将最终使穷国发展壮大，大多数人将拥有较高的生活水平。然而，如何才能获得大推动需要的投资则成为发展经济学领域里的主要问题。

同步建设

罗丹认为，在欠发达国家，市场无法有效地将资源转化为有益的投资来促进经济增长。这是因为像道路、港口和工厂这样的大型工程是相互依存的，其中一个的存在将

参见: 规模经济 132页, 现代经济的出现 178~179页, 市场与社会结果 210~213页, 经济增长理论 224~225页, 亚洲经济体 282~287页。

使其他工程在经济上更可行。这就会导致逻辑上的困境：或许第一项投资只有在第二项投资完成后才能获利，但是第二项投资又只有在第一项投资已经完成的情况下才可能获利。例如，从经济的角度考虑，工厂附近需要有发电站，但发电站只能在有工厂购买其电力的情况下才能获利。因此，可能出现的两种结果是：要么既没有工厂也没有发电站，要么两者同时建立。

同样的问题也出现在更复杂的混合生产中。假设在一个经济不发达的国家有一个大型的制鞋工厂。它生产总价值1000万的鞋子，并且销售收入都转化成了工资和利润。然而，只有当工人将所有的收入都用于购买鞋子时，这家工厂才能持续发展。但事实上，人们还会将他们的钱用于购买各种商品。假设人们用收入的60%购买面包，20%购买衣服，10%购买石蜡，剩下的10%购买鞋子。如果生产面包、衣服、石蜡和鞋子的工厂数量恰好符合这一比例（6∶2∶1∶1），那么来自这些企业的收入将被以同样的比例用于购买各个行业的产品。

只有以合适的比例共同存在，这些产业才可能持续存在并发展。

本质联系

德国经济学家阿尔伯特·赫希曼（Albert Hirschman）用“联系”一词来描述产业间的相互关系。例如，油漆产业增加油漆供给可促进汽车产业的发展。赫希曼称之为“前向联系”。油漆产业的扩张同样也增加了对化学原料的需求，由此增加化学原料工厂的盈利。这被称作“后向联系”。实际上，任何产业与其他产业之间都存在着各种前向和后向联系，这些联系构成了一个复杂的交互网络，从而使经济具备整体多样化生产的可行性基础。

> **满足大众消费需要的大多数行业是相互补充的，因为它们为彼此创造市场并互相支持。**
>
> ——爱沙尼亚经济学家，罗格纳·纳克斯（1907–1959）

大推动意味着可以让一无所有的国家突然拥有所需的一切，从没有发电站、没有工厂的状态到突然同时拥有二者。从一个没有任何工业部门的状态起步，它们需要一下子建立所有设施。但是，由于各项投资都需要依靠其他投资项目的支

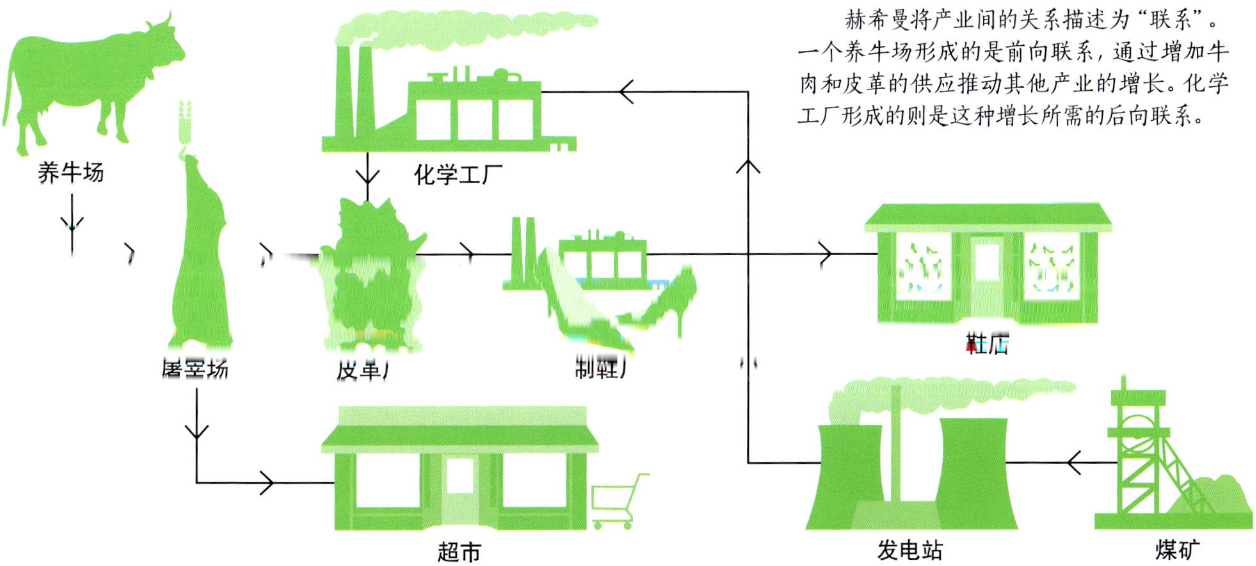

赫希曼将产业间的关系描述为“联系”。一个养牛场形成的是前向联系，通过增加牛肉和皮革的供应推动其他产业的增长。化学工厂形成的则是这种增长所需的后向联系。

图为坦桑尼亚的一家印度投资建设的坚果去皮工厂雇用工人剥去坚果外壳的情景。其他为这个工厂服务的产业随之涌现，推动这个国家整体的发展。

持，单个企业家很难启动如此巨大的推动工程。出于这个原因，罗丹和一些其他经济学家认为，大推动必须由国家而非私人市场来领导。

本着这种想法，第二次世界大战后，发展中国家的政府都参与了大型投资项目建设，将工业和基础设施项目建设纳入国家发展计划中。欠发达国家拥有双重经济，包括传统农业部门（包含大量非生产性的劳动）和由新兴产业构成的现代部门。人们认为大推动可以解放农村地区的过剩劳动力，并将这些劳动力转移到新兴产业中去。这种思想为引入大规模的外国援助提供了理论基础，旨在使这些援助成为驱动投资的燃料。政府主导的投资已经为一些地区带来了工业化的好处。东南亚的一些国家实现了工业的扩张和收入的快速增长。它们成功地将积极的政府和大企业相结合，开创了著名的发展型国家模式。

然而，1948年马歇尔计划颁布的条件与20世纪50年代新兴独立国家所面临的条件是不同的，许多国家都在尝试大推动的过程中遇到了不少麻烦。

无效的投资

在经济发展早期，发展所需的投资是显而易见的。即便如此，协调一项涉及多个行业的投资也是一项艰巨的任务。只有知道适当的生产平衡——鞋子、衣服和面包的正确比例（由消费者需求的组成可知），政府的投资才能发挥推动经济发展的作用。只有掌握了产业间前向联系和后向联系的详细信息，才能使各行各业很好地相互作用。但是，很多政府都不具备所需的专业技术、信息或者政治影响。

许多国家以臃肿低效的国有企业告终，没能使经济由起飞进入持续增长。许多工业化都在关税保护下进行，它们将外国货物阻挡在外，为的就是给刚刚起步的产业一些发展的机会。政府保护厂商免受国际竞争的做法滋生了寻租行为，使商业利益团体为保留他们的特权而游说政府，造成不必要的浪费。寻租通常会导致政府和有政治背景的实业家之间的关系变得密切，从而阻碍了竞争和创新。

20世纪70年代，大推动理论受到了学界的质疑和攻击。许多经济学家认为，发展中国家与发达国家在本质上并没有不同，经济理性行为和价格信号的力量无论在穷国还是富国都一样有效。

投资很重要，但更重要的是恰当地将投资分配到各行各业。市场能够最好地决定投资去向。

这种新的思潮认为，阻碍发展中国家发展的不是市场的内在无效性，而是错误的政府政策。过多的政府干预不仅破坏了价格机制的作用（供求决定价格），还扰乱了市场有效配置资源的能力。好的政策应该能够“矫正价格”，并允许市场机制自由运作，这样一来，资源才能得到最好的利用。因此，应减少政府对经济的干预，杜绝寻租行为，让价格机制发挥它应有的作用。

20世纪80年代，这种思想上的改变导致了自由市场发展政策的出现。世界银行和国际货币基金组织采纳了“结构性调整计划”，在非洲国家贯彻市场原则。苏联解体后，它们在东欧实施所谓的“休克疗法”，希望快速地建立市场体系。

然而，这些建立自由市场的尝试最终因贫困加剧且没能建立动态的多元经济而宣告失败。

> **不同行业的互补为大规模的、有计划的工业化提供了最重要的论据支持。**
>
> ——保罗·罗森斯坦-罗丹

市场化政策

今天，结构性调整的失败使各国达成了新的共识，并融合早期发展思想家的观点，用一种更乐观的态度来看待市场。在贫穷的国家，市场是激励资源调配的重要手段。

同时，斯蒂格利茨等经济学家指出，市场不能很好地调节中小企业，通常会抑制发展中国家的发展。例如，当小厂商不能得到贷款时，即使有利可图的投资也没法进行。国家或许应承担矫正这些失衡现象的职责，帮助价格机制更好地发挥作用。

这一共识有时被称为市场化途径，它认为国家和市场是互补的。

然而，21世纪初，一个更直接、更有力的大推动出现了。2000年，联合国起草了2015年发展目标，内容包括普及义务教育、根除饥饿、降低儿童死亡率等。这就需要捐赠国家遵守诺言而源源不断地提供援助资金，并将资金投入一系列大规模的工业和基础设施建设中去。■

1965年，新加坡成为一个现代化的国家。新加坡政府制定了优惠政策来吸引外国投资。新加坡发达的出口工业，如精炼石油行业的蓬勃发展促进了该国的兴旺发达。

第二次世界大战后拉丁美洲国家的发展

第二次世界大战以后，许多拉丁美洲国家大规模地干预经济以促进工业化建设。这些国家限制进口，并兴建能够生产同样商品的工业。此外，它们还征收关税，实施外汇管制，以遏制来自国外的竞争。

在外国资金和技术的支持下，拉丁美洲国家的政府也大力投资发展工业所需的基础设施建设。这一过程被称作“进口替代工业化”，它在拥有广大内部市场的国家最为成功。像巴西和委内瑞拉等国家的内部市场因为足够大，就可以将重工业与轻工业布局在一起。

但是，反对者认为拉丁美洲国家应该专注于巩固它们具有相对优势的领域，鼓励厂商增强国际竞争力并增加出口。

2011年，玻利维亚的石油行业获得了破纪录的政府投资。20世纪90年代被私有化后，石油行业在2006年被重新国有化。

人们的决策受不相关的选择影响

非理性决策

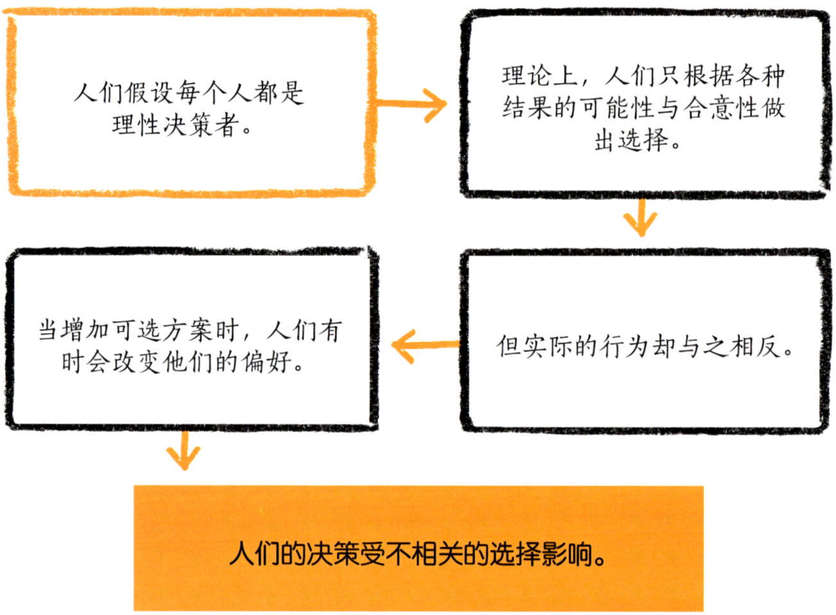

背景介绍

聚焦

决策

主要人物

莫里斯·阿莱(1911—2010)

此前

1944年 约翰·冯·诺依曼和奥斯卡·摩根斯顿撰写了《论博弈与合作行为》，为预期效用理论奠定了基础。

1954年 美国数学家伦纳德·萨维奇(Leonard Savage)描述了人们如何计算不确定事件的概率。

此后

1979年 丹尼尔·卡尼曼和阿莫斯·特沃斯基就心理学试验和经济学理论之间一些不一致的情况做出了解释。

自20世纪80年代起 行为经济学诞生，它将心理学与经济学的数学方法相结合。

1944年，美国数学家约翰·冯·诺依曼（John von Neumann）和美籍德国经济学家奥斯卡·摩根斯顿（Oskar Morgenstern）发展了期望效用理论，描述了人们在不确定性条件下如何做出决策。“效用”是衡量满意度的一种单位，经济学家运用效用组合来表示从不同结果中获得的满意度。这一理论假设人们在面临结果不确定的选择时是理性的，即人们通过各种结果可能发生的概率来衡量其效用，然后选择能带来最大效用的方案。这一模型运用数学方法来分析决策，并一直被用于分析不确定情形下的各种经济行为。然而，1953年，法国经济学家莫里斯·阿莱（Maurice Allais）援

参见: 经济人 52~53页, 风险与不确定性 162~163页, 决策悖论 248~249页, 行为经济学 266~269页。

引美国学派的观点，向这一理论提出了挑战。

阿莱指出，期望效用理论建立在独立性公理的基础上，认为人们会冷静地看待每种可能的结果，以及人们将从每种结果获得的效用，尤其是人们会独立地看待每个选择，并忽略所有选择共有的因素。阿莱认为，这一假设在现实中几乎不成立。他的论点后来成为著名的“阿莱悖论”。

非理性选择

我们不能直接观察到人们做选择的思维过程，但我们可以观察他们做出的选择并检查它们是否与理性和独立性公理相符。

假设你可以在一个苹果和一个橘子之间做出选择，你更喜欢苹果。然后，再假设你可以在一个苹果、一个橘子和一个桃子之间做出选择，根据独立性公理，你会更喜欢苹果或者桃子，但绝不会更喜欢橘子，因为增加的这个桃子并不能改变你更喜欢苹果而不是橘子这一偏好。

然而，阿莱发现，在不确定性下，违背独立性公理的情况可能会发生。假设你可以在两个选项之间做出选择，每个选项都有几种可能的结果，而每种结果都有特定的概率。在第一个选项下，你有50%的机会选择苹果，50%的机会选择桃子。在第二个选项下，你有50%的机会选择橘子，50%的机会选择桃子。因为你喜欢苹果胜过橘子，所以你应该选择第一个选项。在独立性公理下，给每个选项增加一个桃子，从而使桃子在两种选择下被选中的概率相同，应该对选择苹果而不是橘子这一偏好没有影响。但事实上，它确实会影响结果。

在更复杂的类似的试验中，人们频繁地违反独立性公理。这与人们总是做出理性行为这一标准的经济学假设相冲突。由于某种原因，在一系列选择中，其他选项的出现会影响人们的选择。这些行为的发现催生了行为经济学这一新的研究领域，它试图建立更多符合心理现实的决策模型。■

> **无论它们的吸引力有多大，美国学派建立的基本假设没有一个经得住推敲。**
>
> ——莫里斯·阿莱

莫里斯·阿莱

莫里斯·阿莱，1911年出生于法国巴黎。他成绩优异，在著名的巴黎工学院学习数学，并于1933年以全班第一的成绩毕业。从部队服役回来后，阿莱开始了他的第一份工程师的工作，后来成为法国国立高等矿业公司的部门经理。在这期间，他撰出版了他的第一部经济学著作。1948年，阿莱到巴黎国家高级矿业学院任教，这使他可以完全专注于教学和写作。后来，他成为著名的矿业经济分析教授。作为一个通才，阿莱还对物理学的发展做出了贡献。1978年，他成为第一个获得法国国家科学研究中心金质奖章的经济学家，并于1988年荣获诺贝尔奖。阿莱逝于2010年。

主要作品

1943年 《经济规律研究》
1947年 《经济与利息》
1953年 《风险条件下理性人的行为》

除了控制货币供给，政府什么都不应该做

货币主义政策

背景介绍

聚焦

经济政策

主要人物

米尔顿·弗里德曼（1912—2006）

此前

1911年 欧文·费雪将货币数量论形式化，认为价格与货币数量直接相关。

1936年 约翰·梅纳德·凯恩斯对控制货币供给的政策的有效性提出质疑。

此后

20世纪70年代 罗伯特·卢卡斯提出了"理性预期"模型。

20世纪七八十年代 许多国家制定了正式的货币增长目标，希望通过控制货币供给量的增长来控制通货膨胀。

经济大萧条期间，数百万美国人西迁寻找农场工作。弗里德曼认为，美联储减少货币供应导致了经济不景气。

20世纪30年代，凯恩斯在文章中写道，旨在控制货币供给的政策通常都是无效的。他认为改变利率或者货币供给量并不会使经济发生预期的变化。相反，政府采用财政政策——改变政府支出和税收的组合可以更好地解决失业和通货膨胀问题。到1945年，凯恩斯的观点已经被广为接受了。

然而，从20世纪50年代开始，美国经济学家米尔顿·弗里德曼（Milton Friedman）开始不断挑战凯恩斯的观点。弗里德曼认为"控制货币供给确实会产生影响"，即货币能在短期内影响产量，而价格只有在长期内才能发挥作用。他认为货币政策在调节经济中应发挥重要的作用，这就是现在所谓的货币主义。

1963年，弗里德曼与同事安娜·施瓦茨一起出版了《美国货币史（1867—1960）》一书。他们追溯了货币在经济周期中所发挥的作用，发现货币增长波动之后，会紧跟着发生产量增长的波动。尤其，他们认为1929—1933年的经济大危机是由美联储的无能造成的，由此导致货币数量减少了三分之一以上。

消费理论

凯恩斯认为，政府在大萧条期间应该增加支出。他认为，随着人们收入的增长，人们的消费也会随之增加，但消费的增加却没有收入增加得多。在经济萧条期间，人们会减少消费并持有货币，这进一步延长了经济萧条期。在这种情况

参见：凯恩斯乘数 164~165页，通货膨胀与失业 202~203页，为消费而储蓄 204~205页，理性预期 244~247页。

下，政府支出能增加人们的收入，同时还会对消费产生很大的预期影响，进而使经济恢复至充分就业水平。

1957年，弗里德曼出版了著作《消费函数理论》，并据此开始挑战凯恩斯主义的正统地位。弗里德曼认为，人们将他们的收入分为“持久收入”和“暂时收入”，前者是人们稳定而长期的收入，后者是短暂的或积极或消极的收入，不会对消费产生影响。

高收入群体拥有较高的暂时收入，但他们只消费总收入的一小部

图为1923年德国恶性通货膨胀期间，一名男子用纸币糊墙。费里德曼认为国家为降低失业率而进行的干预必定会导致高通货膨胀。

通过观察人们的行为，可以预测货币的需求量。

↓

政府可以控制货币的供给。

在不造成通货膨胀的情况下，增加政府支出无法减少失业。

↓

通货膨胀会损害经济效益，应设法避免。

↓

为保持较低的通货膨胀率，货币供应量应适度地、稳定地增长。

↓

除了控制货币供给，政府什么都不应该做。

米尔顿·弗里德曼

1912年，米尔顿·弗里德曼出生于纽约布鲁克林的一个匈牙利移民家庭。在新泽西的罗格斯大学里，弗里德曼受到美国顶级经济学家们的教育，并获得学士学位。此后，他先后取得了芝加哥大学的硕士学位和纽约哥伦比亚大学的博士学位。在芝加哥大学，他与罗斯·戴瑞克相遇，并于1938年结婚。从1935年到1946年，弗里德曼先后在纽约和华盛顿以统计学家和经济学家的身份工作。从1946年到1976年，他在芝加哥大学任教。随着1980年电视系列片的播放和《自由选择》一书的出版，弗里德曼的名声与日俱增。他还曾担任美国总统尼克松和里根的顾问。弗里德曼于2006年去世。

主要作品

1957年 《消费函数理论》

1963年 《美国货币史（1867—1960）》（与施瓦茨合著）

1967年 《货币政策的作用：总统在美国经济协会的演讲》

> 通货膨胀是没有通过立法的税收。
>
> ——米尔顿·弗里德曼

分；低收入群体的暂时收入为负，且消费支出超过了他们的收入。但是，如果你将高收入群体和低收入群体作为一个整体来看，正的暂时收入和负的暂时收入基本上可以相互抵消。这一事实与弗里德曼的理论非常吻合。从整体上看，消费并没有随收入的增长而增加多少，但是随着时间的推移及对人口的总体考察（暂时收入的影响就消失了），消费确实会随着收入的增加而增加。因此弗里德曼认为，凯恩斯的消费模型是错误的。人们会把政府支出看作暂时收入，它只会“挤出”私人支出。由消费不足引起的衰退不可能永无止境。

货币数量论

弗里德曼表示，货币政策是有效的：改变货币供应量将对总收入产生可预测的影响。凯恩斯曾指出这种关系是不稳定的，因为人们出于不同的动机而持有货币，且其中一些动机是所谓的“投机性”动机，而这种动机具有不确定性。为证实货币数量论是正确的，弗里德曼需要证明货币需求的稳定性。他不得不提出一个关于货币需求的可验证的理论。

1956年，弗里德曼出版了《货币数量论：一个重新的表述》（*The Quantity Theory of Money: A Restatement*）。他把货币看作一件商品，一种“购买力的临时载体”。市场对一件商品的需求取决于人们的总预算和该商品与竞争商品的相对价格，同时还受到购买者喜好的影响。弗里德曼认为，有许多因素会影响人们对货币的需求。首先，随着整体价格水平的上升，货币需求增加，因为人们需要的是货币的实际购买力。此外，对货币的需求还受到人们“真实”财富或持久收入、资金、债券、股票和耐用消费品的回报率的影响。最后，货币需求会受到“喜好”的影响，这里的“喜好”主要针对的是经济不确定性等导致人们希望持有更多货币的因素。

当市场上有足够的货币供应时，消费者就不需要额外的货币了，因为他们已经持有了他们需要的货币。因此，当增加货币供应时，消费者就会消费掉多余的现金。价格在短期内不会做出相应调整，这就使经济产量增加。但是，从长期来看，价格可以自行调整，多余的货币带来的唯一结果只是更高的价格。因此，弗里德曼的理论可以被认为是货币数量论的复兴。货币数量论的公式是$MV=PT$，其中M代表货币供应量，V代表货币流通速度，P代表价格水平，T代表交易数量。通过P和T相乘，我们可以得到交易的总价值量。这一公式大致是说，如果V和T是恒定的，那么更多的货币供应量就意味着更高的价格水平。那么从长期来看，货币不会对经济产生“实质性”的影响。

自然失业

“货币主义”一词最先出现于1968年，在这一年弗里德曼对菲利普斯曲线做出了新的解释。菲利普斯曲线表明了理论上通货膨胀率和失业率之间稳定的替代关系，这一关系使政府必须在“低通胀、高失业”和“低失业、高通胀”之间做出选择。弗里德曼认为这种关系只有在短期内才存在，长期内是不存在的。他认为存在一个自然失业率。自然失业指的是在寻找工作过程中的暂时性失业。事实上，自然失业率就是充分就业水平下的失业率。如果政府增加支出将失业率降至自然失业率之下，通货膨胀率就会上升，工薪族也会进一步要

1975年到1999年间，美国政府制定了年度货币供应增长目标。然而，实际的货币供应增长常常超过了政府目标的上限。

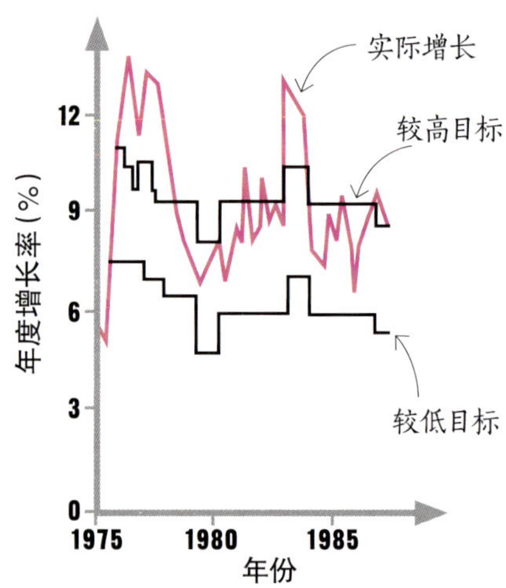

1973年，智利成为第一个实行货币主义政策的国家。在奥古斯托·皮诺切特的统治下，智利采取了激进的削减政策和私有化的措施。

求增加工资。这会产生两种可能的结果：一种结果是在新的、更高的通货膨胀率下，失业率回到自然水平；另一种结果是政府以不断上升的通货膨胀率为代价来维持较低的失业率。

很明显，政府通过财政政策来稳定就业的做法是无效的。同样，增加货币供应量只能导致价格不断上升。从长期来看，菲利普斯曲线是自然失业率水平下的一条垂直线，失业率与通货膨胀率之间不存在替代关系。

货币量变化和产量变化之间的时滞通常只有短短几个季度，而价格变动则需要一至两年或更长的时间才能见效，时滞更严重。因此，弗里德曼建议政府不要通过货币政策来操纵市场，因为这样很可能会错误地判断了经济中正在发生的事情。政府应该遵循一条简单的原则：无论界定的货币量是多少，都要保证它的年增长率稳定在2%到5%的水平（具体取决于所选择的货币定义）。

以美国经济学家罗伯特·卢卡斯（Robert Lucas）和托马斯·萨金特（Thomas Sargent）为代表的新古典宏观经济学派，根据对未来经济政策的理性预期重新解释了这一观点。弗里德曼认为人们只会根据过去的错误调整期望。卢卡斯和萨金特则认为人们的预期是往前看的。人们可以预见政府可能会计划做什么，因此政府的任何试图将失业率降至自然失业率之下的尝试都会马上导致通货膨胀率进一步上升。换句话说，菲利普斯曲线在短期内也是垂直的，政府从来就没有能力降低失业率。

实践中的货币主义

没过多久，弗里德曼的警告就得到了印证。20世纪70年代，随着通货膨胀率和失业率同时上升（滞涨现象的发生），菲利普斯曲线的交替关系不复存在。政府开始将控制货币供应作为目标纳入他们的计划。德国、日本、美国、英国和瑞士在20世纪70年代纷纷采用了货币目标机制。然而事实证明，要控制货币的增长非常困难。其中一个困难是应该控制哪种形式的货币。大多数中央银行针对的是广义货币，包括银行定期存款（在固定的一段时期内不能取出来的存款）。但事实上这也很难控制。随后，各国将注意力集中于狭义的货币，即纸币，硬币和商业银行持有的存款准备金。这控制起来比较容易，但是它与广义货币之间的关系似乎并不稳定。

货币主义的尝试大多数都失败了，但是其影响非常重大。其他有关货币供应的政策后来成为旨在减少政府对经济各方面干预的方案。今天，几乎没有人会否认“货币很重要”。货币主义政策通常是为了控制通货膨胀，其与财政政策同样备受关注。但是货币主义纯粹的理论和它的政策影响所依赖的假设——货币需求具有可预测性，而政府能够轻易控制货币供应——存在很多争议。

20世纪90年代，许多国家纷纷放弃了货币目标。他们开始用汇率来控制通货膨胀，或者直接将利率政策与通货膨胀趋势挂钩。■

美国总统里根和英国首相撒切尔夫人都是保守主义者。在任早期，他们都采取了严格的货币政策。

工作的人越多，他们的账单越多

通货膨胀与失业

背景介绍

聚焦

经济政策

主要人物

奥尔本·威廉·菲利普斯（1914—1975）

此前

1936年 约翰·梅纳德·凯恩斯试图解释失业和经济衰退现象。

1937年 英国经济学家约翰·希克斯将凯恩斯的观点转化为数学模型。

此后

1968年 米尔顿·弗里德曼认为，菲利普斯曲线应该考虑人们对通货膨胀的预期，并且经济中存在着自然失业率。

1978年 经济学家卢卡斯和萨金特指出了菲利普斯曲线的不足。

自20世纪80年代起 新凯恩斯主义宏观经济学重新论述了稳定宏观经济（总体经济）的可能性。

第二次世界大战后的30年里，发达国家经历了史上最长的黄金增长期。这个时期失业率很低，收入不断增长，经济学家们相信他们已经完全摆脱了20世纪30年代经济危机带来的影响。

这种自信源自一种信念，即政府有能力干预经济，这在菲利普斯曲线里得到了很好的印证。1958年，新西兰经济学家奥尔本·威廉·菲利普斯（Alban William Phillips）出版了《失业与货币工资变化率的关系》一书，展示了1861—1957年间英国货币工资增长和失业之间的联系：货币工资增长率高的年份，失业率低；反之亦然。

通货膨胀还是就业？

后来的研究显示，在其他发达国家也存在类似的、稳定的关

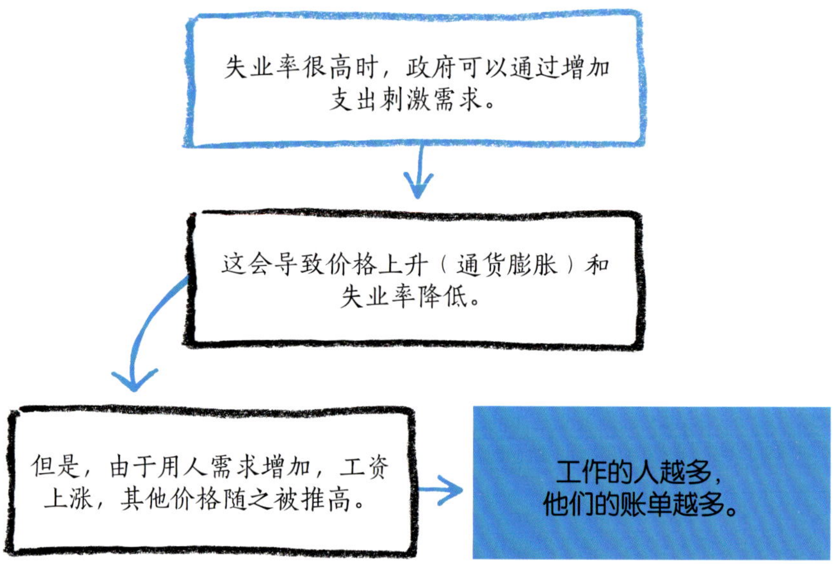

参见: 经济萧条与失业 154~161页，凯恩斯乘数 164~165页，货币主义政策 196~201页，理性预期 244~247页，黏性工资 303页。

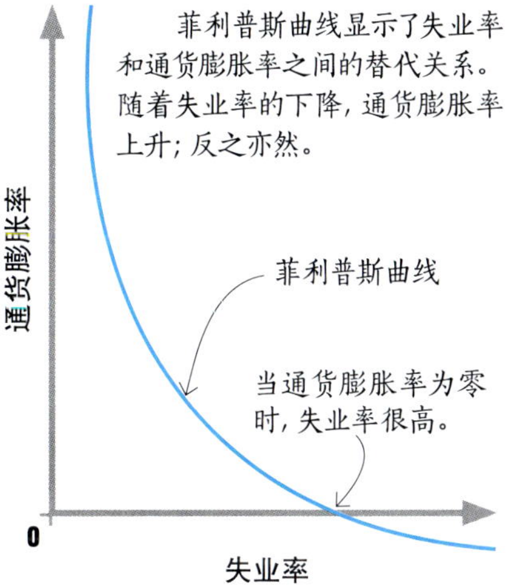

系。政府意识到，通货膨胀率和失业率之间存在着一种交替关系。政府可以在菲利普斯曲线上选择他们偏好的点，即在“低失业、高通胀”与“低通胀、高失业”之间做出选择，并据此对经济政策做出相应调整。通过增加或减少支出，紧缩或放松货币政策（调整货币供应量和利率），政府可以调节总需求（总支出），使经济回归菲利普斯曲线。因此，经济就像一个大型机器，关于宏观经济，即国家整体经济体系的主要问题，似乎都可以简化为技术上的修复问题，而不是意识形态上的斗争。

菲利普斯曲线与当时盛行的凯恩斯主义宏观经济学非常吻合。当失业率高时，政策向劳动市场和产品市场倾斜将会拉低工资和价格，通货膨胀率也会因此降低。但就业率很高时，经济中额外的需求，或许来自增加的政府支出，并不会使产量和就业率上升，反而会抬高价格和工资，使通货膨胀率随之上升。然而，到20世纪70年代，这种稳定的关系似乎不存在了。在“滞涨”情况下，失业率和通货膨胀率同时上升。美国经济学家弗里德曼对此做出了解释。他认为菲利普斯曲线显示了实际的价格和失业率之间的交替关系，但还需要考虑人们对通货膨胀的预期。人们意识到，当政府增加支出以刺激经济（并增加就业）时，通货膨胀必定会随之而来。

因此，在高失业时期，政府增加支出的任何行为都会被认为是通货膨胀前的信号，工人们会在价格实际上升之前要求增加工资。弗里德曼指出，从长期来看，失业和通货膨胀之间并不存在交替关系，经济会稳定在自然失业率的水平，政府稳定经济的努力最终只会推高人们对未来通货膨胀的预期，而实际通货膨胀率也会因此上升。

弗里德曼的观点为挑战凯恩斯主义宏观经济学扫清了道路，政府开始转向增加资本和劳动的供给，而不是调节需求。■

1931年，美国失业率接近23%，物价大幅下降。政府启动了一项公共工程计划，以创造就业岗位。

奥尔本·威廉·菲利普斯

奥尔本·威廉·菲利普斯，1914年生于新西兰。他在20岁出头时迁往澳大利亚，做了一段时间的捕猎鳄鱼的工作。1937年，他访问中国，于日本入侵时离开。1938年，他来到英国学习工程学。第二次世界大战爆发后，他加入英国皇家空军。1942年被日本俘获后，他一直在监狱中待到第二次世界大战结束。1947年，菲利普斯到伦敦经济学院学习社会学，但在研究生阶段转向学习经济学。1958年，他任伦敦经济学院教授。1967年，菲利普斯搬往澳大利亚任教，两年后因中风退休回到新西兰。

主要作品

1958年 《失业与货币工资变化率的关系》

1962年 《就业、通货膨胀与增长：一个就职演说》

人们在整个生命周期安排消费

为消费而储蓄

背景介绍

聚焦

决策制定

主要人物

弗兰科·莫迪利安尼

（1918—2003）

此前

1936年 约翰·梅纳德·凯恩斯出版了《就业、利息和货币通论》，用一个简单的数学函数阐述了消费问题。

1938年 凯恩斯主义经济学家阿尔文·汉森预言美国经济将长期停滞。

此后

1978年 美国经济学家罗伯特·霍尔构造了一个函数来描述美国的消费，潜在地证实了米尔顿·弗里德曼的理论。

1982年 美国经济学家霍尔和弗里德里克·米什金提出，家庭在计划他们的消费时遵循“拇指原则”。

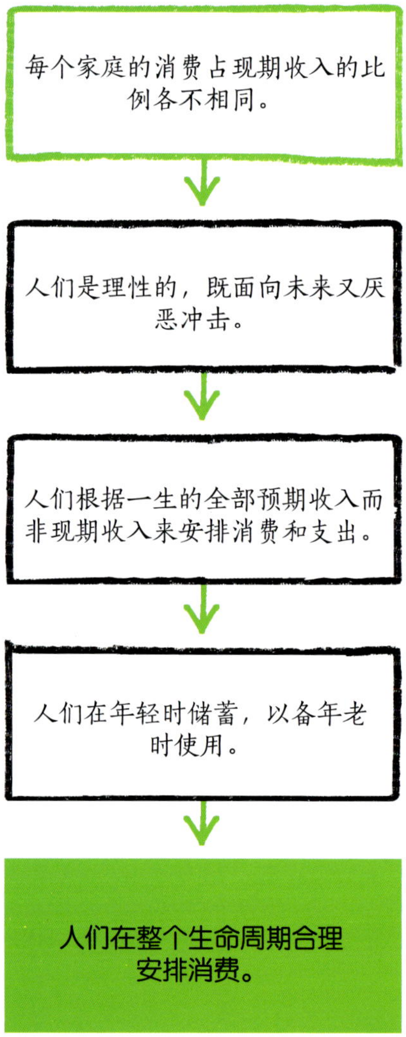

1936年，凯恩斯的《就业、利息和货币通论》一书把消费这一问题摆在了人们的面前：如果总需求对经济顺利运行至关重要，那么创造这些需求的群体就非常重要。公共支出受政府控制，厂商投资与利率息息相关，但家庭消费却向人们提出了更大的挑战。

凯恩斯认为，家庭只消费收入的一部分，而将剩余部分储存起来，且越富有的家庭储蓄越多。所有家庭消费的比例决定了“乘数”的大小，也就决定了政府支出事实上增加的数量。政府支出能够创造就业机会和收入，得到这些就业机会和收入的人们将进行消费，这些消费又会进一步创造新的就业机会和收入。这样，政府的支出就会对整个经济产生影响。在凯恩斯主义经济学家看来，这种乘数效应使经济形成由盛转衰、由衰转盛的循环过程。因此，对消费进行准确的描述就显得至关重要。凯恩斯的理论从经验主义的角度出发做出了三个预测。第一，相对富裕的家庭的储

参见： 经济人 52~53页，借贷与债务 76~77页，凯恩斯乘数 164~165页，理性预期 244~247页。

蓄比较贫困家庭的储蓄多。第二，随着经济的发展，消费增长的速度慢于收入增长的速度。这是因为，随着人们收入的增加，消费占收入的比例不断减小。第三，富裕国家将变得越来越"没有生气"，因为当消费占收入的比例下降时，乘数减小，经济增长速度变慢。

终生储蓄

然而，理论的预测与现实并不十分吻合。从长远来看，许多国家家庭消费占收入的比例趋于稳定，并没有如理论所说的随着收入的增加而减小。短期内这一比例会有所波动，但是并不会一直朝某个特定的方向变化。第二次世界大战后，经济学家们预测经济将会停滞，但是世界各地的经济反而高速发展。在对这一现象的解释中，有两种解释得到了人们的普遍接受。这两种解释都指出，理性的个人不会根据现期收入盲目消费，他们会制定长远的计划，估算他们应该储蓄多少。1954年，意大利经济学家莫迪利安尼认为，这与生命周期的不同阶段有关。人们在年轻时收入较高，就会储蓄以备老年时消费，并试图保证生命周期各阶段消费的稳定性。这就是生命周期假说。

只有拥有足够多的钱来代替曾经的收入，退休才会令人感到愉快。莫迪利安尼认为，正是由于意识到这一点，人们才会储蓄，以保证未来消费的稳定。

> 我们的后辈似乎越来越不懂得节约了。
>
> ——弗兰科·莫迪利安尼

三年后，美国经济学家弗里德曼提出了一个相关的理论，即人们根据他们的"持久收入"，即预期的未来收入，来均衡他们在各个时期的消费。任何额外的收入都是"暂时性"的，都应该被储存起来。这就是持久收入假说。

最新消费理论的发展表明，事实上，当消费者在做消费和储蓄的决策时，会倾向于遵守"拇指原则"，同时还会出现其他形式的"非理性"行为。■

弗兰科·莫迪利安尼

弗兰科·莫迪利安尼（Franco Modigliani）于1918年出生于意大利罗马。最初在罗马大学学习法律，后来转向经济学。1938年，墨索里尼颁布了一系列反犹太主义的法律。于是，这个狂热的反法西斯主义者莫迪利安尼便离开意大利前往巴黎，后来他与反法西斯活动家妻子塞雷娜·卡拉比一起搬迁到了纽约。他一边做研究，一边出书维持生活开销。在任麻省理工学院（MIT）经济学教授之前，他做过许多份教职工作。1985年，莫迪利安尼因对储蓄和金融市场的开创性研究而获得诺贝尔奖。在其逝世后，经济学家保罗·萨缪尔森在2003年称赞他是"同时期最伟大的宏观经济学家"。

主要作品

1954年 《效用分析与消费函数》（与布伦伯格合著）

1958年 《资本成本、公司财务与投资理论》（与米勒合著）

1966年 《储蓄的生命周期假说》

制度很重要

经济制度

背景介绍

聚焦

社会和经济

主要人物

道格拉斯·诺斯（1920—2015）

此前

1904年 美国经济学家索尔斯坦·凡勃伦认为，制度在解释经济现象时起着首要作用。

1934年 美国经济学家约翰·康芒斯认为，经济是由制度与各种利益群体构成的复杂网络。

此后

1993年 美国经济学家阿夫纳·格雷夫运用博弈论分析了促进贸易发展的制度的发展史。

2001年 美籍土耳其经济学家达龙·阿西莫格鲁从不同国家的殖民史角度解释了它们在制度上的区别。

标准经济学的假设是存在市场，政府可以利用必要的政策杠杆来推动市场朝着有利于贸易、投资和创新的方向发展。然而，制度经济学家走得更远，他们寻找市场的起源、市场与国家的关系，以及有利于经济活动的政治和社会条件。

美国经济学家道格拉斯·诺斯（Douglass North）将制度定义为“人为设计的塑造人际互动的约束”。这些约束就是以正式或者非正式形式存在着的“游戏规则”。正式的制度是各国的法律和政治规

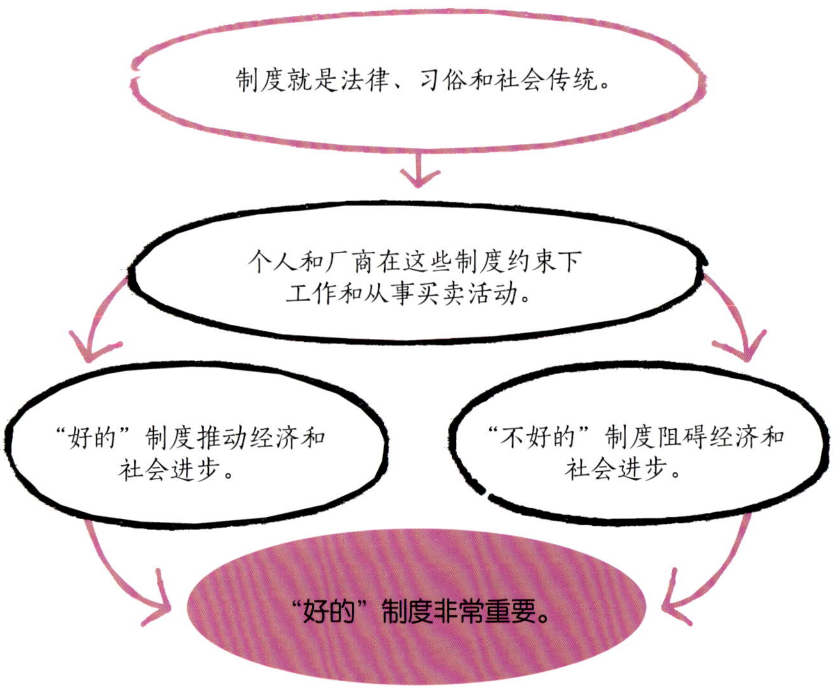

参见：财产权 20~21页，上市公司 38页，经济学与传统 166~167页，社会资本 280页，抵制经济变化 328~329页。

则，而非正式的制度则是一个社会的礼仪、风俗和传统。总之，这些构成了诺斯所谓的制度，这些制度设定了约束人们工作、消费和投资的一般规则。

市场与财产

财产权，包括物质产权和知识产权，是经济发展所必须维护的。诺斯考察了英国财产权的起源，发现它出现于1688年光荣革命之后。在那之前，君主可以任意征用资源，可以冷酷无情地践踏私人产权。诺斯发现，在国王的权力被限制之后，交易成本降低，市场激励作用增强。他的观点备受争议，但至今仍然很有影响力。

诺斯的实例揭示了制度经济学的核心问题。国家维护社会秩序，而秩序赋予国家激活产权的权力，因为产权在混乱的无政府状态下是不可能存在的。而正是这种权力，使政府可以为了自身利益而动用资源。

美籍土耳其经济学家达龙·阿西莫格鲁认为，这一问题的根源是社会的殖民历史。在非洲这样的地区，由于传染病肆虐，殖民者没有停留太长时间。为了快速攫取自然资源以实现自身的富有，殖民者在被殖民地区建立了并非本意促进当地经济发展的制度。然而，在更适宜殖民的北美地区，殖民者建立的制度则促进了经济的长期增长。

制度决定了经济的成败，构建了经济的基本框架。经济学家们还需要识别推动经济进步的制度变化。改革制度非常困难，过去的制度总会在今天留下痕迹。■

> 制度为经济提供了激励机制。
>
> ——道格拉斯·诺斯

德国联邦议院（议会）是1945年后新建的机构，它在塑造战后德国的法律和经济方面发挥了非常重要的作用。

道格拉斯·诺斯

道格拉斯·诺斯出生于美国马萨诸塞州堪布里奇市。在加州大学伯克利分校读书期间，他拒绝为第二次世界大战服役。为了避开战争，毕业后他加入美国商船队。在三年的服役期间，诺斯阅读了许多经济学著作。回国后，他发现他很难在摄影（终生的爱好）和经济学之间做出抉择，但最终他选择了经济学。1952年，他在伯克利分校获得博士学位。毕业后，诺斯在华盛顿大学任教。在这里，他协助开辟了计量历史学（通过高等数学分析和处理资料来研究历史）这一新的学科领域。

1983年，诺斯停止在华盛顿大学任教。1966年，他花了一年的时间在日内瓦研究欧洲经济历史，此后开始潜心研究制度的作用。1993年，诺斯获得诺贝尔经济学奖。诺斯于2015年逝世。

主要作品

1981年 《经济史的结构与变迁》
1990年 《制度》

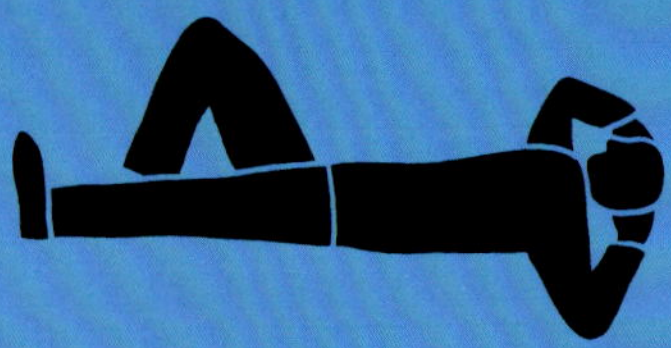

人们总是尽可能逃避

市场信息与激励

合同要求人们完成某项工作。

这需要投入时间和精力。

如果没有人监督……

……那么人们会倾向于减少投入的努力。

人们总是尽可能逃避。

背景介绍

聚焦

决策

主要人物

肯尼斯·阿罗（1921—2017）

此前

自1600年起 “道德风险”被用来描述个人不诚信的情况。

20世纪二三十年代 美国经济学家弗兰克·奈特和英国经济学家凯恩斯就经济学中的不确定性问题展开了争论。

此后

1970年 美国经济学家阿克洛夫出版了《“柠檬”市场》一书，阐述了人们掌握的关于商品质量的信息十分有限这一问题。

2009年 英国央行行长默文·金将政府对银行的紧急救助比作“史上最大的道德风险”。

亚当·斯密的标准经济行为模型提出了一个假设，即市场上所有的参与者都是理性的，并且他们还拥有完整的信息。然而，事实并非总是如此。

美国经济学家肯尼斯·阿罗（Kenneth Arrow）是最早分析市场信息不完全问题的经济学家之一。他指出，虽然双方可以达成一致签订合同，但是这并不能保证双方都会去履行合同的规定。当一方不能监督另一方的行为时，后者就可能在前者不知情的情况下违背部分合同条款。由于这些行为是隐蔽的，因此存在着信息不对称的问题。

参见： 公共物品与服务的供应 46~47页，经济人 52~53页，市场与社会结果 210~213页，博弈论 234~241页，市场不确定性 274~275页，激励与工资 302页。

旅游保险可能让度假者感觉远离了风险，并鼓励他们尝试更危险的活动。因此，为了减少自己的损失，保险公司提高了保险费。

道德风险

上文提到的这种情况被称为“道德风险”。例如，在保险市场上，保险政策可能反而会激励投保者去冒更大的风险，因为他或她知道，保险公司会承担任何损失。于是，保险公司就会缩小保险范围，因为他们害怕鼓励过多的人去冒险，从而导致自己最终承担过多的损失。这意味着存在着市场失灵：投保的人将需要支付更多保险费，而且许多人将被排除在可以参保的客户之外。阿罗认为，在这些情况下，政府有必要通过干预来纠正市场失灵现象。

当一个人（委托人）试图让另一个人（代理人）按某种方式进行某种行为时，道德风险就会产生。如果委托人委托的事需要代理人付出努力，并且委托人不能监督代理人的行为，那么代理人就有动机和机会来逃避和推卸责任。保险合同介于公司与顾客之间，但是，即使在一个公司内部，道德风险问题也可能会发生，例如雇员在没有雇主监督的情况下很可能会减少努力的程度。有关复杂任务的长期合同中通常会出现这种委托和代理的问题。在这种情况下，每一种要求都不能事先规定，道德风险会以一种无法预知的方式出现。如何才能管理好复杂的任务呢？如何才能更好地拟定合同呢？委托和代理的问题受到了大量研究人员的关注。

太大而不能倒闭？

2008年金融危机之后，道德风险问题成为政治争论中的一个关键问题。当银行被认为“太大而不能倒闭”时，道德风险就已经产生了。各大银行知道，银行倒闭会导致经济衰退，因此他们认为无论如何都会得到政府的支持。经济学家曾说过，这会使银行进行过多的风险投资。道德风险的另外一个例子是2012年的欧债危机。希腊等国认为，本国“太大而不能倒闭”，因此，他们在经济运营中进行了过多的风险投资。■

肯尼斯·阿罗

肯尼斯·阿罗出生于1921年，是一名土生土长的纽约人。他在纽约接受了所有的教育，从纽约城市学院社会学专业毕业之后，阿罗在哥伦比亚大学获得了数学硕士学位。后来他转向研究经济学，并于第二次世界大战爆发后在美国[illegible]究风能的运用。

1948年起，阿罗在哥伦比亚大学任教，后来先后在斯坦福大学和哈佛大学担任经济学教授。1979年，阿罗回到斯坦福大学。他最著名的是对一般均衡和社会选择的研究。因其对经济学开创性的贡献，阿罗于1972年荣获诺贝尔奖。阿罗于2017年逝世。

主要作品

1951年 《社会选择与个人价值观》
1971年 《风险承担理论文集》
1971年 《一般竞争分析》（与哈恩合著）

市场效率理论依赖于许多假设

市场与社会结果

背景介绍

聚焦

福利经济学

主要人物

吉拉德·德布鲁（1921—2004）

此前

1874年 法国经济学家里昂·瓦尔拉斯表示，竞争的、分散的经济中可以实现稳定的均衡。

1942年 波兰经济学家兰格提供了证明市场有效性的早期证据。

此后

1967年 美国经济学家斯卡夫提出了一个将现实经济数据运用于一般均衡模型的方法。

20世纪90年代 新的宏观经济学模型将一般均衡理论与真实经济数据结合起来。

到19世纪六七十年代，主流经济学已经建立了一套独特的对世界的认知，它提供的数学模型使经济学家们可以评估特定市场条件下的个人行为。这些模型来源于快速发展且反映真实世界的数学。这种被称作“边际革命”的理论认为，决定价值的是人们的偏好和资源，而不是更客观的或更绝对的标准，从而用一种新的方式将理论问题展现在人们面前。亚当·斯密的“看不见的手”真的能引导自私的个人达到最好的结果吗？市场与其他社会引导方式到底哪个更有效？完全自由的市场真的存在吗？

参见：自由市场经济学 54~61页，经济均衡 118~123页，效率与公平 130~131页，次优理论 220~221页。

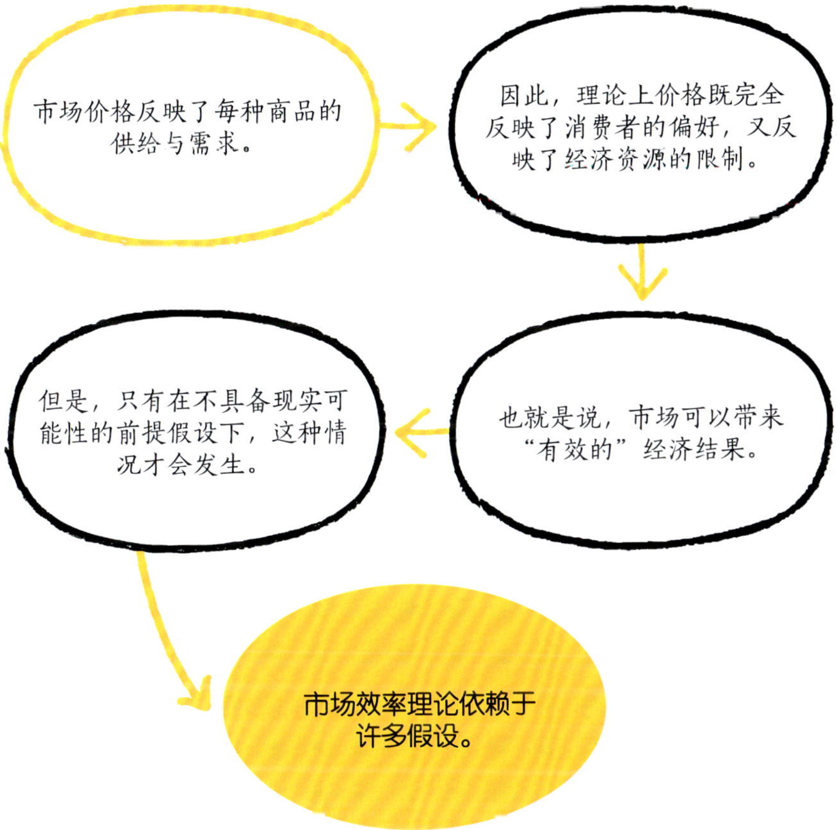

稳定的市场

法国经济学家里昂·瓦尔拉斯（Léon Walras）是这一理论革命的先锋之一。他想要证明的是，如果让市场自由地分配资源，那么整个社会可以实现稳定的结果，消费者对产品和服务的需求与厂商的供给可以实现完全均衡。

众所周知，一个单独的市场可以实现这种平衡或均衡，但是整个市场是否能实现总体均衡则不清楚。

1954年，法国数学家德布鲁和美国经济学家阿罗经过严谨的研究和分析，解决了“一般均衡”问

政府通过对汽油等商品征税来重新分配财富。在特定假设下，即使不通过征税，自由市场也能自发地调节经济，实现资源的有效配置。

吉拉德·德布鲁

吉拉德·德布鲁（Gérard Debreu），1921年出生在法国加莱。德国统治期间，他就读于巴黎高等师范学院。在法国部队服役一段时间后，德布鲁重返数学研究领域，并对经济问题产生了兴趣。1949年，在一份奖学金的支持下，他访问了美国、瑞典和挪威的一些顶级高等院校，使他接触到了当时在法国还不为人知的一些经济学前沿问题。在美国，他加入了非常有影响力的考尔斯委员会。这个委员会成立于20世纪30年代，致力于寻找解决经济问题的数学方法。德布鲁先后在美国斯坦福大学和伯克利大学教授经济学和数学。1983年，德布鲁获得诺贝尔奖。德布鲁逝于2004年，享年83岁。

主要作品

1954年 《竞争经济中均衡的存在》（与肯尼斯·阿罗合著）

1959年 《价值理论：对经济均衡的公理分析》

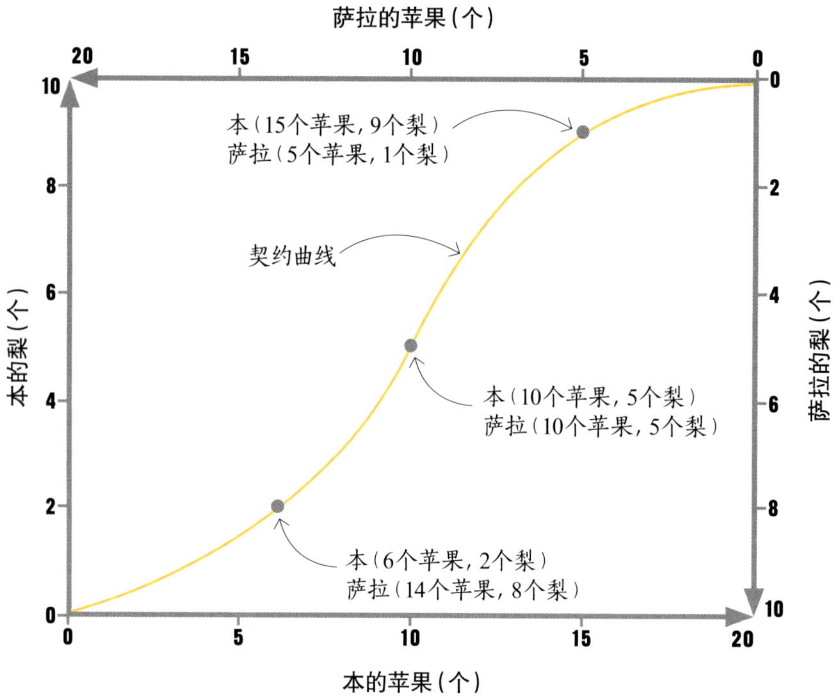

艾奇沃斯盒是表示经济中商品分配的一种方法。在以上的例子中，经济中有两个人（本和萨拉）和两种商品（20个苹果和10个梨）。艾奇沃斯盒子里的每个点都代表了苹果和梨的一种分配的可能。黄色的曲线是契约曲线，代表了本和萨拉在彼此交易后可能达到的商品分配情况。沿着这条曲线交易能达到帕累托最优的结果。

题。他们运用先进的数学方法证明了，在特定情况下，许多个市场可以实现总体的均衡。

在某种意义上，阿罗和德布鲁修订了亚当·斯密的“自由市场能使社会有序运行”这一观点。但是，斯密的观点更强，他认为市场倾向于到达一个稳定的点，并且人们需要这种均衡，因为这种均衡保证了一个自由的社会。

帕累托最优的结果

现代经济学家们运用“帕累托最优”来衡量结果的合意性。在一个帕累托最优的状态下，要在损害其他人利益的情况下改善另一个人的情况是不可能的。在商品交易中，如果至少一方的福利增加，而另一方的福利没有减少，在这种情况下，经济就存在改进的可能。阿罗和德布鲁运用帕累托最优观点来分析市场均衡。通过证明两个“福利经济学基本定理”，他们对斯密提出的“市场结果都是好的”这一基本原则进行了深入的研究。

第一个福利定理认为，任何纯粹自由市场经济下所达到的均衡都必定符合帕累托最优——资源分配的结果使得在不使其他人的福利变差的情况下改善任何一个人的福利都是不可能的。每个人最初都有一定的商品“禀赋”，他们彼此交易并能达到一种有效的均衡。

帕累托最优是一个很弱的道德标准。如果某种商品完全归一个富人所有，这种情况也符合帕累托最优，因为不可能在不损害富人福利的情况下改善其他人的福利状况。因此，第一个福利定理认为，虽然市场是有效的，但是并没有谈到资源分配这一关键问题。

第二个福利定理就涉及资源分配问题了。经济中存在着很多种帕累托最优的资源配置。一些资源的配置相当均衡，而有些则非常不平等。

这一定理认为，市场可以实现任何一种帕累托最优的分配，经济学家用“契约曲线”来描述这种均衡。然而，要实现其中任何一种分配，都需要对个人禀赋进行再分配，然后才能通过交易实现特定的帕累托最优配置。

这一定理的现实启示是，政府可以通过征税重新配置资源，依靠自由市场来保证最终分配的效率，

“自亚当·斯密以来，如何实现供求平衡一直是人们关注的一个主要问题。”

——肯尼斯·阿罗

> 帕累托最优状态下的资源配置虽然是有效的，但会给一些人带来巨额财富，而给另一些人造成极端贫困。
>
> ——肯尼斯·阿罗

达到公平和效率兼顾的状态。

现实的约束

阿罗和德布鲁的结论建立在严格的假设基础之上。当这些假设不成立时，效率也许就会降低，也就是经济学家所说的“市场失灵”现象。根据这些定理，个人行为必须遵循经济理性。人们需要对市场信号做出完全的回应，这在现实中很明显是不存在的。而厂商之间必须彼此竞争，但事实上垄断却无处不在。

除此之外，当存在规模经济时，福利定理也不成立。例如，当存在拥有大量初始投资的大企业（如拥有许多公共设施的企业）时，就会产生规模经济，此时福利定理就不能成立。要实现有效的均衡，更重要的一个条件是不存在“外部成本”。外部成本是指不包含在市场价格之中的成本和收益。例如，一个摩托车制造车间产生的噪音会影响隔壁会计公司的工作，但是工厂主并没有将这种广义的成本纳入自己的成本之中，因为这并没有影响他的私人产量。外部成本降低了经济活动的效率。同时，如果个人不能完全了解所购买商品的价格和特性，市场也可能失灵。

给我们的启示

人们不禁会问，如果这个模型的假设如此不现实，以至于不适用于任何情形，那么这个模型的意义何在呢？但是，理论模型本就不打算完全忠于现实，因为如果完全描绘现实，那么阿罗和德布鲁的模型将毫无用处。但事实上，他们的定理回答了一个关键的问题：市场在什么条件下会是有效的？这些条件的严格程度告诉我们现实经济在多大程度上和用什么方式偏离了完全效率。阿罗和德布鲁的条件指出了为提高效率我们必须做的事情。例如，可以通过收取污染费来解决外部成本，可以通过打破垄断来使市场更具竞争性，或者通过建立机制来帮助消费者获取商品信息。

阿罗和德布鲁的研究奠定了战后经济学研究的基础。后来的经济学家们尝试修订他们的结论，在不同的假设条件下研究经济的效率。他们在阿罗和德布鲁的一般均衡模型的基础上，发展出了大量理论和实证的宏观经济学模型。

有人批评一般均衡模型没有考虑到无秩序的情况，这也是现实经济无法预测的真实本性。由于这些模型没能预测到2008年的金融危机，因此近年来批评的声音越来越多。■

2008年，雷曼兄弟解雇所有员工，宣布破产，由此引发了严重的金融危机。由于均衡模型没能预见这场危机，人们纷纷对这些模型的基本假设提出了批评。

没有完美的投票制度

社会选择理论

背景介绍

聚焦

福利经济学

主要人物

肯尼斯·阿罗（1921—2017）

此前

1770年 法国数学家让·查理·波达设计了一个偏好投票系统。

18世纪80年代 英国哲学家和社会改革家杰里米·边沁提出了功利主义理论：追求最大多数人的最大幸福。

1785年 尼古拉斯·孔多赛出版了《多数决策可能性分析的运用文集》一书，首次提出了投票悖论。

此后

1998年 印度经济学家阿玛蒂亚·森获得诺贝尔奖，因其对福利经济学和社会选择理论研究的贡献而受到表彰。

乍一看，投票运算似乎与经济学没什么关系。然而，在福利经济学领域，尤其在社会选择理论中，它却发挥着至关重要的作用。20世纪50年代，美国经济学家阿罗提出了社会选择理论。他指出，为了评估一个社会的经济福利状况，每个成员的价值都应该被纳入考虑。在制定能决定社会福利和社会状态的集体决策时，必须有一个能让人们表达自身偏好并将这些偏好相结合的机制。集体决策过程需要一个公平且有效的投票制度。然而，在《社会选择与个人价值》

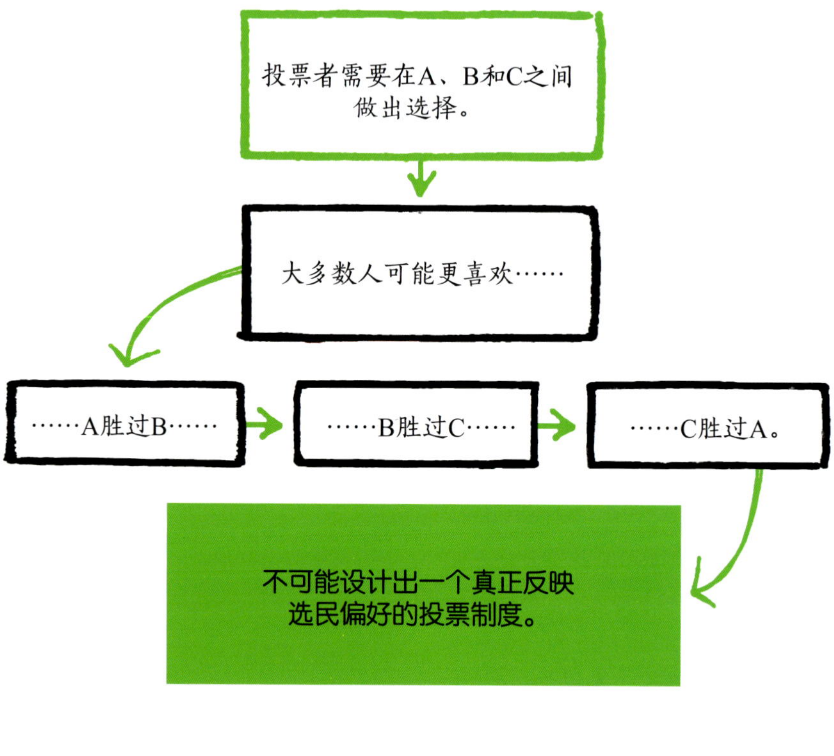

参见: 效率与公平 130~131页，市场与社会结果 210~213页，社会市场经济 222~223页。

> 在资本主义民主社会里，有两种基本的社会选择方法：投票和市场机制。
>
> ——肯尼斯·阿罗

（1951）一书中，阿罗证实，投票悖论确实存在。

投票悖论

所谓的投票悖论，大约是在200年前由法国政治思想家和数学家尼古拉斯·德·孔多赛（1743—1794）首次提出的。他发现一种可能的情况是，大多数人喜欢A胜过B，喜欢B胜过C，但同时又存在喜欢C胜过喜欢A的偏好。例如，如果三分之一投票者的选择排序是A—B—C，另外三分之一的排序是B—C—A，剩下三分之一的排序是C—A—B，那么很明显大多数人喜欢A胜过B，喜欢B胜过C。表面上看，我们以为C会出现在选择列表的底端，但是，同样有大多数人喜欢C胜过A。很明显，在这种情况下做出的集体决策在公平性上是有问题的。

阿罗表示，一个真正反映所有选民偏好的投票制度不仅有问题，而且也不可能存在。他提出了一系列理想投票制度需要满足的公平标准。随后他又论证了任何一个制度都不可能满足所有的标准。事实上，当满足了大多数合理的假设之后，就会产生一个反直觉的结果。公平的标准之一是不存在“独裁者”，即任何个人都不能决定集体决策。但矛盾的是，当所有其他条件都满足以后，恰恰就产生了一位“独裁者”。

19世纪，法国公民通过投票进行选举。选举权在西方文明中根深蒂固，并且非常普遍，但是真正完美的投票制度是不存在的。

多数人的福祉

阿罗悖论（也称为一般可能性定理）是现代社会选择理论的奠基石，其公平标准也为制定考虑个人偏好的公平投票方式奠定了基础。

社会选择理论现在是福利经济学的一个重要的研究领域，它能够评估经济政策带来的影响。这一领域最初是抽象理论的发展，现在被政府和决策者广泛应用于各种具体的经济情境，并不断地权衡多数人的福祉。这对解决资源和财富分配的基本经济问题产生了深远的影响。■

社会福利函数

评估社会福利的方法有很多种。19世纪的功利主义认为，与收入类似，个人的效用或幸福水平是可以加起来计算总体福利的。后来的经济学家们建立了“社会福利函数”，本意也是为了计算社会集体福利，但社会福利函数并不一定包括效用的衡量。阿罗和其他经济学家建立了这些函数的公式，将个人偏好转化为对可能的社会状态（人们在社会上的经济地位）的评级。有关社会福利的想法还包含了道德层面的考虑。功利主义简单地强调了社会总福利的最大化，而不考虑它的分配问题。美国哲学家约翰·罗尔斯（1921—2002）提出了另一种理论，认为应该将社会中最不富裕人群的福利最大化。

我们的目的是使幸福最大化，而非收入最大化

幸福经济学

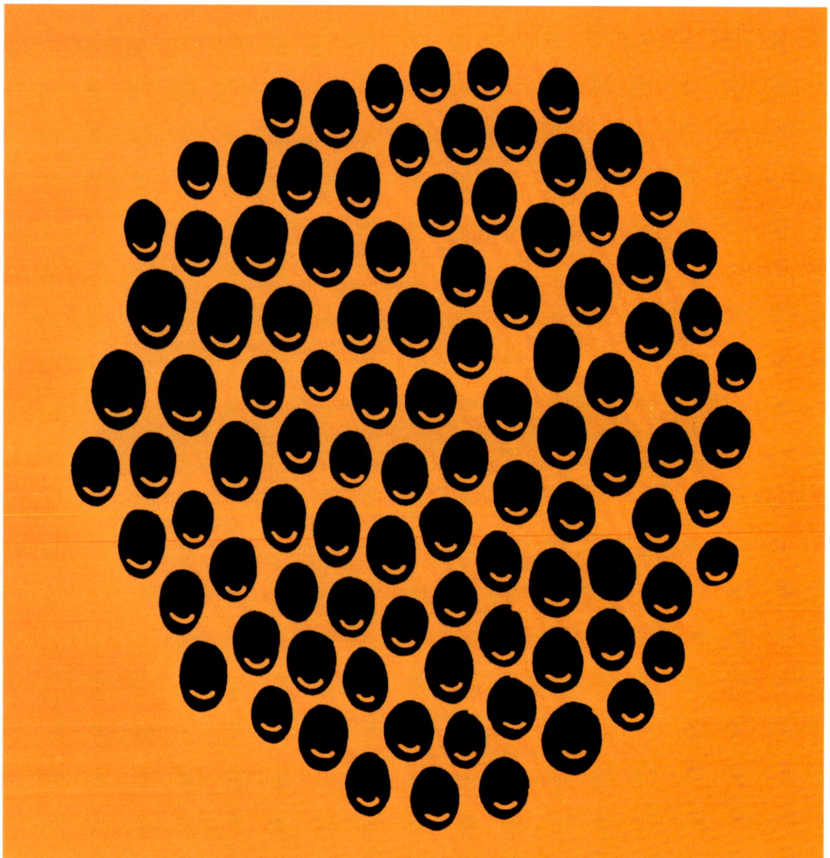

背景介绍

聚焦

社会和经济

主要人物

理查德·伊斯特林（1926—）

此前

1861年 约翰·斯图亚特·穆勒认为，道德行为应该使总体幸福最大化。

1932年 基于传统经济变量，西蒙·库兹涅茨建立美国国民收入账户。

此后

1997年 英国经济学家安德鲁·奥斯瓦尔德认为，失业是不幸福的主要原因。

2005年 英国经济学家理查德·莱亚德出版了《幸福：来自一门新科学的启示》一书，重新审视了有关幸福和收入关系的争论。

20世纪30年代，美籍俄罗斯经济学家西蒙·库兹涅茨为美国政府建立了第一个现代的国民收入账户。基于这一开创性成果，英国、德国和其他发达国家也先后建立了国民收入账户。国民收入账户计算一个国家一年内经济的总交易量，并得出该国的国内生产总值（GDP）。早期的经济学家，如法国的弗朗斯瓦·魁奈，曾尝试过开发类似的测量方法，但由于工作量过于庞大而终告失败。只有统计学、调查技术和整体经济的研究得到发展，国民核算才有可能实现。

参见: 财富的衡量 36~37页，效率与公平 130~131页，炫耀性消费 136页，市场与社会结果 210~213页，行为经济学 266~269页，性别与经济学 310~311页。

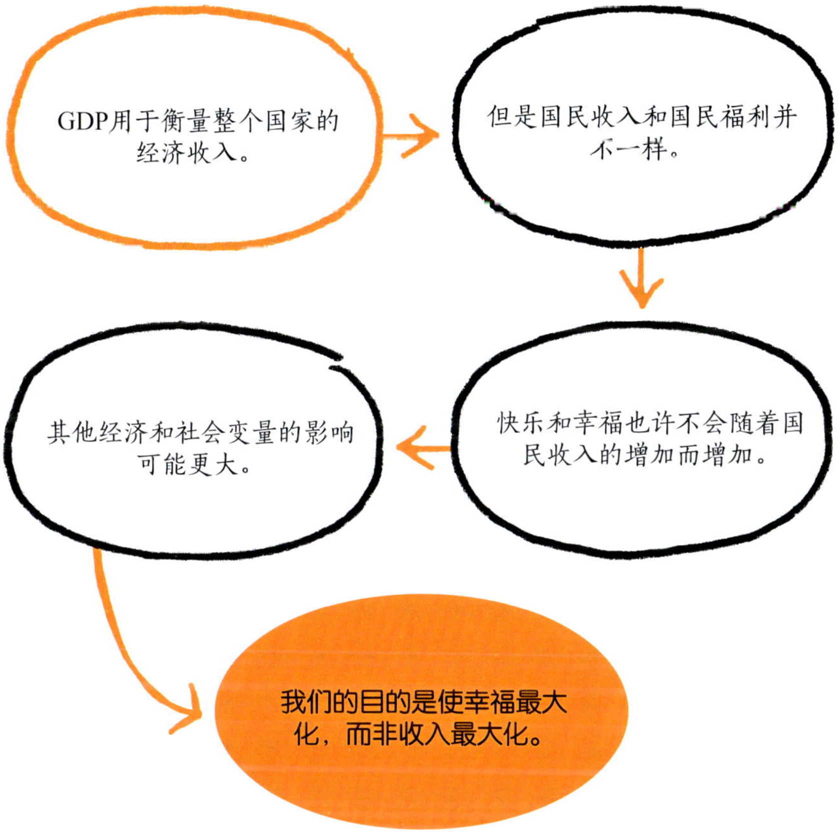

嫉妒是不幸福的原因之一。与自己拥有多少相比，你的邻居是否比你拥有的更多是影响你幸福程度的一个更重要的因素。

捣弄数字

GDP一出现，就对政治家、记者和经济学家产生了无法抗拒的诱惑。这些数字以简单的形式展现了经济中几乎所有最重要的活动。GDP增长意味着有更多的工作机会和更高的工资水平，而GDP下降则意味着失业和不确定性。第二次世界大战后，有关经济政策的争论很快转变为一系列如何更好地促进GDP增长的争论。虽然不同派别追求不同的政策，却殊途同归。

然而，人们忽略了一些很重要的问题。GDP只是一个数字，或许还不是最重要的数字。正如西蒙·库兹涅茨向美国国会听证会指出的那样，GDP和真实的社会福利之间没有必然的联系。增加的GDP分配很不均匀，大量财富聚集在少数人手中，而许多穷人却只拥有很少的财富。给人们带来幸福的其他因素，如家庭或朋友关系，在这个数字上并没有体现出来。尽管如此，GDP仍然成为了最重要的经济统计数值，社会各界也以此衡量一个国家是否运行良好。虽然未得到充分证实，但人们普遍认为，虽然GDP不能完全等同于福利，但至少二者是朝着同一个方向发生变化的。

1974年，美国经济学家理查德·伊斯特林首次向GDP和国民收入概念提出了直接的挑战。他研究了过去30年间19个国家报告的幸福感，认为GDP和福利之间的关系并不像人们想象的那么简单。伊斯特林发现，报告中幸福感随着收入的增加而增加，这和预期的一样，但对那些收入在最低生活水平上的人来说，幸福感在不同的国家并没有很大的变化，尽管这些国家的国民收入差异很大。而且，富裕国家的人也并不一定是最幸福的。

随着时间的推移，这一现象显得更加奇怪。自1946年以来，美国的GDP一直持续相对迅速地增长

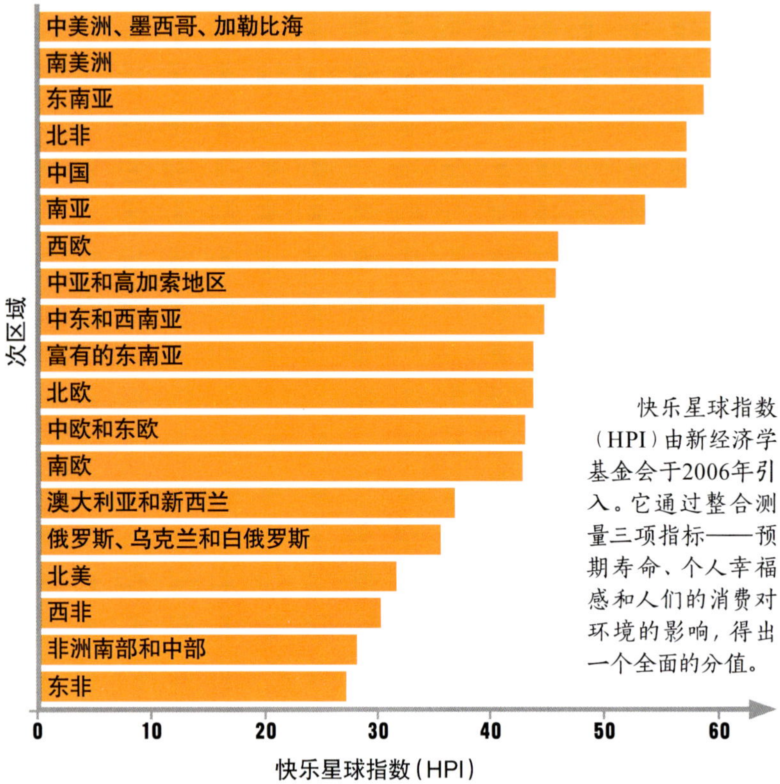

快乐星球指数（HPI）由新经济学基金会于2006年引入。它通过整合测量三项指标——预期寿命、个人幸福感和人们的消费对环境的影响，得出一个全面的分值。

着，但是调查显示，人们的幸福感并没有相应地增加。事实上，人们的幸福感在20世纪60年代下降了。金钱似乎真的买不到幸福。

伊斯特林的调查结论后来被称为伊斯特林悖论。它引发了对经济和幸福关系的新研究，改变了这一研究自19世纪晚期以来一直止步不前的状况。研究人员想知道，个人、厂商和政府的决策是如何影响人们对自身和社会的感知的。

一种解释是1971年由美国心理学家布里克曼和坎贝尔提出的“快乐水车”概念。他们认为，人们能很快地适应现在的幸福水平，并且无论情况好坏都会努力维持这一水平。当收入增加时，人们又会很快地去适应新的物质消费水平并认为现在的消费是正常的，就不会感到比之前更幸福。这一理论的极端情况是，当收入超过了温饱水平以后，所有的经济发展本质上都与福利不相关，因为人们的幸福感是由一些完全不同的因素，如性格和友谊等决定的。

另外，研究人员还提出了地位和与他人比较的重要性。例如，如果社会上谁都没有私人车辆，那么没有车不会有什么影响。但是，一旦有一部分人有了车，那些没有车的人就可能会感觉自己的社会地位下降了。“与邻居保持一致”意味着，随着经济的发展，新增加的财富对幸福感的积极影响很有限。每个人最终都在激烈地竞争着，疯狂地想要超过其他所有人。社会越不公平，这种情况越糟糕。

挑战悖论

随着20世纪人们对伊斯特林

图为不丹人在跳舞欢度春节。1972年，不丹国王宣布，政府将实施能使国民幸福总值最大化的政策。

> 只有当它们能使人们更快乐时，经济事物才有意义。
>
> ——安德鲁·奥斯瓦尔德
>
> 英国经济学家（1953–）

悖论的兴趣日渐浓厚，这一悖论开始受到挑战。2008年，通过分析来自更多国家的数据，美国经济学家贝奇·斯蒂文森和贾斯汀·沃尔夫斯提出，对于不同的国家，幸福感确实会随着收入的增加而增加，并且增加的收入还会带来更多的幸福感。

研究人员发现，一般来说，虽然更高的收入不会简单地转化为更高层次的幸福，但是收入的减少却对幸福有着严重的负面影响。裁员和失业对幸福的负面影响尤其严重，就像得了严重的疾病或落下了残疾一样。

换言之，GDP和国民收入之间存在着一定的联系，却不是一种简单的关系。由于能得到更好的数据，政府政策应将快乐和幸福作为目标的理念也获得了支持。反过来，这导致人们对GDP这一重要经济变量的兴趣逐渐下降。原因很简单：如果被广泛关注的经济变量不能反映经济和社会生活的重要方面，那么关注这些变量只会导致政府制定出糟糕的政策。如果政策的制定是基于“幸福指标”，而不仅是GDP，那么就会出现新的优先考虑事项。这可能包括鼓励更好地平衡工作和生活的方法。或许，人们认为失业的代价会更高，因而要采取更好的措施来减少失业。更广泛的幸福衡量指标已经被投入使用，尤其是在讨论有关发展中国家的问题时。例如，人类发展指数就结合了收入、预期寿命和教育。有观点指出，狭隘地关注GDP的增长，回避了2008年金融危机前由债务积累带来的问题。如果可以使用更能反映人们幸福感和真实兴趣的更广泛的指标，那么GDP这一单一指标的增长就不值得庆贺了。■

在巴哈马群岛，人们在生活满意度指数上得分非常高。这一指数由英国心理学家艾德里安·怀特设计，专门用来衡量人们的幸福感。

衡量幸福

2007年，应法国总统萨科齐的要求，经济学家斯蒂格利茨、阿玛蒂亚·森和让·保罗·费图西调查如何衡量社会和经济进步，并研究如何在福利衡量中引入更广泛的指标。

在2009年公布的报告中，他们认为，应该将制定经济政策时的关注点从衡量经济产量（如GDP）转向衡量幸福感和可持续性。他们的报告特别强调，共同经济指标和报告的幸福感之间的差距似乎越来越大。

另一个衡量体系，应该使用一系列不同的指标，比如健康水平以及生活方式对环境的影响，而不是仅通过一个单独的数据来囊括一切。

纠正市场失灵的政策使情况更加糟糕

次优理论

背景介绍

聚焦

经济政策

主要人物

凯尔文·兰开斯特（1924—1999）

理查德·利普西（1928—）

此前

1776年　亚当·斯密提出，市场可以通过“看不见的手”自我调节，比政府干预更好。

1932年　英国经济学家阿瑟·庇古倡导通过税收来纠正市场失灵。

1954年　在《竞争经济中均衡的存在》一书中，德布鲁和阿罗论证得出，完全自由的市场经济能够使市场参与者的福利最大化。

此后

自20世纪70年代起　在约瑟夫·斯蒂格利茨、阿玛蒂亚·森和其他经济学家的研究下，福利经济学获得了较大的发展。

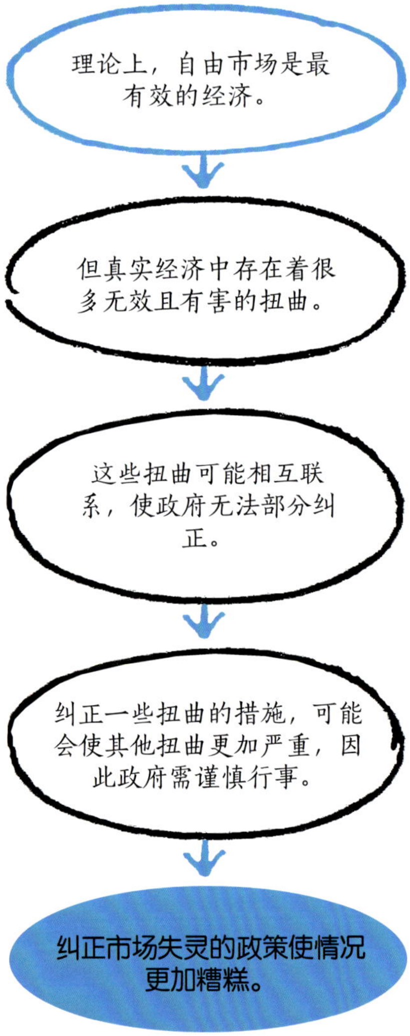

标准经济理论认为，当市场上可以获得各种商品和服务，并且每个人都拥有完全的信息时，经济就是有效的。在不使其他人境况变坏的条件下，不可能通过重新配置资源来使任何一个人的境况变好，那么自由市场里社会福利就实现了最大化。根据自由市场主义者的观点，政府能采取的最好措施就是去除市场的缺陷，使之尽量达到理想状态。

处理缺陷

然而，要制定有效的政策，需要遵守严格的条件。1956年，澳大利亚经济学家凯尔文·兰开斯特（Kelvin Lancaster）和他的加拿大同事理查德·利普西（Richard Lipsey）证明，在某些条件下，旨在提高市场效率的政策反而会使情况更加糟糕。在一篇名为《次优理论通论》的论文中，他们研究了几个市场永不完美的例子，并且这些地方政府没有更好的办法纠正或去除市场缺陷。在这些案例中，政府对经济其他方面的干预使现有市场

参见：自由市场经济学 54~61页，经济均衡 118~123页，外部成本 137页。

缺陷的影响更加严重，迫使市场越来越远离理想状态。兰开斯特和利普西认为，如果不能去掉一个市场的缺陷，那么所有其他的市场都将围绕这一缺陷运转。尽管存在着市场缺陷，它们仍将实现相对有效的资源配置。

最不糟糕的

兰开斯特和利普西后来深化了这一理论：当只能纠正一种市场扭曲而不能纠正其他时，最优政策的实际执行结果可能与理论预期相反。也就是说，如果政府想要改善社会整体福利，还不如让它扭曲市场。因此，理想的政策不应仅考虑抽象的原则，还必须建立在充分了解市场整体运作机制的基础之上。一个经典的例子是有关生产过程会污染河流的垄断者的例子。污染使社会付出昂贵的代价，但污染是生产过程不可避免的结果之一。生产过程中不可能没有污染，并且这种污染是一个永久的市场缺陷。然而，垄断却是可以被消除的。

标准经济理论认为，政府应打破垄断并为市场引入更多的竞争。这将会促使经济更接近有效的理想状态。然而，厂商之间竞争的结果是会出现多个污染制造者，进一步加剧污染。因此，打破垄断是否能增加社会总体福利还不确定。人们或许可以从增加的产量和更低的成本中获益，但却会因更严重的污染而遭受损失。"次优"的方案或许是任由垄断存在并自由发展。

次优理论对经济政策的制定仍然至关重要，它建议政府谨慎行动，而不要试图采取措施达到理想状态。■

理查德·利普西

理查德·利普西，加拿大经济学家，生于1928年，与兰开斯特共创了著名的次优理论。他是加拿大西蒙弗雷泽大学的名誉教授，曾在美国和英国担任过教职。利普西支持菲利普斯曲线，并在1968年与反对该曲线的米尔顿·弗里德曼展开了经济学史上一场伟大的争论。他还是一部标准的教科书《实证经济学》的作者，并参与演化经济学的研究，与他人合著了一本颇具影响力的关于历史变化进程的书。

主要作品

1956年 《次优理论通论》（与凯尔文·兰开斯特合著）

2006年 《经济转换：通用技术与长期经济增长》（与卡劳、贝克尔合著）

选择最不糟糕的解决方案

（1）垄断者制造污染。垄断和污染都是市场缺陷。

（2）政府可以消除垄断并代之以竞争性的厂商。然而，多个厂商之间的竞争使污染更加严重。

让市场公平

社会市场经济

背景介绍

聚焦

社会与经济

主要人物

瓦尔特·欧根（1891—1950）

威廉·勒普克（1899—1966）

米勒·阿尔马克（1901—1978）

此前

1848年 马克思和恩格斯发表了《共产党宣言》。

1948年 德国经济学家瓦尔特·欧根（Walter Eucken）和弗朗茨·柏姆（Franz Böhm）创办了ORDO杂志，开启了一场倡导社会市场经济模式的运动。

此后

20世纪80年代 美国和英国先后采纳了米尔顿·弗里德曼反对政府干预的货币主义思想。

由于第二次世界大战带来的影响，西德不得不重新建立它的政治经济体系。

1949年被盟军占领后，西德总理康拉德·阿登纳开始了这项艰巨的任务。他选择了一种模式，该模式的思想根源于20世纪30年代以柏姆和欧根为代表的弗莱堡学派。这个学派在20世纪40年代再度以“秩序自由主义”出现，其主要倡导者

自由市场经济……

……鼓励经济增长和发展。

但它是不稳定的，会出现市场失灵，也会产生垄断。

这将导致不平等。

社会主义市场经济……

……确保财富分配更均。

它减小了垄断和市场失灵的影响，稳定了经济。

但它阻碍了经济增长和发展。

社会市场经济旨在创造一种折中的方式让市场实现公平。

参见：市场与道德 22~23页，自由市场经济学 54~61页，马克思主义经济学 100~105页，集体谈判 134~135页，凯恩斯乘数 164~165页。

1990年，在柏林墙（右图）被推倒一年之后，东德和西德重新统一了。东德放弃了中央集权的计划经济，融入西德的社会市场经济中。

包括勒普克和米勒·阿尔马克。

这些经济学家希望实现米勒·阿尔马克所说的社会市场经济，它不仅是政府只提供最低限度必要公共品的“混合经济”，还是一条介于自由市场资本主义和社会主义的中间道路，能同时发挥资本主义和社会主义的长处。虽然它仍是私人所有制，并且允许自由竞争，但是政府提供了一系列的公共物品和服务，包括由全民医保、养老金、失业福利等构成的社会保险系统，以及禁止垄断和卡特尔（企业间相互勾结）的措施。其理论依据是，该模式不仅可以实现自由市场的经济增长，同时还能实现低通胀、低失业率和更公平的财富分配。

经济奇迹

自由市场与社会主义元素配合得相当好。德国创造了20世纪50年代的经济奇迹，由战后的废墟一跃成为主要的发达国家之一。类似的社会市场经济在其他国家也得到了很好的发展，尤其在斯堪的纳维亚半岛和奥地利。

随着欧洲经济一体化的发展，20世纪50年代，社会市场经济成为欧洲经济共同体的典范并备受推崇。许多欧洲国家在某种程度上的社会市场经济体系下发展壮大，但是到了20世纪80年代，一些国家，尤其是英国，将注意力转向了弗里德曼提倡的“更小的”政府这一模式。英国首相撒切尔夫人批评欧洲的这种模式，她认为政府干预和高税收阻碍了竞争。

伴随着计划经济在东欧的失败，各种不同形式的混合经济取代了东欧的计划经济。与此同时，一些社会主义国家也开始进行经济改革，并取得了瞩目的成绩。■

北欧模式

德国的社会市场经济与右倾的政治相联系，斯堪的纳维亚半岛的经济沿着相似的路线发展，但却与“左倾”的政治相联系，更多地强调市场公平。所谓的北欧模式因其慷慨的福利体系和公平分配财富的承诺而独具特色。这些国家通过高税收和大量的公共支出达到上述目的。它们人口很少，却有许多强大的产业，如挪威的石油生产，因此，人们生活水平很高，经济增长强劲。

今天，为保持国际竞争力，北欧国家面临着缩减政府作用的压力。然而，改变是逐步的。冰岛在20世纪90年代放松了政府管制，虽然促进了经济增长，但紧接着就发生了金融危机，政府对这一点仍心有余悸。

随着时间的推移，所有国家都会变得富有

经济增长理论

背景介绍

聚焦

增长和发展

主要人物

罗伯特·索洛（1924—）

此前

1776年 亚当·斯密在《国富论》中提出了一个问题：是什么使经济变得繁荣呢？

20世纪三四十年代 英国经济学家罗伊·福布斯·哈罗德和美籍俄罗斯经济学家埃弗塞·多马设计了一个经济增长模型，该模型建立在凯恩斯主义（政府干预主义）基础之上。

此后

20世纪80年代 美国经济学家保罗·罗默和罗伯特·卢卡斯提出了内生增长理论，指出经济增长主要受内部因素影响。

1988年 美国经济学家布拉德·德龙发现，几乎没有证据能证明索洛模型的收敛趋势。

20世纪50年代，美国经济学家罗伯特·索洛（Robert Solow）提出了一个经济增长模型，他预计全球生活水平将实现趋同。他的前提假设是资本收益递减，即额外的投资能增加的产出越来越少。由于穷国拥有的资本很少，额外的资本将带来很多产出，而这些回报又会拉动进一步的投资。假设各个国家拥有同样的技术，穷国可以利用这些技术并通过额外的资本增加产出。这一效应在穷国比在富

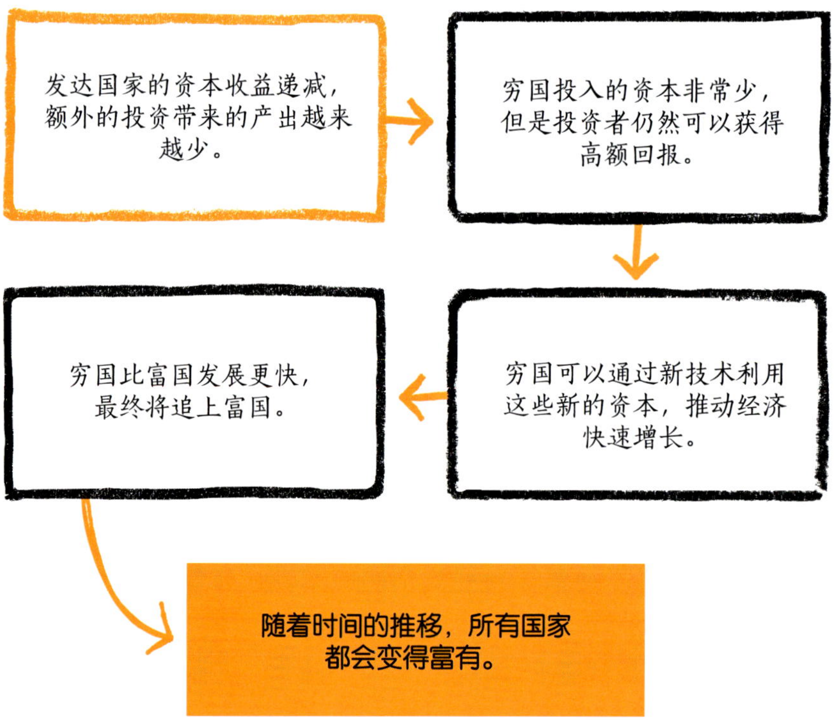

参见：边际收益递减 62页，人口与经济 68~69页，现代经济的出现 178~179页，发展经济学 188~193页，技术飞跃 313页，不公平与增长 326~327页。

发展中国家已经加入了追赶发达国家的行列。

国更明显。其结果是，穷国的经济增长速度更快，居民的生活水平最终会赶上富国。这就是经济学家们所谓的收敛效应。

自20世纪50年代以来，一些亚洲国家已经赶上了西方国家，但是许多非洲国家却越来越贫穷。索洛的假设通常并不成立，因为技术不是普遍性的，即使能得到技术，现实运用中也存在着很多障碍。资本也并不总会流向穷国。例如，产权薄弱和政治不稳定会迫使投资者离开。因此，20世纪80年代产生的内生增长理论，因其更现实地分析了技术变化的影响而超越了索洛模型。在这一理论中，一个公司开发的新技术可以惠及其他公司，这将会带来递增的投资收益。因此，结果可能不是不同国家的趋同，而是差异越来越大。

生活水平

收敛可以通过收入以外的其他因素来测量。健康和读写能力与收入有关，但事实并不绝对如此，一些贫穷国家的人口健康水平和受教育程度反而更高。通过简单的医疗干预措施，如免疫接种，人口预期寿命可以大大地增加。因此，在生活水平的非收入方面，穷国更可能追上富国。

尽管如此，许多经济学家仍然注重解释收入的差异，不过他们的关注点已经由资本和技术转向了发展中国家为追赶发达国家所需要的制度的先决条件。■

罗伯特·索洛

罗伯特·索洛于1924年出生于纽约。经济大萧条的经历使他想弄明白经济如何增长，以及人们的生活水平怎样可以得到改善。1940年，索洛进入哈佛大学，但1942年离校参军，投身第二次世界大战。回来后，受经济学家里昂[illegible]了哈佛大学的威尔斯奖。索洛认为他可以做得更好。

20世纪50年代，索洛在麻省理工学院任职，在这期间他构建了新的经济增长模型。这项研究开辟了经济增长研究的新领域，索洛也因此获得了1987年的诺贝尔奖。

主要作品

[illegible]年 《对经济增长理论的[illegible]个贡献》

1957年 《技术变化与总生产函数》

1960年 《投资与技术进步》

全球化
并非
不可避免

市场整合

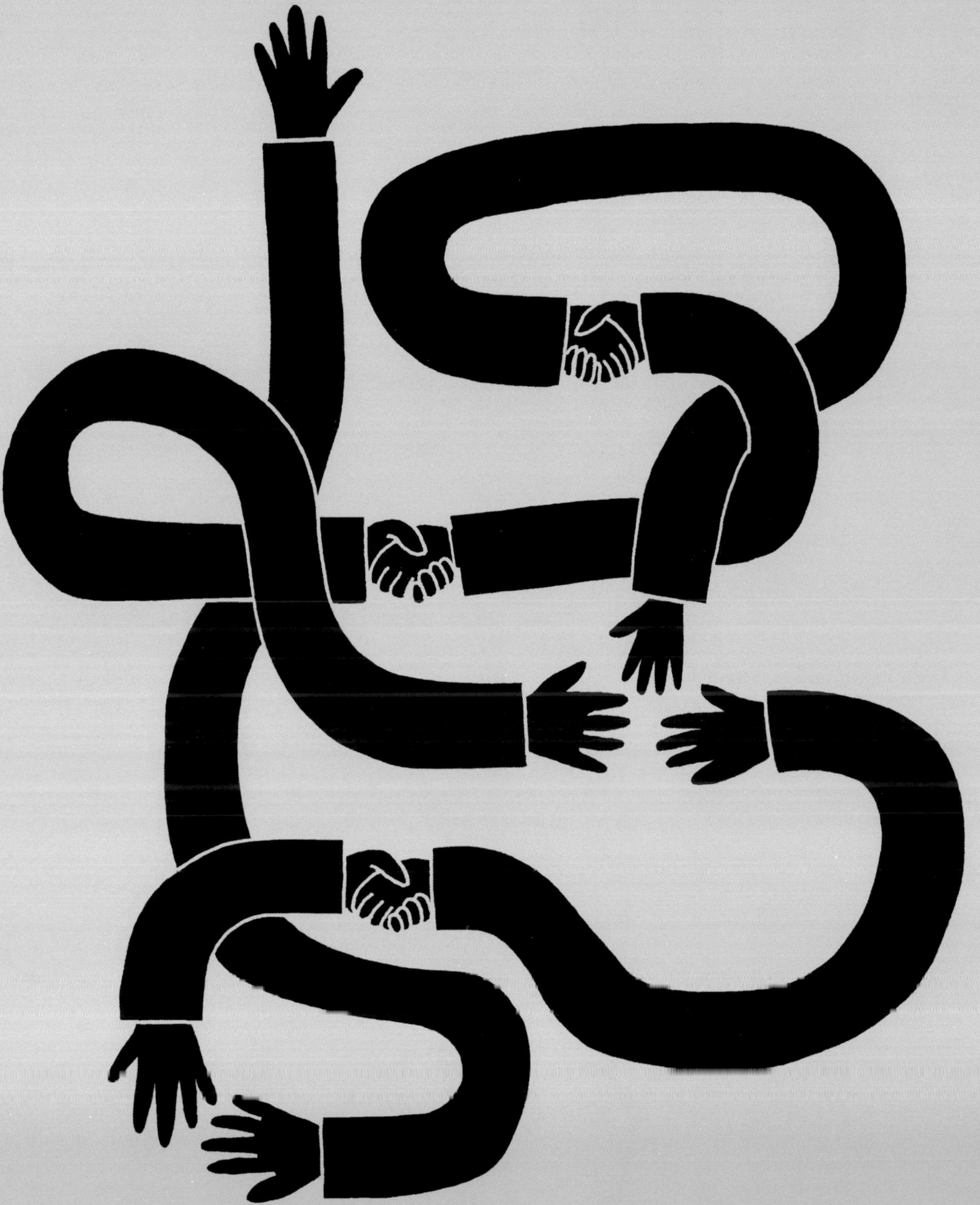

背景介绍

聚焦

全球经济

主要人物

达尼·罗德里克（1957—）

此前

1664年 英格兰经济学家托马斯·孟认为，要实现经济增长就必须减少进口。

1817年 英国经济学家大卫·李嘉图提出，国际贸易让国家变得更加富有。

1950年 劳尔·普雷维什和汉斯·辛格认为，由于不平等的贸易条件，发展中国家在全球化中逐渐失势。

此后

2002年 约瑟夫·斯蒂格利茨批判了由世界银行和国际货币基金组织推动的全球化。

2005年 世界银行的经济学家大卫·多拉尔认为，全球化减轻了穷国的贫困。

对政治家、商人和社会科学家来说，全球化的内涵各不相同。对经济学家来说，全球化意味着市场的整合，而这在很早以前就被认为是一件好事。

18世纪，亚当·斯密首先抨击了重商主义的贸易保护思想，这一思想旨在限制外国商品流入本国。斯密认为，国际贸易可以扩大市场规模，而专业化生产也会使一国的生产更有效率。通常来说，人们认为市场整合不可避免，因为它处在新技术的浪潮之中，如智能手机、更高速的飞机，以及不断扩大的网络等。但是全球化也受到各个国家不同选择的影响，有时是刻意的，有时却是偶然的。虽然技术的变化倾向于拉近国与国之间的距离，但是政策选择却可能使各个国家分道扬镳。

历史上也曾经出现过类似的全球化过程。但是，由于不同时期各个国家选择了不同的政策，全球化也因此时盛时衰。有时候，这些选择加快了技术进步下市场整合的速度，有时候却阻碍了它的发展。

市场整合就是将很多个市场融合为一个整体。在一个市场中，一件商品只有一个价格，例如，巴黎东部和巴黎西部属于同一个市场，那么胡萝卜的价格在两个地区就应

在开辟通往东方的新贸易路线的过程中，哥伦布偶然发现了美洲新大陆。类似这种推动全球贸易的努力已经存在几个世纪了。

完全全球化需要各国贸易法律法规相互协调。→ 这种协调需要建立一个全球政府，或者忽视国家民主。→ 任何一种方式都不可行，也不是人们想要的。

全球化随着技术的进步而扩展，但却受到关税等贸易壁垒的阻碍。→ 过去，政府设置不同程度的贸易壁垒，由此选择了不同的全球化道路。→ **全球化并非不可避免。**

参见: 保护主义与贸易 34~35页，比较优势 80~85页，国际贸易与布雷顿森林体系 186~187页，依附理论 242~243页，亚洲经济体 282~287页，全球储蓄失衡 322~325页。

该一样。如果胡萝卜在巴黎西部的价格比在东部更高，那么胡萝卜的销售商就会从东部移到西部，最终使两个地区胡萝卜的价格相等。胡萝卜的价格在巴黎和里斯本可能不同，但是商品的运输成本和其他各种费用意味着，即使法国胡萝卜价格更高，葡萄牙卖家把他们的货物运到法国在经济上也是不划算的。在不同的市场上，同一种商品可以在相当长的时期内保持不同的价格。

全球市场整合意味着，随着所有的市场融合为一个市场，国与国之间的价格差异将会消失。追溯全球化进程的一个方式是查看各国价格趋同（变得类似）的趋势。

当跨国贸易的成本下降时，厂商则更有可能利用价格差异，例如，葡萄牙的胡萝卜销售商将进入法国市场。当发明了新的运输方式，或者现有运输方式变得更快捷、更便宜时，贸易成本也会下降。此外，还有一些成本是人为造成的，例如政府设置贸易壁垒（如关税和进口配额）。当减少这些限制时，国际贸易的成本也会下降。

全球贸易的兴起

至少从公元前一世纪腓尼基人完成贸易使命时起，长途贸易就已经存在了。不断增长的人口和收入产生了对新产品的需求，推动了长途贸易的发展。但是，将市场分隔开来的潜在障碍（如运输成本等）变化并不大。直到19世纪20年代，当价格差异开始消失时，全球化才真正地迅速发展起来。这得益于当时的运输革命，由于蒸汽船、铁路运输、冷冻技术等相继出现，以及苏伊士运河的开通，大大地缩短了欧亚之间的海上距离。到第一次世界大战前夕，全球经济高度整合，甚至达到了20世纪晚期的水平，资本、商品和劳动力的跨国流动空前频繁。

从19世纪开始，技术变化就推动着市场的整合。而正是技术变化使全球化成为一种貌似不可逆转的趋势，就像一旦发明了蒸汽动力等新技术，人们就再也不能无视它的存在，蒸汽动力只会在越来越多的国家得到推行。这样的发展一般不会受到政府的直接控制。然而，政府可以出其不意地提高关税或设置其他贸易壁垒来遏制进口，阻碍贸易发展。

> 在民族国家和民主政治仍然发挥重要作用的背景下，深度的经济整合是不可能实现的。
>
> ——达尼·罗德里克

20世纪30年代的经济大萧条期间，全球化受政策影响急剧逆转，这是自现代以来最严重的一次大萧条。随着一个个国家相继进入经济衰退期，政府开始强行征收关

到19世纪中叶，英国的纺织厂已经拥有了这种机械化的织布机。新技术使英国可以将商品出口到世界各地，并与当地商品竞争。

运输的进步是全球化的一个主要推动力量。

税，目的是将消费者的需求引向国产商品，以保护本国厂商和国内贸易。1930年，美国颁布了斯姆特-霍利关税法案，进口关税被提升到创纪录的水平。这些关税减少了对国外商品的需求，而其他国家也提高了本国关税。结果导致全球贸易崩溃，经济萧条的影响越发严重，直到数十年后，世界经济才得以渐渐恢复。

整合

到20世纪末，全球化在多数市场已经回到了第一次世界大战前的水平。今天，由于运输成本持续下降，以及大多数关税已经全部取消，市场整合程度达到了空前的水平。

有关全球化的未来，有人认为应该取消各种因制度差异形成的贸易壁垒。市场存在于制度之中，例如产权、法律体系和监管体制等。与关税和地理距离一样，国家间制度的差异也增加了贸易成本。例如，对待买方违约行为，肯尼亚法律与其他国家的法律规定很可能存在较大差异。这可能会使其他国家的出口商很难收回有争议的欠款，导致外国厂商都不愿意进入肯尼亚市场。尽管很多关税被取消了，但世界还远非一个单一的市场。由于各国制度不兼容，国界依然很重要，要想实现完全的市场整合，必须消除法律和监管的差异，创造一个单一的制度空间。一些经济学家认为，这一不可避免的过程正在进行中，全球市场促使各国制度彼此协调。设想一家跨国公司要挑选一个国家建设工厂，为了吸引这家公司投资，政府可能会削减商业税率并放松监管，其他国家也会纷纷效仿。由于税收收入减少，国家财政越来越不能负担起福利和教育项目，这将导致所有的政策都指向最大化全球市场的整合程度，政府将不会提供任何与全球市场整合无关的商品或服务。

全球化与民主

土耳其经济学家达尼·罗德里克曾批评“深度整合”这一说法，认为其不必要且并非不可避免，而且国家间的制度实际上存在很大差异。罗德里克的出发点是全球化方向的选择受政治“三元悖论”的影响。人们希望市场整合是因为它能带来繁荣，但人们还想要民主，想

资本市场自由化

资本（货币）市场自由化一直以来都对全球化进程做出了巨大的贡献。自20世纪70年代以来，资本跨国流动越来越自由。现有的经济理论认为，资本的自由流动将促进经济发展。发展中国家用于投资的国内储蓄有限，而自由化可以使它们利用全球范围内的资金。全球资本市场也使投资者可以在更大的范围内管理和分散风险。

然而，有人认为，更自由的资本流动增加了金融不稳定的风险。20世纪90年代末的东南亚金融危机就源自这种自由的资本流动。没有强大的金融体系和强健的监管环境，资本市场的全球化将会导致经济不稳定，而不是经济增长。

当泰国政府宣布泰铢与美元脱钩，实行浮动汇率制度时，东南亚金融危机就爆发了。

> 19世纪是全球化的世纪。
>
> ——杰弗里·G.威廉姆森
>
> K H 欧偌克

快乐星球指数（HPI），由新经济学基金会于2006年引入。它通过整合测量三个指标——预期寿命、个人幸福感和人们的消费对环境的影响——得出一个全面的分值。

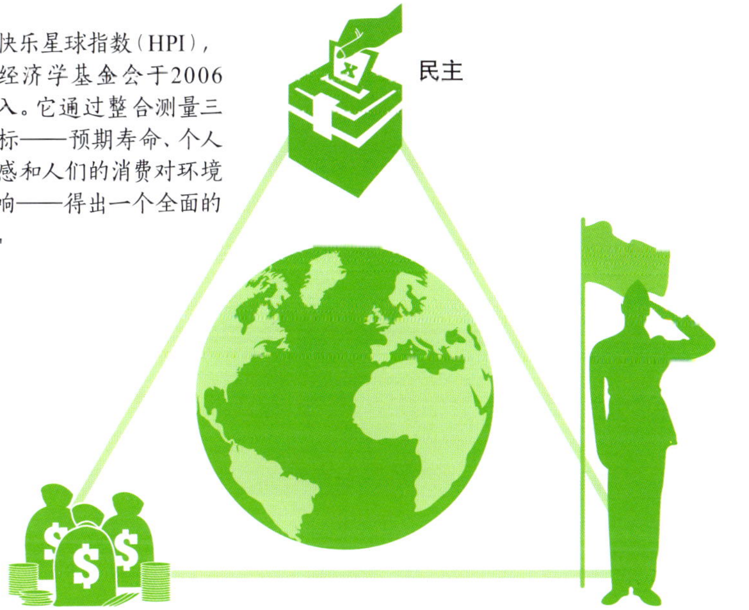

要独立和拥有主权的民族国家。罗德里克认为，这三者是不相容的，最多只能同时存在两个。对这三个选择的不同解决方式将产生不同类型的全球化效果。

这个三难困境来自以下事实：更深入的或更完全的市场整合要求消除不同国家的制度差异。但是，不同国家的人们想要的制度体系不同。与美国人相比，欧洲人更喜欢福利国家体系。因此，在国家仍然存在的条件下，一个单一的全球制度框架意味着要忽视一些国家和一些人的偏好。这就与民主相冲突，而政府将受制于美国记者托马斯·弗里德曼所谓的“金色紧身衣”的制约。另一方面，一个民主的全球制度框架要求实行“全球联邦制”，即中[illegible]的全[illegible]民和民族国家的解散。

今天，我们既未身陷“金色紧身衣”，也不是全球联邦制。民族国家依然很强大，不同人口的多元化偏好仍然很重要，国家制度差异仍将长期存在。

第二次世界大战以来，全球深度整合仍未成功，罗德里克的三难困境却已经得到解决。考虑到国家制度的差异，各个市场已经被尽可能地整合到了一起。罗德里克称之为“布雷顿森林妥协”，意指第二次世界大战后建立起来的全球制度体系——关税和贸易总协定（GATT）、世界银行与国际货币基金组织（IMF）等。这些组织旨在通过某种有管理的整合，让民族国家自由选择各自的国内政策并沿着多样化的制度路径发展，以防止20世纪30年代灾难的重现。

自20世纪80年代以来，布雷顿森林体系逐渐被破坏，深度整合的目的日益驱动着政策议程。罗德里克认为，在深度整合下，仍然要保留制度的多样性。欧洲人偏好福利国家和公共卫生体系，这不仅与经济有关，还涉及他们对公平和正义的看法。制度的多样性可以反映这些不同的价值观。更现实的情况是，实现经济健康发展的制度路径不止一条，如今发展中国家的发展需要可能与发达国家的需要大不相同。强制推行一种全球统一的制度，面临着将国家置于“金色紧身衣”的风险，会遏制自身经济的发展。全球化也有局限性，或许经济体的完全融合最终既不可行也不可取。■

计划经济导致空荡荡的商店

计划经济的短缺

背景介绍

聚焦

经济体系

主要人物

亚诺什·科尔奈（1928—）

此前

1870年 威廉姆·杰文斯、阿尔弗雷德·马歇尔和里昂·瓦尔拉斯等经济学家关注如何在预算约束内实现效用最大化。

此后

1954年 杰拉德·德布鲁和肯尼斯·阿罗给出了在竞争性经济背景下所有市场都实现供需均衡的条件。

1991年 苏联解体。

1999年 经济学家菲利普·阿吉翁、帕特里克·博尔顿和史蒂芬·弗里斯共同撰写了《银行救助的最佳方案》一书，指出银行面临着预算软约束的问题。

在竞争市场中，企业收益必须高于成本，否则企业就会破产。

↓

在计划经济中，如果企业收不抵支，政府会介入以防止企业破产。

↓

也就是说，成本（原材料和劳动力）不必与产出或需求密切匹配。

↓

计划经济导致空荡荡的商店。

在第二次世界大战后经济短期急剧增长之后，东欧国家中央计划经济的问题越来越明显。它们可以大规模地调动资源去完成定义清楚、结构良好的任务，如制造军事武器，但似乎很难满足更复杂的需求。短缺现象大量存在，因为尽管有计划，也不能按时、保质、保量地提供商品和服务。东西方的差距越来越大。

预算软约束

一些国家尝试引入计划体制改革。匈牙利比大多数国家更积极，从20世纪60年代起就开始引入了市场竞争因素。理论上，国家应该引入市场的长处，激发创新，扩大选择面，同时还要保留计划提供广义社会商品，比如充分就业的能力。而实际上，除了刚开始的一点成功，新的体制仍然会出现短缺和低效的问题。为了把这个问题弄清楚，匈牙利的经济学家亚诺什·科尔奈（János Kornai）偶然间想到

参见：自由市场经济学 54~61页，马克思主义经济学 100~105页，竞争性市场 126~129页，中央计划 142~147页，经济自由主义 172~177页。

了“预算软约束”这个概念。在竞争市场中，厂商的决定通常会受到预算硬约束的影响，他们必须至少做到收支相抵，否则就会遭受经济损失。这就限制了厂商有效利用投入和销售以实现利润最大化。科尔奈意识到，在匈牙利这样的计划经济中，厂商不会受到这一规律的影响，他们面临的是预算软约束，而不是硬约束。政府降低了厂商破产的风险——生产必需品的厂商永远不会倒闭。即使在实施了市场改革之后，政府仍然继续救助即将倒闭的厂商。此外，厂商还可以通过政治游说来以低价购入原料，或者逃避税收。

预算软约束意味着企业的收入可以低于成本。就特定产量而言，它们需要的投入往往高于其他没有政府支持的企业。这导致了对特定投入品的超额需求，而低效率就会引起短缺。短缺最终必然会影响消费者，人们发现商店的货架总是空的。科尔奈认为，短缺意味着消费者不得不接受“强制替代品”，即在短缺下不得不购买次优商品。

救助

这样的低效率使原本就脆弱的计划经济雪上加霜。有保证的救助和缺乏预算约束意味着企业几乎没有动力提供有效的商品和服务。

科尔奈将预算软约束描述为“无法治愈的计划经济综合征”，只有进行彻底的体制改革才能解决这个问题。这一问题并不局限于社会主义国家，科尔奈认为，西方的大银行也存在预算软约束问题，因为他们也指望着得到政府的救助，这导致了银行体系的低效率和冒险倾向。另一方面，将预算硬约束引入每个国家或地方的决定又可能是

在中央计划经济下，短缺是生活的一大特点。如果有人开始排队，购物者往往会加入队列，因为这意味着暂时可以买到一些生活必需品了。

不公平的，例如强迫资不抵债的人入狱。事实上，即使是最自由的市场经济，也同时存在着预算硬约束和软约束。■

亚诺什·科尔奈

亚诺什·科尔奈是匈牙利经济学家，因对计划经济的研究而著名。他亲身经历了恐怖的法西斯主义，他的父亲就死在奥斯维辛集中营里，这促使他研究共产主义。科尔奈在布达佩斯学习哲学，但在阅读了马克思的《资本论》后转而研究经济学。1947年，科尔奈开始在一家报社工作，1955年因其撰写的评论文章遭到解雇。20世纪50年代，科尔奈目睹了一个无辜的朋友被体制折磨。由于不能离开匈牙利，科尔奈一直在匈牙利科学院工作，直到1985年去哈佛大学就职。2001年，科尔奈回到匈牙利。他批评新古典经济一味地用抽象的理论来强调和回答“大问题”。

主要作品

1959年 《经济管理中的过度集中》
1971年 《反均衡论》
1992年 《社会主义制度》

对方在想什么？我应该怎么做？

博弈论

背景介绍

聚焦

决策

主要人物

约翰·纳什（1928—）

此前

1928年 美国数学家冯·诺依曼表述了他的“极小极大原则”，认为能最小化自己任何情况下的最大损失的策略是最好的策略。

此后

1960年 美国经济学家托马斯·谢林撰写了《冲突的策略》一书，研究了在冷战的背景下应该采取的策略。

1965年 德国经济学家莱茵哈德·泽尔腾研究了多轮博弈现象。

1967年 美国经济学家约翰·海萨尼展示了如何在不清楚对手情况的条件下展开博弈。

当你做事时考虑对方可能会出现的反应，你就在做一些策略思考。通过社会和经济的相互作用来选择，有点类似国际象棋里玩家必须考虑对方可能的反攻行为再决定如何移动棋子。在20世纪40年代之前，经济学在很大程度上都在避免这个问题。经济学家们认为，市场上的每个买方和卖方与整个市场相比如此渺小，以至于没有人能够选择他将为商品付出的价格或他出售劳动将得到的工资。理论上，个人选择不会影响其他人，因此完全可以忽略掉。但是，早在1838年，法国经济学家安东尼·古诺就研究过两家企业各自考虑对方将如何行动时的产量决策，但这是一个孤立的策略互动分析案例。

我们日常的互动都包含了类似国际象棋比赛的策略选择，每个人都会在分析对方可能反应的基础上决定自己的行动。

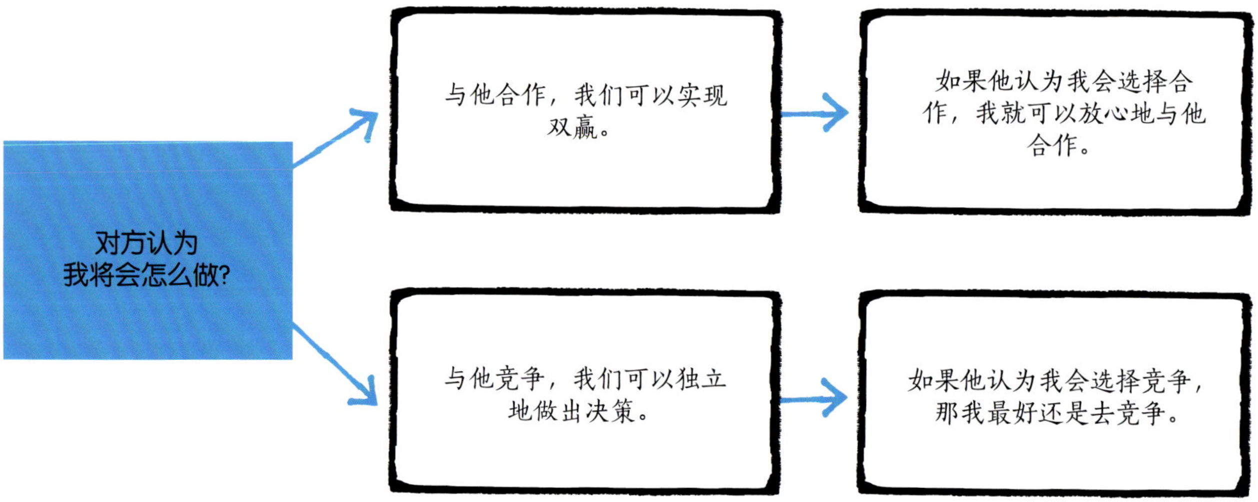

参见：经济人 52~53页，卡特尔与勾结 70~73页，有限竞争的影响 90~91页，经济均衡 118~123，行为经济学 266~269页，赢家的诅咒 294~295页。

1944年，美国数学家冯·诺依曼和摩根斯顿在《博弈论与经济行为》一书中发表了开创性的研究结果。他们认为，经济体系的很多地方都受一小群市场参与者的主导，比如大企业、工会或政府。在这种情况下，解释经济行为就需要考虑策略互动。他们希望通过分析简单的两人“零和博弈”的现象（一赢一输）来找到人们在各种情境下做出策略行为选择的一般规则。这就是博弈论。

冯·诺依曼和摩根斯顿研究了合作博弈。在合作博弈中，玩家有多种可能的行动方案，每个方案都对应一种特定的结果，也就是说，对方会据此做出报复性的行为。玩家可以就实际情况展开讨论并达成一致的行动方案。

美国数学家梅里尔·弗拉德提供了这种博弈的一个现实案例。他让他的三个儿子竞选一份最多可得到4美元报酬的保姆工作。他们可以通过讨论达成协议。若未达成协议，那么他们当中要价最少的那个就赢了。

对弗拉德来说，要解决这个问题有很多种方法，比如抽签或平分收益。然而，他的三个孩子并没有找到解决方法，最终，得到这份工作的人要价只有90美分。

纳什均衡

20世纪50年代早期，美国数学家约翰·纳什（John Nash）开始研究在非合作情况下，即不存在交流与合作的情况下，若玩家独立做出决策将会出现什么结果。

合作是有可能的，但前提是每个玩家都认为合作能最大化自己的成功机会。每个玩家在选择自己的策略时，都会假设对方也在选择自身的最优策略。纳什将这种任何玩家都不想改变自己行为的均衡状况描述为“每个玩家的策略都是占优的”。这就是纳什均衡。

第二次世界大战以后，得益于兰德智库（该名源于“研究与发展”）的研究，博弈论得到了飞速发展。兰德智库由美国政府于1946年建立，主要负责将科学应用于国家安全服务。该公司雇用了一大批数学、经济学和其他领域的科学家，研究涉及各个科学领域，其中博弈论研究与冷战时期的政治关系尤其密切。

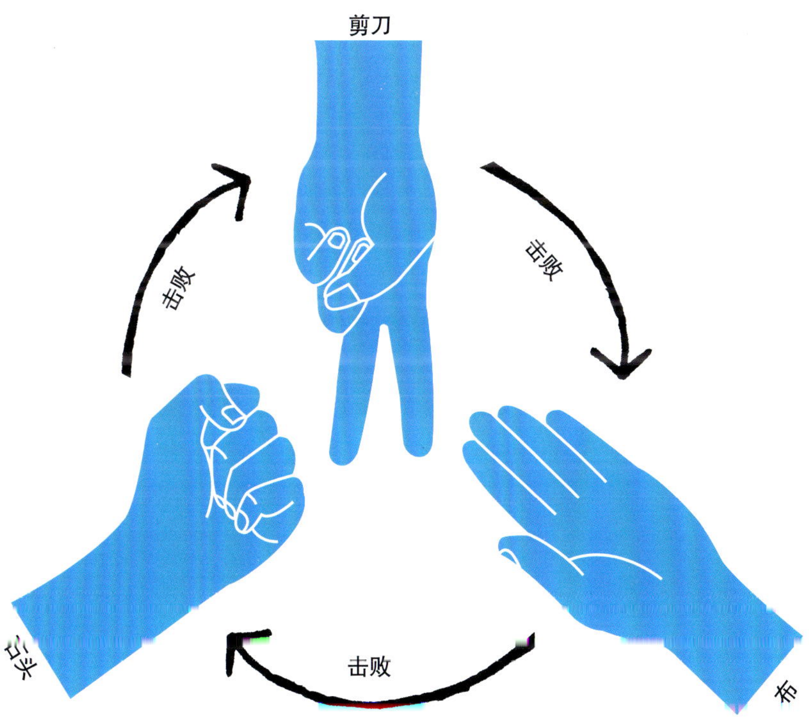

“石头-剪刀-布”是一个简单的零和博弈游戏，最终游戏结束时（如果平局则游戏继续），如果一方赢了，那么另一方必定输。游戏的两个玩家必须同时用手做出石头、剪刀和布这三种形状里的其中一种。每个玩家的形状要么与对手相同（平局），要么打败或者输给对手的形状（石头打败剪刀、剪刀打败布、布打败石头）。博弈论研究者通过分析这类游戏来探究人类行为的一般规则。

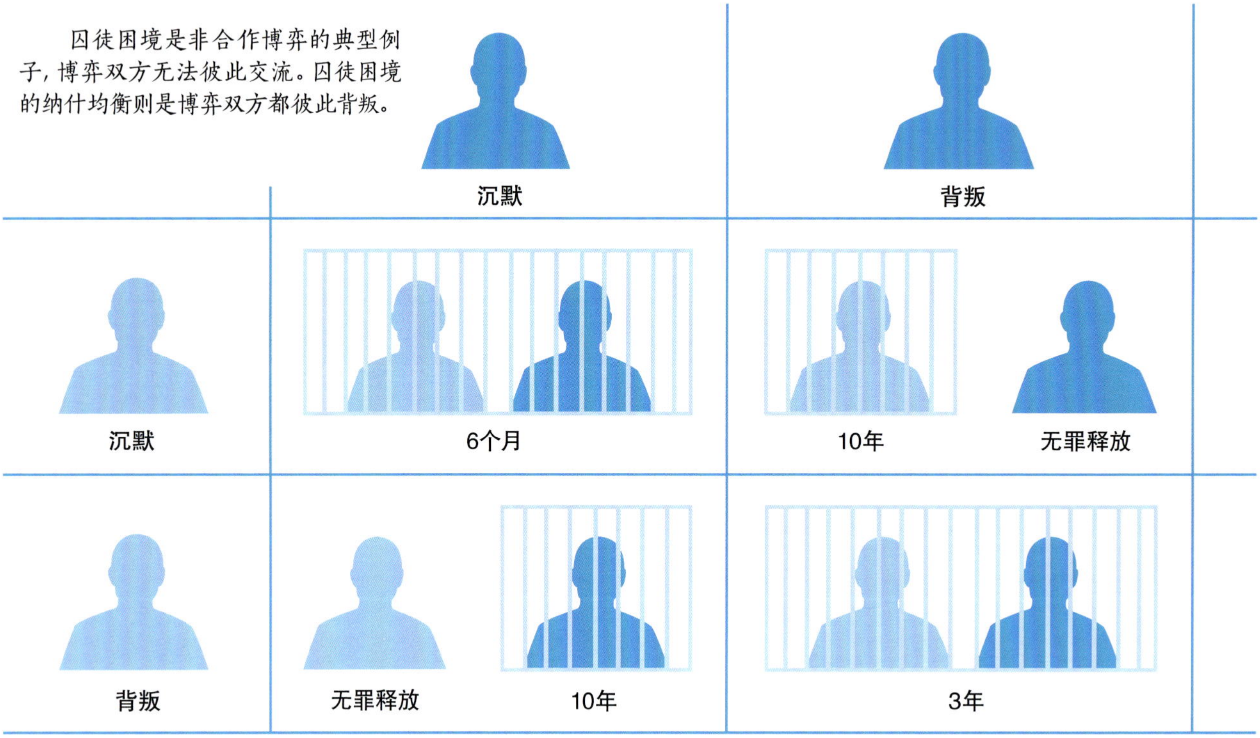

囚徒困境是非合作博弈的典型例子，博弈双方无法彼此交流。囚徒困境的纳什均衡则是博弈双方都彼此背叛。

1950年，兰德公司的博弈论研究者设计了两个非合作博弈的案例。第一个是“长期受骗者”游戏。这一游戏设计得非常残酷，它强制玩家合作，但最终必须欺骗搭档才能赢得游戏。据说在玩过这种游戏之后，夫妻都会分开，各自回家。

> **博弈论是社交场合的理性行为。**
>
> ——美国经济学家，约翰·海萨尼（1920–2000）

囚徒困境

最著名的非合作博弈例子就是囚徒困境。1950年，在纳什的基础上，梅尔文·德雷希尔和梅里尔·弗拉德共同设计了这个案例。囚徒困境是指，两名被捕的犯人被分开审讯，他们有如下选择：如果都指证对方，他们将被判处中等时间长度（三年）的监禁，虽然痛苦但还可以忍受；如果都不指证对方，他们将被判处很短时间（六个月）的监禁，这样最好；如果其中一个人指证另一个人，而被指证的人保持沉默，那么前者将被无罪释放，而后者将被判处长期监禁（十年），人生也就此毁掉。

每一个犯人面临的困境都是要选择背叛还是保持忠诚。如果背叛搭档，那么他将得到自由或中等时间长度的监禁。如果相信搭档并选择保持沉默，那么他要么被短期监禁，要么将忍受很长时间的牢狱之灾。为了降低“被骗者的回报”，即被长期监禁的可能性，纳什均衡的策略通常是背叛搭档。有趣的是，彼此背叛这一占优（最好的）策略并没有实现整体福利最大化，因为如果他们都保持沉默，他们的总监禁时间将达到最短。

梅尔文·德雷希尔和梅里尔·弗拉德用他们的两个同事做了“囚徒困境”试验，以检验纳什的预测是否正确。在这个游戏里，每个玩家都可以选择忠于或背叛对方，玩家既可能因被对方背叛而损失惨重，又有双赢的合作方案，而这一方案反映了冯·诺依曼和摩根斯顿早期的合作博弈研究结论。试验共进行了100次。游戏的重复性使玩家可以惩罚或奖赏搭档之前的行为。结果显示，背叛的纳什均衡只出现了14次，而合作被选择了68次。梅尔文·德雷希尔和梅里尔·弗拉德据此得出结论，现实中人们会很快地学习并进行调整以实现自身利益的最大化。而纳什则认为，这个试验本身存在缺陷，因为它存在着太多的相互作用，而真正的均衡选择仍然应该是背叛。

和平–战争博弈

囚徒困境的另一个典型例子是和平–战争博弈。美国用它来分析冷战时期对抗苏联的最佳策略。随着洲际弹道武器等新技术武器的发明，双方都必须考虑是否应该投入大量的资金来制造这些武器。如果对方不研发新武器，那么掌握新技术的一方就能轻易地赢得战争。如果不投资研发新技术，将会出现两种可能的结果：若对方也不研发，那么可以节省一大笔经费；若对方投入研发，那么就将面临彻底的失败。

> 每个玩家的策略与别人相比都是占优的。
>
> ——约翰·纳什

在更广阔的背景下，纳什的研究表明，独立的自利个体之间存在着均衡，可以实现社会的稳定和有序。事实上，人们认为，在非合作情境下自利个体之间达到的均衡比合作情境下个体之间相互协调创造的结果更安全，也更稳定。

1994年，纳什与另外两位研究博弈论的经济学家共同获得了诺贝尔奖。匈牙利经济学家约翰·海萨尼（John Harsanyi）表示，在信息不完全，即不知道对方的动机或回报的情况下，仍然可以进行博弈分

昂贵的新技术武器，如隐形轰炸机等，都是在冷战期间研发出来的。为了避免“被骗者的回报”，博弈论认为双方都应该花费资金研发技术。

约翰·纳什

1928年，约翰·纳什（John Nash）出于美国一个中产阶级家庭，他因缺乏社交技能而在学校被冠以“后进生”的名号。然而，他的父母注意到了他突出的学术能力。1948年，纳什获得了普林斯顿大学的奖学金。他的前任老师在介绍信上只写了一句话：“这个人是一个天才。”在普林斯顿大学，纳什不去听讲座，而宁愿从头开始思考一些想法。在这里，他研究博弈论思想，为其后来获得诺贝尔奖奠定了基础。20世纪50年代，纳什在兰德公司和麻省理工学院任职，但当时他的精神状况已经开始恶化。1961年，他的妻子接受了他精神分裂的事实并助其治疗。在接下来的25年中，纳什一直与疾病做斗争，并仍然希望为数学研究贡献一些有价值的成果。

主要作品

1950年 《多人博弈均衡》
1950年 《讨价还价问题》
1952年 《真正的代数流形》

析。由于现实生活中的大多数策略是在不确定性条件下做出的，因此海萨尼的研究是一个重大的突破。一个现实的例子是，金融公司无法确定中央银行对通货膨胀和失业的态度，那么就无法知道中央银行会提高利率以减少通货膨胀，还是会降低利率以增加就业。由于金融公司的利润取决于中央银行未来将设定的利率，因此它们需要评估风险以决定发放多少贷款。海萨尼表示，即使市场不能明确地告诉公司中央银行更关注哪个目标，但仍然可以通过博弈论来识别纳什均衡，找到问题的解决办法。

蜈蚣博弈

另一位对博弈论的发展做出重大贡献的是德国经济学家莱茵哈德·泽尔腾（Reinhard Selten），他将子博弈完美均衡的观点引入了多级博弈。

泽尔腾认为，游戏的每个阶段，也就是每个子博弈都应该实现均衡，这非常重要。蜈蚣博弈是一个比较典型的例子。游戏中玩家依次传递一笔钱，每传递一次，钱的总量增加20%。这个游戏有两种可能的结束方式：这笔钱在传递了100次（因此得名“蜈蚣博弈”）后均分给每个玩家，或者某一个玩家保留传到自己手中的钱而不再往下传递了。每个玩家只有两个选择：相互合作，将钱传递下去；背叛其他玩家，保留这笔钱。如果最后一位玩家背叛其他人，并独自占有这笔钱，那么他将实现自身收益最大化。

这意味着，从第二轮游戏到最后一轮，背叛都是一种更好的选择，即考虑到后面的人将来可能会背叛其他人。顺着这个逻辑逆向思考，你会发现，似乎背叛在每一轮都更有利，子博弈完美均衡的选择是第一个玩家保留这笔钱而不往下传。但是，由于这笔钱刚开始非常少，几乎不值得背叛，因此这个结论又显得自相矛盾。

> **你知道你在想什么，却不知道为什么这样想。**
>
> ——莱茵哈德·泽尔腾

这个观点曾被用于分析这样一种情况：某大型连锁店在全国各地有很多分店，一个竞争对手正准备在一个或多个地方进入这一市场。该连锁店可以威胁说它要在竞争对手的新公司考虑开店的地区降价促销。这一威胁似乎既可行又值得，因为降价并不会给连锁店造成太大

当与买主讨价还价时，卖方最初的要价可能是他乐意接受的价格的很多倍，但这么做也面临着交易失败的风险。

接触真相

1960年，俄罗斯经济学家赫维茨开始研究市场运作机制。古典理论假设商品交易能有效地进行：以公正的价格将商品出售给那些最想要的人。现实中，市场运作并非如此。例如，赫维茨发现，在二手车交易市场上，无论买方还是卖方都倾向于谎报自己对车的估价。

即使买卖双方透露了他们想买或想卖的价格，并在价格上相互妥协达成一致，但并不能创造最优的结果。卖方要价自然会远远高出他能接受的最低价格，而买方出价通常也会比他能接受的最高价格低很多。在这种情况下，即使双方都想做成交易，他们也不能达成一致。赫维茨推论说，如果市场参与者彼此透露事实，那么双方的收益将实现最大化。

在合作博弈中，玩家有机会结成联盟。在很多此类游戏中，例如拔河比赛，与人合作是获胜的唯一方式。

的利润损失，还能阻止新公司进入这一地区。

从纳什均衡的角度来看，占优策略应该是连锁店展开价格战，而新公司则不再试图进入这一市场。然而，根据泽尔腾的观点，如果每次有新公司试图进入该连锁店的某个市场，连锁店都被迫降价，那么累计损失将非常大。因此，通过前向预测和后向推理，价格战的威胁并不理智。泽尔腾据此认为，子博弈完美均衡应该没有价格战的威胁，新公司可以自由进入。

有限理性

上述这些悖论都来自这样的假设，即每个人在博弈中都是完全理性的。

> 当我建立关于核僵局的理论时，我并不需要了解苏联内部发生了什么。
>
> 托马斯·谢林

泽尔腾提出了一个更现实的决策理论：尽管有时候人们确实会通过理性的计算来做出决定，但更多的时候是基于过去的经历和拇指规则。人们并不总会理性地计算，相反，人们可能具有“有限理性”：可能会选择直观上更吸引人的方案，而这些方案并不能实现子博弈完美均衡。

有很多人对博弈论提出了批评和质疑，他们认为，博弈论讲述了大道理，但却没有得到科学理论的验证，无法预测未来将要发生什么。一次博弈也许有很多种均衡情况。对一个行业来说，卡特尔或许同价格战一样是理性的结局。并且，人们在做决策时也不会无止境地考虑：“如果我这样做，他们也这样做，那么……如果我那样做，他们也那样做，那么……”

通过研究这个观点，美国经济学家谢林强调，人们的行为的诱发机制并不只是数学概率。在合作博弈的玩牌游戏中，如果双方想的一样，双方都将得到奖赏。那么为了跟其他人保持一致，你会选择什么牌呢？你会选择黑桃A吗？■

富国使穷国更穷

依附理论

背景介绍

聚焦

增长与发展

主要人物

安德烈·冈德·弗兰克（1929—2005）

此前

1841年 德国经济学家弗里德里希·李斯特反对自由贸易，支持保护国内市场。

1949—1950年 汉斯·辛格和劳尔·普雷比什认为，穷国与富国间的贸易条件日益恶化。

此后

1974—2011年 美国社会学家伊曼纽尔·沃勒斯坦发展了弗兰克的发展理论，提出了世界体系理论。这一理论运用了历史框架来解释在西方世界崛起中发生的变化。

穷国被告知，只有打开国门加入世界贸易才能发展经济。

↓

富国占据主导地位，它们会通过不平等的贸易条款剥削穷国。

↓

这种剥削导致穷国经济停滞或萎缩……

↓

……而富国则越来越富有。

↓

富国使穷国更穷。

富国声称，它们本不打算让穷国一直贫穷下去，与穷国的贸易可以促进双方共同发展。然而，20世纪60年代，德国经济学家安德烈·冈德·弗兰克（Andre Gunder Frank）表示，在自由贸易和投资下，西方国家的发展政策加剧了全球分化。这些政策强化了富国的主导地位，并且使穷国越来越穷。弗兰克称之为“依附理论”。

不平衡的贸易

穷国是强大的、经济发达的国家的初级贸易伙伴。出于这种原因，一些经济学家指出，曾推动发达国家发展的政策，对今天的穷国或许不利。

经济学家们大肆称赞国际贸易自由化是帮助欠发达国家发展的有力保证。然而，弗兰克的依附理论认为，这种政策通常会导致富裕国家利用和剥削贫穷国家。发达国家从欠发达国家购进原材料，生产的成品在国内出售或出口给其他发

参见: 保护主义与贸易 34~35页, 比较优势 80~85页, 发展经济学 188~193页, 经济增长理论 224~225页, 市场整合 226~231页, 亚洲经济体 282~287页, 国际债务减免 314~315页。

许多尼日利亚石油工人在为外国公司工作。这些公司大举投资尼日利亚, 从当地廉价的劳动力和宝贵的原材料资源中获得暴利。

达国家。这导致了贸易体系的不平衡，即贫穷国家主要与富裕的发达国家进行贸易，而富裕国家则主要进行国内贸易或与其他发达国家进行交易，而与发展中国家的贸易只占其总贸易量的很小一部分。因此，贫穷国家就处于很不利的地位，它们实际上在与更大、更强的对手进行贸易，而且它们也得不到发展进步所需的有利的贸易条件。

有人认为，这些不平衡导致了全球经济的分裂，财富从由边缘化的贫穷国家形成的“外围”流向由发达国家构成的“核心”。此外，贫穷国家在经济管理方式上往往会抑制投资，而投资是任何国家经济发展的一个主要动力。当富国在穷国建厂和投资时，它们都声称将会帮助穷国发展经济。而依附理论指出，投资者事实上常常利用当地廉价的资源和劳动力来获利，而所得的利润通常都被外国股东占有，而不是再投资于当地经济。

另一种可选择的途径

为了避免依附理论家提到的危险，一些贫穷国家走上了一条截然不同的道路。它们没有向世界贸易、全球化和外国投资开放，而是将自己与世界隔离开来。从依附理论的角度来看，这些国家的经济增长都暴露出不少问题。对许多发展中国家来说，国际贸易是推动经济快速增长和工业化进程的重要手段。最近，反对全球化的运动对经典的经济发展方式提出了质疑，这再次与依附理论相呼应。■

> **经济欠发达不是由古老的制度和……资金短缺导致的……而由资本主义自身发展所致。**
>
> ——安德烈·冈德·弗兰克

不平等的出口: 原材料和制成品

1949年和1950年，德国经济学家辛格、阿根廷经济学家普雷维什都发表了论文，论证了发展中国家在与发达国家贸易时处于不利地位这一现象。他们发现，以出口原材料为主的国家的贸易条件（在特定出口量的条件下一个国家能够购买的进口量）恶化了，而主要出口制成品的国家仍然占据优势地位。可以这样解释这一现象：人们的收入虽然增加了，但对食品和大宗商品的需求并没变化不大。

另一方面，更高的收入激发了人们对制成品和奢侈品的需求。需求增加导致价格上升，因此贫穷国家通过出口所得的资金能够购买的制成品越来越少。

不能愚弄人们

理性预期

背景介绍

聚焦

宏观经济

主要人物

约翰·穆思（1930—2005）

罗伯特·卢卡斯（1937—）

此前

1939年 英国经济学家约翰·希克斯分析了未来预期是如何发生变化的。

1956年 美国经济学家菲利普·卡甘用“适应性预期”来表示基于过去的预期。

此后

1985年 美国经济学家曼昆为新凯恩斯主义经济学的诞生做出了重大贡献。新的经济学模型将人们对未来的理性预期纳入考虑。

第二次世界大战后政府加强经济干预，政府支出大量增加，这为经济学家提供了一种重要的思考整体经济的新方法。他们认为政府可以通过货币政策和财政政策（税收和政府支出）来刺激经济，实现长期的高产出和低失业。

对这些凯恩斯主义模型的早期批评，要求人们更谨慎地看待“预期”这一概念。预期很重要，因为人们认为未来会发生什么将直接影响他们现在的行为。

起初，人们认为预期是“适应

参见: 经济人 52~53页, 借贷与债务 76~77页, 凯恩斯乘数 164~165页, 货币主义政策 196~201页, 行为经济学 266~269页, 高效的市场 272页, 独立的中央银行 276~277页。

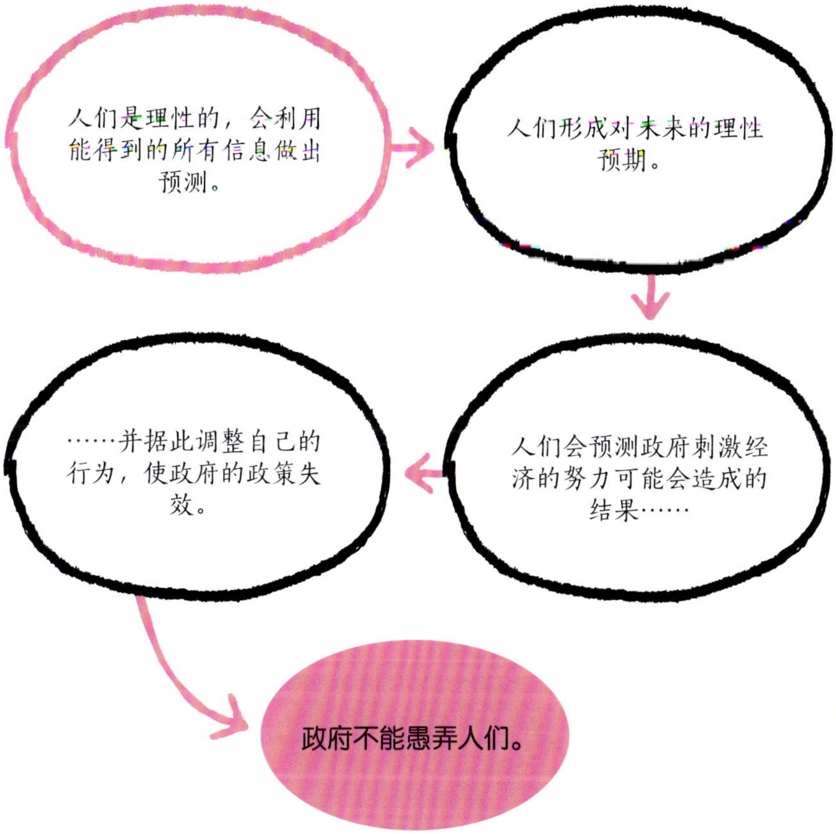

一位父亲将汽车维修知识传授给他的儿子。儿子未来将依据这些知识做出经济决策，比如购买什么车。

性的”。假设人们会仅根据以前发生过的事情来建立对未来的预期（如果事件A导致事件B，那么人们认为下一次事件A的发生仍然会导致事件B的发生），那么人们会不断地根据实际结果调整下一次的预期。

考虑预期会削弱凯恩斯主义政策的结果，政府增加支出带来的需求增加量将会减少。凯恩斯主义政策假设，如果人们的工资随着政府刺激经济而上涨，那么人们的经济活动也将增加，人们将提供更多的劳动。而事实上，需求增加也会导致商品价格上涨，因此，人们的实际工资并没有增加。人们只有在短期内才会被愚弄，误以为货币工资上涨就是真实工资的上涨，因为一段时间后人们才能意识到商品价格也上涨了。由于人们对未来价格上涨的预期调节很慢，因此，政府通过（实际上）愚弄人们，利用货币政策或财政政策是可以增加经济产出的。

然而，这只有在短期内才有效。一旦人们的预期上升，意识到真实工资并没有上涨，那么经济将回到最初的低就业水平。

理性预期

这种预期模型很简单，但存在着缺陷。如果人们只根据过去做出对未来的预期，那么人们的预期很可能一直是错误的。使经济脱离（即使是暂时的）以往路径的意外冲击，将会变成预期中的永久性错误。如果人们总是做出错误的预测，那么人们将永久地偏离市场，这似乎不是人们行为的真实表现。

由于对适应性预期理论不满，美国经济学家约翰·穆思（John Muth）在1961年提出了理性预期的理论。这一理论的核心其实非常简单。如果市场上的买家是理性的，他们就不会仅基于过去来猜测未来的价格。相反，他们会根据能得到的信息，（关键的是）使用恰当的经济模型来预测未来的价

一位澳大利亚的农民在查看他的农作物。农民不会仅根据过去的情况决定将来种植什么，他们还会权衡天气和需求水平等因素。

格。他们会做出更准确的预期，而不是盲目地追随过去的行为。他们之所以会这么做是因为如果不能理性地做出预测，他们将会受到市场的惩罚并遭受损失。

我们经常会使用理性预期。例如，农民根据过去的价格、现状和未来的可能性决定将要种植什么。他们不会想当然地认为，种植与五年前同样数量的同种农作物能获得同样的市场价格，且农作物交易商也不会这么想。

市场的惩罚迫使人们理性地行动，并且可以假设，随着时间的推移，人们的预期将会与最好的经济模型非常吻合。

理性预期理论很简单，但结论却非常令人吃惊。在适应性预期下，政府干预在短期内可能有效，因为它可以出其不意地调整经济。人们无法预料到政府未来的政策，因此出人意料地增加政府开支将给经济带来积极的“冲击”，在短期内可以真正发挥作用。但在理性预期理论下，即使这些暂时的影响也不可能发生，因为人们能快速地调整对价格的预期。

预期事件

1975年，两位美国经济学家，托马斯·萨金特（Thomas Sargent）和尼尔·华莱士（Neil Wallace）声称，如果预期是理性的，那么人们不仅会开始预测政府将要采取的干预措施，还会根据预期调整自己的行为，最终导致政府政策失效。假设预期是理性的，那么人们就会知道政府倾向于制造“冲击”，比如努力保持低失业水平。

人们会相应地调整预期。例如，人们知道，当政府通过货币政策（比如降低利率）来保持就业水平时，高通货膨胀也会随之出现。因此，人们会相应地调整对工资和商品价格的预期。由于对通货膨胀的预期，更低的利率并没有使人们感觉更富裕，这就抵消了政府想要达到的效果。

> **很奇怪之前为什么一直没有把预期看作理性动态模型，因为企业家的所有其他行为都被假定是理性的。**
>
> ——约翰·穆思

如此一来，货币政策将完全无效，因为它总是能被预料到，而人们据此改变行为将会使政策失去作用。

之前，政府相信在失业和通货膨胀之间存在着某种替代关系——政府可以刺激经济，在长期内以更高的通货膨胀率为代价实现更高的就业水平。在理性预期下，这种替代关系不复存在。失业率取决于经济的生产能力：企业的生产力和技术能力，以及市场的效率。政府不可能在上述三个因素决定的就业水平之外刺激经济。

卢卡斯批判

美国经济学家罗伯特·卢卡斯（Robert Lucas）指出，如果人们确实能随着政策调整自己的预期，那么整个经济结构（不同家庭、企业和政府之间的关系组合）就可以随着政策改变而改变。因此，政策的实际执行结果通常与设想的不一样。这就是著名的卢卡斯批判，它足以使大多数经济学家相信，试图通过结构化的关系建立的整体经济模型，例如凯恩斯模型，是有缺陷的。建立模型时应该关注人们更深层次的潜在偏好，以及直接影响人们行为的资源和技术。

卢卡斯提出了一个“新古典”的宏观经济学研究方法，部分回归到了前凯恩斯主义时代。

后来的“实际经济周期”模

型认为，就业的变化是由“实际”劳动力的变化引起的，比如生产力提高或人们对闲暇与工作偏好的改变都会影响就业率。实际经济周期和新古典模型的共同特征是在个人理性行为的基础上建立宏观经济模型。

尽管现实中人们不能完全理性地预期，但它能帮助经济学家建立有用且可行的模型这一假设却指导着经济的运行。然而，理性预期受到行为经济学家的批评。行为经济学家的研究模型更接近心理现实。■

> **通货膨胀的好处在于，它利用扩张性的政策欺骗经济主体，并以一种有利于社会的方式行动，即使这种行为可能会置自身于不利地位。**
>
> ——美国经济学家，罗伯特·霍尔（1943－）

金融市场交易员的一部分理性预期是根据同事的行为形成的。如果不能读懂这些行为信号，他们将受到市场的惩罚。

约翰·穆思

约翰·穆思，美国经济学家，生于1930年。他成长于美国的中西部地区，在华盛顿大学学习工业工程。20世纪50年代，他在匹兹堡卡内基技术学院学习数理经济学，随后又在此攻读博士学位。当时，这里有着非凡的教师群体，包括后来的诺贝尔奖得主莫迪里阿尼、纳什、西蒙，以及后来的卢卡斯。

1961年，穆思发表了第一篇有关理性预期的论文，但那个时候几乎没人关注。穆思性格内向，为人谦虚，由于找不到地方发表其有关理性预期的文章而转向其他研究领域，并在运营管理和人工智能方面做出了开创性的贡献。其他经济学家，如卢卡斯和西蒙，进一步发展了穆思关于理性预期的研究，并因此获得了很多奖项，而穆思在学界仍然不出名。后来，穆思去了印第安纳和布卢明顿的大学任教，虽然地位不高，但是能满足他广泛的研究兴趣。他被学界公认为“理性预期革命之父”。穆思于2005年去世。

主要作品

1960年 《指数加权预测的最优属性》

1961年 《理性预期与价格变动理论》

1966年 《预期模型》

人们在选择时并不在乎概率

决策悖论

背景介绍

聚焦

决策制定

主要人物

丹尼尔·埃尔斯伯格（1931—）

此前

1921年 美国经济学家弗兰克·奈特表明，风险可以被量化，而不确定性则不能。

1954年 在《统计学基础》一书中，美国数学家伦纳德·萨维奇试图展示如何确定未知的未来事件的发生概率。

此后

自20世纪70年代起 行为经济学通过试验来研究不确定性条件下的行为。

1989年 迈克尔·史密森提出了风险分类法。

2007年 纳西姆·尼古拉斯·塔勒布在《黑天鹅》一书里讨论了关于罕见的、不可预见事件的问题。

到20世纪60年代，主流经济学已经形成了一整套解释人们决策行为的准则。人类是理性的、会计算的个体。当面临不同选择和不确定的未来时，人们会估计每个可能发生的结果的概率，并据此做出选择。人们会选择具有最高预期效用的方案，以增加期望效用（期望的满意度）。

但是这个观点受到了现实的挑战，即使在试验条件下，人们的行为也与理论不符。其中最著名的是埃尔斯伯格悖论。埃尔斯伯格悖论于1961年由美国经济学家丹尼尔·埃尔斯伯格（Daniel Ellsberg）推广，沿袭了凯恩斯在20世纪30年代提出的观点。

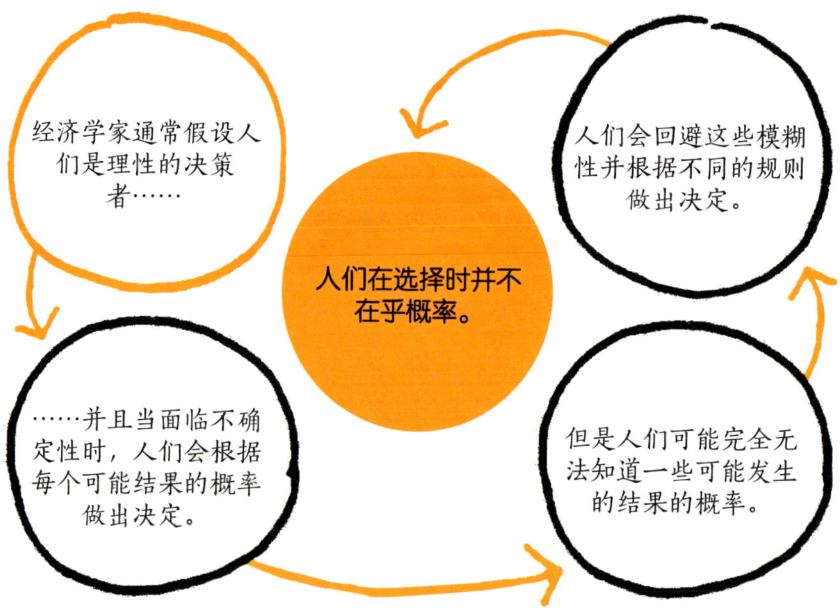

参见：经济人 52~53页，经济泡沫 98~99页，风险与不确定性 162~163页，非理性决策 194~195页，行为经济学 266~269页。

这是一个可以选择的概率试验。玩家被告知缸内有红球30个，黑球和黄球共60个，但不清楚黑球和黄球的具体个数。玩家可以选择从缸中摸出一个红球赢得100美元，或摸出一个黑球赢得100美元。结果大多数玩家都选择了摸红球。

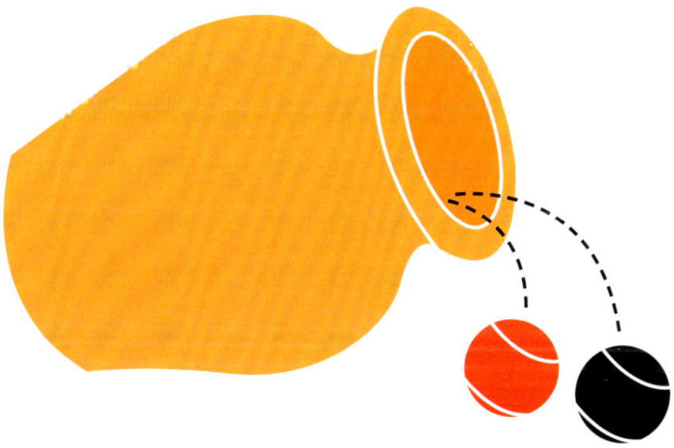

接着，玩家的可选项改变了：如果从缸里摸出一个红球或黄球，玩家将得到100美元；如果摸出一个黑球或黄球，也将得到100美元。这一次，大多数玩家选择了摸黄球或黑球。两次试验中，玩家都表达了对已知事件的偏好。

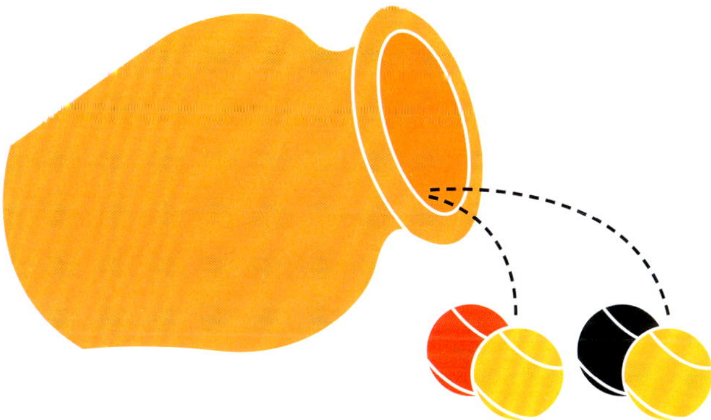

模糊厌恶

埃尔斯伯格描述了一个思维试验：如果从一个缸（见上图）里捞出特定颜色的一个球，被试将得到一笔现金作为奖励。被试的选择表明，如果能得到有关概率和风险的信息，人们倾向于根据这些信息做出理性的选择。然而，当有一个可能的结果很模糊时，人们的行为就会发生改变，这与期望效用理论相悖。人们更偏好知道更多有关他们面临的不确定性的信息。用美国前任国防部长拉姆斯菲尔德的话来说，人们更喜欢“已知的未知”，而不喜欢“未知的未知”。埃尔斯伯格发表他的文章以后，这一结论在一些真实的试验中得到了证实。这被称为“模糊厌恶”，并以美国经济学家弗兰克·奈特命名为“奈特不确定性”。在寻求更多了解“未知的未知”的过程中，人们的行为可能与以往的更符合逻辑的行为不一致，人们在决策时可能不会考虑概率问题。

探求未知

后来证明，埃尔斯伯格悖论存在很多有争议的地方。有经济学家认为，传统的经济理论完全涵盖了这一悖论，而且试验条件下人们的行为与面对现实模糊性时并不完全一样。然而，2008年金融危机重新激发了人们对模糊性问题的兴趣。人们想要知道更多未知的、无法量化的风险，而这是期望效用理论无法解释的。■

丹尼尔·埃尔斯伯格

丹尼尔·埃尔斯伯格生于1931年。他先在哈佛大学学习经济学，后于1954年加入美国海军陆战队。他于1959年担任白宫分析师。1962年，他获得博士学位，第一次展示了他的悖论。随后，埃尔斯伯格为美国最高安全部工作，越南战争爆发后他的幻想破灭。1971年，埃尔斯伯格因公开五角大楼文件而成为全球瞩目的对象。

主要作品

1961年 《风险、模糊性与萨维奇公理》

2001年 《风险、模糊性与决策》

相似的经济体可以从单一货币中获益

汇率与货币

背景介绍

聚焦

全球经济

主要人物

罗伯特·蒙代尔（1932—）

此前

1953年 米尔顿·弗里德曼指出，自由浮动的汇率使市场能够解决收支平衡问题（出口和进口的价值差异）。

此后

1963年 美国经济学家麦金农表示，小的经济体可以从货币联盟中获益，因为它比大的经济体能更好地缓和冲击。

1996年 美国经济学家杰弗里·弗兰克尔和安德鲁·罗斯认为，一个货币区域的标准受自身先前经济发展的影响。

到20世纪60年代早期，战后各经济体的制度已建立得比较完善了。第二次世界大战结束前夕，几大工业国协商建立布雷顿森林体系来调节彼此间的金融关系，将西方资本主义建立在一套固定汇率体系上，以控制资本和货币在全球的流动。国际贸易已经从两次世界大战的衰退中恢复过来，经济增长迅速。

然而，这个体系本身存在着问题。首先是国际收支平衡问题，即一个国家为进口所支付的货币与从出口中所得的货币之间的差异。由于国家不能轻易地调整国际汇率，收支平衡危机就发生了。加上紧俏的劳动力市场和呆板的国内价格，先前能使国家适应外部经济冲击的市场导向的机制的效果也大打折扣。因此，当国家出口所得不足以支付进口所需时，一系列危机就出现了。与此同时，伴随着欧洲经济一体化的运动，成立欧洲货币联盟的可能性增加了。最早可以追溯到1951年签订的《巴黎条约》，它建立了煤炭和钢铁的共同贸易区。1961年，加拿大经济学家罗伯特·蒙代尔（Robert Mundell）首次分析了所谓的“最优货币区域”。

货币区域

在什么地理区域内可以只使用一种货币呢？蒙代尔试图解答这个乍一看很奇怪的问题。

那个时候，几乎还没有人提到过这个问题。人们理所当然地认为一个国家应该使用自己的货币。任何人都没想过这或许不是最好的安排。蒙代尔意识到，虽然每个国家都有自己的货币，但这并不代表这种货币安排是最好的。很明显，使用多种不同的货币有高昂的成本，因为要进行交易就必须在各

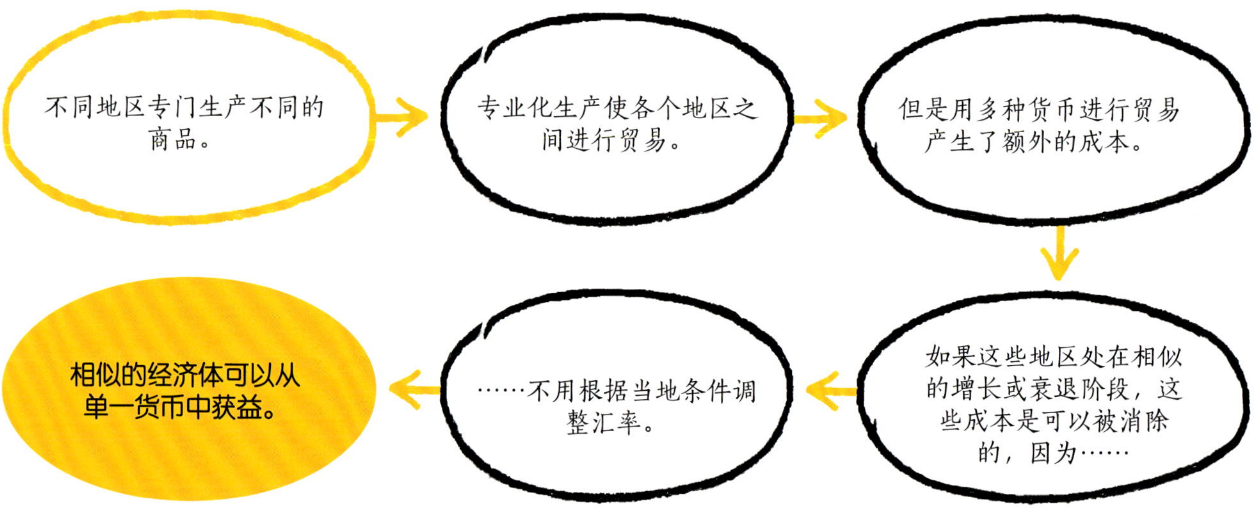

参见: 繁荣与萧条 78~79页, 比较优势 80~85页, 国际贸易与布雷顿森林体系 186~187页, 市场整合 226~231页, 投机与货币贬值 288~293页。

跨越国界的小区域可能会受益于一种单一货币。如果没有汇率带来的成本，一个地区可能会从他国的电站进口电力资源。

种货币间进行兑换。在极端情况下，如果每个城市的每一个邮区使用的货币各不相同，这无疑将是非常低效的。而另一方面，如果整个世界都只用一种货币，又会束缚多种多样的经济发展。蒙代尔不禁思考，这两种极端之间最有效的均衡点在哪里呢？

首先，我们需要理解不同国家为什么需要不同的货币。如果一个国家拥有自己的货币，它就能自主决定货币供应量和利率，进而根据本国经济状况制定货币政策。另外，当汇率不固定时，它可以通过调整与贸易伙伴的汇率来抵消贸易不平衡。假设一个农业国正在与一个工业国进行贸易。如果工业国生产力突然提高，可能会带来对农产品的过度需求，以及工业制成品的过度供应。于是，工业国的进口价值超过了出口价值，陷入国际收支逆差。当出现逆差时，工业国会让本国货币贬值，致使出口货物更便宜，使出口增加，进而使贸易恢复平衡。

> 一个国家放弃本国货币，从政治角度来看是不可行的……
>
> 罗伯特·蒙代尔

但是，如果工业国和农业国使用的是同一种货币，在这种情况下，工业国就不可能进行上述调整，那么使用各自的货币或许更有利。如果一个单一的经济区域内全是工业国，虽然该区域由许多民族国家构成，但这些国家共同使用一种货币或许更有效。

经济周期

对经济周期这个问题的思考有利于辨别区域内实行单一货币应满足的条件。

要很好地适应一种单一的货币，该区域的资本和劳动力市场必须足够灵活，允许资本和劳动力随着市场需求的变化而自由流动。因此，价格和工资要能随着需求和供给的变化灵活调整，并指引资本和劳动力流向它们该去的地方。区域内不同国家还应该处在相似的经济周期阶段，这样发行单一货币的中央银行才能恰当地服务于整个区域。

此外，还需要建立处理经济周期不同步问题的机制。最容易理解的是财政转移，即从经济增长的

1999年1月1日，成千上万的人聚集在德国法兰克福的欧元启动仪式上，从此欧元区都使用单一的货币——欧元。一段时间后，欧元可以与各国的货币兑换。

地区征税，用于补助经济衰退的地区。最后这个条件若不能付诸实施，将给整个经济带来非常严重的后果。

引入欧元

1979年，以稳定汇率为目的的欧洲货币体系建立，在欧洲实行单一货币的想法开始付诸实施。最终，1999年，欧盟的11个成员国建立了欧元区（使用欧元的地区）。尽管欧盟成员国之间的贸易很频繁，各国也相继取消了对劳动力、资本和商品流通的限制，但仍然有必要对欧元国家施加更进一步的限制，以保证欧元有效地发挥功能。

1992年载入《马斯特里赫条约》的“收敛准则”旨在保证所有希望加入欧元区的国家都有相似的经济条件，即处于相似的经济周期阶段（增长或衰退）。之前的汇率机制（ERM）也曾尝试在欧元体制内解决国家间的货币问题。欧元更进一步地取消了这些国家的货币，因此，它实际上永久地解决了这些国家的汇率问题。此外，欧元区还引入了有关政府债务的新规则。1997年，《稳定与增长公约》规定，任何国家的债务都不得超过国内生产总值（GDP）的60%，每年的赤字不得超过国内生产总值的3%。一个新的欧洲中央银行将取

罗伯特·蒙代尔

罗伯特·蒙代尔，1932年出生于加拿大金斯顿，曾就读于温哥华英属哥伦比亚大学，随后转去华盛顿大学。1956年，蒙代尔获得了麻省理工学院的博士学位。1966—1974年，蒙代尔任芝加哥大学经济学教授，随后到纽约哥伦比亚大学任教。

在学术研究之外，蒙代尔还担任加拿大政府、美国政府，以及联合国和国际货币基金组织等机构的顾问。在研究最优货币区域的过程中，蒙代尔开发了一个模型来说明宏观经济（整体经济）政策是如何与外贸和汇率相互作用的。

1999年，蒙代尔因对宏观经济学的贡献获得诺贝尔经济学奖。

主要作品

1968年 《国际经济学》
1968年 《人类与经济学》
1971年 《货币理论》

> 国际贸易关系紧密及经济周期相似的国家，更可能加入欧洲货币联盟并从中获益……
>
> ——杰弗里•弗兰克尔，安德鲁•罗斯

代各国的中央银行为整个欧元区服务，并制定适用于所有成员国的货币政策。

致命的缺陷

有关欧元的规定并没有包含风险分担机制，并且至关重要的是，没有规定欧洲国家间的财政（税收收入）转移方式。

原因很简单，这涉及了政治因素。尽管早就建立了一些转移机制，比如欧盟共同农业政策，但任何国家都不想失去决定本国税收和支出水平的权力。要在整个地区实现财政转移，需要建立强大的、中央集权的机构，要能从过剩的地区征税并再分配给处于逆差状态的地区，比如从德国征税并转移支付给希腊。但是从政治的角度考虑，没有哪个国家愿意将这个想法付诸实施。相反，欧洲国家的领导人反而希望《稳定与增长公约》能约束政府的活动，而不需要建立直接的财政转移机制。

欧元区危机

欧元启动近十年来，一直运行得很好。据估计，欧洲贸易增长了15%以上。资本和劳动力市场变得更加灵活。欧洲经济增长很明显，尤其是在相对贫穷的爱尔兰和欧洲南部地区。

但是在这个表象下，却隐藏着深层次的问题。不同国家劳动力成本的差异加剧了贸易的不平衡。作为一个整体，欧元区总体上与世界其他地区保持平衡，进出口大致相等。但是，欧元区内部却存在着巨大的差别。北欧国家不断增长的贸易顺差，与南欧国家日益增加的贸易逆差大致相当。如果没有顺差国家和逆差国家间的财政转移机制，南欧国家的贸易逆差实际上会变成不断增加的债务。当2008年金融危机爆发时，不平衡的体制走向了崩溃的边缘。

欧元危机使人们开始怀疑欧洲是否是最佳的单一货币区域。一些欧元区成员国似乎与贸易条件不相匹配，[illegible]以致这些不平衡得不到解决。《稳定与增长公约》不具备足够的约束力强迫截然不同的国家在经济上趋同。

欧元区成员国面临着艰难的选择。如果能构建起财政转移机制，这些国家也许能克服他们的不均衡。如果他们不能就这个机制达成政治共识，那么欧元的继续存在将受到严重威胁。■

丰年也可能发生饥荒

权利理论

背景介绍

聚焦

增长与发展

主要人物

阿玛蒂亚·森（1933—）

此前

1798年 托马斯·马尔萨斯在《人口原理》中提出，日益增加的人口将导致饥荒和死亡。

20世纪60年代 人们普遍认为，饥荒是由食品供应减少所致的。

此后

2001年 英国经济学家斯蒂芬·德弗罗认为，权利理论忽略了导致饥荒的政治因素。

2009年 挪威学者丹·巴尼克出版了《饥饿与印度的民主》一书，指出即使在民主国家里，饥饿和营养不良也是存在的。

人们出售劳动换取货币，然后用货币购买食物维持生存。

↓

如果工资或食物价格发生变化……

↓

……工资变得太低，以至于不能购买家庭所需的最低限度的食物……

↓

……那么即使社会生产了足够的食物，这个家庭仍会挨饿。

↓

丰年也可能发生饥荒。

印度经济学家阿玛蒂亚·森经历了1943年孟加拉大饥荒。那时他只有10岁，有一天在学校里亲眼见到了一个40天没吃过东西的人。在此之前，森根本不知道他所在的地区正在遭受饥荒。他的家人，以及朋友的家人，都没有受到影响。即使在这么小的年纪，森也对等级差异感到极大的震惊。1981年，也就是大约40年后，对孟加拉饥荒的记忆驱使他研究并写出了《贫困与饥荒：论权利与剥夺》一书。森提出，与通常的看法相反，导致饥荒的原因并不仅是食物短缺。糟糕的收成、旱灾或者进口食物减少都是导致饥荒的因素，但更主要的原因是食物的分配方式。

权利

食物的绝对短缺是很少见的，更常见的是最需要食物的人往往得不到食物供应。森将个人可以得到的食物和服务组合定义为人们的“权利”。饥荒就是一个缺乏权利的例子，而权利不仅取决于所生产食物的数量。在现代的交换

参见: 市场与道德 22~23页，人口与经济 68~69页，供给和需求 108~113页，贫困问题 140~141页，发展经济学 188~193页。

在阿玛蒂亚·森看来，2008年发生在刚果的饥荒是由经济失灵导致的。他指出，从来没有出现过在实行[illegible]

经济中，大多数人都不会自己生产食物，人们会用一种商品（劳动）交换另一种商品（货币），再用货币购买食物。一个家庭是否有足够生存的食物，取决于它能出售或交换的东西及食物的价格。如果一个家庭的权利（人们能得到的商品数量，而不是社会提供的数量）减少到维持生存所需的最低数量之下，就会发生饥荒。当食品价格上涨或工资下降时，上述情况都有可能发生。

森分析了1943年孟加拉的大饥荒，以及最近发生在非洲和亚洲的饥荒，收集大量真实信息来支撑他的理论。他发现，尽管孟加拉在饥荒开始那年的食物生产总量比前一年少，但仍然超过之前没有饥荒的年份。因此他推论，发生饥荒的主要原因是加尔各答地区农民的收入跟不上通货膨胀下日益上升的食品价格。当时的印度处于英国统治之下，英国政府在印度投入了大量资金以备战争之需，因此印度正处于经济繁荣时期。但这同样导致劳动者的食品购买能力下降，人们被迫忍饥挨饿。

森认为，民主国家尤其应该防止恶性饥荒的发生。他开创性的研究颠覆了人们对饥荒的看法，提供了解决饥荒问题的新途径。■

阿玛蒂亚·森

阿玛蒂亚·森，1933年出生于印度孟加拉湾。他的父亲是一位化学教授，而他却选择学习经济学。他于1953年毕业于加尔各答大学。同年，他从英国剑桥大学获得了第二个学位。23岁时，森成为加尔各答贾达普大学史上最年轻的经济系主任。在一份奖金的资助下，森将研究扩展到了哲学领域。森曾任教的大学有：印度加尔各答大学和德里大学，美国麻省理工学院、斯坦福大学、加州大学伯克利分校和康奈尔大学，英国牛津大学和剑桥大学。1998年，森获得诺贝尔经济学奖。2004年，他迁居美国，任哈佛大学经济学和哲学教授。森结过两次婚，育有4个孩子。

主要作品

1970年 《集体选择与社会福利》

1981年 《贫困与饥荒：论权利与剥夺》

1999年 《以自由看待发展》

CONTEMPORARY ECONOMICS 1970–PRESENT

当代经济学 1970年至今

1970年 乔治·阿克洛夫描绘了市场上一个买家比其他买家拥有更多信息的情况，开辟了**信息经济学**这一新的领域。

1971年 在米尔顿·弗里德曼的建议下，美国总统尼克松**取消了美元与黄金价格的挂钩关系**。

1973年 一些石油生产国建立了石油输出国组织（OPEC），开始**石油禁运**，全球随之陷入经济危机。

1973年 奥古斯托·皮诺切特通过政变夺取政权，使智利成为世界上第一个实施**货币主义经济政策**的国家。

1974年 阿瑟·拉弗提出**拉弗曲线**，向人们展示了增加税收反而可能导致财政收入减少这一现象。

1974年 海曼·明斯基提出**金融不稳定性**假设，显示了稳定如何导致不稳定。

1977年 爱德华·普雷斯科特和芬恩·基德兰德支持**独立的中央银行**。

1979年 心理学家阿莫斯·特沃斯基和丹尼尔·卡尼曼提出了期望理论，奠定了**行为经济学的基础**。

在第二次世界大战后的25年中，西方各国积极施行凯恩斯主义政策，政府加强对经济的干预，各国经济相继实现了繁荣。用英国首相麦克米兰的话来说，人们“从未生活得这样好”。然而，20世纪70年代早期的石油危机，却再一次引发了经济衰退，失业率和通货膨胀率快速上升。凯恩斯主义政策似乎不再有效。

多年来，保守派经济学家一直坚持应该回归自由市场的观点，认为政府不应过多干预经济。此时人们终于开始认真思考这个问题了。芝加哥学派最重要的经济学家、美国经济学家米尔顿·弗里德曼（Milton Friedman）一直反对凯恩斯主义的观点。弗里德曼认为，政府更应该关注通货膨胀问题而不是失业问题，政府唯一的职责应该是控制货币供应，让市场自由发挥作用。这就是著名的货币主义信条。

右派的崛起

随着人们对凯恩斯主义政策逐渐失去信心，右翼政党的代表，同时又是坚定的弗里德曼货币主义经济学信徒的里根和撒切尔夫人分别掌握了美国和英国的政权。他们在20世纪80年代开始实施的政策，标志着对传统自由市场能够实现稳定、效率和增长这一信念的回归。

所谓的里根主义和撒切尔主义的社会政策，受到了将个人而不是政府置于经济思想核心的奥地利经济学家弗里德里希·哈耶克及认为减税可以增加财政收入的经济学家们的影响。

自由化成了新的口号。放松对金融机构的管制，不仅使企业借贷变得更容易，还使银行沉迷于所谓的零风险、高回报的金融工程中。整个20世纪80年代，全世界的经济形势都在发生变化。苏联的经济改革导致苏联解体，进一步增强了保守主义经济学家所坚持的计划经济政策无效的信念。然而，欧洲大陆拒绝了英美式的从凯恩斯主义到弗里德曼主义的转变，只逐渐地实施了更加自由的经济政策。

1985年 戈尔巴乔夫开始苏联经济改革。

1988年 玛丽莲·华林的作品《如果算上女人》从**女性的视角对经济学**进行了研究。

1989年 爱丽斯·阿姆斯登描述了**东南亚经济体的崛起**。

1994年 罗伯特·弗拉德和彼得·加伯建立了第一个**货币危机模型**。

21世纪初 艾尔波托·艾莱斯那和达尼·罗德里克研究了**经济增长与不平等之间的关系**。

2005年 在《贫穷的终结》一书中，杰弗里·萨克斯认为，**债务减免**可以推动第三世界国家的经济发展。

2006年 尼古拉斯·斯特恩将**全球变暖**描述为人类社会面临的“最大的集体行动问题”。

2008年 随着信贷紧缩和房产泡沫破裂，银行业的危机导致**全球经济衰退**。

对自由市场的反思

尽管20世纪八九十年代的货币主义和市场自由化有利于提高市场效率，但一些经济学家却对这些政策是否可持续感到不安。早在1974年，美国经济学家海曼·明斯基（Hyman Minsky）就指出，金融机构具有与生俱来的不稳定性。“繁荣与萧条”周期的缩短似乎证实了他的假设。放松管制鼓励了风险借贷的增加，导致了企业和银行的破产。其他经济学家也对市场的效率和理性提出了质疑，认为所谓“科学的”经济模型建立在错误的科学基础上。数学和物理学的新思想，如复杂性理论和混沌理论或许是更好的类比，并且，与经济学家标准的理性概念相比，行为心理学可以更好地解释“经济人”的行为。

与此同时，新兴国家正在快速发展着，尤其在亚洲，中国和印度的经济正在改革中发生着巨变。在“金砖国家”（巴西、俄罗斯、印度、中国和南非）的改革中，一个新的与西方抗衡的经济合作机制出现了。由于其他一些国家因沉重的债务和政治不稳定而被束缚在贫困之中，这些新兴国家的繁荣再次燃起了人们对发展经济学的兴趣。同时，曾经带来过经济繁荣的技术，如今却给经济带来了威胁，如全球变暖等全球气候变化。这些问题必须通过全世界各国联手才能解决。

21世纪初，一系列金融危机席卷西方世界，自由市场政策似乎也失效了。经济学家们开始再次关注自由市场的不平等和社会影响。一些经济学家甚至开始怀疑，是否正如马克思所预言的，自由市场的失败预示着资本主义的灭亡。世界又一次处在了经济巨变的边缘。■

零风险投资是有可能的

金融工程

背景介绍

聚焦

银行与财政

主要人物

费雪·布拉克（1938—1995）

麦伦·斯科尔斯（1941—）

此前

1900年 法国数学家巴舍里耶表示，股票价格遵循一致但随机的变化过程。

1952年 美国经济学家马科维茨提出了一个基于风险多样化建立最优投资组合的方法。

20世纪60年代 经济学家们建立了资本资产定价模型（CAPM），用来确定金融资产适当的投资回报率。

此后

20世纪90年代 人们用风险价值（VaR）来评估投资组合的损失风险。

21世纪头10年末期 全球金融市场崩溃。

20世纪60年代，战后世界的制度基础不断地被削弱。布雷顿森林体系确定了美元与其他货币之间的固定汇率，而美元又与黄金挂钩。而此时这种关系开始扭曲。美国正经历连年的贸易逆差（进口超过出口），加上其他地方经常性的收支平衡危机，引发了对汇率自由浮动的需求。

1971年，美国总统尼克松采取了明确的行动，他单方面取消了美元与黄金的挂钩关系，结束了整个布雷顿森林体系。同时，美国国

参见: 金融服务 26~29页，上市公司 38页，风险与不确定性 162~163页，行为经济学 266~269页，高效的市场 272页，金融危机 296~301页。

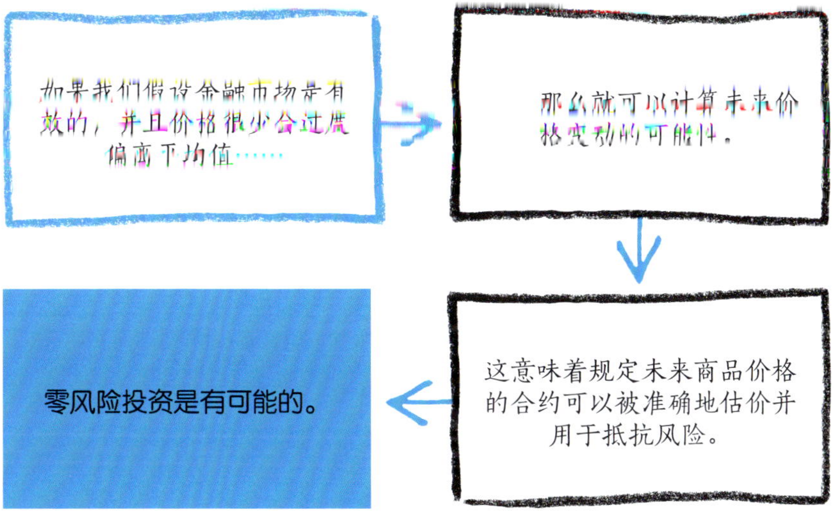

内通货膨胀越来越严重。主导战后经济思想的凯恩斯主义也不断受到攻击。自20世纪30年代以来一直被严格管制的金融市场开始争取自己的权利，希望取消对自己的活动限制。1972年，当芝加哥商品交易所被允许制定第一个有关汇率的衍生产品合约时，这些限制最终被解除。

期货合约

衍生产品在几个世纪以前就已经存在了。它是一份合约，与商品本身没有直接关系，而与商品的一些属性有关。例如，典型的早期衍生产品合约是“远期合约”，即事先确定商品（如咖啡）在未来的价格和交货日期。这种方式的好处是，不管农产品的实际收成和产量如何，生产商在未来都能以固定的价格将产品卖给顾客。衍生产品的目的是降低风险，保障未来。这就是所谓的“对冲”。然而，衍生产品合约也可能会起到相反的作用，有人会将它用于赌博而不是提供保险。期货合约确定了在未来某个日期以某个价格交付商品。如果约定日当天的市场价格（现货价格）低于合约价格，生产商就能轻易获利。当然，如果市场价格高于约定的价格，生产商就会遭受损失。此外，由于衍生产品合约不涉及支付实际资产或商品，而只是规定在未来购买这些产品的权利，因此人们可以进行大批量交易。衍生产品赋予了贸易商们更多的权利，即更多的“回报”。

释放资产

衍生产品合约逐渐标准化，可以像其他商品一样在市场上进行买卖。1864年，芝加哥期货交易所的农产品交易是第一次衍生产品交易。然而，所有衍生产品合约都存在投机可能性，导致它们曾多次被明令禁止。其中的“现金结算”合

大米的价格可能会随气候变化而变化。期货合约，即一方答应在未来的某个日期以特定的价格购买大米，使水稻种植者得以管理风险。

期权合约是衍生产品的一种，期权使人们可以在未来某特定的日期以确定的价格购买或出售商品（如咖啡豆）。期权不需要行权。

约尤其令人担忧。这种衍生产品合约以现金结算，不包括标的物的实际支付。也就是说，标的物与衍生产品之间不存在任何实际关联，人们很可能会把它当作纯粹的投机工具。

放松管制

认识到这种投机的可能性后，政府开始实施严格的管制。从20世纪30年代开始，美国就将以现金结算的衍生产品交易界定为赌博而不是投资，并对其实施严格的控制。交易所也被禁止进行这类交易。但是随着1971年固定汇率体系的瓦解，对冲潜在浮动汇率的需要迅速出现。管制放松后，衍生产品交易市场迅速扩大。

这又滋生了一个非常关键的问题。由于衍生产品交易本质上非常复杂，因此没有可靠的方法来准确地确定衍生产品的价格。即使是简单的期权，即提供在未来以某个时间交易标的物的权利，其价格都由好几个因素共同决定，比如标的物的当期价格、时间期限，以及预期价格的变动等。

1973年，美国经济学家麦伦·斯科尔斯（Myron Scholes）和费雪·布拉克（Fischer Black）为这一问题提供了一个数学分析公式，随后，罗伯特·莫顿（Robert Merton）在同一年将这一公式进行了扩展。

基于金融市场的一些假设和观点，经济学家将这个问题进行了简化。

第一个假设是“无套利”规则。这是指在运作良好的金融市场上，价格反映了所有能得到的信息。个股价格不仅反映了公司当前的价值，还反映了市场交易商对公司未来价值的预期。通过对冲未来的风险，不再能获得有保证的利润，因为价格已经反映了人们据以建立对冲预期的所有信息。

第二个假设是人们总能将反映资产投资组合的期权合约组合在一起。换句话说，期权能很好地对冲每一种可能的资产投资组合。在这种假设下，所有的风险都消失了。

他们做出的第三个假设是，尽管资产价格随着时间波动，但都服从正态分布的规律。这意味着，价格在短期内不会出现太大的变动。

基于这些假设，布拉克、斯科尔斯和莫顿在标的物价格变动的基础上为标准期权合约定价建立了数学模型。曾经被认为不可靠的衍生产品合约，如今可以利用计算机技术进行大规模处理。这为衍生产品交易的迅速发展铺平了道路。

布拉克、斯科尔斯和莫顿开发的期权定价模型提供了一种全新的分析金融市场的视角。我们甚至可以逆向运用这个价格模型，从现存的期权价格推出“隐含波动率”。这创造了一种新的风险管理方法，人们可以不再基于价格或预期价格进行交易，而可以根据市场价格所反映的风险直接将资产组合到一起。风险本身，正如数学模型所描绘的一样，是可以被交易和管理的。

2008年金融危机

在复杂的数学和日益强大的计算能力的帮助下，金融创新爆发，推动了几十年来金融体系的急剧扩张。

> 不要试图渡过一条平均四英尺深的河流。
>
> ——纳西姆·尼古拉斯·塔勒布

在2008年金融危机之前，银行认为投资风险服从正态分布（下图蓝线），获得低收益的概率很大，但是获得极端收益或遭受极端损失的概率也很低。而实际上，投资风险服从的是一种不同的分布曲线（下图虚线），极端收益和极端损失相当常见。

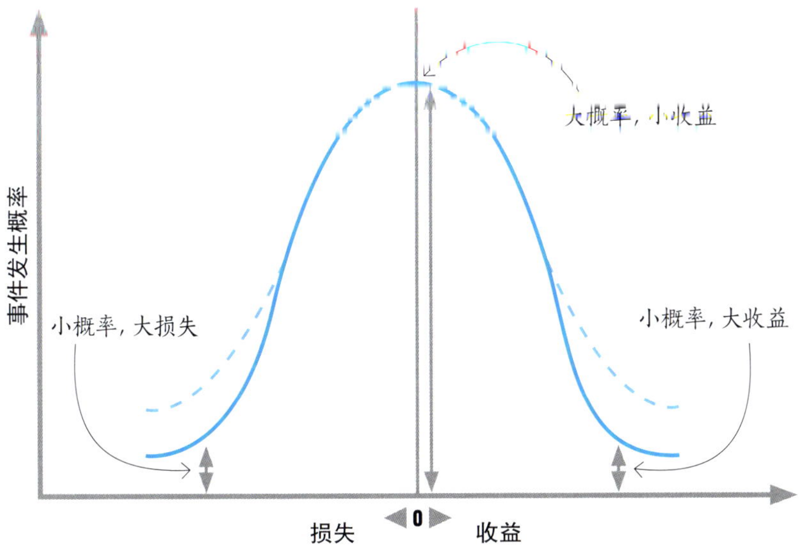

从20世纪70年代微不足道的交易金额开始，全球金融衍生产品市场以每年约24%的速度增长，2008年交易总额达到了457万亿欧元，几乎是全球GDP的20倍。

当出现更安全的、更有利可图的新的借贷风险管理方式时，金融衍生产品交易将成倍增加。

2008年9月，美国投资银行雷曼兄弟申请破产时，这种扩张的致命缺陷就暴露出来了。其中最严重的缺陷在于对正态分布假设的依赖。

正态分布假设认为，大多数价格聚集在平均数上下，很少会出现极端的价格变化。但是早在1963年，经济学家就曾经就正态分布假设产生过分歧，当时法国数学家曼德勃罗提出，价格的极端变化比预期的更为常见。

金融危机之后，人们开始重新审视这些模型。行为经济学家和经济物理学家们运用源自物理学的模型和数据分析技术，以便更好地理解金融市场与风险。■

低风险，高回报

美籍黎巴嫩经济学家纳西姆·尼古拉斯·塔勒布认为，由于复杂的金融模型低估了极端价格变动的风险，因此投资者面临着过度的风险。债务抵押债券（CDO）就是一个典型的例子。这些金融工具通过发行自己的债券募集资金，然后将募集到的资金投资于资产组合，如贷款。债务抵押债券将违约风险很高的低质量（次级）住房贷款与高质量的债务（如美国国债）相结合。很明显，这样的组合是低风险和高回报的，但是这依赖一个假设，即组合后的违约风险遵循正态分布，并保持稳定。随着美国次级抵押贷款违约数量不断增加，这一假设已经很明显站不住脚，广阔的债务抵押债券市场崩溃了。

黑天鹅很少见，但确实存在。纳西姆·尼古拉斯·塔勒布将意外的市场极端变动比喻为“黑天鹅事件”。

人不是百分百理性的

行为经济学

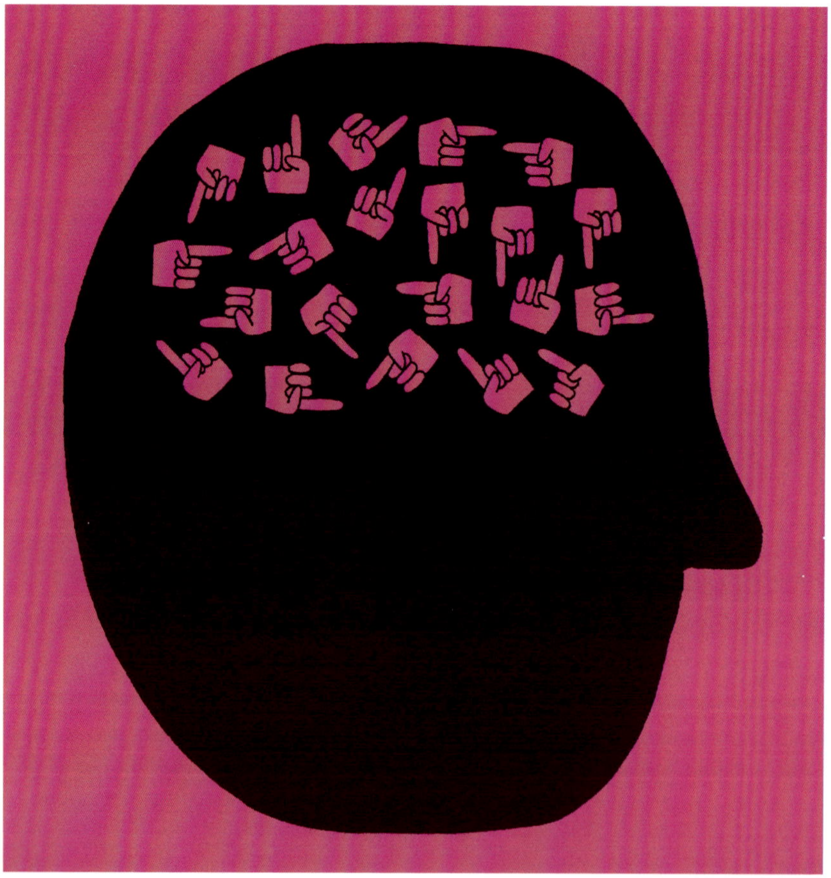

背景介绍

聚焦

决策

主要人物

阿莫斯·特沃斯基（1937—1996）

丹尼尔·卡尼曼（1934—）

此前

20世纪40年代 美国经济学家赫伯特·西蒙指出，仅用理性是不足以解释人们的决策行为的。

1953年 法国经济学家莫里斯·阿莱批判了期望效用理论，认为现实生活中的决策并不总是理性的。

此后

1990年 经济学家安德烈·施莱弗和劳伦斯·萨默斯表示，非理性的决策会影响价格。

2008年 美国心理学家和经济学家丹·艾瑞里撰写了《可预测的非理性》一书，认为非理性也有规律可循。

20世纪80年代以前，“理性经济人”的假设一直主导着经济理论。在此假设下，个人会理性地看待所有的决定，权衡利弊得失，并最终做出能带来最大收益的决定。经济学家认为，无论在确定性还是非确定性条件下，个人行为都是这样的。他们还将理性决策观点纳入了期望效用理论。然而，事实上人们经常做出非理性的决策，这不仅不会带来最大的收益，甚至还可能会给人们的经济前景带来损失。

早在1979年，两位美籍以

参见：经济人 52~53页，自由市场经济学 54~61页，经济泡沫 98~99页，风险与不确定性 162~163页，非理性决策 194~195页，决策悖论 248~249页。

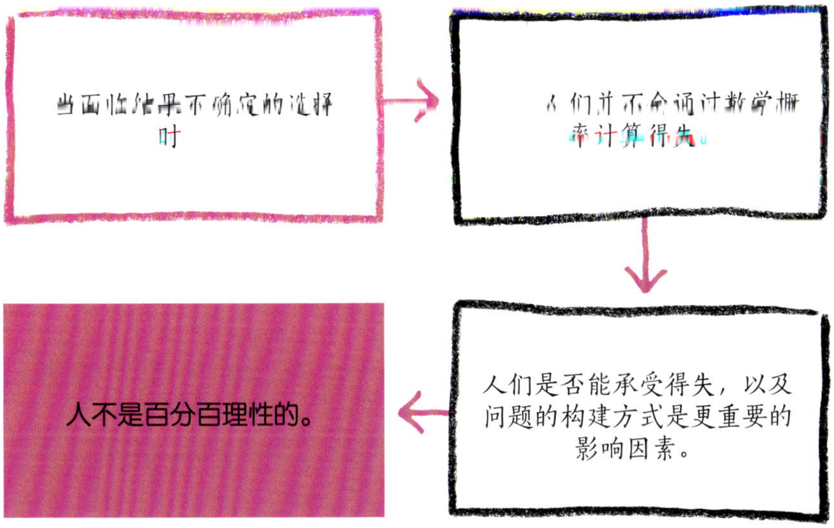

色列经济学家阿莫斯·特沃斯基（Amos Tversky）和丹尼尔·卡尼曼（Daniel Kahneman）就对这些奇怪的现象进行了初步的研究。他们研究决策中的心理学，并用实证案例来支撑他们的假设。他们的主要著作《期望理论：风险决策分析》中提出的理论标志着一个新的研究分支的开端，这一分支即我们所熟知的行为经济学。行为经济学旨在使有关决策制定的理论更符合心理事实。

应对风险

特沃斯基和卡尼曼发现，人们的行为经常会违背经济学家的标准假设，尤其是当结果不确定时。研究发现，人们根本不会理性地做出能使个人利益最大化的行为，相反，人们的行为受到决策呈现方式的影响。与此同时，人们做出的回应也往往违背标准理论。经济学家们早就知道，人们倾向于规避风险。例如，如果面临两个选择，100%能得到1000英镑，或者50%的概率得到2500英镑，那么大多数人都会选择前者，尽管事实上后者面临不确定性但期望值是1250英镑，高于前者。心理学家又构建了相反的情境，给同一群人另外两种选择：100%损失1000英镑，或者50%的概率损失2500英镑，50%的概率无损失。在这种情境下，之前选择100%获得1000英镑的人，此时会选择在无损失和重大损失之间堵上一把。这就是冒险行为。

不确定性条件下决策的标准经济方法包含一个假设，即每个人要么厌恶风险，要么喜欢冒险，要么对风险持无所谓的态度。不论个人是否面临涉及得失的风险，这些偏好都存在并影响着人们的行为。然而，特沃斯基和卡尼曼发现：当人们面临收益时，他们是风险规避型的；当人们面临损失时，他们是风险偏好型的。人们的偏好本质上似乎发生了变化。他们的研究表明，人们厌恶损失，因此愿意冒险避免损失，而不愿为得到一些东西而冒险。例如，损失10英镑所减少的效用远大于得到10英镑所增加的效用。

这些奇怪的行为表明，虽然最终结果都一样，但备选方案呈现的不同方式影响着人们的选择。例如，假设有600人会因某种疾病而死，现在有两种治疗疾病的方案：方案A可以救活200人，而方案B只有三分之一的概率能救活所有的人，三分之二的概率是一个人也救不活。结果显示，大多数人表现出了厌恶风险的一面，他们会选择有把握地拯救200个人。然而，如果换一种方式描述这个问题：方案C一定会有400个人死亡，方案D有三分之一的概率是没人会死，三分之二的概率是所有600个人都会死掉。此时，大多数人选择了有风险的D方案。

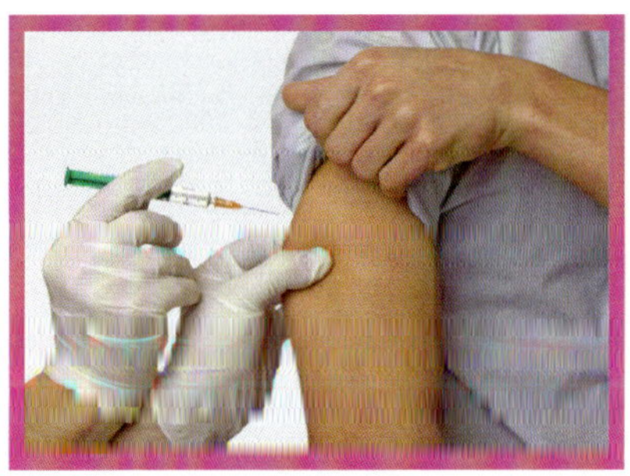

政府如果要说服人们接种疫苗，就应该强调，如果人们不接种疫苗，死亡率会逐渐上升。人们对损失的厌恶程度超过了他们对收益的喜爱程度。

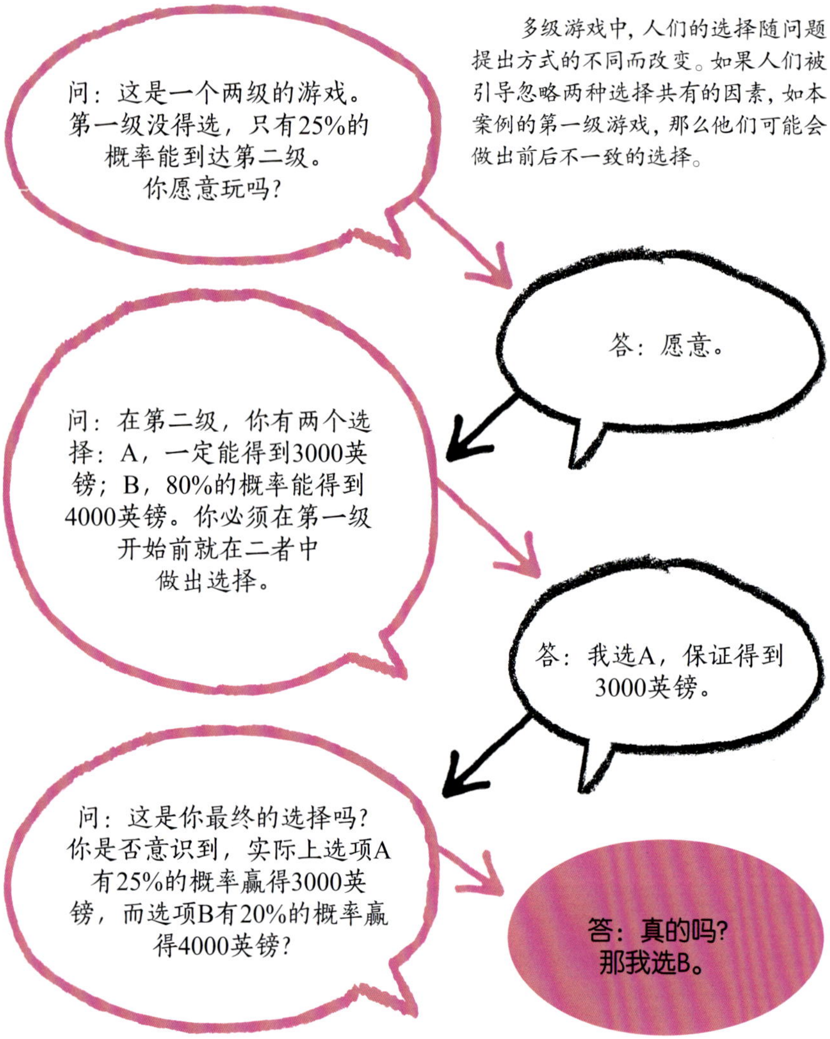

多级游戏中，人们的选择随问题提出方式的不同而改变。如果人们被引导忽略两种选择共有的因素，如本案例的第一级游戏，那么他们可能会做出前后不一致的选择。

两对选项的最终结果是一样的：方案A和方案C，很确定结果有400人会因病死去，而方案B和方案D，按期望值计算也会有400个人死去。然而现在人们更喜欢的是类似赌博的选项。与拯救生命（收益）相比，人们更愿意为了防止失去生命（损失）而冒险。损失的主观价值远大于收益的主观价值。很明显，得到10英镑所增加的效用远低于失去10英镑所减少的效用。

这种损失规避的倾向意味着，当人们认为改变会带来消极的结果时，人们更可能将改变看成问题。了解到这一点之后，就可以运用这些信息去更好地影响人们的行为。例如，如果政府想要鼓励人们接纳一些事物，那么强调人们将得到的好处更可能会成功。相反，如果政府希望人们拒绝一些事物，那么应该关注的是人们将失去什么。

过程与结果

卡尼曼和特沃斯基还表示，即使决策制定过程不能影响最终结果，它也会影响人们做出的选择。

现实中的行为经济学

行为经济学这一新的研究领域为企业提供了新的发展方式。

2006年，经济学家为南非一家希望发放更多贷款的银行设计了一个试验。

传统的经济学家会建议银行降低利率以刺激需求。而这家银行允许这些经济学家进行各种试验以寻找最有利可图的方法。他们发放了5万封含有不同利率的信件，其中有的利率高，有的利率低。这些信件同时附上了银行员工的照片，以及一个或简单或复杂的表格，告诉对方如果回复信件，将有不同的获奖机会。

通过追踪回复信件的客户，可以量化利率这一经济因素对心理因素的影响。实验发现，利率仅是刺激需求的第三重要因素，在营销中附上一张女性照片的作用等同于将利率降低5个百分点。这是一个突破性的研究结果：识别刺激需求的心理因素比降低利率更划算。

例如，假设一个游戏有两级，如果玩家能到达第二级，他们将面临两个选择，但他们必须在第一级开始前就做出决定。第268页的图就展示了这个例子。

在这个两级游戏中，大多数人选择了有保证的3000英镑这个选项。然而，当人们面临以较低概率获得4000英镑或以较高概率获得3000英镑两个选项时，大多数人都选择了以更低的概率获得更多的钱。为什么会有这种变化呢？

在这个过程中，人们忽略了游戏的第一级。人们将情况看成在有保证的赢与仅仅是赢的机会之间做出选择，虽然事实上两种选择的概率已经因第一级的结果而发生了变化。这与标准经济理论中决策只受最终结果影响这一观点不符。

理性人的终结？

这项研究的关键点，即人们对损失的厌恶程度大于对收益的喜爱程度，并且人们根据情境来理解得与失，阐明了为什么人们的决策与效用理论或“理性经济人”的假设不一致。这个理论是行为经济学的支柱理论，还广泛地影响了市场营销和广告行业。通过理解人们做决策的方式，市场营销人员就能够更有效地销售商品。商场的促销活动就是一个很好的例子，有些商品打着巨大的折扣的幌子，但原价早就被抬高了。

期望理论可以解释很多常见的经济决策。例如，人们会为了从15英镑的DVD中节省5英镑而去城镇的其他地方购买，但若购买的是400英镑的电视机，却不太可能为了节省5英镑而这么做，尽管两种情况对净财富的影响是一样的。损失规避还解释了众所周知的禀赋效应：与得到前相比，当人们实际拥有一件物品时，给它赋予的价值往往更高，并且不想失去它。

行为经济学对我们理解经济非常重要，它将心理现实主义引入了现代经济学。期望理论最早提出人不是简单的绝对理性的机器。意识到这一点对研究经济理论和政府政策的制定非常重要。例如，所有权可能会影响人们对待他们拥有的物品的方式。■

图为一个票贩子以现金方式出售体育比赛门票。买卖双方对门票的估价不仅取决于感知到的效用，还受到其他因素（如卖方如何得到门票）的影响。

> **你可能会发现，当用不同的方式陈述同一个决策问题时，备选方案的相对吸引力会发生变化**
>
> ——阿莫斯·特沃斯基
> 丹尼尔·卡尼曼

减税可以增加税收收入

税收和经济激励

背景介绍

聚焦

经济政策

主要人物

罗伯特·蒙代尔（**1932—**）

阿瑟·拉弗（**1940—**）

此前

1776年　亚当·斯密提出，与高税收相比，适当的税收可能会带来更多的财政收入。

1803年　法国经济学家让·巴蒂斯特提出，供给创造需求。

此后

1981年　美国总统里根降低了最高税率和资本利得税。

2003年　美国总统布什无视经济学家的批评，执意实施减税政策。

2012年1月　美国政府的财政赤字再创新高，突破了15万亿美元。

常识告诉我们，如果政府想要筹集更多的资金以支持公共服务，它必须增加税收，但这很不受欢迎。同样，减税似乎意味着要减少公共服务，这也不得人心。然而，一些经济学家认为，事情并不总是如此，减税可以使政府得到更多的税收。

这是20世纪80年代供给学派经济学家的主要观点。供给方是经济中商品的制造商和销售商，与购买商品的需求方相对应。供给学派

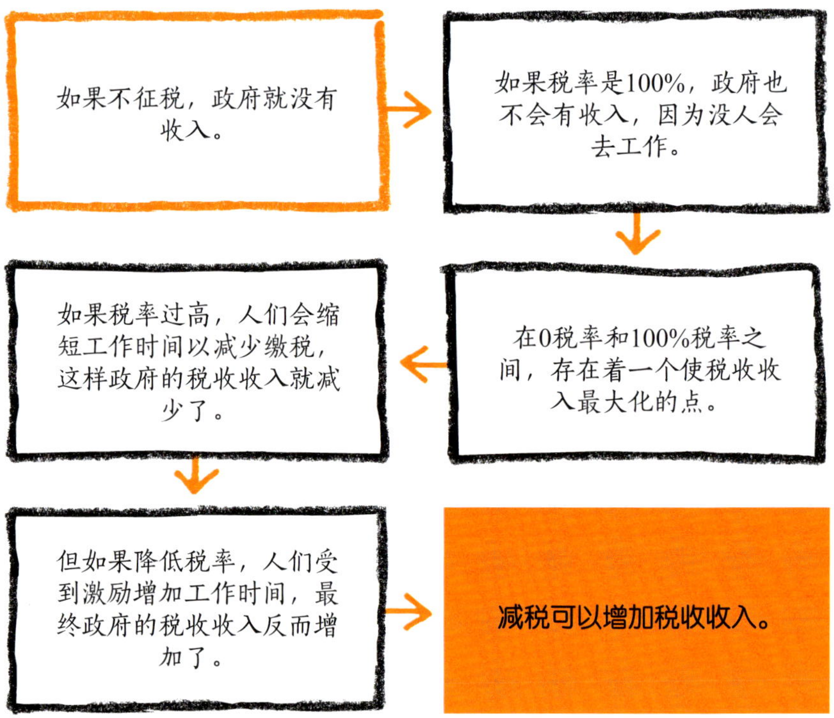

参见：税收负担 64~65页，市场供给过剩 74~75页，借贷与债务 76~77页，凯恩斯乘数 164~165页，公司治理 168~169页，货币主义政策 196~201页。

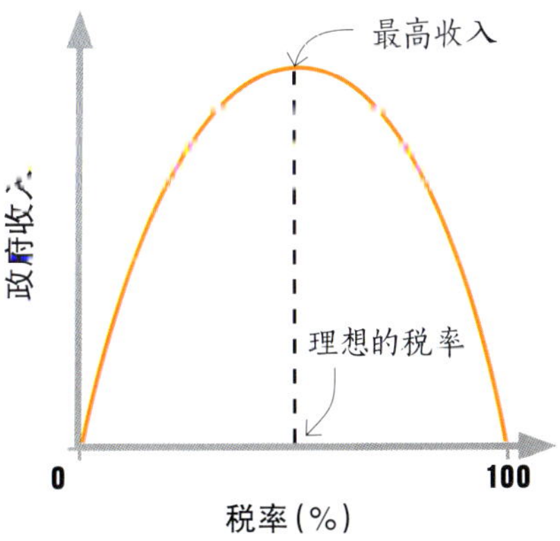

拉弗曲线显示了税率和政府税收收入之间的关系。高税率并不一定能增加政府的税收。

经济学家认为，促进经济增长的最好方式是改善供给方的条件，解除对企业的管制、削减补贴、降低税率。

从纳税王国到避税天堂

美国经济学家阿瑟·拉弗（Arthur Laffer）提出了减税收入论。他认为，如果政府不征税，它将没有收入；如果征100%的税，它同样不会有收入，因为没有人会工作；即使低于100%，非常高的税率也会打消人们工作的积极性。高税率导致工作时间减少，最终导致税收收入减少。当最高税率非常高时，税收收入也可能减少，因为高收入人群会离开这个国家，或者将他们的钱储存在免税天堂——低税率或免税的国家。拉弗画了一条钟形曲线（左图），表明在0税率和100%税率这两个极端之间，存在着一个使政府收入最大化的均衡点。

拉弗认为，从高税收的点出发，降低税率，同时实施其他有利于供给方的政策，将提高经济效益，创造更多的税收。拉弗在20世纪70年代提出这一理论时，一些国家对部分人群的征税税率达到了70%，还有一小部分国家对最高收入人群的征税税率竟然达到了90%。经济学家对拉弗曲线的顶点位置还存在着分歧。右派经济学家认为，经济现在位于拉弗曲线顶点右边的某个地方，也就是说，减税可以增加政府收入。左派经济学家则对此观点表示反对。

20世纪70年代，为了吸引投资，像摩纳哥这样的小国或岛国实施低税率或完全免税制度，成为避税天堂。

双赢局面

拉弗的理论对右派政治家非常有吸引力。因为根据这一理论，他们既可以通过减税赢得人心，又能保证公共服务水平。1981年，美国总统里根降低了最高税率，成为许多人心目中的英雄。然而，几乎没有证据能够证明拉弗的观点真正地发挥了作用。美国和其他国家的税率远低于20世纪70年代的水平，但并没有得到理论上的税收财富。相反，政府主要通过不断增加财政赤字来支撑减税。■

供给学派

20世纪70年代供给学派出现时，其理论曾受到了不少的争议。当时，经济停滞与高通货膨胀并存，即所谓的“滞胀”，凯恩斯主义的政府干预失败，供给学派应运而生。美国记者裘德·万尼斯基推广了“滞胀”这一概念，而吸引经济学家们注意力的则是美国经济学家阿瑟·拉弗提出的税收曲线。拉弗曲线的提出还曾得益于加拿大经济学家罗伯特·蒙代尔的研究。蒙代尔认为，如果降低税率，整个国家的产出就会增加，因此税收也会增加，在一个短暂的下降后，税收收入实际上会增加，但阿瑟的理论是否得到了证实一直都颇受争议。

价格告诉你一切

高效的市场

背景介绍

聚焦

市场与厂商

主要人物

尤金·法玛（1939—）

此前

1863年 法国经纪人瑞格纳特出版了《玩转机会与股票交易哲学》一书，阐明股票交易市场的波动是无法预测的。

1964年 美国经济学家库特纳在他的《股票市场价格的随机性》一书中发展了瑞格纳特关于市场波动的观点。

此后

1980年 美国经济学家理查德·泰勒发表了对行为经济学的研究成果，这是该领域最早的研究成果。

2011年 美联储前任主席保罗·沃尔克批判2008年金融危机爆发的原因在于“对理性预期与市场效率的盲目信任”。

投资者普遍持有的一个信念是，他们可以“打败”或超越股票市场。美国经济学家尤金·法玛（Eugene Fama）对此持否定态度。他在著作《高效的资本市场》（1970）中得出的结论表明，任何人都不可能一直打败市场。这就是如今的高效市场假说。

法玛认为，所有的投资者都能与竞争对手得到一样的公共信息，因此股票价格完全反映了大家能够获得的所有信息。这就是“高效市场”。由于没人知道会出现什么新的信息，因此，如果投资者不利用对手得不到的信息，或不利用非法的“内部交易”，就几乎不可能盈利。

然而，行为主义经济学家一再强调这个假设存在着很多问题。他们认为该理论没有考虑投资者的过度自信和“从众”本能。20世纪90年代的互联网泡沫中，这些问题尤其突出，人为夸大的技术股造成了“非理性繁荣”。2008年的金融危机也暴露了这一问题。

> **在一个高效的市场上，证券在任何时候的实际价格都能很好地反映它的内在价值。**
>
> ——尤金·法玛

这些危机之后，许多观察家已经宣布这个理论不适用，甚至有人认为，这一理论正是导致危机发生的罪魁祸首。法玛本人也承认，不知情的投资者会将市场引入歧途，导致价格“有点非理性”。■

参见：经济泡沫 98~99页，经济测算理论 170页，金融工程 262~265页，行为经济学 266~269页。

随着时间的推移，自私的人也会与他人合作

竞争与合作

背景介绍

聚焦

决策

主要人物

罗伯特·阿克塞尔罗德（1953—）

此前

1859年　英国生物学家达尔文出版了《物种起源》，认为适应性最强的物种最有可能生存下来。

1971年　美国生物学家罗伯特·特里弗斯出版了《互惠利他的进化》一书，认为个体可以从利他与合作中获益。

此后

1986年　美国经济学家朱·弗登博格和埃里克·马斯金探索了重复博弈中的合作战略。

1994年　英国经济学家肯尼斯·宾默尔出版了《公平游戏》一书，运用博弈论探索了道德的发展。

1984年，美国经济学家罗伯特·阿克塞尔罗德（Robert Axelrod）出版了《合作的进化》一书。这本书建立在一系列博弈结果之上。博弈论专家通过计算机程序互相对抗，看谁的策略最优。这种博弈叫作囚徒困境，博弈主角是两个被捕的盗贼，每个盗贼应该选择坦白、沉默或出卖另外一个盗贼。这个研究探究的是，为了彼此的利益，合作是否比自私行动更明智。

最优策略

阿克塞尔罗德发现，在自利的行动中会出现合作。通过一系列游戏，他对许多策略进行了检测。最成功的是简单的针锋相对策略，也就是玩家在第一步时采取合作策略，然后模仿他或她的对手。这样就绝不会成为第一个出卖对方的人。那些“好”的方法最成功。合作能产生对双方都有利的结果。但是玩家也不能太“好”，因为如果被对方背叛，就必须在下一步进行回击。为了保持信誉，玩家必须在被出卖后立即采取报复行动。现在，这种分析竞争与合作的方法已经发展成为一个非常丰富的领域，该领域研究社会规则，甚至道德规则是如何产生的。■

2002年，美国总统布什和俄罗斯总统普京签署了《莫斯科条约》。尽管互不信任，他们仍选择合作，以大幅度缩减核武器装备。

参见：经济人 52~53页，有限竞争的影响 90~91页，经济学与传统 166~167页，博弈论 234~241页。

大多数交易的汽车都是次品

市场不确定性

背景介绍

聚焦

市场与厂商

主要人物

乔治·阿克洛夫（1940—）

此前

1558年　英国金融家托马斯·格雷沙姆提出“劣币驱逐良币”的理论。

1944年　冯·诺依曼和奥斯卡·摩根斯顿发表了对经济情境下的策略行为的初步分析。

此后

1973年　美国经济学家迈克尔·斯彭斯解释了人们如何向潜在雇主展示他们的技能。

1976年　美国经济学家迈克尔·罗斯柴尔德和约瑟夫·斯蒂格利茨出版了《竞争性保险市场的均衡》一书，研究了保险公司争夺客户时的“随意选取”问题。

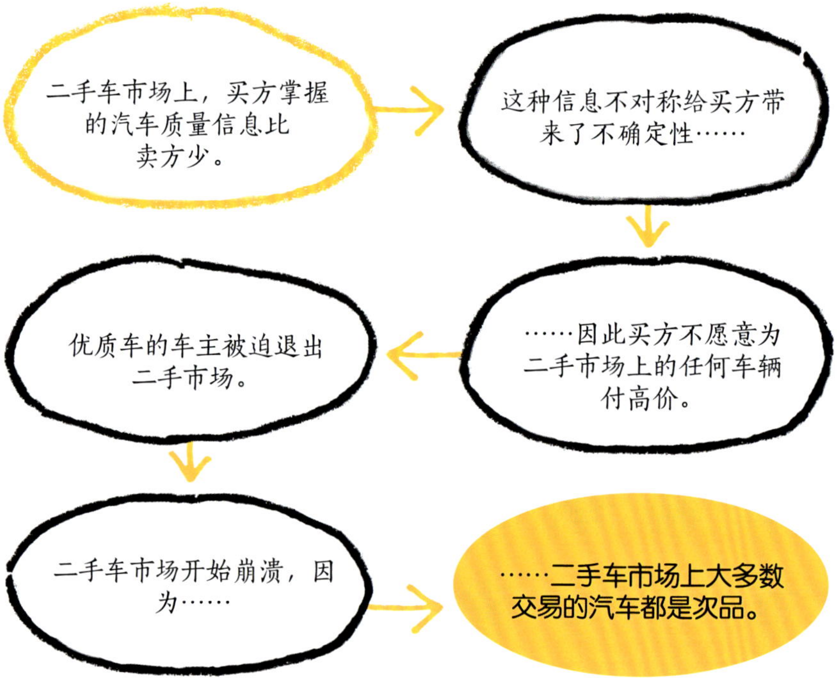

20世纪60年代，美国经济学家乔治·阿克洛夫（George Akerlof）开始研究价格和市场，在那之前，大多数经济学家都相信，市场上任何人都能够以特定的价格将商品出售给愿意接受这个价格的人。阿克洛夫证明，实际情况往往并非如此。他的主要著作《柠檬市场》（1970）解释了有限信息带来的不确定性是如何导致市场失灵的。阿克洛夫认为，买方和卖方拥有不同数量的信息，而这些信息的差异或不对称可能会给市场机制带来灾难性的后果。

参见：自由市场经济学 54~61页，市场信息与激励 208~209页，市场与社会结果 210~213页，信号传递与筛选 281页。

信息不对称

有关二手车的质量情况，买方拥有的信息比卖方少。卖方可以评估他的车是否比市场上类似的车辆更糟糕，用美国俗语来说，他手里的车是否是一个“柠檬”，即有缺陷的次品。买到次品的买方会感觉受到了欺骗。无法检测的次品的存在给买方带来了不确定性，因此，买方非常担忧市场上所有二手车的质量。这种不确定性使买方降低他愿意为任何一辆车开出的价格，由此造成二手车市场上汽车价格普遍下降。

阿克洛夫的理论与最先由英国金融家托马斯·格雷沙姆（1519—1579）提出的观点如出一辙。格雷沙姆发现，当含银量高和含银量低的货币都在市场上流通时，人们往往会持有含银量高的货币，也就是说“劣币将良币驱逐出流通领域”。同样，当卖方的汽车质量好于市场上的平均质量时，卖方会退出市场，因为他们不可能从不能辨别汽车质量好坏的买方那里得到公平的价格。这意味着，“大多数交易的汽车都是次品”。理论上，这可能会导致价格不断下降，市场逐渐崩溃，使任何价位上的交易都不复存在，即使存在希望进行交易的买方和卖方。

汽车经销商在卖车时提供担保可以降低买方的风险。市场通常会根据信息不对称的情况做出调整。

逆向选择

另一个存在“柠檬效应”的市场是保险市场。例如，在医疗保险市场上，保险的买方比卖方更了解自己的健康状况。因此保险公司经常发现，与他们交易的人恰恰是他们想要避开的人，也就是最不健康的人。随着老年群体的保险费上升，购买保险的人中“柠檬”的比例越来越大，但保险公司仍然无法准确鉴别。这就是所谓的“逆向选择”。逆向选择的存在意味着企业最终面临的风险将高于保险费覆盖范围的风险。鉴于此，一些地区的保险公司取消了对超过一定年龄的人群的保险业务。■

乔治·阿克洛夫

乔治·阿克洛夫，1940年出生于美国康涅狄格州，在一个学术家庭里成长起来。他父亲非正式的就业模式培养了他对凯恩斯主义经济学的兴趣。阿克洛夫随后在耶鲁大学继续深造，获得经济学学位，并于1966年获得麻省理工学院的博士学位。担任伯克利分校副教授不久，阿克洛夫去印度学习了一年。在印度，他专门研究失业问题。1978年，阿克洛夫去伦敦经济学院任教，后来回到伯克利分校任教授。2001年，阿克洛夫、斯彭斯，以及斯蒂格利茨共同获得诺贝尔经济学奖。

主要作品

1970年 《柠檬市场》

1988年 《公平与失业》（与珍妮特·耶伦合著）

2009年 《动物精神：人类心理如何驱动经济发展》（与J. 席勒合著）

政府的承诺是不可信的

独立的中央银行

背景介绍

聚焦

经济政策

主要人物

爱德华·普雷斯科特（**1940—**）

芬恩·基德兰德（**1943—**）

此前

1961年 约翰·慕斯出版了《理性预期与价格波动理论》一书。

1976年 美国经济学家罗伯特·卢卡斯认为，根据过去有效的方案制定政府政策是不切实际的。

此后

1983年 美国经济学家罗伯特·巴罗和大卫·戈登表示，政府政策的任意性导致了高通货膨胀，提议建立独立的中央银行。

自20世纪80年代起 世界上许多国家都建立了独立的中央银行，并承诺简化政策规则。

如果政府能够相机抉择并采取行动，那么它们也可以违背诺言，因此……

↓

……政府的承诺是不可信的。

↓

理性的个人会预测到这种背叛，并据此改变自己的行为。

↓

这就阻止了随意制定的政府政策发挥作用。

↓

政府应该承诺遵守简单的规则，而不能随意制定政策。

第二次世界大战后，凯恩斯主义思想占据了经济学的主流地位。凯恩斯主义认为，政府可以通过两种相机抉择的政策保持高就业率，并通过一系列特定的行动实现特定的目标。这两种用来控制就业率的政策分别是财政政策（政府支出和税收）和货币政策（利率和货币供给）。

1977年，挪威的芬恩·基德兰德（Finn Kydland）和美国的爱德华·普雷斯科特（Edward Prescott）这两位经济学家发表了《规则而非相机抉择》的论文，认为相机抉择的政策实际上会弄巧成拙。其理论依据是美国经济学家约翰·慕斯提出的理性预期概念。慕斯认为，由于盲目相信价格的代价很昂贵，因此理性人群会通过提前计划而使他们的错误最小化。

在这之前，宏观经济模型建立的前提假设是人们只会回顾历史，天真地以为未来会像过去一样。新模型则认为，如果人们理性地收集信息，他们可以，并且会预料到政府的干预。因此，人们会根据预期

参见：经济人 52~53页，凯恩斯乘数 164~165页，货币主义政策 196~201页，通货膨胀与失业 202~203页，理性预期 244~247页。

政府为阻止人们在洪水多发地区修建房屋，可能会不提供洪涝保险补贴。但是，如果政府过去曾在洪涝后救助灾民，那么人们照样会在那些地区修建房屋。

的政府政策来调整自身行动，最终使这个政策的效果减弱。相机抉择的政策只有在人们毫无察觉的情况下才会起作用，但是要做到这点又非常困难。为了解这是如何发挥作用的，我们来想象一个仁慈的老师正努力让他的一个懒惰的学生做作业。老师告诉学生，如果不交作业，他将受到惩罚。但是学生知道，老师很仁慈，并且不喜欢惩罚学生，因此学生预测，如果他不交作业也不会受到惩罚。知道这点后，他就不会做作业了。老师让学生交作业的目的会因学生的理性行为而无法实现。

芬恩·基德兰德和爱德华·普雷斯科特认为，政府的低通货膨胀许诺也面临着同样的问题。政府不喜欢高失业率，因此它将刺激经济发展以保持低失业率，但是这又会导致高通货膨胀率。与用不会兑现的惩罚作为威胁的老师一样，政府的低失业率和低通胀目标也相互冲突。理性的人们知道这一点后，就不会相信政府承诺的低通货膨胀了。这使政府通过刺激需求来增加就业的目的很难实现，因为人们知道工资上涨后，物价也会上涨，他们的状况实际上并不会改善。由于理性预期的原因，政府对经济进行刺激的结果只会导致更高的通货膨胀。

毫不妥协的规则

前面那个老师遇到的问题的解决方法应该是遵守惩罚迟交作业行为的强制性规则。与之类似，芬恩·基德兰德和爱德华·普雷斯科特提出，政府应该承诺遵守明确的规则，而不要随意地制定经济政策。解决教师两难困境的更好办法是委托惩罚，即让一个严厉的校长来执行惩罚。在宏观经济政策上，独立的中央银行可以扮演这种角色。与政府相比，中央银行更注重低通货膨胀而不是高就业率。通过中央银行控制货币政策，政府关于低通货膨胀的承诺就具有可信度了。人们普遍认为，正是由于独立的中央银行的出现，才有了21世纪初的低通货膨胀。■

芬恩·基德兰德

1943年，芬恩·基德兰德出生于挪威斯塔万格的一个农场。高中毕业后，基德兰德在一所初级中学任教。1965年，基德兰德开始在挪威经济与工商管理学院（NHH）学习经济学。他本打算当一名业务经理，但毕业后他成为经济学教授斯特恩·索尔的助理。后来，基德兰德随索尔教授去了美国卡内基梅隆大学。1973年，基德兰德回到挪威经济与工商管理学院，与爱德华·普雷斯科特共同发表了一篇论文。1976年，基德兰德重返美国，此后一直在美国任教。2004年，基德兰德获得诺贝尔经济学奖。

主要作品

1977年 《规则而非相机抉择》（与普雷斯科特合著）

1982年 《置备新资本的时间和总量波动》

2002年 《阿根廷失去的十年》（与萨拉托加合著）

即使个体都是理性个体，经济也总是混乱的

复杂与混乱

背景介绍

聚焦

宏观经济

主要人物

勒内·托姆（1923—2002）

吉恩-米歇尔·格兰德蒙特（1939—）

阿兰·科曼（1939—）

此前

1887年 法国数学家亨利·庞加莱分析了相互影响的三个主体之间的作用机制，奠定了混沌理论的基础。

20世纪50年代 法国数学家伯努瓦·曼德勃罗发现，棉花的价格变化会遵循特定的循环模式。

1960年 美国数学家和气象学家爱德华·洛伦兹发现了气象学里的蝴蝶效应。

此后

20世纪80年代 北爱尔兰经济学家布莱恩·阿瑟提出了复杂理论。

目前还没有什么机制能保证人们在股票市场取得好的回报。或许有人期待经济学能给予我们这样一种工具，因为经济学理论模型中的经济总能回到均衡状态。大多数经济学理论都建立在17世纪80年代提出的运动定律基础之上：每一个行动都会带来一种结果，每件事在时间上都有前后联系，即所谓的“线性”过程。标准经济学重要的“经济将会达到均衡”的预测建立的基础是理性个体对价格变化反应的组合效应。

寻找复杂

如果现实世界确实如此，那为什么我们很难预测到股票市场的崩盘呢？一些经济学家认为，线性方法已经过时了。奥地利经济学家弗里德里希·哈耶克认为，经济学模型远比物理学模型复杂，建立物理模型的方法在经济学领域并不适用。混沌理论就是对这种质疑的一种回应。混沌理论建立在俄裔比利时化学家伊利亚·普里高津（1917—2003）的热力学研究基础之上。与标准经济学不同，这种方法承认，个人可预测的、规律的行为并不一定会带来稳定的、可预见的经济结果。

1975年，法国经济学家吉恩-米歇尔·格兰德蒙特（Jean-Michel Grandmont）和阿兰·科曼（Alan Kirman）认为，经济是“复杂的

初始条件下微小的改变都会导致结果出现巨大的变化，这就是所谓的“蝴蝶效应”。洛伦兹认为，巴西的一只蝴蝶扇动翅膀，可能会导致得克萨斯州出现飓风。

参见：经济人 52~53页，经济泡沫 98~99页，经济测算理论 170页，行为经济学 266~269页。

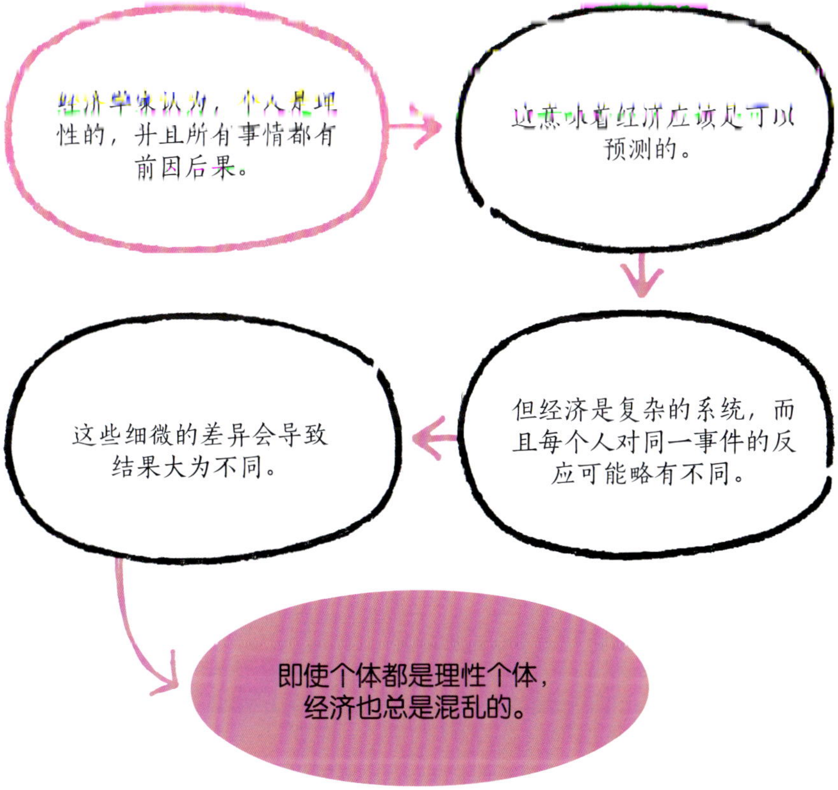

系统”。标准经济学的完全竞争模型认为，个体之间不会直接相互作用，个体只对价格做出反应，通过频繁改变行为和价格来实现最优的产出。在像经济这样复杂的系统中，个体之间不是通过理性的计算，而是通过简单的“拇指规则”直接相互作用的，这有点类似蜂巢中的蜜蜂，会使整体经济中出现复杂的行为模式。

混沌经济

20世纪50年代，美国数学家和气象学家爱德华·洛伦兹首次提出混沌理论，该理论体现了格兰德蒙特和科曼的思想。洛伦兹试图探究人们为什么不能预测遥远未来的天气。计算机分析显示，大气中微小的变化都可能会导致剧烈的天气变化。

为了分析混沌运动，理论家们提出了一种“非线性”数学的理论。他们认为，与天气一样，无论是股票市场走势还是经济增长，最初一个细微的变化都会大幅地影响最终的结果，其中的过程很混乱。如果他们是正确的，那么大多数经济理论的基石——可预测的均衡，就很离谱了。■

疯狂的随机性

20世纪六七十年代，美籍法国数学家曼德勃罗认为，经济学家试图寻找平均数并忽略极端状况以使经济数据平滑的做法是错误的。他认为，恰好是极端数值才反映了真实的状况。

曼德勃罗批判的对象是那些为股票和商品价格建立模型的人，他们假设一个价格会直接影响另一个价格，并且在长期内最终会趋于平均值。曼德勃罗认为，这些模型中温和的随机性元素会产生误导。模型建立的前提假设应该是“疯狂的随机性”，即当发生变化时，个人的反常行为将会产生重大影响。在曼德勃罗看来，市场远比经济学家所认为的多变，而经济学家们一直在试图寻找与经典物理学定律类似的经济定律，这是他们一直在犯的错误。

速度上的细微变化，会将球弹向完全不同的方向。与弹球玩家一样，经济学家并不总能预测到股市的走向。

社交网络是一种资本

社会资本

背景介绍

聚焦

社会与经济

主要人物

罗伯特·帕特曼（1941—）

此前

1916年 美国教育家莱达·哈尼凡的一篇文章中首次出现了“社会资本”一词。

1988年 美国社会学家詹姆斯·科尔曼详细描述了社会资本，并用它来分析高中辍学的现象。

此后

1999年 美国政治学家弗朗西斯·福山认为，在美国这样的发达国家，社会资本并没有减少。

2001年 英国马克思主义经济学家本·法因批判了社会资本的概念。

2003年 英国社会学家约翰·菲尔德认为，社会资本理论是指“人际关系很重要”。

“资本”这个词通常是指生产中使用的机械，即物质资本。它更广泛的定义包括了劳动技能，即人力资本。有效地利用物质资本和人力资本一直被公认为经济发展的关键，但是到了20世纪90年代，美国政治学家罗伯特·帕特曼（Robert Putnam）提出了一种由社会关系构成的无形资本——社会资本。他认为，社交网络在经济中起着非常重要的作用。一把螺丝刀（物质资本）或者大学教育（人力资本）可以提高生产力，同样，社会关系也可以，因为它会影响个人和群体的生产能力。人与人之间的相互联系，无论在工作上还是在社区里，或者闲暇时间里的人际交往，都可以被认为社会资本。

> 一个社会拥有很多善良的人，但他们都是孤立的个体，那么这个社会的社会资本就并不一定富裕。
>
> ——罗伯特·帕特曼

社交网络通过鼓励合作和信息共享，可以帮助人们提高技能，促进职业发展，提高总体生产力。相反，当这些联系减少时，经济就会遭受损失。帕特曼指出，自20世纪60年代以来，发达国家的人们变得越来越孤立，住在城里的人们很少有社区意识。

他认为，这导致了经济衰退。虽然很多经济学家不完全认同他的分析，但人们已经普遍接受了社会资本是经济的重要元素这一观点。■

参见：保护主义与贸易 34~35页，比较优势 80~85页，规模经济 132页，市场整合 226~231页。

受教育程度只是能力的一个信号

信号传递与筛选

背景介绍

聚焦

决策

主要人物

迈克尔·斯彭斯（1943—）

约瑟夫·斯蒂格利茨（1943—）

此前

1963年 肯尼斯·阿罗强调了信息经济学的问题，比如，交易的一方可能比另一方拥有更多信息。

1970年 乔治·阿克洛夫在《柠檬市场》一书中描绘了市场上信息不对等的情况。

此后

1976年 罗斯柴尔德和斯蒂格利茨首次研究了“筛选”问题。通过筛选，不知情的一方可以诱导另一方传递信息。

2001年 斯彭斯、阿克洛夫和斯蒂格利茨因他们对信息经济学的研究而共同获得诺贝尔经济学奖。

20世纪70年代，美国经济学家乔治·阿克洛夫（George Akerlof）发表了有关如何克服信息获取差异问题的文章，一个新的经济学领域从此诞生了。

美国经济学家迈克尔·斯彭斯（Michael Spence）认为，现实生活中，如果交易中A拥有的信息比B多，那么A很可能会发出信号使B掌握更多信息，以便让B做出更明智的决策。

求职面试就是一个很好的例子，求职者比雇主拥有更多有关自身潜能的信息。求职者的简历提供了详细的学业成就，虽然可能与申请的职位无关，但确实传递了努力工作和申请新工作的意愿。在斯彭斯看来，与职业培训不同，更高的学历大多具有传递信号的功能，而潜在的“好”员工将通过高学历传递他们具有更高生产潜能这一信号。与此相对照，雇主通过面试

学生的专业，以及对专业知识的掌握程度，在很多求职过程中只是次等重要的。最重要的是，他们的学位发出了有关自身能力和工作能力的信号。

打探消息，则面试过程也被称为筛选。人们购买二手车或银行考虑发放一笔贷款，在做出决定前就会运用筛选手段诱导出信息。信号传递和筛选都被广泛应用于各种形式的商业交易中。■

参见：行为经济学 266~269页，市场不确定性 274~275页，黏性工资 303页，搜索与匹配 304~305页。

东南亚国家和地区支配着市场

亚洲经济体

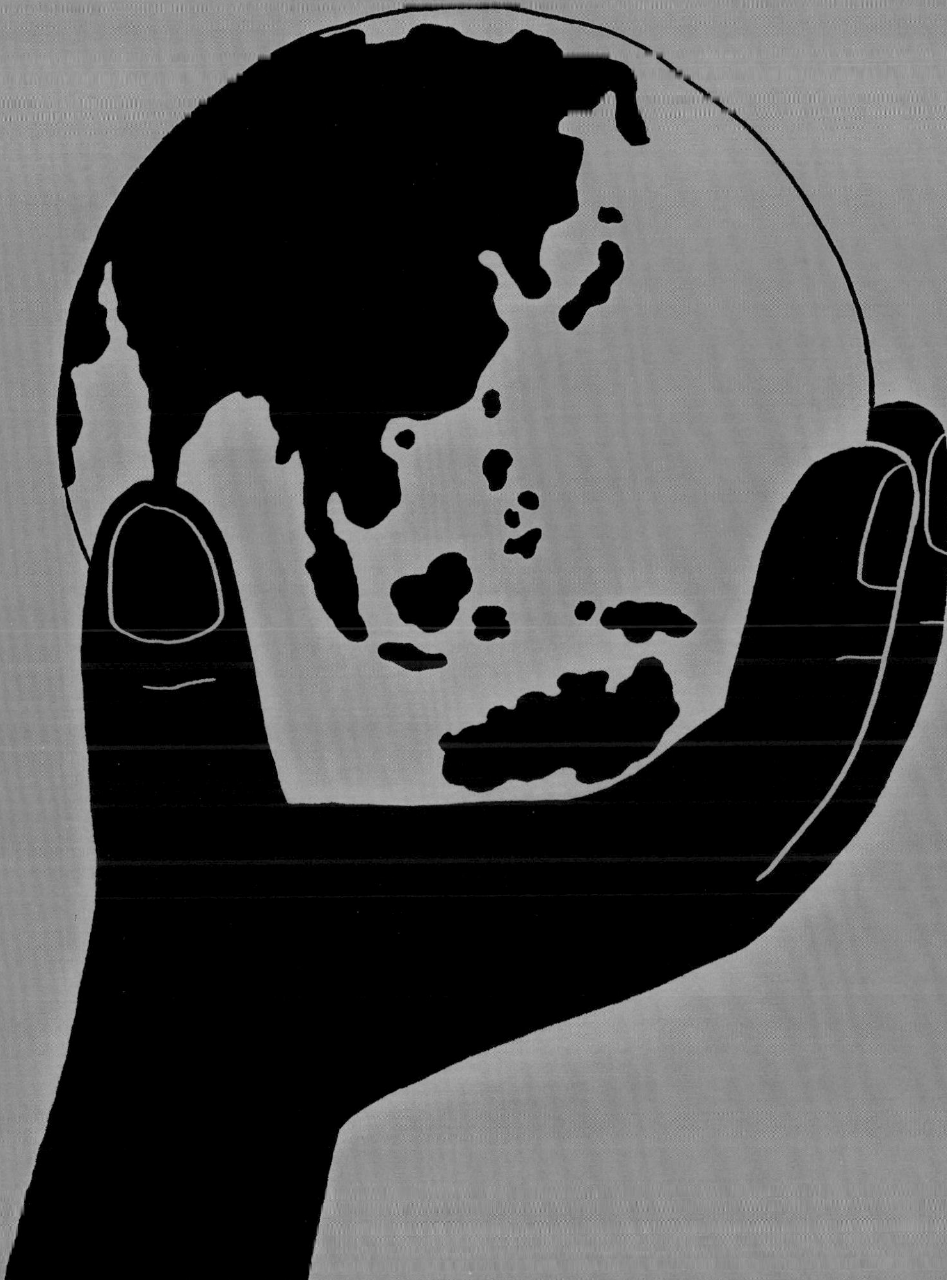

背景介绍

聚焦

增长与发展

主要事件

自1965年起 日本投资逐渐流向韩国。

此前

1841年 德国经济学家弗里德里希·李斯特认为，保护产业将有利于实现经济多元化。

1943年 波兰经济学家保罗·罗森斯塔·罗丹认为，穷国的发展需要政府投资的“大推动”。

此后

1992年 美国经济学家爱丽丝·阿姆斯登指出，韩国使用的绩效标准促进了工业的增长。

1994年 美国经济学家克鲁格曼认为，东南亚的“起飞”得益于物质资本的增加，而不是真正的创新。

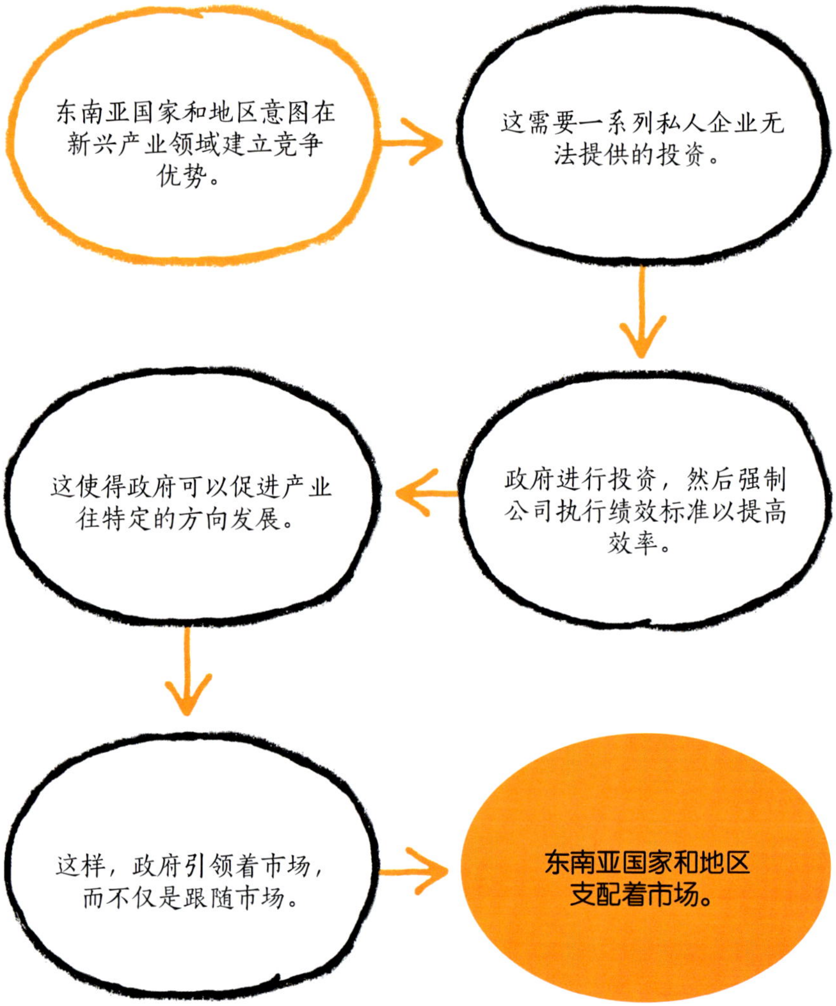

第二次世界大战后，一些东南亚国家和地区的经济飞速发展。在奉行积极干预主义的新政府的带领下，在短短几十年内，这些经济落后的国家和地区的工业逐渐强大起来。韩国、新加坡、马来西亚、泰国、印度尼西亚，以及中国等国家和地区的人均收入持续增长，速度超过了其他任何地区。

GDP（国内生产总值）常常被用来衡量一个国家的财富。1950年，韩国人均GDP（GDP除以人口总数）是巴西的一半；1990年，韩国人均GDP是巴西的两倍；2005年，韩国人均GDP已高达巴西的三倍。伴随着快速的经济增长，贫困人口显著减少。

到20世纪末，亚洲一些国家的生活水平已经与西欧相当，财富发生了史无前例的变化，因此被冠以“东南亚奇迹”的称号。

亚洲经济体的崛起得益于政府干预，而且政府与经济之间存在着密切的联系，这种模式后来被称为“发展型国家”模式。

第二次世界大战后，穷国和贫穷地区都迫切希望发展经济，政府的经济政策都以快速发展经济为目标。强大的政府机构参与指导各行业的经济活动，干预方式似乎远远超过西欧国家的尝试。然而，政府保留了民营企业，而且新的发展模式与国家计划不完全相同。政府

参见: 现代经济的出现 178~179页, 发展经济学 188~193页, 经济增长理论 224~225页, 市场整合 226~231页, 贸易与地理 312页。

1961年，朴正熙将军揭开了韩国快速发展的序幕。朴正熙恢复了韩国与日本的关系，并积极引进日本投资。

主导经济发展主要是将投资引向战略性的产业，以及促进厂商技术升级。这诱导劳动力从农业部门转向逐步扩大的工业部门。对教育的大量投资使工人掌握了新产业所需的技术，工业企业迅速开始出口产品，成为持续的、贸易主导型增长的动力。

一种新的国家和地区

以前从未出现过这种类型的国家。它挑战了有关政府经济角色的正统观点。标准经济学认为，国家的职责是纠正市场失灵，政府只提供公共物品，如国防和街道照明，因为私人市场不会主动提供这些公共物品。政府保证法院等公共部门正常运转，以遵守合同和保护产权，但是除此之外，政府的作用非常微小。古典经济学的观点是，一旦具备了市场运作的基本条件，国家就应该退出，让价格机制发挥作用。古典经济学认为，有利于市场运作的制度和有限的政府是一个国家工业化成功的关键。

一些经济学家认为，东南亚经济体的成功也体现了上述观点：国家通过支持而不是干预市场来促进经济发展。国家干预使资源和投资以符合市场的方式进行再分配，某种程度上政府在“纠正价格”。为了做到这点，政府努力维持宏观经济稳定，这对为投资者提供稳定性至关重要。政府通过提供国防和教育服务来纠正市场失灵。此外，政府还要建立港口和铁路等基础设施，因为私人厂商无力负担这些基础设施建设所需的巨额投资。东南亚发展型国家和地区因为遵循市场规律，所以取得了成功。

引导市场

新西兰经济学家罗伯特·韦德认为，东南亚发展型国家和地区既引导了市场，又追随了市场。它们通过低息贷款和补贴推动部分行业发展。通过引导市场，资源的分配与自由市场情况下大不相同。

美国经济学家爱丽丝·阿姆斯登认为，这种模式的特点是故意“让价格出错”，以建立新的竞争优势。至关重要的是，在补贴和贸易保护中生存的“幼稚产业”最终必须要成熟起来。国家和地区可以强制厂商执行绩效标准，因为必要时可以取消优惠待遇。

罗伯特·韦德认为，这些国家和地区引导市场的方式可以解释比较优势的产生。

最初，一个新兴行业的产品在价格上通常不具备国际竞争力。此外，新产品的生产还需要同时发

香港是一个重要的国际金融中心。

亚洲经济体的迅速崛起建立在出口的基础上。大型的处理集装箱的基础设施，如左图中新加坡的大型港口，就是政府为促进经济增长而建造的。

展其他行业和基础设施的支持。如果只让私营企业来建立这些发展基础，那么这一过程将非常艰难。

而且，如果鼓励提高效率，这些受保护的“幼稚产业”就会更具竞争力。为此，政府就必须违背简单的市场价格。这种情况曾在韩国的钢铁企业中发生过。

20世纪60年代，世界银行建议韩国政府不要进入钢铁行业，因为韩国在这方面不具备比较优势，其他国家就很容易在价格上打败韩国。但是，到20世纪80年代，韩国的大型企业浦项制铁已经成为世界上最高效的钢铁生产商之一。

政治干预

亚洲以外的其他国家也尝试了干预政策，但均告失败。

在拉丁美洲和非洲，对企业和部门的优惠待遇只产生了很小的激励效果，企业在竞争中受到保护，但国家没有执行绩效标准。新兴产业从来没有成长为成功的出口商。

尤其在拉丁美洲，优惠待遇与政治挂钩，只产生了很少的经济回报。与政府关系好的企业能够得到补贴和关税保护，但是并不会因此更高产。随着时间的推移，这些企业成了政府预算的包袱，它们在消耗而不是生产资源。“让价格出错”的方法没能帮助新兴产业建立比较优势，反而造成了生产的低效率和经济停滞。

在东南亚，成功的国家和地区似乎更能抵制来自私人利益的压力。20世纪60年代，在建立了新的钢铁企业以后，韩国政府保证，企业将以效率为首要目标。如果出现了政治利益阻碍国家约束企业，那么韩国也很可能会变成狭隘利益的仆人，目标也可能不再是提高整体经济效益。

国家必须保持独立自主，并抵制来自特殊群体徇私枉法的压力。同时，国家还要为企业提供贷款和技术支持。为了做到这一点并监控企业绩效，国家有必要将监管延伸到最小的经济单位。

经济机构必须掌握有关所有潜在投资的详细信息，并与企业负责人保持有效的联系。

美国经济学家彼得·埃文斯将发展型国家的成功特征称作“嵌入式自治”。只有具备了这个条件，国家才有机会在不受既得利益者指派的情况下“让价格出错”。要做到嵌入式自治非常困难，或许正是它的缺失才导致了发展中国家政府干预下的失败。

中国的崛起

随着20世纪90年代东南亚金融危机的出现，发展型国家模式再次遭到了质疑。

许多人认为，第二次世界大

“为创造有利可图的投资机会，政府……故意设定了相对错误的价格。”

——爱丽丝·阿姆斯登

战后曾推动工业快速发展的制度体系，到20世纪晚期时已经失去了效力。另一方面，中国惊人的崛起又复苏了有关发展型国家的观点，至少再现了那些与古典经济学不符但却曾带来快速经济变革的政策和制度。

20世纪70年代后期，中国开始了一系列制度改革。与亚洲经济体相似，中国创造了自己的发展模式，权威的政府负责促进私营部门和出口行业的发展。农业分散化经营，国有企业拥有更多自治权并面临更激烈的竞争。虽然没有引进西方的产权制度，这些改革仍然推动了私营经济活动的扩张。

中国独特的制度产生了替代性的激励效果，其结果很显著。

虽然与西欧国家相比，中国仍然没有达到与西欧国家同等的富裕程度，但是中国在20世纪90年代的快速发展使1.7亿人脱离了贫困，占发展中国家和地区贫困减少人数的四分之三。

中国和亚洲经济体的发展历程表明，不存在特定的发展道路。这些国家和地区干预经济的方式与欧洲过去发展经济曾采取的方法截然不同。

然而，似乎所有的发展模式，即使那些成功的模式，后来都会陷入困境。20世纪90年代，发展型国家的优势在亚洲国家和地区逐渐消失，部分制度开始失灵。为保持惊人的发展速度，这些国家必须做出适当的改变。■

随着中国工业化的发展，与大多数中国城市一样，杭州也经历了快速的发展，城市化程度快速提高。

产业政策与激励

东南亚发展型国家和地区给予特定行业的企业以优惠待遇，同时创造绩效激励。政府要求企业应达到特定的绩效标准，方式之一就是通过绩效竞赛给优胜者奖励。

通常，获胜的标准是成功的出口。奖品是信贷或得到外汇的权利。例如，在韩国和中国台湾，企业必须出示证据证明它们得到了出口订单，只有这样才能得到奖品。在韩国，私营企业可以竞标新兴产业的大型项目，比如造船。成功的企业在一段时间内会得到贸易保护，以避免国际竞争的冲击。绩效标准意味着企业在一定期限后必须具有国际竞争力，而失败的企业会受到惩罚。

韩国的钢铁工业是发展型国家取得成功的典型。2011年，韩国成为世界第六大钢铁生产国。

信念可以引发
货币危机

投机与货币贬值

背景介绍

聚焦

全球经济

主要人物

保罗·克鲁格曼（1953—）

此前

1944年 希腊经历了史上最严重的货币危机。

1978年 美国经济历史学家查尔斯·金德尔伯格强调了非理性行为在危机中的作用。

此后

2009年 美国经济学家卡门·莱因哈特和肯尼斯·罗格夫出版了《这次不一样：八百年金融荒唐史》一书，归纳了几个世纪以来金融危机的相似性。

2010—2012年 不同的国家享受不同的优先权、严重的政策失误，以及巨大的投机压力使欧元区几近解体。

当一国货币突然发生剧烈贬值时，货币危机就发生了。第二次世界大战后约30年里，世界上的主要货币都由布雷顿森林体系控制着，实行固定但可调节的汇率。

1971年，布雷顿森林体系解体，此后货币危机越来越频繁。

一般来说，人们大量出售一国的货币会引发货币危机。这种行为似乎产生于人们的预期与某些潜在经济弱点（被称为“基本面”）之间的相互作用，换句话说，产生于人们对感知到的问题的回应。经济学家们曾尝试建立这种相互作用的数学模型，但是每当他们认为找到了一个适合观测数据的模型时，新的危机又出现了。

货币危机的来龙去脉

与飓风一样，金融危机经常发生，但又很难预测。几个世纪以前，当货币还是贵金属时，如果统治者下令减少货币中的贵金属含量，货币就会逐渐贬值并失去价值。而当纸币盛行以后，高通货膨胀又会导致一国货币价值的暴跌。1923年，德国就发生过这样的情况，商品价格曾一度达到两天翻一番的惊人程度。

然而，货币危机的发生并不必然伴随着恶性通货膨胀。例如，1929—1933年的大萧条期间，矿产品和食品价格下降，依赖这些产品出口贸易的拉丁美洲国家的货币也随之贬值。

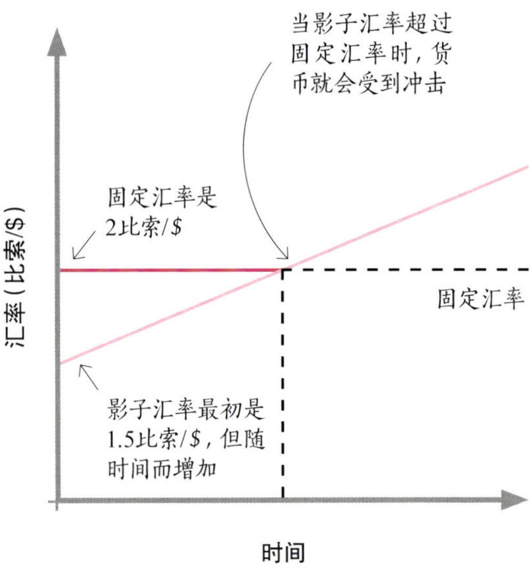

在第一代货币危机模型中，当一种货币与另一种货币挂钩，它的真实价值，或者说影子汇率，可能会降到固定价值以下。在这个例子中，当影子汇率上升到2比索/$之上，就会出现这种情况。此时货币很容易受到冲击，投机者在本币贬值的预期下会大量购买该国的外汇储备。

不一致的政策

1979年，美国经济学家保罗·克鲁格曼（Paul Krugman）在书中写道，只要政府实施与汇率不一致的政策，就会发生货币危机。

克鲁格曼的观点为第一代货币危机模型的产生奠定了基础。

首先，这些模型假设本国货币与外国货币之间存在固定的汇率，而且本国政府正经历预算赤字的状况，即政府支出超过税收收入，只能通过印刷钞票来筹集资金。增加货币供应后，由固定汇率确定的货币价值与政策出现不一致。在其他条件相同的情况下，政策将会导致本国货币的“真实”价值下降。

接下来，这些模型假设中央银行会出售外汇储备以支持本国货币。然而，假设还认为，人们会预见到中央银行的外汇储备终将被耗尽。这样一来，汇率必须浮动（自由贸易）和下降。

模型提出，存在着影子汇率，

参见: 经济泡沫 98~99页, 理性预期 244~247页, 汇率与货币 250~255页, 金融危机 296~301页, 银行挤兑 316~321页, 全球储蓄失衡 322~325页。

即当中央银行不维护固定汇率时汇率的真实状况。通过查看政府赤字，人们就可以知道任何时点的影子汇率是多少（或将是多少），当按固定汇率出售本国货币比按影子汇率出售更划算时，货币将会受到投机性的冲击，人们会从中央银行购进大量外汇储备。这时，本国货币被迫浮动，下降的影子汇率将变成真实的汇率。

当持续下降的影子汇率与固定汇率持平时，货币就会开始出现投机性冲击。

这个模型似乎与20世纪七八十年代拉丁美洲的货币危机有关，如1982年墨西哥的货币危机。然而，1992—1993年欧洲货币体系下爆发的货币危机却呈现出与这个模型截然不同的特征。在这一汇率机制（ERM）下，欧洲国家将它们的货币与德国马克（DM）有效地固定起来（或叫挂钩）。

图为2009年一个妇女在检查新的津巴布韦纸币。一段时期的恶性通货膨胀之后，政府调整了币值，去掉了旧纸币上末尾的12个零。

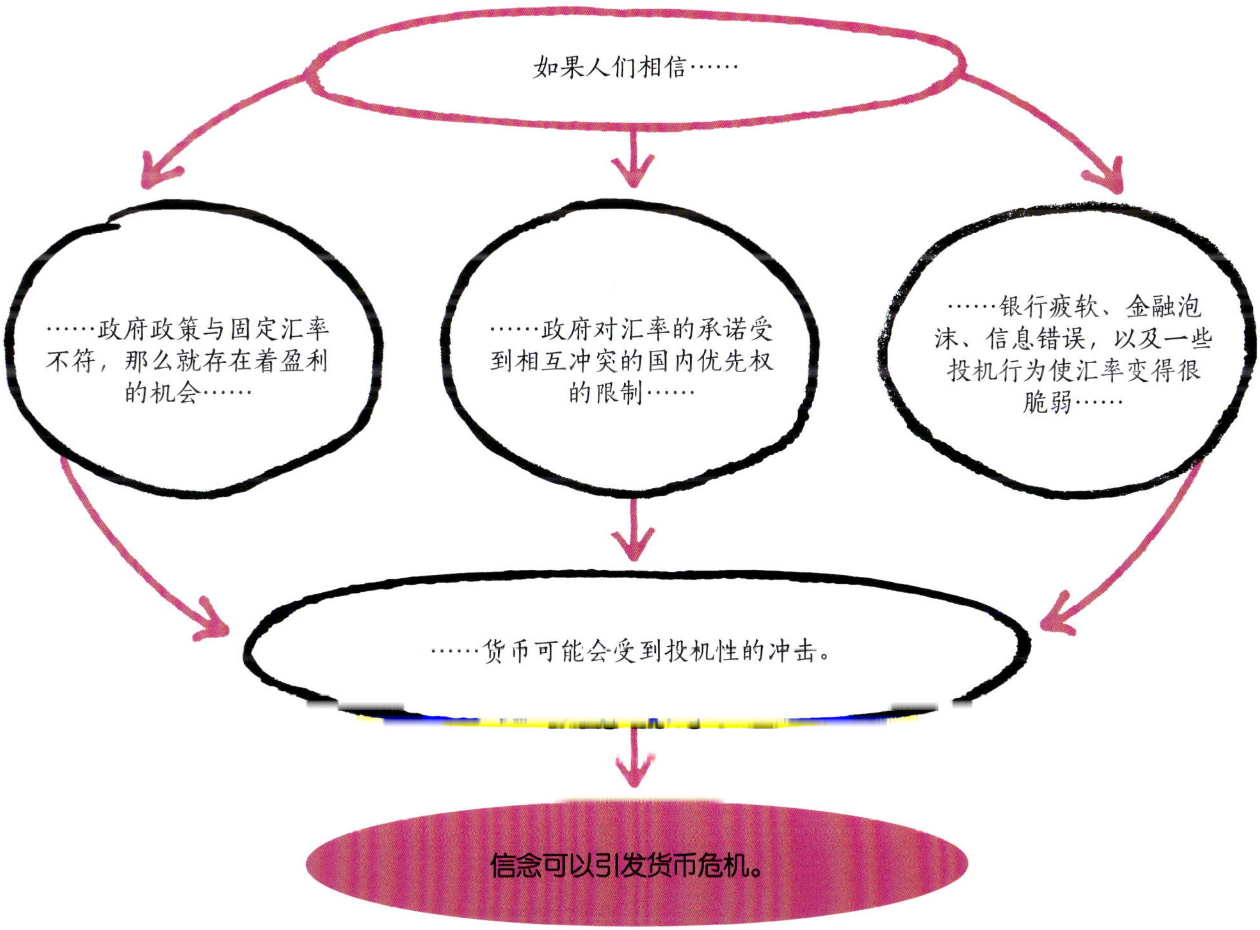

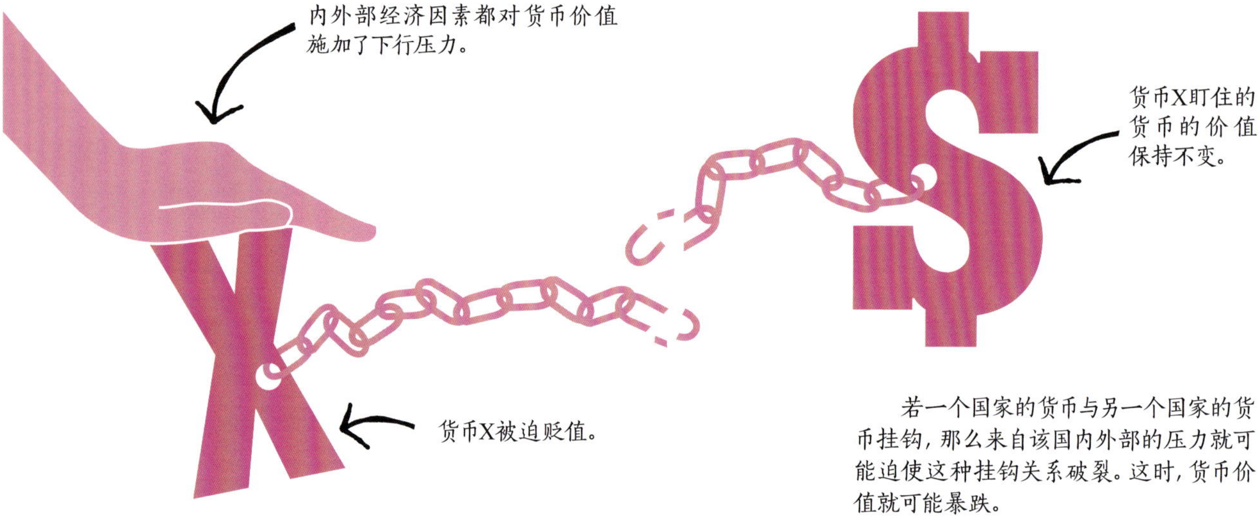

若一个国家的货币与另一个国家的货币挂钩，那么来自该国内外部的压力就可能迫使这种挂钩关系破裂。这时，货币价值就可能暴跌。

一些货币面临着投机压力，尤其是来自金融家乔治·索罗斯的压力。很难说英国等国家实施的政策与目标汇率不一致。英国的预算赤字很少，以前常常都是盈余状态，然而令英国财政部部长诺曼·拉蒙特大为尴尬的是，1992年英国被迫退出欧洲汇率机制。要解释这些事件，就需要有一个新的模型。

自我促成的危机

在第一代货币危机模型中，政府的政策是“固定的”，即机械地使用外汇储备来维护本国货币。第二代货币危机模型允许政府做出选择。虽然政府可能会坚持固定汇率，但是，这一“规则”也有例外。如果失业率变得非常高，政府可以放弃对固定汇率的承诺，因为维持货币价值（比如通过高利率的方式）的社会代价太高。从2012年的希腊危机中，我们可以看到政府在困境中做出的艰难选择。然而，如果没有投机性冲击，这些额外的社会成本就不会产生了。

这些模型意味着存在多种可能的结果，也就是经济学家们所谓的“多重均衡”。当有足够多的人相信其他人将会冲击货币时，投机性冲击就可能会发生。随着人们对货币的冲击，危机就发生了。但是，如果没有这些信念，那么危机就可能不会发生。在这些模型中，危机是“自我促成的”。一种极端的情况是，人们认为危机的发生与一个国家的经济基础没有关系。这些新模型建立在美国经济学家莫里斯·奥布斯菲尔德等人的研究之上，允许政府使用利率等工具来维护货币，如提高利率以防止货币贬值，因此新模型似乎比以前的模型更实际一些。此外，这些新模型似乎与欧洲汇率机制危机有着异曲同工之处，政府的政策都受到高失业水平的限制。

> **一个国家抵制货币投机的唯一的、绝对正确的方式……是不要拥有独立的货币。**
>
> ——保罗·克鲁格曼

金融脆弱性

1997年的东南亚金融危机似乎不适合最初的两类模型。失业不是首要的问题，但东南亚国家的货币受到了突然的、大规模的投机性冲击。在第二代货币危机模型中，货币贬值的例外情况是本应降低经济的社会成本，但货币急剧贬值之后的衰退尽管很短暂，后果却是很严重的。

由银行业繁荣和萧条导致的金融脆弱性此时发挥着重要的作用。鉴于这一点，经济学家开始关注经济薄弱环节与投机者自我实现期望之间的相互作用。

这种第三代模型考虑到了新的金融脆弱性，比如当企业和银行借入外币并借出本币时产生的金融脆弱性。当货币贬值时，银行将无法偿还债务。这些弱点会引发投机性冲击和危机。

与发展经济学理论一样，经济学家也在寻找货币危机的征兆。在1996年的一篇文章中，杰弗里·弗兰克尔和安德鲁·罗斯回顾了105个发展中国家从1971年到1992年间发生过的货币危机。他们发现，发生货币贬值的情况有如下几种：外国资本流入枯竭，中央银行的外汇储备较少，国内信贷增长较快，主要的外币（尤其是美元）利率上升，实际汇率（与外国相比的本国贸易产品的价格）较高。这所有的一切意味着一个国家的产品在国际市场上丧失了竞争力。

经济学家们认为，通过监测这些信号，或许可以提前一到两年预测到危机。

避免危机

研究表明，在近代历史中，人类社会有5%～25%的时间都处在危机之中。人们可能仍然无法预料到未来的危机，但可以观察实际汇率、出口和活期存款账户，以及相对于中央银行的国际储备而言的经济中的货币量，这些信号能够提醒我们货币危机是否正在接近。过去几十年的经历充分暴露了危机的金融根源。经济学家们现在担心的是“双重危机”，即货币与银行危机的恶性螺旋循环。一些人认为，金融管制的迅速放松和国际资本市场的自由化导致了金融和监管机制脆弱的国家发生危机。除了关注未来危机的宏观经济信号，政府还需要注意这些制度的漏洞。■

东南亚金融危机

1997年的东南亚金融危机似乎没有任何征兆，迅速地袭击了有着强劲增长纪录和政府盈余的国家和地区。在这次危机之前，东南亚大多数国家和地区的汇率都与美元挂钩。危机最开始的迹象是泰国和韩国大量商业企业的倒闭。1997年7月2日，在长达几个月时间拯救固定汇率的抗争后，泰铢贬值。随后菲律宾被迫于当年7月11日实行浮动汇率制，7月14日马来西亚林吉特贬值，8月14日印度尼西亚卢比贬值。在不到一年的时间里，印度尼西亚、泰国、韩国、马来西亚和菲律宾的货币贬值率达到40%～85%。

这次危机被指责源于严重的银行业危机。借贷通常是短期的，当外国资本被抽走后，问题便接踵而至，货币纷纷暴跌。

在雷克雅未克，冰岛人民走上街头，谴责政府在处理2008年金融危机中表现不佳。在此次危机中，冰岛克朗的官方价值下降了三分之一以上。

中标人买贵了

赢家的诅咒

背景介绍

聚焦

决策

主要人物

威廉·维克里（1914—1996）

保罗·米格罗姆（1948—）

罗杰·迈尔森（1951—）

此前

1951年 美国数学家约翰·纳什提出了博弈论里的均衡概念，后来成为拍卖理论的信条。

1961年 加拿大经济学家威廉·维克里运用博弈论分析了拍卖现象。

此后

1971年 研究表明，在钻井租赁竞标中，石油公司可能没有意识到“赢家的诅咒”。

1982年 美国经济学家保罗·米格罗姆和罗伯特·J.韦伯表示，当竞标者知道竞争对手的估价后，“英式拍卖”能使卖方得到最高的价格。

在拍卖中，当不确定出售物品的价值时，每一位竞标者会根据自己的估价做出决定。

↓

如果竞标者各自独立地估价，那么将会存在许多不同的价格。

↓

物品的实际价值倾向于接近不同竞标者估价的平均值。

↓

最终，物品将出售给出价高出拍卖物品实际价值最多的竞标者。

↓

中标人买贵了。

拍卖在很早以前就已经存在了，但经济学家们最近才开始意识到，拍卖是博弈论竞争策略的理想试验场。20世纪50年代，当数学家发现简单的游戏可以阐明人们直接竞争的情形时，博弈论异军突起。但是这个想法很难被应用于现实生活当中。然而，严格的拍卖规则、有限的拍卖参与者，以及投机性购买策略似乎更接近于博弈理论。

拍卖类型

20世纪60年代，加拿大经济学家威廉·维克里（William Vickrey）首次将博弈论应用于拍卖。他比较了三种最常见的拍卖方式：“英式拍卖”用于英国艺术剧院中的拍卖，竞标价格持续上升，直到只剩下一个竞标者为止；“荷兰式拍卖”用于荷兰花卉市场等场合的拍卖，拍卖价格持续下降，直到有人愿意接受某个价格为止；在“首价密封拍卖”中，竞标者提交密封后的竞标价格，价高者得。而维克里提出了第四种拍卖方式，

参见：竞争性市场 126~129页，风险与不确定性 162~163页，社会选择理论 214~215页，博弈论 234~241页。

拍卖中存在这样一种风险，即中标者高估了拍卖品的价值。这种不幸被称为“赢家的诅咒”。

这种方式与“首价密封拍卖”类似，出价最高者获胜，但只需要支付第二高的价格。

通过数学运算，维克里证明，当竞标者彼此独立地对拍卖品估价时，所有四种拍卖方式给卖方带来的收益一样，这一发现被称为“受益等价定理”。

阴影投标

维克里表示，竞标者的出价最好比他的估价低，否则最终的成交价可能会高得离谱。拍卖理论将这一策略称为“阴影投标”。20世纪70年代，石油公司竞标海上钻探权，结果通常支付过多，于是“阴影投标”的观点就出来。拍卖理论家发现了“赢家的诅咒”现象：与其他竞标者相比，中标者的出价要高出实际最多。假设你出价100英镑并成功赢得了一幅画。你之所以获胜，是因为你的出价比其他所有人都高。再假设第二高的出价是98英镑，那么你本可以出更低的价格（例如98.01英镑）就能竞标成功。一般来说，中标者都会支付过多，比如在这个例子中就多支付了1.99英镑。

拍卖理论可以被用来设计拍卖方式，使卖方的收益最大化，同时保证最想得到拍卖品的人中标。20世纪90年代，美国政府频谱拍卖（详见右栏）的成功为这一新的经济学领域创造了知名度。对许多人来说，这证明了博弈论不仅是理论，还确实可以被应用于现实的市场。而其他人坚持认为，拍卖是一种特殊的市场，运用博弈论不能完全解释拍卖问题。无论如何，拍卖已经超越了传统的政府采购和公共债券采购领域。■

频谱拍卖

20世纪90年代，在产业私有化过程中，美国政府的拍卖热潮使拍卖理论声名大噪。其中最大的一笔拍卖是移动通信公司耗巨资竞标一部分电磁频谱以用于数据传输。美国政府希望最大化自己的收益，但同时也希望那些最想得到这些电磁频谱的企业中标。

1993年，美国联邦通信委员会（FCC）聘请拍卖理论家设计了2500张电磁频谱许可证的拍卖。与此同时，各个移动通信公司也雇用了拍卖理论家设计他们的出价策略。美国联邦通信委员会最终运用了经过调整的英式拍卖：投标者的身份被保密，以避免报复性投标或串通压低价格的出现。这次拍卖打破了所有拍卖的纪录，这种拍卖方法也因此被广泛应用。

荷兰式拍卖，如用于荷兰阿斯米尔花市的拍卖方式，最初定价很高，随后慢慢下降，直到有人接受该价格。第一个阻止价格继续下降的投标者将购得这些鲜花。

稳定的经济下孕育着不稳定的种子

金融危机

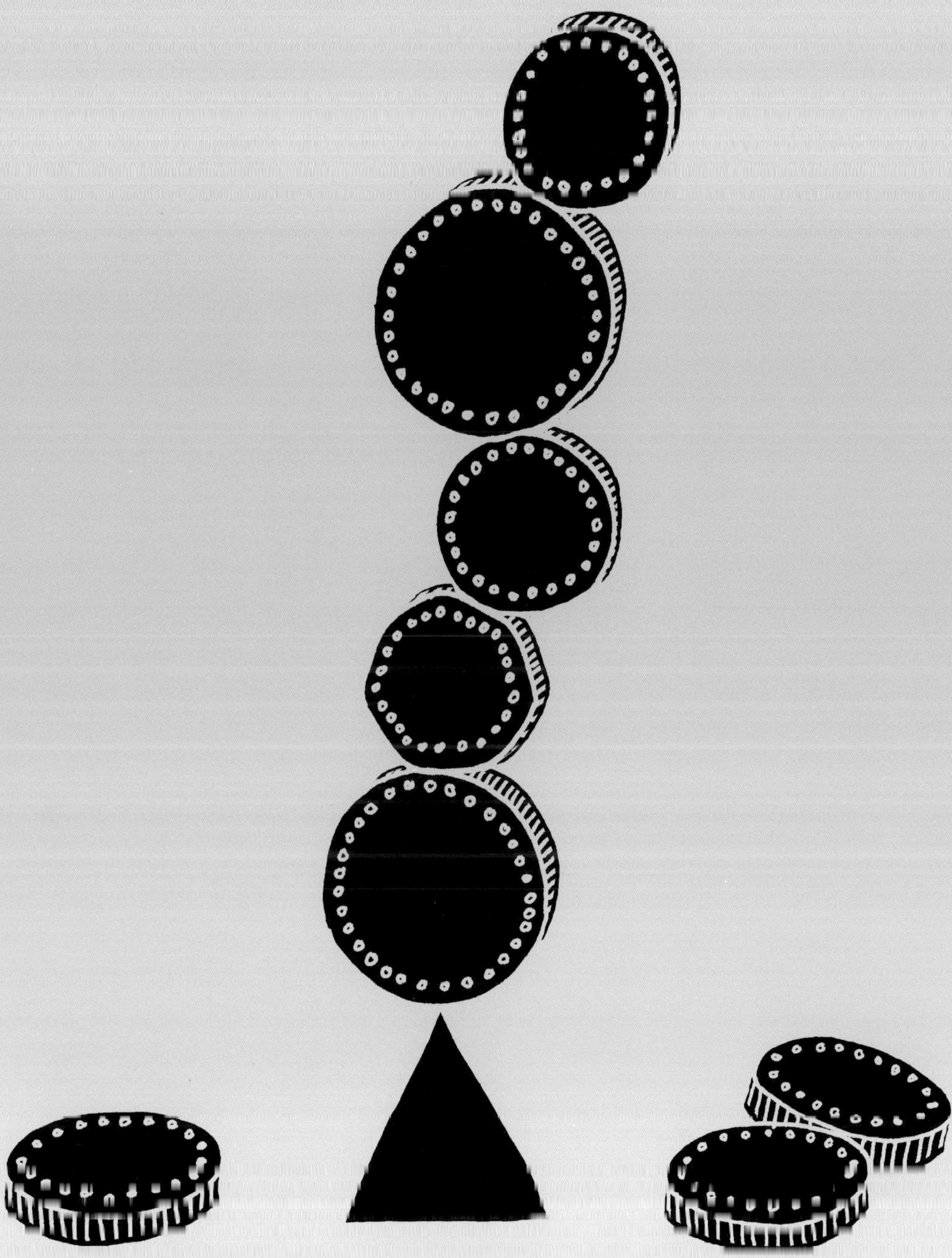

背景介绍

聚焦

银行业与金融

主要人物

海曼·明斯基（1919—1996）

此前

1933年 美国经济学家欧文·费雪描述了债务导致经济不景气的过程。

1936年 英国经济学家约翰·梅纳德·凯恩斯认为，金融市场在经济运行中的作用比以前认为的更大。

此后

2007年 美籍黎巴嫩风险理论家纳西姆·尼古拉斯·塔勒布出版了《黑天鹅》一书，批判了金融市场的风险管理程序。

2009年 美国一家大型投资基金公司的前任总经理保罗·麦克里，将繁荣与衰退之间的转折点定义为“明斯基时刻”。

有关经济体系不稳定性的争论贯穿着整个经济思想史。在亚当·斯密之后，古典经济学家认为，经济总是趋向于实现稳定的均衡。虽然总是存在干扰均衡的因素，使经济出现繁荣和衰退，但经济最终还是会趋于稳定，实现完全就业的。

1929年的大萧条使经济学家们开始更细致地研究经济周期。1933年，美国经济学家欧文·费雪（Irving Fisher）描绘了经济是如何由繁荣走向衰退的。他认为过多的债务和下降的价格导致了经济的不稳定，从而使经济走向衰退。三年后，凯恩斯对经济能自我修复这个观点提出了质疑。凯恩斯在他的《通论》中提出，一旦陷入泥潭，经济几乎没有自己走出来的可能。

这些研究有利于帮助我们理解现代经济在本质上的不稳定性。1992年，海曼·明斯基（Hyman Minsky）在文章《金融不稳定假说》中再次研究了这个问题。这篇文章指出，现代资本主义经济内部孕育着自我毁灭的种子。

图为查尔斯·庞兹，摄于1910年在美国被捕后。他因通过承诺不现实的投资回报进行诈骗而获罪。明斯基将资本主义的繁荣比作庞氏骗局，认为它注定会崩溃。

在凯恩斯看来，现代资本主义经济与18世纪的经济不同，最主要的区别在于货币和金融机构所扮演的角色发生了变化。1803年，法国经济学家萨伊对经济做出了一个经典的解释，他认为经济在本质上是精确的物物交换体系，人们生产产品以换取货币，然后用换来的货币购买自己需要的东西。这种交换实际上是以物易物，货币仅是一种润滑剂。凯恩斯则认为，货币的作用不仅如此，它还使交易可以跨越时间的限制。例如企业可以借钱修建工厂，未来工厂盈利后，企业再归还贷款和利息。明斯基指出，不仅企业可以从中受益，政府还可以发

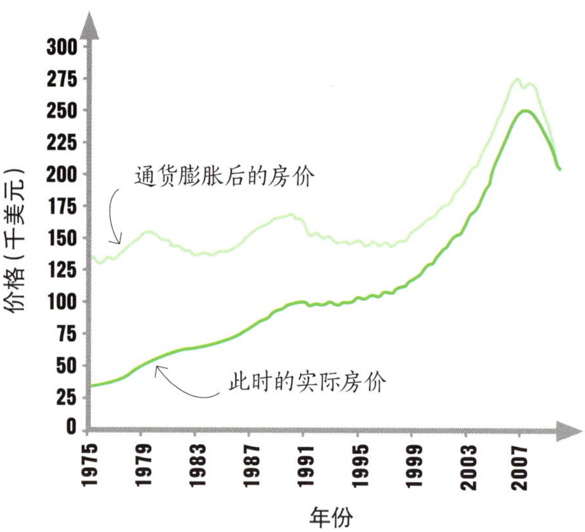

由于银行越来越多地抵押贷款给那些没有偿还能力的人，从20世纪90年代开始，美国房价急速上升，一直到2007年金融危机爆发。

参见：金融服务 26~29页，繁荣与萧条 78~79页，经济泡沫 98~99页，经济均衡 118~123页，金融工程 262~265页，银行挤兑 316~321页，全球储蓄失衡 322~325页。

行国债融资，消费者也可以大量举债按揭汽车和房产。金融市场为跨时期交易提供了资金支持，政府和消费者也是这个复杂市场的组成部分。

负债的商人

明斯基认为，现代经济和前资本主义经济之间还存在另外一个较大的区别。他指出，银行系统不只是简单地将贷款人与借款人联系起来，它还在努力地创新借贷的方式。例如20世纪70年代开发的被称为担保债务凭证（CDOs）的金融工具，它由不同的金融资产（贷款）组合而成，其中一些资产风险很高，另一些风险则较低。随后，这些新的资产被分解成更小的部分出售。每个部分都包含各种债务的混合。1994年，信贷违约掉期出现，用于防范违约风险，保护资产安全。这两种创新都鼓励贷款供应进入金融系统，这就增加了金融系统流动资产或现金的供应。明斯基认为，这些创新意味着政府不再能够控制经济中的货币数量。如果存在着贷款需求，金融市场总会找到方法来满足它。

> 货币是一个面纱，遮盖了真实的经济行为。
>
> ——阿瑟·庇古

根据明斯基的观点，第二次世界大战以后，资本主义经济就已经不受大政府或大商业的控制了。相反，它受到货币市场的影响。金融市场对人们行为的影响使资本主义制度自身孕育了自我毁灭的种子。明斯基认为，经济稳定增长的时期越长，人们越相信繁荣会持续下去。随着信心增加，冒险的欲望也越强。相反，稳定发展的时期越长，就越有可能给经济带来致命的不稳定性。

基于对三种不同投资选择的分析，明斯基解释了经济是如何由稳定发展到不稳定的。通过简单分析买房的方式就可以说明这一点。最安全的决定是保证未来的收入能够偿还贷款的本金和利息。

明斯基将它们称作对冲单位，这样的贷款无论对贷款人还是借款人都只有很小的风险。如果人们对未来更有信心，他们就可能会买更大的房子，而他们的收入可以偿还贷款利息，却无法偿还本金。他们

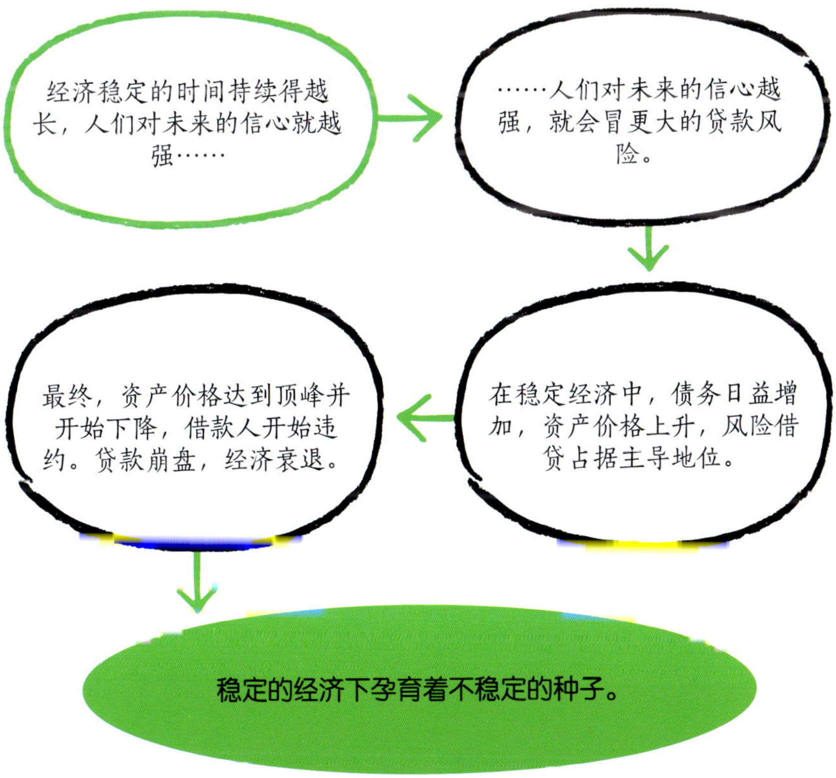

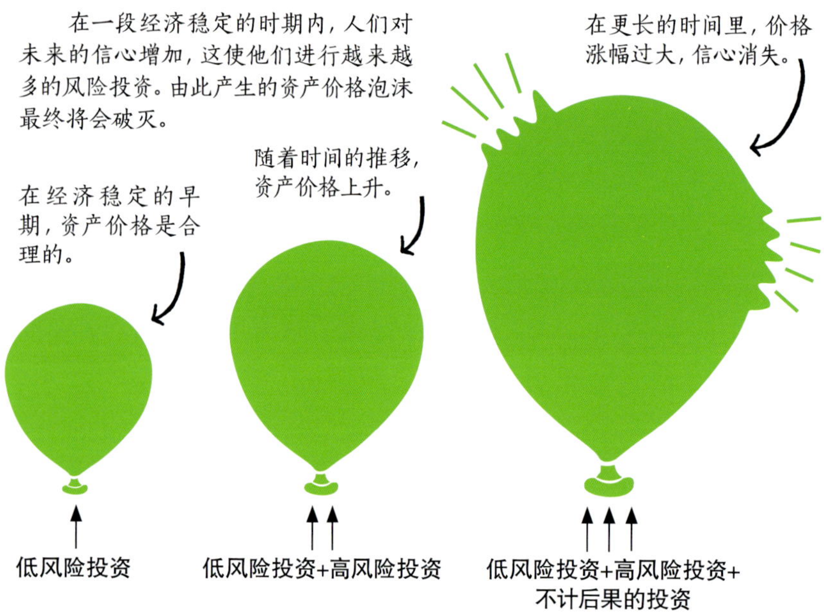

的想法是，经济积极稳定地增长一段时间后，需求将会增加，那么房子的价值也会上升。明斯基将这些人称为投机性借款人。

随着时间的推移，如果经济保持稳定增长，给人们带来的信心持续增加，那么冒更大风险的欲望会驱使人们买房，即使他们的收入甚至不能偿还利息，这使债务的总体水平上升，至少在短期内如此。人们认为，房价上升速度非常快，这足以弥补利息支付的差额。第三种投资将会带来最大的不确定性。明斯基将第三种投资者称为庞氏借款人，这个名称来源于美籍意大利移民查尔斯·庞兹，他是第一批被抓获的金融诈骗犯之一，现在的一些金融诈骗被称作“庞氏骗局”，即通过承诺非常高的投资回报来募集资金。最初，骗子们用新投资者的钱去支付股息。通过这种方式，他们可以维持一种繁荣的假象，让人们认为投资有利可图，以此吸引更多的客户投资。然而，由于不能兑现承诺的高回报，骗局很快被揭发。被骗的投资者可能会蒙受巨额损失。

房地产泡沫

美国房地产市场近年来的发展最能说明长期稳定发展的经济是如何在内部滋生不稳定因素的。20世纪七八十年代，标准的抵押贷款会确保贷款人能偿还利息和本金，也就是明斯基所说的对冲单位。然而，到20世纪90年代末期，持续稳定的经济增长使房价日益上涨，越来越多的人通过仅支付利息的按揭贷款购房，因为他们预计房价会继续上升。于是，金融系统开始提供一批“庞氏”风格的抵押贷款，贷款给那些收入很低，甚至连利息都无法偿还的人，这些就是次级抵押贷款。每个月未能偿还的利息会被计入债务总额。只要房价继续上涨，房产价值就会比债务更大。只要不断有人进入房地产市场，房价就会继续上升。与此同时，发放抵押贷款的金融行业将贷款打包，作为资产转手卖给其他银行。这些资产将会在未来30年内带来持续的收入流。

2006年，这一冒险游戏结束了。由于美国经济停滞不前，人们的收入下降，对新房产的需求减弱。随着房价增长速度放缓，越来越多的违约现象出现了，因为借款人发现自己的债务不减反增。被银行收回的房屋越来越多地进入市场，导致房价下跌。

2007年，美国经济达到了所谓

图为房产经纪人在向一对夫妇展示一套房屋。在美国房地产市场的兴盛时期，银行基于房价上涨的预期发放贷款，即使无力偿还抵押贷款的人也被鼓励买房。

> 资本主义经济特有的行为属性，始终围绕着金融对系统行为的影响。
>
> ——海曼·明斯基

的“明斯基时刻”。此时，不可持续的投机变成了危机。房地产市场的崩溃给银行留下了巨额的债务，并且由于没人知道都有谁购买了有百害而无一利的抵押贷款，金融机构之间也停止了相互借贷。因此，银行开始倒闭，其中，2008年雷曼兄弟的破产最让人震惊。正如明斯基曾经预言的那样，近乎灾难性的金融系统崩溃正日益临近，因一段稳定时期产生的大量债务为剧烈动荡创造了条件。

明斯基预测，可以通过如下三个行动来终止灾难性的动荡。此外，明斯基还预测到了在修正这些错误的过程中存在的问题。

第一，中央银行可以作为最终贷款人救助银行系统。明斯基认为，这可能会进一步增加银行系统未来的不稳定性，因为这会使银行相信它们会受到保护，进而冒更大的风险。

第二，政府可以增加其债务以刺激经济需求。然而，在危机时期，即使政府也同样面临债务融资问题。

第三，应对金融市场实施更严格的管制。明斯基坚信，从长远来看，这是非常必要的。然而，货币市场快速的创新将使监管非常困难。

在明斯基看来，金融不稳定性是现代资本主义的关键所在。货币不再是遮盖真实经济运作的面纱，它就是经济。现在，越来越多的人开始关注明斯基的观点。■

2009年，伯纳德·麦道夫因组织了史上最大的庞氏骗局而获罪。在骗局彻底崩溃前的40年里，麦道夫从投资者身上骗取的资金超过180亿美元。

海曼·明斯基

海曼·明斯基，生于芝加哥，是一个政治左派的经济学家。明斯基曾在芝加哥大学学习数学，随后转向学习经济学，他憧憬一个更好的世界，同时也着迷于现实的商业世界。他曾在美国一家银行做了30年的顾问和董事。第二次世界大战中，明斯基随美国陆军在国外生活了一段时间，回国后在华盛顿大学担任经济学教授，在此度过了大部分学术生涯。

作为一个原创思想家和天生的沟通能手，明斯基很擅长交朋友。在学术上，他更感兴趣的是思想，而非数学上的严谨性。资金流动的观点贯穿他所有的研究。一定程度上出于选择，明斯基一生中一直停留在主流经济思想的边缘，但自从他去世后，尤其是他预见到的危机在2007—2008年成为现实之后，明斯基的思想变得越来越有影响力。明斯基婚后育有两个孩子。明斯基在1996年死于癌症，享年77岁。

主要作品

1965年《劳动与反贫抗争》
1975年《约翰·梅纳德·凯恩斯》
1986年《让不稳定的经济稳定下来》

企业支付的工资高于市场工资

激励与工资

背景介绍

聚焦
市场与厂商

主要人物
约瑟夫·斯蒂格利茨（1943—）
卡尔·夏皮罗（1955—）

此前
1914年 在经济衰退期间，美国汽车制造商亨利·福特宣布，福特公司的工资翻倍为每天5美元。

20世纪20年代 英国经济学家马歇尔提出了效率工资的想法。

此后
1938年 《公平劳动标准法案》将最低工资引入了美国。

1984年 卡尔·夏皮罗和约瑟夫·斯蒂格利茨提出，效率工资可以减少懒惰现象。

1986年 美国经济学家乔治·阿克洛夫和珍妮特·耶伦提出了支付效率工资的社会理由，比如鼓舞士气。

美国经济学家卡尔·夏皮罗和约瑟夫·斯蒂格利茨认为，企业支付的工资一定比市场工资更高，因为社会上总存在失业群体。他们运用“效率工资”来解释这个问题。雇主之所以选择支付比市场工资更多的报酬，是因为值得这么做，这样他们会从员工那里得到更多。

市场的“不完美”导致了这种情况的出现。雇主监控员工是否努力工作需要很大的成本（经济学家称这一问题为“道德风险”）。夏皮罗和斯蒂格利茨提出，效率工资可以减少懒惰现象。如果员工知道被解雇后能马上得到新的工作，那么他们就会在现在的工作上表现得很懈怠。但如果员工认为现在工资很高，而被解雇后可能出现的长期失业增加了失去工作的成本，那么他们就不太可能懒惰。

1913年，在亨利·福特彻底改装过的装配线上，工人们正在生产T型汽车。福特的观点是，企业的工人应该同时是企业最好的客户。

同样，雇主要观察员工的能力也需要巨大的成本，而效率工资可以帮助他们吸引更优秀的求职者。其他的解释还包括，雇主希望鼓舞士气、减少人员流动（工资越高，越容易留住员工，并可以避免昂贵的培训支出）等。此外，高工资还有利于保持员工身体健康以更好地完成工作，这在发展中国家尤其重要。效率工资还能解释为什么即使需求下降，企业也不会削减工资，因为如果削减工资，优秀的员工很可能会离开。■

参见：供给和需求 108~113页，经济萧条与失业 154~161页，市场信息与激励 208~209页。

经济衰退期间实际工资在上升

黏性工资

背景介绍

聚焦

宏观经济

主要人物

约翰·泰勒（1946—）

此前

1936年 约翰·梅纳德·凯恩斯提出，政府干预可以帮助经济走出衰退。

1976年 萨金特和华莱士提出，理性预期会使凯恩斯主义宏观经济政策失效。

此后

1985年 格雷格·曼昆指出，“菜单成本”（公司改变价格的成本）可能会导致价格黏性。

1993年 美国经济学家约翰·泰勒提出了“泰勒规则”，认为中央银行应该实施积极的货币政策以稳定经济。

凯恩斯经济学假设工资的货币数量不会下降，即货币工资是“黏性的”，并且对变化的市场环境反应很迟缓。当发生经济衰退时，商品价格下降，使工资的实际价值增加。紧接着，企业需要的劳动力减少，失业率上升。

新凯恩斯主义经济学家，如美国的约翰·泰勒（John Taylor），试图解释这种黏性工资。20世纪70年代，理性预期概念的出现使凯恩斯经济学漏洞百出。由于货币工资会下降，政府刺激经济的政策也可能失效，因此不存在持久性的失业。新凯恩斯主义经济学家则提出，即使在理性预期下，失业也可能长期存在，政府政策也同样有效，因为黏性工资与个人理性可以共存。

约翰·泰勒和美国经济学家格雷格·曼昆（Greg Mankiw）认为，商品的价格也可能是黏性的，因为存在着所谓的“菜单成本”，即做出改变的成本，如印刷新的价目表。劳动合同也可能导致价格黏性，因为合同期内的工资是固定不变的。早期的凯恩斯模型没有考虑到个体行为和理性这两个因素。新凯恩斯主义经济学家为凯恩斯经济学的结论找到了更牢固的理论基础。■

> 如果你希望只向一位经济学家了解经济所面临的问题，这个人毫无疑问应是约翰·梅纳德·凯恩斯。
>
> ——格雷格·曼昆

参见：经济萧条与失业 154~161页，凯恩斯乘数 164~165页，理性预期 244~247页，激励与工资 302页。

找工作就像找对象或找房子一样

搜寻与匹配

背景介绍

聚焦

决策制定

主要人物

乔治·斯蒂格勒（1911—1991）

此前

1944年 英国政治家威廉·贝弗里奇认为，如果失业率很高，那么职位空缺数量就会很少。

此后

1971年 美国经济学家彼得·戴蒙德表示，昂贵的搜寻成本阻止了实际生活中出现“单一工资”的现象。

1971年 在能找到工作的情况下，技术熟练的工人的失业数量为何还会增加呢？美国经济学家戴尔·莫滕森对这一现象进行了研究。

1994年 英国经济学家克里斯托弗·皮萨里德斯为搜寻与匹配理论提供了实证研究的数据和模型。

通常，我们很容易决定去哪里买面包或肥皂，因为可以轻易找到许多超市。但是如果你要购买一辆特殊的二手车或一个特制的古老乐器，又该如何选择呢？根据古典经济学的市场观，供给和需求总是相等的，买卖双方能很快发现对方，不需要成本，并且双方掌握了所有有关商品和服务价格的信息。然而，任何尝试过寻找合适的二手车、新房或恋爱对象的人，都知道现实中几乎不存在这样的情况，不需要任何成本是不可能的。

在网络约会“市场”上，人们既是“买家”，也是“卖家”。人们不可能无限地搜寻下去，因此人们将把搜寻限定在一定范围内以提高效率。

搜寻摩擦

当市场上买卖双方不能自动找到对方时，我们就说存在着“搜寻摩擦”。经济学家们逐渐开发出了“搜寻理论”来研究这些摩擦。该理论的主要关注点之一是工作搜寻与失业问题。

古典的劳动力市场模型假设存在着劳动力供给表（任何给定的工资下愿意工作的工人数量）及劳动力需求表（任何给定的工资下雇主可以提供的职位数量）。当两个表的工资相匹配时，供给就等于需求，市场达到均衡。那么为什么在任何时候都存在大量找工作的工人，并同时存在大量需要工人的雇主呢？

20世纪60年代，美国经济学家乔治·斯蒂格勒认为，古典经济学家采用的“单一工资”市场只有在劳资双方搜寻工资信息没有成本的情况下才会存在。在任何市场上，只要产品（如工作）存在区别，就

参见：自由市场经济学 54~61页，经济萧条与失业 154~161页，理性预期 244~247页，黏性工资 303页。

经济学家们假设，买卖双方总能很快地找到对方……

……而且买方可以轻易地从卖方那里得到他所需要的全部信息。

但实际情况并非如此，并且如果每次搜寻都要耗费时间和金钱的话，问题就变得更加复杂。

在就业市场上，个人不得不将他搜寻空缺职位的活动限定在一定的时间和金钱预算之内。

找工作就像找对象或找房子一样。

会存在搜寻成本。

搜寻成本越高，类似工作的工资浮动范围就会越大。求职者知道不同雇主给出的工资不一样，因此必须决定搜寻范围的大小和时间的长短。斯蒂格勒的研究表明，要进行最好的搜寻，求职者应该拒绝任何待遇低于其“保留工资”（他们愿意接受的最低工资）的工作，并接受任何高于其“保留工资”的工作。这个模型（画一条可接受的水平线）对任何市场上的搜寻都有效，即使是婚介市场也不例外。

由于对搜寻与匹配理论的贡献，经济学家彼得·戴蒙德（Peter Diamond）、戴尔·莫滕森（Dale Mortensen）和克里斯托弗·皮萨里德斯（Christopher Pissarides）共同获得2010年诺贝尔奖。戴蒙德发现，即使搜寻成本只增加了一点点，也会导致商品价格上升。买家不愿意支付第二次或第三次搜寻的成本，因此卖家知道，如果买家搜寻范围内的商品价格上升一点点，买家是不会注意到的，因为他们没有其他可对比的搜寻结果。

搜寻与匹配理论影响了失业政策的制定。无条件的政策可能反而会鼓励失业者不积极搜寻和接受工作，而鼓励找工作的政策却有利于提高劳动市场的效率。■

全球性失业

尽管现在很多人都拥有高收入的、满意的工作，但世界上有些地区的失业率却一直居高不下。而且，就业市场上正发生变化，即使是发达地区的好工作也在逐渐消失。

2012年3月，25岁以下的西班牙人和希腊人中，几乎有一半人失业，而南非的失业率甚至高达30%。即使在美国，失业率也攀升至9.1%以上。这似乎与那些愿意接受低工资的人总能找到工作的说法相冲突。美国经济学家迈克尔·菲尔普斯（Michael Phelps）认为，全球化是导致出现这一状况的主要因素，因为富裕国家创造的政府和医疗保健等行业的工作岗位往往“不可交易”，而可交易的工作（如机械制造等）已经转移到了菲律宾等劳动力价格低廉的国家。解决这样的问题是当今经济学家的首要任务之一。

2011年，成千上万愤怒的西班牙人在布鲁塞尔街头游行示威，抗议失业率达到了40%。

气候变化是集体行动的最大挑战

经济学与环境

背景介绍

聚焦

经济政策

主要人物

威廉·诺德豪斯（1941—）

尼古拉斯·斯特恩（1946—）

此前

1896年 瑞典科学家阿伦尼乌斯预言，大气中二氧化碳含量增加一倍将导致地球表面气温上升5℃~6℃。

1920年 英国经济学家阿瑟·庇古提出，政府应征收污染税。

1992年 《联合国气候变化框架公约》签订。

1997年 《京都议定书》生效。到2011年，超过190个国家签署了这份协议。

此后

2011年 加拿大退出《京都议定书》。

自工业革命以来，以煤炭、石油和天然气燃料为主的技术推动了经济的发展与繁荣。然而，越来越明显的是，这种繁荣有着巨大的成本，我们不仅在快速地消耗这些资源，化石燃料的燃烧还对大气造成了污染。越来越多的证据显示，温室气体，尤其是二氧化碳的排放，造成了全球变暖，并且现在全世界的科学家一致认为，只有迅速和大量地减少温室气体的排放，我们才不会面临毁灭性的气候变化。这无论对经济还是对环境都有非常重要的影响，至于应该采取什

参见: 公共物品与服务的供应 46~47页, 人口与经济 68~69页, 外部成本 137页, 发展经济学 188~193页, 幸福经济学 216~219页。

约150年前开始的工业革命使许多国家大量燃烧化石燃料。这些燃料燃烧产生的二氧化碳气体排放在大气中形成温室效应。

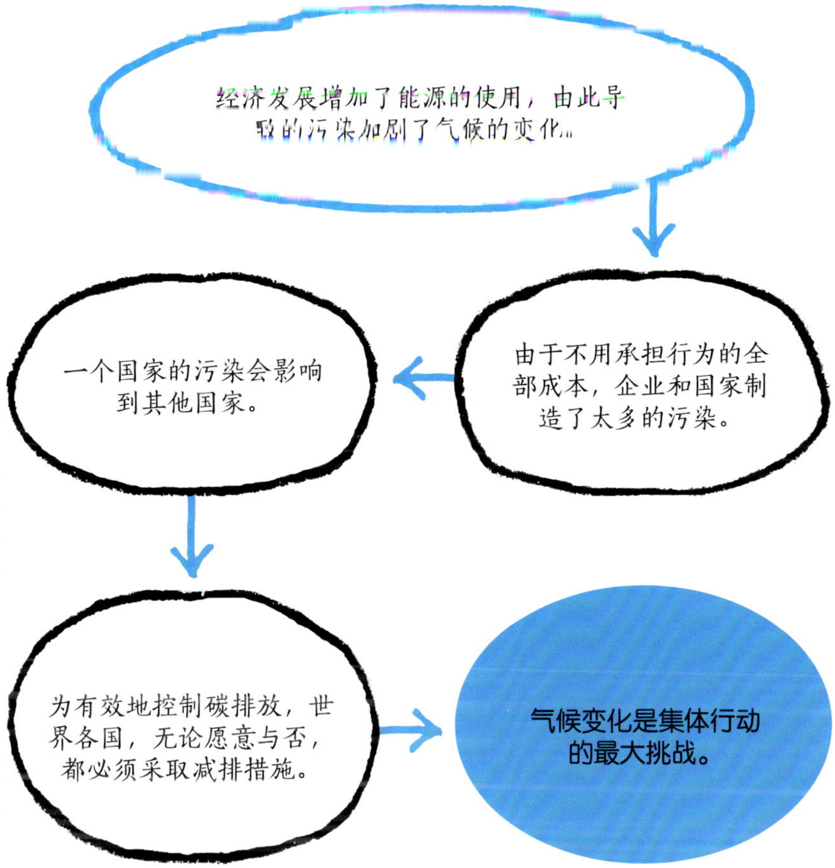

么具体的措施，经济学家和政府内部都存在着分歧。直到最近，许多人认为对抗气候变化所需的成本对经济的损害比潜在收益更大。一些人还在争论气候变化是不是人为造成的，甚至还有人认为全球变暖是有益的。越来越多的人认为，必须找到解决这个问题的经济方案。

经济事实

1982年，美国经济学家威廉·诺德豪斯（William Nordhaus）出版了《我们应该以怎样的速度瓜分全球资源？》（*How Fast Should We Graze the Global Commons?*）一书，详细地分析了气候变化对经济的影响及可能的解决办法。他指出，就寻找解决方案而言，气候问题的某些特征使它具有特殊性，这些特征包括：时间长，不确定因素多，问题的全球性，收益与成本在全球分布不均匀。

2006年，英国政府委托英国经济学家尼古拉斯·斯特恩（Nicholas Stern）在《气候变化经济学》上发表了一篇报告。该报告的调查结果很明确，它为快速采取行动减少温室气体排放提供了有力的论据。斯特恩估计，气候变化带来的最终成本可以高达GDP的20%，而如果迅速采取行动解决这个问题，则只需要花费GDP的1%即可。2009年，诺德豪斯预言，若不采取干预行动，到2099年，每年由气候变化造成的经济损失将会达到全球产值的2.5%。低收入的热带地区，如非洲和印度等国家遭受的损失最大。

现在的问题不再是我们能否负担得起减排，而是我们是否能承受不减排带来的损失，以及如何最好地解决这个问题。有足够的证据表明政府应该采取干预行动。从经济的角度来看，大气可以被看作一种公共物品，其供给可能会不足，污染可以被看作一种外部性活动，其社会成本没有在价格中得到体现，因此，污染的制造者没有完全

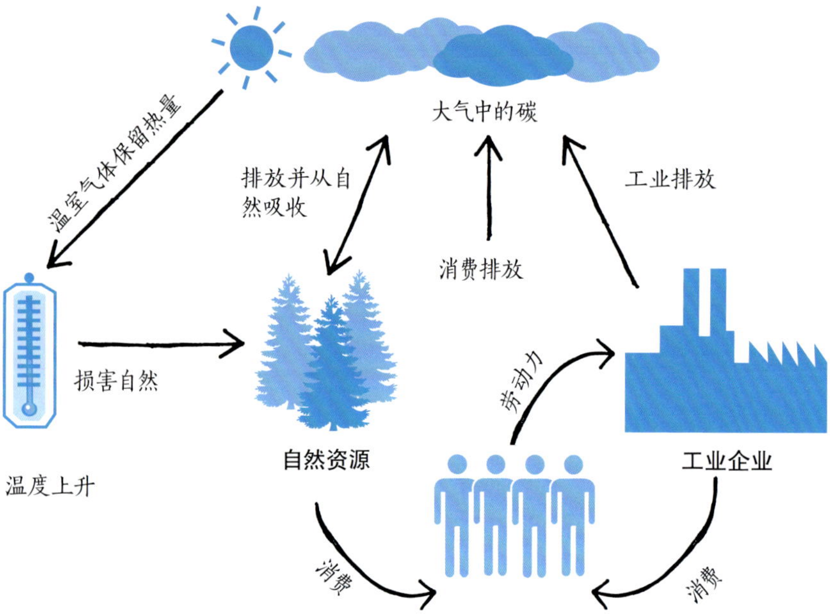

诺德豪斯设计了一个名叫DICE的电脑程序，来展示气候变化因素的相互作用，以及气候变化的生态和经济成本。这个经济建模系统可以帮助政府把当前的消费、资源和需求纳入模型进行分析，并权衡不同选择产生的对于它们自己和对全世界的成本与收益。

承担这部分成本。鉴于此，斯特恩将气候变化描述为迄今最大的市场失灵。

不平等的国家

诺德豪斯和斯特恩等经济学家遇到的第一个障碍是如何说服政府采取这些短期内会损害经济发展，但长远来看能减少更多破坏性后果的措施；第二个障碍是如何找到实施减排政策的最有效的方法。并非所有的政府都很容易被说服。发达国家主要分布在温带地区，受全球变暖的影响较小，而贫穷的国家受气候变化的影响最大。也就是说，在多数情况下，最希望减小气候变化影响的，反而是那些制造污染最少的国家。

最严重的污染制造国，如美国、欧洲国家及澳大利亚，一直不愿意承认政府应该实施这些耗资巨大的政策。即使它们实施了这些政策，污染也不仅存在于本国的土地上。这个问题是全球性的，需要全世界各国携手采取行动。

1992年，联合国“地球高峰会议”首次承认了集体行动的必要性，这次峰会呼吁所有的成员国控制温室气体的排放。许多国家都制定了环境政策及实施这些政策的具体策略。

其中一种方法是惩罚管制，比如对制造过多污染物的厂商进行罚款，但是很难设定对所有相关企业都公平的排放限额。而且，罚款也很难落到实处。

还有一种方法是征收污染税。这一方法由英国经济学家阿瑟·庇古在1920年首次提出。对排放温室气体的厂商、能源供应商和制造商征税，可以在一定程度上减少污染。对化石燃料征税可以防止他们过度地消费。庇古认为，应该让每个人承担其活动的所有社会成本，将外部性“内部化”。

碳交易计划

污染可以被认为是一种市场失灵，因为在正常情况下，污染交易市场是不存在的。经济学家建议，如果存在污染交易市场，那么污染排放就可以减少到最佳的水平，因为污染制造者需要承担其行为的所有社会成本。因此，解决气候问题的另一个方法是建立一个污染排放交易市场。这要求一个国家（某些情况下需要许多国家合作）决定可接受的二氧化碳等污染物的排放水平，然后将排放许可证拍卖给需要进行碳排放的企业。这种许可证是

> **价格式方法，如统一的碳税，可以有力地协调各国政策并减缓全球变暖。**
>
> ——威廉·诺德豪斯

2005年，卡特里娜飓风摧毁了美国新奥尔良的大部分地区。这次灾难造成了约810亿美元的经济损失。一时间，气候变化对经济的影响成为全球关注的焦点。

可交易的，因此如果一个企业需要增加其排放量，它可以从其他未用完配额的企业那里购买许可证。这种计划的优点是奖励削减排放的企业，允许它们通过出售盈余的排放许可而获利。同时，它还可以阻止企业超额排放，因为企业需要花钱购买额外的许可，而由中央权威机构控制的排放总量仍然不变。

《京都议定书》

碳排放交易计划无疑向正确的方向迈出了一大步，但这个问题还需要全球各国联手合作降低气候变化的风险。然而，像《京都议定书》这样的国际协议一直没有得到普遍的认可。1997年就有141个国家参与讨论，但是到2012年只有37个国家同意落实温室气体排放的目标。美国一直否定该协议上的条款，加拿大也在2011年宣布退出。即使那些承诺控制碳排放的国家也常常不能完成减排目标。发达国家，如美国和澳大利亚，认为控制碳排放对其经济造成的损失过大；发展中国家，如印度和巴西则认为，它们不应该为西方国家制造的污染埋单（即使它们本身正迅速成为主要的污染制造者）。而另一方面，生态文明程度更高的国家，如德国和丹麦，同意减少20%以上的碳排放。

经济建模

经济学家们设计了各种模型来研究气候变化对经济的影响，如诺德豪斯在1992年提出的气候与经济动态集成模型（DICE）。这个模型将二氧化碳排放、碳循环、气候变化及其危害，以及影响经济增长的因素结合了起来。

现在，大多数经济学家都认为气候变化是一个很复杂的问题，可能会带来长期的严重损害。虽然目前还没有明确的解决方案，但在2007年，诺德豪斯说，他相信成功的秘诀不在于大的、雄心勃勃的《京都议定书》等项目，而在于“通用的、可预测的、乏味的”想法，如征收统一的碳税。■

印度日益增长的需要

印度2012年的经济增长率为7%~8%。国内的商界领袖们知道，如果继续保持这个增长率，将会出现巨大的能源短缺。令人担忧的是，如果出现能源短缺，印度将会使用更多低成本的劣质煤炭和柴油燃料。因此，印度正在努力提高能源利用率，同时鼓励使用可再生能源，如太阳能、风能和地热能等。

经济学家们希望可再生能源和新能源（清洁能源）可以满足印度日益增长的需要。然而，迄今为止，可再生能源，如太阳能的大规模生产还不具备商业可行性，也就是说，企业在短期内需要政府的补贴以扩大能源生产规模。印度2008年6月出台的《有关气候变化的国家行动计划》中就提供了这种补贴政策。

图为印度北部地区的太阳能电池板吸收喜马拉雅山区的阳光。印度的光照很强烈，太阳能或许是一种高效的可再生能源。

GDP忽略了女性创造的价值

性别与经济学

背景介绍

聚焦

社会与经济

主要人物

玛丽莲·华林（1952—）

此前

1932年 美籍俄罗斯经济学家西蒙·库兹涅茨为整个美国经济建立了第一个账户。

1987年 美国经济学家玛丽安·费伯出版了《女性与工作：计酬的与不计酬的》一书，收录了以前有关女性与经济学的研究结果。

此后

1990年 联合国发展指数首次公布，该指数旨在解释一个比从国民收入数字中得到的更广泛的发展概念。

1996年 美国经济学家巴尼特·瓦格曼和南希·佛伯尔分析了家务劳动对美国国民收入的贡献。

国民生产总值（以下简称GDP）是最常被用到的经济数据。它简要地衡量了一年内一个国家发生的经济活动，并且与家庭收入和就业率等重要因素直接相关。然而，GDP存在着相当多的问题，它的重要性也一直饱受争议。

GDP的问题和局限性集中于它是如何计算的及其包含的内容。GDP的衡量依赖于收集与经济交易有关的数据。其背后的原理是，一年内买卖的任何东西都包括在GDP里面。政府统计部门会进行深入的调查来收集这些数据。然而，在一个国家内部进行买卖的所有东西并不等同于所有的经济活动。最终的数据也不一定代表了这个国家中人们认为有价值的东西。例如，环保主义者会说，GDP没有考虑到自然资源的消耗。假设木材都被卖掉了，那么砍伐森林通常可以增加GDP。但是，潜在的不可

GDP旨在记录一年内一国进行的所有交易的价值。

它本应该代表所有有意义的经济活动。

但是它不包括非市场活动，比如家务劳动和照顾孩子，尽管这些活动都有价值。

而这些活动的大部分都是由女性完成的。

GDP忽略了女性创造的价值。

参见：财富的衡量 36~37页，经济学与传统 166~167页，幸福经济学 216~219页，社会资本 280页。

许多工作主要由女性承担，这其中就包括照顾孩子。虽然这些活动对经济至关重要，却没有被计入GDP，因为它们不计经济报酬。

替代的自然资源被消耗了，从GDP中却看不出这点。类似的是，如果经济活动制造了污染，GDP只会计算卖掉的产品而忽略不良的负面影响，比如生态多样性的丧失及恶化的公共卫生。

女性的工作

在计算GDP时还存在着其他的困难。玛丽莲·华林（Marilyn Waring）曾任新西兰国会议员，在其1988年的著作《如果算上女性：新女权主义经济学》中写道，GDP系统性地低估了女性的工作。在世界各地，女性承担了大部分的家务劳动，以及照顾孩了和老人的工作。很明显，这些工作对经济的发展非常重要，比如有利于保证劳动力的再生产等。但是大多数情况下，这种劳动都是没有报酬的，因此也就不包括在GDP的计算范围之内。

将女性排除在外

计算经济产出的方法非常武断，对待本质上相同的工作也各不一样。当烹饪的食品用于销售时烹饪被看作一种经济活动，但如果不是用于交易而是自己或家庭消费，那么烹饪就不是一种经济活动。唯一的区别只是是否进行了市场交易，但烹饪活动在本质上却是完全相同的。前者包括了女性的劳动，而后者却将女性的劳动排除在外。

因此，在传统的国民收入核算体系中存在着隐性的性别歧视，女性工作的真实经济价值被低估了。不仅如此，华林还认为国际上标准的国民收入核算体系，即联合国国民账户体系（UNSNA）是“应用父权制”的典型表现。换句话说，“应用父权制”就是男性主导的经济社会试图排斥女性，以强化全球性的性别区分。

华林和其他女权主义经济学家的批评推动了有关未来国民收入核算体系的讨论。目前的讨论涉及如何解释幸福，以及如何开发更广泛的衡量经济发展的工具，这表明人们不再局限于把GDP当作衡量价值的手段。■

玛丽莲·华林

玛丽莲·华林，生于1952年，曾是新西兰第一批女性国会议员之一。1978年，华林受新西兰总理罗伯特·马尔登举荐，任公共支出委员会主席。1984年，华林与政府分道扬镳，威胁政府要投票支持反对新西兰研发核武器与核能的活动。作为回应，马尔登随后进行了一次大选，但以国家党落选告终。

离开国会之后，华林投身于对农业和经济学的研究。2006年，她任奥克兰理工大学公共政策教授，并在此继续研究被传统经济学排除在外的领域的测量。

主要作品

1988年 《如果算上女性：新女权主义经济学》

> 我们每个女人都是可见的、有价值的。现在，数十亿女性同胞必须团结起来，我们要被关注，我们要争取价值。
>
> ——玛丽莲·华林

比较优势是一种偶然

贸易与地理

背景介绍

聚焦

全球经济

主要人物

保罗·克鲁格曼（1953—）

此前

1817年 大卫·李嘉图认为，由于物理因素的差异，各国有自己的比较优势。

20世纪二三十年代 赫克歇尔和俄林认为，资金充足的国家应出口资金密集型产品。

1953年 里昂惕夫发现了一个悖论，美国是资金充裕的国家，但它却出口相对劳动密集型的产品，这违背了当时的贸易理论。

此后

1994年 格鲁斯曼和赫尔普曼分析了贸易政策中的政治因素，从保护公司的层面上审视了游说的影响。

过去，经济学家相信，不同国家之所以进行贸易，是因为它们处于不同的地方。一些国家更擅长生产特定的产品，它们有着气候或土壤方面的比较优势。

然而，有足够的证据表明，事情并非总是如此。1895年，美国佐治亚州道尔顿的一个叫凯瑟琳·埃文斯的人在朋友家做客时发现了自制的床罩。受此启发，她做了一个类似的床罩，并开始将这种方法教给别人。很快，纺织企业如雨后春笋般涌现，地毯行业兴起并逐渐主导了当地市场。这与通常的国际贸易原理相悖，因为佐治亚州并不具备生产地毯的比较优势。

历史的巧合

1979年，美国经济学家保罗·克鲁格曼（Paul Krugman）提出了一种新的理论，这一理论考虑了历史偶然事件的影响，如佐治亚州的一次偶然事件促使纺织行业的诞生。他发现，相似的经济体之间也存在大量的贸易。生产具有规模经济效应，例如汽车工厂固定的初始投资意味着，生产的汽车越多，每辆车的成本就越小。任何国家都可以生产汽车，但是一旦开始生产，它就应具备成本优势，使其他国家难以超越。因此，一个地区最终主导一种商品的交易，可能仅是由于历史的偶然性。■

> **由于历史原因，率先形成生产中心的地区将会吸引更多的生产商。**
>
> ——保罗·克鲁格曼

参见：保护主义与贸易 34~35页，比较优势 80~85页，规模经济 132页，市场整合 226~231页。

与蒸汽机一样，计算机使经济发生了革命性变化

技术飞跃

背景介绍

聚焦

增长与发展

主要人物

罗伯特·索洛（1924—）

此前

1934年　约瑟夫·熊彼特强调了技术变化在经济增长中的重要作用。

1956年　罗伯特·索洛设计了一个新古典增长模型。模型中提到了技术变化非常重要，但他未对此做出详细解释。

1966年　雅各布·斯莫克勒提出，经济发展需要激励技术创新。

此后

2004年　尼古拉斯·克拉夫兹表示，通用技术要经过很长时间才能融入到经济中去。

2005年　理查德·利普西认为，技术革命使西方崛起。

创新和发明推动了经济的增长。有些创新是革命性的，还有些创新则是对原有技术的改造。许多小小的技术创新可能会逐渐提高经济生产效率。而电这一革命性的发明，确实使社会发生了翻天覆地的变化。在过去的两个世纪里，电的发明和普及使许多机器的使用成为可能。最近，经济学家开始思考这些技术飞跃。美国经济学家蒂莫西·布雷斯纳汉和曼纽尔·切滕贝格将电称为一种“通用技术”。工欲善其事，必先利其器。电使所有企业更加高效。然而，像电的发明这种革命性进步的好处需要很长时间才能被人们感知到。

到20世纪80年代，计算机已经彻底改变了许多人的工作方式。然而，这种基础性的改变要很多年后才能真正提高生产效率。

利用新技术

20世纪80年代晚期，美国经济学家罗伯特·索洛（Robert Solow）认为他发现了一个悖论：信息和通信技术（ICT）的扩散似乎并没有对生产力产生明显的影响。在工业革命期间，蒸汽动力的传播非常慢，需要一定的时间才能产生成本效益，企业也需要时间来了解并运用它。信息和通信技术发展很迅速，但还需要时间来传播。事实上，通用技术需要一定时间才能产出全部的作用，这可以解释索洛的悖论。■

参见：现代经济的出现 178~179页，经济制度 206~207页，经济增长理论 224~225页。

通过取消债务，可以启动穷国的经济发展

国际债务减免

背景介绍

聚焦

增长与发展

主要人物

杰弗里·萨克斯（1954—）

此前

1956年 一群债权国建立了巴黎俱乐部，目的是促进国家间的债务减免。

此后

1996年 国际货币基金组织和世界银行建立了有关重度负债穷国（HIPC）的计划，目的是减免这些穷国的债务并启动政策改革。

2002年 西玛·贾雅昌卓安和迈克尔·克里默认为，国家不应该承担由腐败政权导致的“恶性债务”。

2005年 在格伦伊格尔斯峰会（The Gleneagles Summit）上，根据MDRI多边债务减免计划，G8成员国同意取消400亿美元的债务。

穷国的债务已经如此之多，以至于它们根本无力偿还，也没钱进行投资。

→ 许多债务都是富裕国家贷给穷国的。

→ 富国本不应该答应这些贷款。

→ 取消这些债务可以使穷国进行投资，以促进经济增长。

→ **通过取消债务，可以启动穷国的经济发展。**

在20世纪后几十年里，世界上最贫穷国家的债务已经积累到了惊人的数量，从1970年的250亿美元上升到了2002年的5230亿美元。

到20世纪90年代，债务危机已经比较明显。没有债台高筑的非洲国家都曾经繁荣过。事实上，大多数国家都处于可怕的经济困境中，即使不出现经济灾难，它们也无法偿还债务，更不用说进行投资以使经济脱离恶性循环了。世界各地出现了越来越多呼吁取消债务的声音。

许多活动家站在道德的角度批判富裕国家、世界银行和国际货币基金组织等的疏忽和利己主义，因为它们对穷国发放的贷款过多。这些人士认为，富国贷款给穷国是为了在冷战中换取支持，或者为了

参见：国际贸易与布雷顿森林体系 186~187页，发展经济学 188~193页，依附理论 242~243页，亚洲经济体 282~287页，投机与货币贬值 288~293页。

> **我们难道要让非洲和亚洲的孩子们因可治愈的疾病而死吗？难道要阻止他们上学并限制他们得到有意义的工作吗？难道所有人都要为其祖先欠下的不公正且不合法的贷款买单吗？**
>
> ——南非大主教，
> 德斯蒙德·图图（1931–）

保护本国企业，所以富国有义务减轻穷国的债务。美国经济学家迈克尔·克雷默（Michael Kremer）从法律角度提出了自己的观点。他认为，由于很多债务是腐败政权为巩固自己的统治而借的，那么这些债务就可以被认为是“恶意债务”。这就意味着国家没有法律义务来偿还这些债务。例如，在国际货币基金组织的一位代表指出蒙博托·塞塞·塞科挪用贷款之后，世界银行仍继续贷款给这位扎伊尔（现在的刚果民主共和国）的前独裁者。再比如，许多南非国家的债务都是种族隔离政权借的，而这些政权都不是合法的政权。

以杰弗里·萨克斯（Jeffrey Sachs）为代表的经济学家从经济角度提出了观点。萨克斯认为，取消债务并增加援助可以启动穷国经济的增长。受此观点影响，2005年，G8成员国（世界上最强的八个经济大国）同意减免400亿美元债务。与此相反，另一位美国经济学家威廉·伊斯特利（William Easterly）则认为，债务减免会鼓励受援国那些糟糕的政策和腐败。许多人都在指责为创造减免条件而制定的自由市场改革计划，认为它可能会对受援国的经济前景有害。

有趣的是，债务危机现在已经从欠发达地区转向了一度繁荣的欧洲国家。这些国家采取了类似的自由市场紧缩计划，但问题的关键是没有债务减免。■

在非洲南部，种族隔离政权使国家负债累累。很多人认为，由于种族隔离政权不是合法政权，因此他们借的债应该被取消。

杰弗里·萨克斯

杰弗里·萨克斯，1954年出生于美国底特律，是世界上最受争议的经济学家之一。1985年，萨克斯因提出了一个帮助玻利维亚处理恶性通货膨胀的计划而首次进入公众的视野。这个计划后来被称为“休克疗法”，主要集中于使该国进行更多的对外贸易。也就是说，该计划致力于打开玻利维亚的市场，结束政府补贴，取消进口限额，并将玻利维亚货币与美元挂钩。通货膨胀后来真的得到了控制，萨克斯也因此被评为“全球经济问题的终结者”。1990年，在其指导下，波兰快速私有化。20世纪90年代早期，俄罗斯也经历了类似的私有化过程。21世纪初，萨克斯转向研究全球发展问题，他认为只要采取正确的干预措施，包括援助和发放小额贷款，20年内就可以根除极端贫困。

主要作品

2005年 《贫困的终结》

悲观情绪会摧毁健全的银行

银行挤兑

背景介绍

聚焦

银行与金融

主要人物

道格拉斯·戴蒙德（1953—）

菲利普·迪布维格（1955—）

此前

1930—1933年 美国三分之一的银行倒闭，后来美国政府建立了联邦存款保险公司（FDIC），以保证存款人的资金安全。

1978年 美国经济史学家查尔斯·金德尔伯格出版了《疯狂、恐慌与崩溃：金融危机的历史》一书，这是有关银行挤兑的具有里程碑意义的著作。

此后

1987—1989年 美国储蓄总额达到十年来的顶峰，贷款危机导致美国的银行以每年200家的速度倒闭。

2007—2009年 13个国家经历了系统性的银行危机。

20世纪30年代早期，经济大萧条期间，美国约9000家银行倒闭，占银行总数的三分之一。然而，直到20世纪80年代，经济学家们才开始研究一些基本的问题，如为什么会存在银行，以及是什么导致了银行挤兑，令存款人陷入恐慌，纷纷涌去他们认为面临倒闭的银行提取现金。1983年，美国经济学家道格拉斯·戴蒙德（Douglas Diamond）和菲利普·迪布维格（Philip Dybvig）共同撰写了《银行挤兑、存款保险与流动性》一文，引发了有关上述基本问题的争论。他们认为，即便是健全的银行也可能遭受银行挤兑并进而走向破产。

流动性投资

戴蒙德和迪布维格建立了一个经济数学模型，来展示银行挤兑的产生机制。该模型包含三个时间点（如周一、周二和周三），并假设人们只能得到一种商品，可用于消费，也可用于投资。

一开始，每个人都有一定数量的商品。周一，人们可以用这些商品做两件事：存储起来（无利息）用于周二的消费，或者进行投资。如果选择投资（只有周一才有这个选择），那么周三将得到更多

> **如果有一家银行破产，那么它周围的银行都可能会出现挤兑现象。若不在刚出现挤兑时注入一大笔资金，问题将变得非常严重。**
>
> ——英国经济学家，亨利·桑顿（1760—1815）

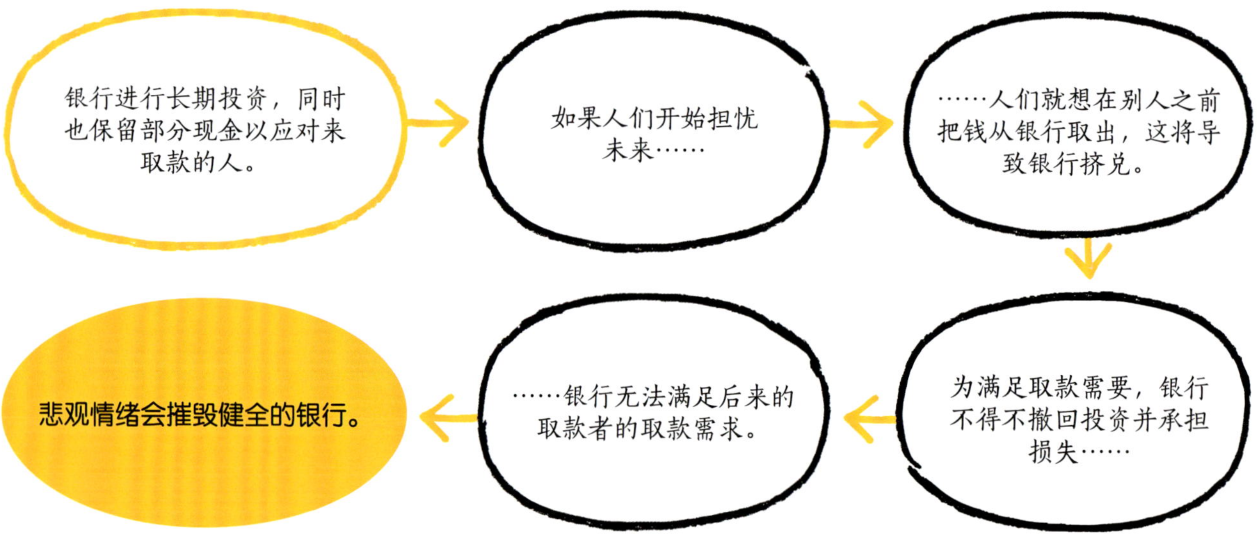

参见：金融服务 26~29页，经济制度 206~207页，市场信息与激励 208~209页，投机与货币贬值 288~293页，金融危机 296~301页。

银行持有的现金只占存款总额的一小部分。如果所有储户同时来取钱，那么只有排在取款队伍前面的人才能拿回自己的钱。

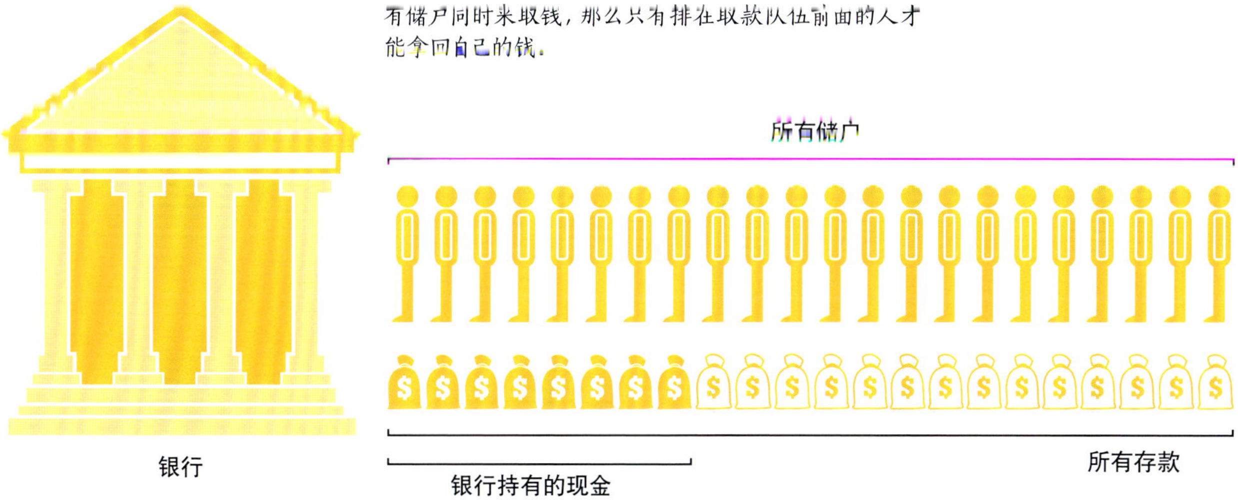

的商品。但若提前（周二）将投资变现，那么得到的将比周一投资的少。这些定期投资就是我们所说的非流动性投资。也就是说，它们不能轻易地兑换成现金，而流动性投资则可以。

有耐心和无耐心

戴蒙德和迪布维格假设存在着两种类型的人：一种是有耐心的人，愿意等到周三消费得更多；另一种是没有耐心的人，想在周二就消费。然而，在周二之前，谁都不知道自己是哪种类型的人。人们在周一需要决定的是应该存储多少和投资多少。这个模型唯一的不确定性是不知道投资者究竟是有耐心的还是没有耐心的。银行或许非常清楚这个概率，一般来说，30%的人是没有耐心的，另外70%的人是有耐心的。因此，人们的存储和投资数量大概也会呈现出这一比例。但无论人们有何选择，整体结果都绝不是最有效的，因为没有耐心的人不应该投资，而有耐心的人不应该存储任何东西。银行可以解决这个问题。我们可以将银行看作模型中人们愿意寄放商品并分担风险的地方。银行给人们一张存款合同，然后银行自己再进行大量的投资与存储。

存款合同提供的回报比存储高，但比投资低，并且人们可以在周二或周三从银行要回商品，而不会受到任何处罚。由于银行知道有耐心的人和没有耐心的人的比例，因此在集中了所有人的商品之后，银行可以留下足够的商品以应付没有耐心的人前来提取商品，而将其他商品用于投资，以实现对有耐心的人的回报承诺。在戴蒙德–迪布维格模型中，这个方案比每个人独立地存储或投资更有效，因为银行有大量的商品供存储与投资，而个人则没有。

周二，银行有非流动性资产，这是有耐心的人的投资，这些人可以在周三获得更高的回报。同时，银行还必须马上退还没有耐心的人的商品。银行能做到这点，也正是它存在的理由。

戴蒙德和迪布维格表示，这种

> 模型中预期的改变导致了银行挤兑，而几乎任何事情都可能使预期发生变化。
>
> ——道格拉斯·戴蒙德
> 菲利普·迪布维格

1914年，德国一家银行外面，警察正在阻止恐慌的人群涌入银行。德国对外宣战引发了储户的悲观情绪，导致大量的银行挤兑。

性质也使银行很容易受到挤兑。如果原本有耐心的人们对他们在周三可以得到的回报感到悲观，那么他们就会在周二涌去银行取出存款，于是就发生了银行挤兑现象。他们的行为意味着银行必须提前撤回投资，这无疑会遭受一定的损失。银行无力偿还所有储户的商品，因此去晚了的人将拿不回任何东西。知道这点后，每个人都迫切希望自己能排在取款队伍的前面。

引发悲观情绪的原因包括对投资的担忧、其他人取出了存款或者银行的生存能力等。至关重要的是，这可能导致在银行本身健全的情况下发生自我促成的银行挤兑。例如，假设周二时你认为别人会去银行取出自己的存款，那么出于对银行倒闭的顾虑，你也会决定这样做。再假设其他人跟你想的一样，那么也同样会去银行兑现。这本身就可以导致银行挤兑，即使银行本来可以尽到其今明两天的偿还义务。这就是经济学家所谓的“多重均衡”，结果不止一种。这个例子中存在着两种结果：好的结果是银行幸存下来，坏的结果是银行因挤兑而倒闭。最终结果如何，可能取决于人们的信念和预期，而不是银行实际上是否健全。

防止银行挤兑

戴蒙德和迪布维格表示，政府可以缓解银行挤兑问题。他们的模型在一定程度上支持了美国的联邦存款保险制度。在此制度之下，政府保证所有银行存款的最低价值。1933年开始实施之后，这个制度大大减少了银行倒闭的现象。

1933年3月，美国总统罗斯福宣布了一个全国性的银行假日，这

一次现代的银行挤兑

2007年9月，英国发生了自1866年以来最严重的银行挤兑。北岩银行（又译诺森罗克银行）是英国的第八大银行，也是一家快速发展的抵押贷款银行。为了扩大业务，它开始过度依赖“批发”基金，即其他机构提供的基金，而不是个人存款。2007年8月9日，批发金融市场被冻结，此时一个渐进的、看不见的批发挤兑开始了，而同时，人们还在探索各种解救方法中。9月13日（周四）晚上8:30，据英国广播公司（BBC）报道，作为英国中央银行的英格兰银行将于次日采取紧急流动资金支持。

但是后来，英格兰银行行长默文·金否决了另一家英国银行劳埃德银行提出的救援计划。金认为，中央银行的支持或许能让储户放心。然而，情况并非他想象的那样，当天晚上出现了网上个人存款挤兑。英国存款保险计划规定，超过2000英镑的存款不能全保，因此第二天，北岩银行各分行外面都排起了长长的取款队伍。次周周一，英国政府宣布保证所有存款的安全，挤兑现象才得以平息。

> 到3月3日下午，美国几乎没有一家银行开门营业。
>
> ——富兰克林·D.罗斯福

一天储户不能从银行取款。另外，中央银行还扮演着银行的“最终借款人”角色。然而，人们通常并不知道中央银行将会做什么。存款保险非常好，因为它确保了有耐心的人不会加入银行挤兑。

其他观点

关于银行为什么存在还有其他的解释。有人主要关注的是银行的投资功能。银行可以收集到有关投资的内部消息，鉴别投资项目的优劣，并通过储蓄回报将这些内部消息提供给储户。银行只有很好地起到监控作用，才有可能给储户提供回报。

1991年，美国经济学家查尔斯·卡罗米如斯和查尔斯·卡恩发表了一篇与戴蒙德和迪布维格观点大相径庭的文章。他们认为，银行挤兑对银行来说是件好事。在没有存款保险时，存款人必须密切关注银行的运作情况。挤兑的威胁也激励着银行进行安全的投资。这就是所谓的“道德风险”的一方面，而

1933年，美国总统罗斯福签署了担保银行存款的法案。银行挤兑现象减少，但有人认为这种存款担保反而会增加风险。

另一方面，有存款保险后，银行会做出更冒险的投资决策。

20世纪80年代，在美国储蓄与贷款危机期间，道德风险问题尤为明显。当时抵押贷款的债权人被允许发放高风险的贷款，存款保险也得到了增强，而与此对应的是美国银行倒闭数量不断上升。

最近的危机

很难证明哪种关于银行挤兑的观点是正确的，事实上任何一种解释都不能孤立地存在。银行存在着多种道德风险问题。银行的股东可能会鼓励冒险，因为他损失的不过是他的投资。受分红激励的银行雇员也可能会去冒险，因为他损失的不过是一份工作。解决道德风险问题通常靠的是加强监管。近年来的银行危机通常由投资失败引发，银行被迫出售资产以减少债务。这导致资产价格进一步下降，银行也因此遭受更大的损失，使挤兑现象出现。一家银行出现挤兑，很快就会蔓延到其他银行，引起储户恐慌。如果整个银行体系都受到了影响，那么就会出现系统性的银行危机。在2007—2008年的金融危机中，即使有存款保险，挤兑还是发生了。近年来的危机主要发生在缺乏严格监管的机构，如对冲基金机构，但这些机构本质上跟银行非常相似，即短期借款和长期贷款。

在2007—2008年的金融危机期间，很多国家都加强了存款保险计划。这很容易理解，因为银行倒闭使存款人与借款人之间的联系断裂，无法进行投资，对实体经济造成毁灭性的打击。道德风险争论类似于防火，可以防止经济在未来发生危机。然而，当深陷危机中时，就不再适合谈论如何预防危机了。■

> 在现代资本主义历史上，危机是常态，而非例外。
>
> ——鲁里埃尔·鲁比尼
> 斯蒂芬·米姆

国外储蓄过剩导致国内投机

全球储蓄失衡

背景介绍

聚焦

全球经济

主要人物

本·伯南克（1953—）

此前

2000年 美国经济学家莫里斯·奥布斯菲尔德和肯尼斯·罗格夫表达了对美国巨额贸易逆差的担忧。

2008年 英国历史学家尼尔·弗格森认为，由于过度信贷，整个世界都充满了危机。

此后

2009年 美国经济学家约翰·B.泰勒认为不存在所谓的储蓄过剩。

2011年 意大利经济学家博里奥和泰国经济学家迪沙亚特认为，金融危机并非由全球储蓄失衡引起。

2012年2月，共有约1.11亿美国人在电视上观看了超级碗比赛。中场休息时播放了一部克莱斯勒汽车广告，这必定会成为一个全国性的话题。“现在也是美国的中场休息时间，”广告如此说道，“人们失业了……底特律向我们表明，它可以做到。这个国家不会被一拳击倒。”

这个广告表现出极强的爱国寓意——购买克莱斯勒汽车，因为它会拯救美国人的工作，这迎合了当时许多美国人的想法，他们认为美

参见：金融服务 26~29页，经济泡沫 98~99页，市场整合 226~231页，金融工程 262~265页，金融危机 296~301页，住房与经济周期 330~331页。

自工厂（如上图所示的克莱斯勒工厂）倒闭以来，美国一直处于贸易逆差之中，这意味着美国的进口一直大于出口。

国让很多工作岗位流向了国外。

正是这种感觉使美国联邦储备委员会主席本·伯南克（Ben Bernanke）关于2008年全球金融危机的解释如此引人注目。

自2005年到金融危机真正开始之前，伯南克一直在发展自己的观点，他主要关注的是全球储蓄与支出的失衡问题。

伯南克思想的核心是美国的国际收支平衡（BOP）问题。一个国家的国际收支账户记录了本国与世界其他各国的所有货币交易。如果该国进口大于出口，那么它就处于贸易逆差中，但账面上仍然必须保持平衡。其中的短缺可以通过一些其他方式弥补，例如通过外国投资资金，或者减少中央银行的储备金。

伯南克指出，美国的贸易逆差在20世纪90年代晚期急剧上升至6400亿美元，占2004年GDP的5.5%。当时国内的投资相当稳定，但1996年到2004年，国内储蓄占GDP的比重从16.5%下降到14%。如果国内的储蓄下降，而投资保持稳定，那么逆差只能通过国外资金填补。

储蓄过剩

伯南克认为，“全球储蓄过剩”（指美国以外其他国家的储蓄总额）在支撑着美国的逆差。伯南克指出了全球储蓄失衡的一些其他原因，包括石油价格日益上涨，以及建立防范未来金融冲击的“战争基金”（war-chests）。乍一看，储蓄似乎是保障未来的谨慎打算。但是，全球资本主义世界的储

如果一个国家进口大于出口（贸易逆差），那么必定有另外一个国家出口大于进口（贸易顺差）。

↓

逆差国必须寻求资金支持，而顺差国则会储蓄过剩。

↓

顺差国的储蓄来自逆差国，这可能会增加金融投机。

↓

国外储蓄过剩会增加本国的投机行为。

蓄却喜忧参半。储蓄的钱不能再用于直接投资或消费，但它并没有消失。伯南克的观点是，海外过剩的储蓄最终涌向了美国的金融市场。

20世纪90年代出现了一种新的金融工具——债务抵押债券（CDOs）。高风险的抵押贷款与低风险的债券相结合，制造出债务风险很低的错觉。这些债券是导致2007—2008年信用体系破裂的主要原因。

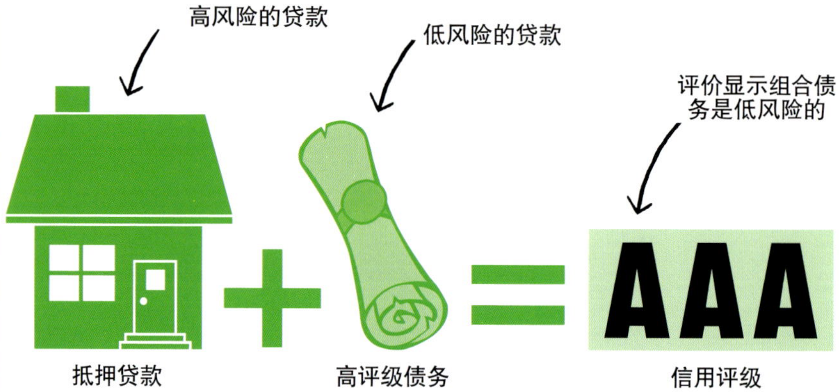

大量的钱

由于大量资金涌入美国，压低了美国国内的利率，降低了美国人和欧洲人的储蓄欲望。而贷款市场充斥着大量轻易得来的资金，银行反过来主动提供贷款。

为替这些外国资金寻找出路，美国金融家们设计了一些新的金融产品，例如债务抵押债券（CDOs），它将高风险的抵押贷款与低风险的债务打包，使这些新的债券能获得AAA级的信用评级，让人们认为其风险很低。与此同时，许多国家的房价飙升，即使低收入人群也有了一定的资产。顺应这种繁荣趋势，银行开始将一些“次级的”抵押贷款发放给那些无力偿还的人们。

> 从长期来看，工业化国家的经常账户在整体上应该是盈余状态，并贷款……给发展中国家，而不是恰好相反。
>
> ——本·伯南克

危机

2008年，一大批次级抵押贷款无力偿还，暴露出金融机构的投资已经达到了自身资本价值的数倍之多。

同一年，雷曼兄弟破产，世界上大多数富裕国家的金融机构也面临着巨大的倒闭风险，不得不寻求政府救助。

根据伯南克的观点，似乎出现金融危机的全部原因在于某些国家的高储蓄和美国的过度消费。

尼尔·弗格森（Niall Ferguson）在《货币崛起》（2008）一书中也表达了类似的观点。他分析了信贷紧缩现象，并主要关注了一些具有历史必然性的关系，引起广大读者的共鸣。

逐渐消失的过剩

许多经济学家都对伯南克的理论提出了质疑。在金融博客“赤裸裸的资本主义”上，依夫·史密斯曾指出，自20世纪80年代中期以来，全球储蓄一直非常稳定，全球储蓄过剩纯粹子虚乌有。

同时，美国经济学家约翰·B. 泰勒认为，尽管美国以外的储蓄越来越多，但美国国内储蓄下降，这意味着在全球范围内储蓄和投资之间并不存在太大差距，因此，充斥世界的廉价资金的想法就是错的。

还有经济学家指出，美国和其他国家的经常账户赤字累计不足现金流的2%，因此只会产生轻微的影响。

储蓄过剩理论更不适用于欧洲。例如，在2008年金融危机前几年，德国一直保持着较高的储蓄率。根据储蓄过剩理论，德国储户

> 我认为中国所拥有的美国资产并没有多到让我们面临经济危险的程度。
>
> ——本·伯南克

应该在爱尔兰和西班牙从事投机性活动，而不是将钱存放在本国的金融机构中。

“银行业过剩”？

普林斯顿大学经济学教授申铉松曾提出，追逐抵押贷款担保的投机性资金并非来自储蓄过剩，而是由于影子银行系统。影子银行系统是指正规银行系统之外的复杂多样的金融机构和系统，包括对冲基金机构、货币市场、结构性投资工具等。欧洲和美国的影子银行急于寻求这些担保，在爱尔兰、西班牙和美国等国都发现了这种担保。

这些影子银行所在的市场受衍生品主导。它们是由晦涩的数学公式支撑的“金融工具”，它们赌的是市场的走向。衍生品交易会鼓励过度的冒险，而金融机构通过押注于按揭证券等的失败，从中谋取暴利。

在这个虚拟赌场内，额外的过剩储蓄可能无关紧要。事实上，问题似乎是银行在没有足够现金支持的情况下进行交易。

伯南克指出，中东购买美国债券的资金来自贸易顺差和石油出口，但是，欧洲则主要靠借债购买，因此危机发生时这些国家可以全身而退。

有关导致储蓄过剩的贸易失衡，经济学家们的看法各不相同。有人认为美国的贸易逆差会持续，而且总是可以轻易地通过外国储蓄来弥补。有人则担心若资本流动枯竭，美国经济可能会“硬着陆”。■

本·伯南克

本·伯南克（Ben Bernanke）出生并成长于美国南卡罗来纳州。20世纪70年代早期，伯南克就读于哈佛大学，随后继续在麻省理工学院深造，并在斯坦利·费希尔（后任以色列央行行长）的指导下获得了经济学博士学位。

2002年，伯南克加入美联储。2004年，他提出了“大稳健”的想法，认为现代货币政策事实上已经消除了经济周期的波动。2006年，伯南克担任美联储主席。他的主席生涯并不顺利，很多人指责他没有预见到金融危机，其救助华尔街金融机构的决策也饱受争议。

主要作品

2002年 《通货紧缩：确定它不会在此发生》

2005年 《全球储蓄过剩与美国经常账户赤字》

2007年 《全球失衡》

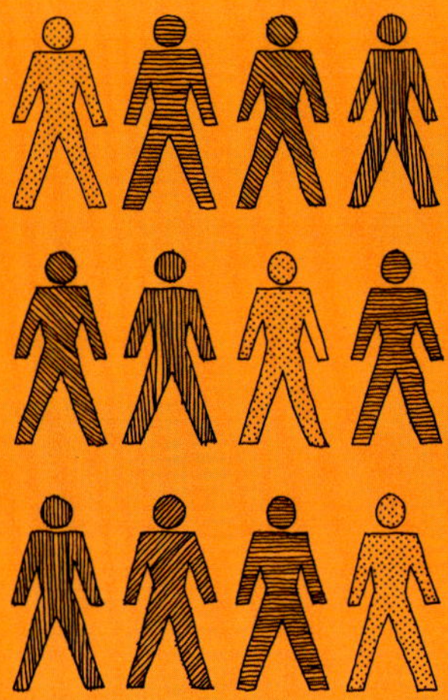

分配越公平，增长速度越快

不公平与增长

背景介绍

聚焦

增长与发展

主要人物

艾尔波托·艾莱斯那（1957—）

达尼·罗德里克（1957—）

此前

1955年 美国经济学家西蒙·库兹涅茨出版了著作《经济增长与收入不公平》，认为不公平是增长的负面影响之一。

1989年 美国经济学家凯文·墨菲、安德烈·施莱弗和罗伯特·维什尼提出，收入分配会影响需求。

此后

1996年 意大利经济学家罗伯托·佩罗蒂提出，低税收与高增长之间不存在联系。

2007年 西班牙经济学家夏威尔·萨拉伊马丁提出，发展中国家的公平程度在上升。

社会财富分配不公平。

↓

没有资本积累的人变得不满意……

↓

……并呼吁政府推行更多再分配政策。

↓

但再分配需要对资本积累征收更高的税……

↓

……而更高的税收降低了经济增长速度。

↓

分配越公平，增长速度越快。

20世纪的大多数时间里，经济学家们都在问自己这样一个问题：经济增长是如何影响人们的收入的？经济增长是增加了还是降低了收入的不公平程度？1994年，意大利经济学家艾尔波托·艾莱斯那（Alberto Alesina）和土耳其经济学家达尼·罗德里克（Dani Rodrik）开始反向研究这个问题，即研究收入分配是如何影响经济增长的。

艾莱斯那和罗德里克检验了他们的模型中劳动力和资本（累积的财富）这两个因素，并认为资本总量的增加推动了经济发展，但政府却要对资本征税，以支持公共服务。这意味着对累积财富征税的税率越高，人们积累资本的激励就越小，经济增长速度也就越慢。

那些收入主要来自资本积累的人更喜欢较低的税率。而另一方面，没有资本积累，收入完全来自劳动的人则偏爱较高的税率，因为政府必须通过征税才能为他们提供公共服务，才能更好地进行财富再分配。

参见：税收负担 64~65页，现代经济的出现 178~179页，社会选择理论 214~215页，经济增长理论 224~225页，税收和经济激励 270~271页。

> **财富和收入分配越不公平，税率越高，经济增长就越慢。**
>
> ——艾尔波托·艾莱斯那
> 达尼·罗德里克

税率由政府根据公众的意愿设定。即使独裁的政府也不能忽视公众的意愿，否则政权很可能会被推翻。因此，税率要尽可能地满足最大多数人的愿望，也就是说，税率要尽可能满足中间选民（选举前不确定是赞成还是反对的人）。根据艾莱斯那和罗德里克的逻辑，如果公平地实施资本和财富的再分配，那么中间选民将相对更富有，因此他们会要求一个中等的税率。然而，如果财富初次分配很不公平，只集中在少数人手中，那么大多数的人都会是穷人，因此会要求实施更高的税率，而这将阻碍经济增长。艾莱斯那和罗德里克认为，任何社会中的分配越公平，经济增长速度越快。

增长与公平

艾莱斯那和罗德里克的解释并不完全正确。有人认为，这两位经济学家颠倒了因果。例如，西班牙经济学家夏威尔·萨拉伊马丁（Xavier Sala-i-Martín，1962－）提出，全球经济增长推动着收入不平等程度不断下降。世界银行也提出，全球性的减贫（此举有利于降低不平等程度）主要应归功于经济增长。另一方面，发展缓慢的国家，如非洲的许多国家，曾数十年经济低增长，甚至零增长。这降低了人们的生活质量，还阻碍了减贫工作，并且使最贫穷的国家远远落在后面，而不平等依然存在。■

艾莱斯那与罗德里克的结论似乎并不适用于瑞典等北欧国家。这些国家同时具备高税收与高生活质量的特征，也是世界上收入分配差距最小的地方。

艾尔波托·艾莱斯那

1957年，艾尔波托·艾莱斯那出生于意大利北部小镇布罗尼。在米兰的普契尼大学，艾莱斯那学习了经济学和社会学，在1981年以优异的成绩毕业。随后，他在美国哈佛大学继续学习经济学，1986年获得经济学博士学位。1993年，艾莱斯那成为哈佛大学的全职教授，并于2003年到2006年任经济系主任。

迄今为止，艾莱斯那已出版了5本著作。他的研究跨越了政治学和经济学两大领域，并尤其关注美欧的政治经济体系。艾莱斯那有关政治对经济影响的研究得到了广泛的认可。

主要作品

1994年 《收入分配差距与经济增长》（与罗德里克合著）
2003年 《国家的规模》（与斯博劳里合著）
2004年 《在美欧与贫困做斗争：充满差异的世界》（与爱德华·格莱泽合著）

即使有益的经济改革也可能失败

抵制经济变化

背景介绍

聚焦

经济政策

主要人物

达尼·罗德里克（1957—）

达隆·阿塞莫格鲁（1967—）

此前

1989年 英国经济学家约翰·威廉姆森首次提出了“华盛顿共识”。

2000年 南非经济学家尼古拉斯·范德维尔证明，国际货币基金组织推动的非洲“结构性调整”改革失败。

此后

2009年 美国经济学家道格拉斯·诺斯、约翰·沃利斯和巴里·温格斯特根据社会对暴力问题的反应，提出了一种新的改革方法。

2008年金融危机之后 欧洲实行了一揽子改革计划，而计划在2011年走向了相反的方向。

改革，目的是通过改变制度来推动经济发展，并使所有人都享受到经济发展的成果。有人认为，有利于经济发展的改革会大受欢迎，其进展也应该非常顺利。然而有的时候，改革却面临着很大的阻力，有的阻力甚至来自那些最终可能因改革而受益的人群。为了“修复”经济并让其回归正常的轨道，有必要去除经济系统内部的效率低下状况。如果一个国家的统治者自私自利、不负责任，那么改革将相当困难，而这正是大多数发展中国家面临的实际情况。

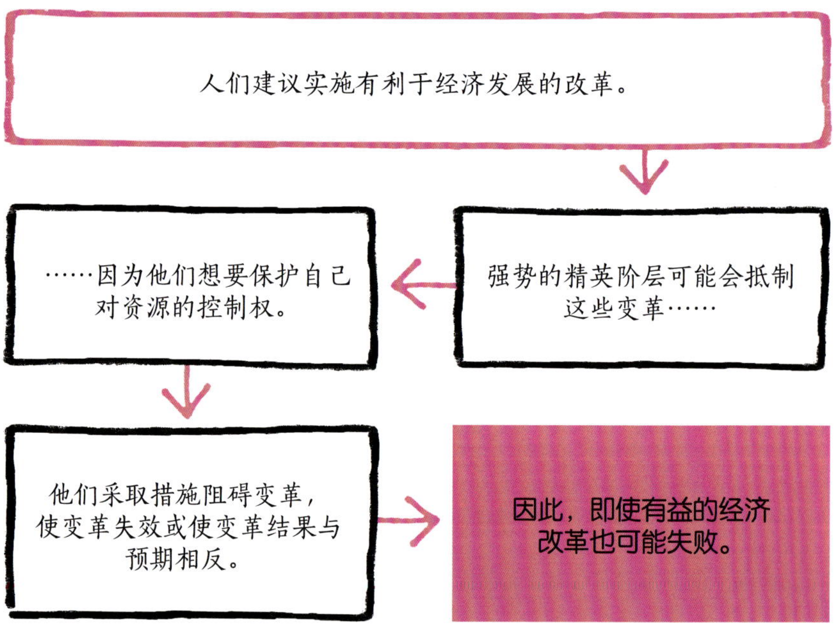

参见：自由市场经济学 54~61页，经济制度 206~207页，次优理论 220~221页，经济增长理论 224~225页，独立的中央银行 276~277页，亚洲经济体 282~287页。

> **有效的政策确实会受到拥护，但是从实施改革到改革受拥护的这段时间，却可以长到使改革者无法坚持下去。**
>
> ——达尼·罗德里克

改革及其影响

土耳其经济学家达尼·罗德里克（Dani Rodrik）和达隆·阿塞莫格鲁（Daron Acemoğlu）曾指出，当强势群体预测经济改革会使他们丧失特权时，他们就会运用自身的影响力引入新的经济政策，让收入和权力的再分配向自身倾斜。或者，他们可能会扭曲政策，使改革不能有效进行。阿塞莫格鲁认为，当统治者高度不负责任，并且其行动只受到有限的制约时，通常就会发生这样的情况。在这些情况下进行的改革通常都是失败的，因为这些改革没有解决深层次的政治约束。而统治者高度负责的国家，或许早就已经尝到了改革的甜头。因此，“中间国家”的改革最有效，可能会产生重大的、积极的结果，同时统治者又不足以破坏改革成果。

赢家和输家

然而，在“中间国家”实施改革也会遇到很多问题。当有人提出改革时，人们通常不清楚谁将是改革的赢家，而谁又会因为改革而遭受损失。因此，即使最终赢家数量大于输家，人们还是不情愿接纳这些改革措施。人们可能更偏爱维持现状，宁愿守住自己已有的东西并最小化失去的风险。如果一个有益的经济改革因缺乏公众支持而搁置，政治家和经济学家在将来还会再次倡导这个改革，因为他们相信改革将有利于经济和社会的发展。然而，如果没有新的支持性的信息，社会将再次拒绝实施改革。但另一方面，如果统治者在没有民众支持的条件下执意实施改革，并且因改革而获益的人比遭受损失的人多，那么改革通常会渐渐得到支持并继续推行下去。

大多数的改革尝试都集中于改变“正式的”制度，如法院和投票体系。潜在的“非正式的”制度和周边的政治环境是否支持改革，决定了改革能否成功。如果没有这些支持，对法律和宪法的改革是不可能取得大的成功的。■

1994年，萨尼·阿巴查夺取了尼日利亚政权。腐败的独裁凌驾于法律之上，这使得他的家人侵占了约50亿美元的国家资产。

华盛顿共识

1989年，英国经济学家约翰·威廉姆森提出了“华盛顿共识”，指的是20世纪80年代发达国家为危机中的发展中国家设计的一套自由市场经济改革计划。

这些计划的目的是将拉丁美洲和转轨后的东欧国家的国有经济转变为私有的自由市场经济。他们主要关注的是国有企业私有化，以及国内和国际贸易自由化，并且引入了竞争性的汇率和均衡的财政（税收）政策。

20世纪90年代，华盛顿共识开始受到质疑。人们认为，改革没有考虑到各个国家间明显的政治差异。尤其在非洲，动态的市场才能让最穷的人摆脱贫困。

房地产市场反映经济的兴衰

住房与经济周期

背景介绍

聚焦

宏观经济

主要人物

查尔斯·古德哈特（1936—）

此前

1965年 美国经济学家谢尔曼·梅塞尔首次研究了住房投资对经济的影响。

2003年 美国经济学家莫里斯·戴维斯和乔纳森·希思科特提出，房价与整体经济状况有关。

此后

2007年 美国经济学家爱德华·利默尔提出，住房建设趋势是经济衰退的早期预警。

2010年 次贷危机（抵押贷款给那些无力偿还的人）中降低承保标准后，美国抵押贷款公司房利美和房地美宣布退出纽约证券交易市场。

房地产市场的变动反映了更大范围内的经济“繁荣与萧条”周期。当实际经济产出达到最高或最低水平时，经济就进入了繁荣或萧条时期。繁荣期经过收缩期进入萧条期，萧条期经过扩张期进入繁荣期，通常每个时期的时长为3~7年。

在经济增长期，住房投资很多，这其中有许多原因。由于经济增长可以创造更多的工作岗位，且蓬勃发展的经济让更多人想要购买自己的住房。

同时，抵押贷款公司开始放松贷款条件，因此房地产市场上有更多的房子被销售出去。住房需求的增加意味着房价的上升。那些卖房的人可以全额付清大笔的抵押贷款。房地产建筑商继续投资炒房，以期从更高的房价中获利。

房价相对来说比较有弹性，也就是说它不会受其他因素影响而快速地发生变化。这就是人们认为房产投资可靠的一个原因，即使房产销量下降，房价也可以保持稳定。

图为2004年美国华盛顿农场上正在兴建一片新的住宅区。21世纪初，美国正处于经济繁荣时期，宽松的借贷标准助长了房地产市场的发展。

衰退的迹象

尽管房价通常是有弹性的，但也会出现停滞不前。与之相伴的对住房投资的下降，通常也是经济衰退的前兆。在过去的50年中，发达国家的房地产市场在每次大衰退之前就开始低迷。只有当消费者相信他们的房子将会增值时，房地产市场才会回暖。这种信心随着经济的复苏而稳步增加。随着住房销量开始回到正常水平，住房投资增加，创造了更多的工作岗位，进一步推

参见: 繁荣与萧条 78~79页, 经济泡沫 98~99页, 供给和需求 108~113页, 经济测算理论 170页, 金融危机 296~301页。

随着经济的发展，越来越多的人自认为买得起房子。

住房需求的增加导致房价上涨，房地产开发商进一步投资建房。

房价高到让人无法承受，住房需求停止增长。

房地产投资暂停，相关产业的工人失业。房价停滞不前，更大范围内的经济开始衰退。

房地产市场反映经济的兴衰。

动了经济的增长。

经济学家分析了房地产市场与整体经济之间的关系，认为通过研究房地产市场的投资水平，可以准确地预测经济的衰退与复苏。2006年，在《房价与宏观经济》一书中，英国经济学家查尔斯·古德哈特（Charles Goodheart）和鲍里斯·霍夫曼（Boris Hofmann）表示，经济状况与房价之间存在相关的关系。他们指出，在未来采取合适的政策应该可以大大减轻，甚至避免经济衰退的影响。

不幸的是，事实并非如此，2008年美国房地产泡沫破灭。快速的金融创新给抵押贷款市场埋下了不稳定的种子，让那些没有经济基础的消费者信心倍增，创造了不可持续的虚假繁荣。正是房地产市场导致了整个经济最终的衰退与萧条。■

房地产市场不负责任的放贷行为

2008年经济危机发生的根源在于抵押贷款市场的自由化及银行不负责任的放贷。最初，银行对借款人有严格的条件限制，只贷款给那些有能力偿还本金和利息的人。然而，随着经济日益繁荣，那些只能偿还贷款利息的人也可以获得抵押贷款。这些人需要依靠收入增加或房价上涨才能还清贷款。

在美国，银行后来甚至开始贷款给那些连利息都负担不起的人，而这些人只有在房价和收入大幅度增长后才能偿还贷款。当经济衰退时，贷款人无力偿还他们的贷款，整个经济也随之崩溃。

2008年金融危机发生之后，银行纷纷取消抵押品赎回权，到处都能见到被查封的房子。上图就是美国新泽西州一套被查封的住房。

DIRECTORY

人名录

人名录

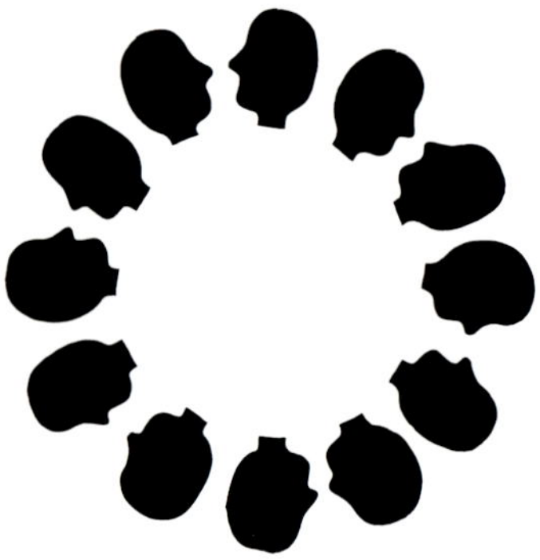

这本书收录了一些最重要的经济思想，从最早期的经济思想开端到后来的政治经济变革，再到如今广泛的研究主题。因此，这本书不可避免地要研究一些重要经济学家的观点和成就，如亚当·斯密、约翰·梅纳德·凯恩斯和弗里德里希·哈耶克等。然而，还有很多其他经济学家对经济学做出了重大贡献，这些贡献往往并非局限于一个领域，但因篇幅所限只能一笔带过。接下来我们所谈到的经济学家都曾在经济学的建立及发展过程中做出重大贡献，他们推动经济学发展并使之成为现代社会的重要学科，对他们的了解有助于加深我们对当今世界经济活动的理解。

让-巴普蒂斯塔·柯尔贝尔

1619—1683年

虽然出生在法国兰斯的一个商人家庭，但让-巴普蒂斯塔·柯尔贝尔（Jean-Baptiste Colbert）却选择了从政，而非经商。1665年，柯尔贝尔任路易十四的财政总管，随后引进了治理政治腐败的措施。他还改革了税制，出台政策促进法国工业发展，鼓励海外贸易，并改善了法国的基础设施。

参见：税收负担 64~65页

皮埃尔·布阿吉尔贝尔

1646—1714年

皮埃尔·布阿吉尔贝尔（Pierre de Boisguilbert），法国贵族，一生从事法律工作。他曾先后担任过县长、法官，1690年升为路易十四的经理官，代表国王管理鲁昂的行政和司法事务，直到1714年去世。看到税收给当地经济带来的不良影响，布阿吉尔贝尔反对由柯尔贝尔实施的税制。他认为生产和贸易创造了财富，因此提议改革税制，以鼓励更自由的贸易。

参见：税收负担 64~65页

山片蟠桃

1748—1821年

山片蟠桃（Yamagata Banto），日本大阪最著名的学者之一，也是一位货币兑换商人。与大阪学校的其他人一起，山片蟠桃将西方的理性主义思想引入日本，促进了建立在儒家思想上的日本封建社会的结束。山片蟠桃花了近20年时间写成著作《梦之代》，表达了对古老社会制度的不满。因此，他提出了一个通过发展工业和贸易，以及建立现代的日本社会、政治和经济结构的理性的科学方法。

参见：比较优势 80~85页

克劳德·亨利·圣西门

1760—1825年

克劳德·亨利·圣西门（Claude Henri de Rouvroy）出生于法国巴黎的一个贵族家庭，却因倡导社会主义改革而未被授予本该有的伯爵称号。美国改革后创造了一个新的社会，这深深地影响了圣西门的思想。他认为，合作和技术创新可以消除贫困，而教育则可以消除人们寻求社会特权和剥削他人的贪婪。圣西门的研究影响了19世纪的社会主义思想家，其中最著名的是卡尔·马克思。

参见：马克思主义经济学 100~105页

弗里德里希·李斯特

1789—1846年

弗里德里希·李斯特（Friedrich List）职业生涯的开端是从在德国罗伊特罗根的家乡做一名公务

员开始的，他随后很快晋升到了高层职位。然而，1822年，他因有关改革的观点获罪入狱，随后逃到法国和英国。后来，李斯特移民美国，先后担任美国在汉堡和莱比锡的领事。1843年，李斯特创办报纸来表达自己有关国家制度的观点，认为扩大的关税联盟可以将所有德国人团结起来。他晚年受到健康状况的影响和经济问题的困扰，最终于1846年自杀。

参见：比较优势 80~85页

约瑟夫·伯特兰德
1822—1900年

作为一名法国大众科学作家的儿子，约瑟夫·伯特兰德（Joseph Bertrand）很小就展现出了过人的数学天分。1856年，伯特兰德成为巴黎综合理工学院的一名教授。他在数理论和概率论领域享有盛誉，反对安东尼·古诺提出的寡头垄断理论，并提出了价格竞争模型。

参见：有限竞争的影响 90~91页

卡尔·门格尔
1840—1921年

卡尔·门格尔（Carl Menger），出生于加利西亚（今属波兰），是奥地利学派的创始人之一。门格尔于1871年出版的《经济学原理》一书概述了他的边际理论，这后来成为奥地利学派经济思想的核心。在维也纳大学任经济学教授时，门格尔写成《社会科学方法》一书，标志着奥地利学派与德国历史学派的最终分立。德国历史学派主要基于19世纪的浪漫主义理想。

参见：经济自由主义 172~177页

布伦塔诺
1844—1931年

布伦塔诺（Lujo Brentano）出生在德国巴伐利亚，先后获得了法学博士和经济学博士学位。1868年，布伦塔诺与统计学家恩格尔一同去英国研究工会制度，此次旅行的经历影响了布伦塔诺的思想。尽管他是德国历史学派的学者之一，但他对该学派的很多理论提出了质疑，并倡导社会改革、人权和政府的公共福利责任。他对建立社会市场经济起到了显著的推动作用。

参见：社会市场经济 222~223页

尤金·冯·庞巴维克
1851—1914年

尤金·冯·庞巴维克（Eugen von Böhm-Bawerk）出生在奥地利布隆（现属捷克共和国），是奥地利学派的创始人之一。庞巴维克毕业于维也纳大学法学专业，在学术上和政治上都很成功，19世纪90年代曾两次担任财政部部长。在任期间，他成功将节俭预算平衡计划付诸实施。庞巴维克批判马克思主义经济学，他对资本与利息理论的研究非常有影响力，尤其影响了他的学生约瑟夫·熊彼特和路德维希·冯·米塞斯。

参见：中央计划 142~147页

弗里德里希·冯·维塞尔
1851—1926年

弗里德里希·冯·维塞尔（Friedrich von Wieser）出生于维也纳。与他的妹夫庞巴维克一样，维塞尔最初学的也是法律，但在阅读了卡尔·门格尔的著作之后转而学习经济学。从事公务员工作几年以后，他于1903年接替门格尔任维也纳大学教授。受里昂·瓦尔拉斯和维尔弗雷多·帕累托影响，维塞尔对经济学的第一个贡献是在价值理论领域。他还创造了“边际效用”（从每一增加的单位中获得的满足感）这个术语。后来，维塞尔主要关注如何将经济理论应用于社会学，提出了重要的社会经济理论及机会成本的观点。

参见：机会成本 133页

索尔斯坦·凡勃伦
1857—1929年

索尔斯坦·凡勃伦（Thorstein Veblen）是一位特立独行的美国经济学家，出生于明尼苏达州一个挪威移民的农场。他非传统性的背景使他可以站在局外人的角度来看待美国社会，并因此使他拒绝接受老师的传统知识。他建立了制度学派——将社会学和经济学相结合。1899年，凡勃伦出版了《有闲阶级论》一书，提出“炫耀性消费”的观点，批判了资本主义制度的低效和腐败，及其“寄生”阶层。

参见：炫耀性消费 136页

阿瑟·庇古
1877—1959年

阿瑟·庇古（Arthur Pigou）出生在怀特岛莱德，后在英国剑桥大学学习历史，其间对经济学产生了兴趣，并有幸遇到了马歇尔。毕业后，庇古留在剑桥大学任教，直到第一次世界大战爆发。1908年，他接替马歇尔任政治经济学教授。“庇古税”的理论是其最重要的贡献，该理论的目的是消除外部性（“溢出”到第三方的成本或收益）。

参见：外部成本 137页

尼古拉·康德拉捷夫
1892—1938年

尼古拉·康德拉捷夫（Nikolai Kondratiev）出生于莫斯科北部科斯特罗马附近的一个农民家庭，后在圣彼得堡大学学习经济学，毕业后在政府部门工作。1917年，沙皇尼古拉斯二世被赶下台。作为社会革命党的一员，康德拉捷夫被任命为临时政府的供给部部长。一个月后，临时政府被推翻，康德拉捷夫重返学术生活。他认为资本主义经济以50~60年为一个周期，也就是现在所说的康德拉捷夫波动。1930年，他的观点不再受欢迎。他被捕入狱后，于1938年被执行死刑。

参见：繁荣与萧条 78~79页

拉格纳·弗里希
1895—1973年

拉格纳·弗里希（Ragnar Frisch）出生于挪威克里斯蒂安娜镇。他最早尝试将数学和统计学应用于经济学，创造了“计量经济学”、“微观经济学”和“宏观经济学”三个名词。他最初的职业是金匠，旨在进入家族企业，但后来去了法国和英国学习经济学和数学。1932年，他建立了奥斯陆经济学研究所，并于1969年与同事简·丁伯根共同获得了第一个诺贝尔经济学奖。

参见：经济测算理论 170页

保罗·罗森斯坦-罗丹
1902—1985年

保罗·罗森斯坦-罗丹（Paul Rosenstein-Rodan）出生于奥地利统治下的克拉科夫的一个犹太混血家庭。最初，他是一位奥地利学派的经济学家。1930年，他逃离了家乡的反犹太主义前往伦敦，在伦敦经济学院任教。20世纪40年代，他的研究兴趣转移到发展经济学领域，提出了后来广为人知的“大推动”理论。第二次世界大战后，罗森斯坦-罗丹搬到美国，在世界银行工作的同时还担任印度、意大利、智利和委内瑞拉政府的顾问。

参见：发展经济学 188~193页

简·丁伯根
1903—1994年

简·丁伯根（Jan Tinbergen），1969年与拉格纳·弗里希共同获得第一个诺贝尔经济学奖。然而，这位荷兰籍的理论家最初学的是数学和物理学，然后开始将科学原理应用于经济理论研究，为计量经济学奠定了基础。丁伯根在一所大学担任教授，同时还兼任国际联盟和荷兰中央统计局的顾问。1936年，他开发了一个新的国家宏观经济模型。随后，很多国家的政府相继使用了这种模型。

参见：经济测算理论 170页

理查德·卡恩
1905—1989年

理查德·卡恩（Richard Kahn）出生于伦敦，父母是德国人。他在英国剑桥大学获物理学学位，随后转而学习经济学，在约翰·梅纳德·凯恩斯的指导下仅用一年时间就以优异的成绩获得学位。25岁时，他因一篇描述凯恩斯乘数的文章而出名。作为一个实用主义经济学家，在第二次世界大战期间，卡恩担任英国政府顾问，后回到剑桥大学任教，直到1972年退休。

参见：凯恩斯乘数 164~165页

拉格纳·纳克斯
1907—1959年

拉格纳·纳克斯（Ragnar Nurkse）出生于爱沙尼亚卡鲁，在塔尔图大学学习法学和经济学。毕业后，他先后到苏格兰和维也纳继续深造。1934年，纳克斯担任国际联盟的金融分析师，这使他对国际和发展经济学产生了浓厚的兴趣。第二次世界大战后，他移居美国，在哥伦比亚大学和普林斯顿大学任教。他与罗森斯坦·罗丹一起，建立了发展经济学这个现代经济学研究领域。他提倡“大推动”理论。

参见：发展经济学 188~193页

约翰·肯尼斯·加尔布雷斯
1908—2006年

约翰·肯尼斯·加尔布雷斯（John Kenneth Galbraith）出生于加拿大安大略省，先后在加拿大和美国学习经济学。后来他在英国剑桥大学任教，深受凯恩斯影响。第二次世界大战期间，他任美国政府价格管理办公室的副主任，但他却因倡导永久的价格管制而于1943年被迫辞职。之后，他当过记者、学者和肯尼迪总统的经济顾问。1958年，其著作《丰裕社会》大受读者欢迎。

参见：炫耀性消费 136页

乔治·斯蒂格勒
1911—1991年

乔治·斯蒂格勒（George Stigler）在美国芝加哥大学读博期间，受导师弗兰克·奈特影响，[illegible]他因对经济监管中的研究而著名，他的研究范围还包括公共选择理论（政府行为分析）和信息经济学领域。1982年，斯蒂格勒获得诺贝尔奖。

参见：搜寻与匹配 304~305页

詹姆斯·托宾
1918—2002年

詹姆斯·托宾（James Tobin），1918年出生于美国伊利诺伊州。他提出的“托宾税”在今天广为人知。托宾税的目的是减少货币交易中的投机行为。托宾是凯恩斯经济学的积极倡导者，主要研究投资和财政（税收）政策。1935年，托宾来到美国哈佛大学，遇到了凯恩斯。1950年，他在耶鲁大学任教，并在此度过了余生。作为肯尼迪政府的顾问，他协助制定了20世纪60年代美国的经济政策，并于1981年获得诺贝尔奖。

参见：经济萧条与失业 154~161页，凯恩斯乘数 164~165页

阿尔弗雷德·钱德勒
1918—2007年

阿尔弗雷德·钱德勒（Alfred Chandler），1918年出生在美国特拉华州，1940年毕业于哈佛大学。第二次世界大战中，他曾在美国海军服役，之后根据他的曾祖父——金融分析师亨利·V.普尔留给他的文件资料写成博士论文，并研究了管理结构问题。自20世纪60年代开始，钱德勒就[illegible]理战略和大型公司的组织。他写了大量的著作，1977年出版的《看得见的手》获得了普利策奖。这本书将大型企业的崛起描述为“第二次工业革命”。

参见：规模经济 132页

罗伯特·卢卡斯
1937年—

罗伯特·卢卡斯（Robert Lucas）是芝加哥学派最有影响力的经济学家之一，同时也是新古典宏观经济学的创始人之一。他曾就读于美国芝加哥大学，自1974年起一直在此任教授。他推翻了凯恩斯主义思想，对理性预期（这一观点认为，由于人们能获得完整的信息并做出理性决定，因此人们的行为使政府政策达不到预期的效果）的研究影响了20世纪80年代货币政策的制定。

参见：理性预期 244~247页

尤金·法玛
1939年—

尤金·法玛（Eugene Fama），1939年生于美国，是意大利移民的第三代后裔，也是他的家庭里第一个上过大学的人。他最初学的是法语，后来着迷于经济学。他获得了芝加哥大学的博士奖学金，毕业后一直在芝加哥大学任教。他最广为人知的是有效市场假说，即如果市场上有很多信息畅通的交易者，那么价格就必然能反映所有可得的信息。[illegible]

参见：高效的市场 272页

肯尼斯·宾默尔
1940年—

英国学者肯尼斯·宾默尔（Kenneth Binmore）是一位数学家、经济学家和博弈论家。他的研究开创了将传统经济学与新的数学技术及实验相结合的方法。他推动了议价行为理论和进化博弈论的发展。

参见：竞争与合作 273页

彼得·戴蒙德
1940年—

彼得·戴蒙德（Peter Diamond），美国经济学家，毕业于耶鲁大学数学专业，后进入麻省理工学院学习经济学，并在此度过了他大部分的职业生涯。戴蒙德最著名的是对社会保障的研究，他还是政府的社会保障政策顾问。后期他主要研究搜索与匹配理论，并于2010年与莫滕森和皮萨里德斯共同获得诺贝尔奖。

参见：搜寻与匹配 304~305页

迈克尔·托达洛
1942年—

迈克尔·托达洛（Michael Todaro），美国经济学家，毕业于宾夕法尼亚州哈弗福德学院，随后与导师贝尔教授在非洲进行了为期一年的考察，这次经历激发了他对发展经济学的热情。1967年，他的博士论文奠定了发展中国家迁移理论的基础，并提出了所谓的“托达洛悖论”。他曾任职于非洲洛克菲勒基金会和纽约人口理事会，现为纽约大学终身教授。

参见：发展经济学 188~193页

罗伯特·阿克塞尔罗德
1943年—

罗伯特·阿克塞尔罗德（Robert Axelrod），美国经济学家和政治学家，1974年开始任职于密西根大学并在此度过了大部分职业生涯。他最著名的是对合作与复杂性理论的研究。在《合作的进化》（1984）一书中，他探索了“囚徒困境”问题，表示“以牙还牙”的策略无论是在敌对的还是友好的情况下都可能产生合作行为。阿克塞尔罗德曾担任联合国、世界银行和美国国防部在促进国家间合作方面的顾问。

参见：竞争与合作 273页

迈克尔·斯彭斯
1943年—

迈克尔·斯彭斯（Michael Spence）的父亲在第二次世界大战期间被派往渥太华，因此斯彭斯出生于新泽西，实际上在加拿大长大。他先在美国普林斯顿大学学习哲学，后来在哈佛大学攻读经济学博士学位。在大部分的职业生涯里，他在哈佛大学和斯坦福大学任教。他主要关注信息经济学（信息如何影响经济）和直接“信号传递”的问题（比如求职者通过学术资格传递他或她胜任某项工作的能力）。2001年，斯彭斯与乔治·阿克洛夫、约瑟夫·斯蒂格利茨因对市场信息不对称问题的研究共同获得诺贝尔奖。

参见：市场不确定性 274~275页

约瑟夫·斯蒂格利茨
1943年—

约瑟夫·斯蒂格利茨（Joseph Stiglitz）出生在美国印第安纳州一个“喜欢讨论政治问题”的家庭，他是同时代最具影响力（也最有争议）的经济学家之一。他获得了美国和英国几所著名大学的教授职位，是美国总统克林顿和奥巴马的顾问，同时兼任世界银行的首席经济学家。20世纪70年代，他因对信息经济学（信息如何影响经济）的研究而出名，也因此成为2001年诺贝尔奖的共同得主之一。20世纪90年代，他大肆批判华盛顿共识，尤其是当它被应用于发展中国家时。

参见：激励与工资 302页

爱丽丝·阿姆斯登
1943—2012年

爱丽丝·阿姆斯登（Alice Amsden）被评为“无所畏惧”的经济学家。她主要关注的是新型经济体的发展和工业化进程。从康奈尔大学毕业后，她到英国伦敦经济学院攻读博士学位，后来在世界银行和经济合作与发展组织（OECD）工作，同时还任高级学术职位。2009年，她应联合国之邀承担了一份为期一年的工作。她最著名的是通过《“其他国家”的崛起》等著作挑战了传统的全球化观点。

参见： 亚洲经济体 282~287页

罗伯特·巴罗
1944年—

罗伯特·巴罗（Robert Barro），美国经济学家，最初学习的是物理学，但读博时转向研究经济学。他曾在美国很多大学任教，还兼任位于北京的中央财经大学经济与管理学院的名誉院长。巴罗是新古典宏观经济学的领军人物，1974年因有关现期借贷与未来税收的影响的理论第一次进入公众视野。他后期主要研究文化对政治经济的影响。

参见： 借贷与债务 76~77页

克里斯托弗·皮萨里德斯
1948年—

克里斯托弗·皮萨里德斯（Christopher Pissarides）出生于希腊塞浦路斯，后在英国埃塞克斯大学学习经济学。他于1973年获伦敦经济学院博士学位，并在此工作到1976年。他最著名的贡献是对劳动力市场上搜寻与匹配理论及失业问题的研究。20世纪90年代，他与莫滕森一起开发了工作创造与破坏模型。他与莫滕森、戴蒙德因对市场的研究共同获得了2010年的诺贝尔奖。

参见： 搜寻与匹配 304~305页

保罗·克鲁格曼
1953年—

保罗·克鲁格曼（Paul Krugman），美国经济学家，因对贸易模式的研究获得2008年的诺贝尔奖。他因在国际贸易和金融方面的开创性工作，以及对货币危机和财政（税收）政策的分析而闻名。他曾在多所大学任教，20世纪80年代曾担任里根政府的经济顾问，但人们认为他是政治左派。20世纪90年代，克鲁格曼提出新贸易理论，提供了一种研究国际贸易的新方法。

参见： 贸易与地理 312页

达尼·罗德里克
1957年—

达尼·罗德里克（Dani Rodrik），1957年出生于土耳其伊斯坦布尔，读大学时搬到了美国。他现在是哈佛大学国际政治经济学教授，主要研究领域是国际和发展经济学。他曾担任许多国际组织的顾问，包括经济政策研究中心、全球发展中心，以及国际经济研究所等。

参见： 市场整合 226~231页，抵制经济变化 328~329页

张夏准
1963年—

张夏准（Ha Joon Chang），1963年生于韩国。他强烈批判主流经济学。他毕业于韩国的首尔大学，后移居英国去剑桥大学攻读博士学位，并在此继续他的研究。张夏准曾担任过联合国机构、世界银行、亚洲发展银行和许多国家的政府和非政府组织的顾问。他批判世界银行支持的传统发展政策。他撰写的《他们没告诉你的关于资本主义的23件事》（2010）一书推动了另类经济学（Alternative Economics）的普及。

参见： 亚洲经济体 282~287页

雷诺·戈谢尔
1976年—

雷诺·戈谢尔（Renaud Gaucher），法国思想家，拥有心理学、历史学、地理学和经济学四个学位。他试图将社会科学元素整合到经济思想中，并运用更全面的研究方法。他站在积极心理学的角度研究了货币心理学和行为经济学。他发展了伊斯特林等经济学家的研究，强调了幸福经济学在发展和气候变化政策中的地位。

参见： 幸福经济学 216~219页

术语表

绝对优势 Absolute advantage
一个国家比另一个国家更有效地生产某种产品的能力。

总计 Aggregate
总量；如总需求指的是对所有商品和服务需求的总和。

信息不对称 Asymmetric information
信息的不平衡；如买家和卖家彼此可能比对方拥有更多有关产品的信息。

奥地利学派 Austrian School
19世纪晚期由卡尔·门格尔创立的经济学学派。它将所有经济活动归因于个人的行为和自由选择，反对政府以任何形式干预经济。

贸易差额 Balance of trade
在特定时期内一国进口与出口价值的差异。

破产 Bankruptcy
个人或企业无力偿还债务的法律声明。

物物交易体系 Barter system
货物或服务不通过货币等交换媒介而直接进行交易的体系。

熊市 Bear market
股价或其他商品价值的下降期。

行为经济学 Behavioural economics
经济学的一个分支，研究心理和社会因素对决策的影响。

债券 Bond
用于筹集资金的计息贷款。债券的发行者（例如政府和公司）通过发行债券筹集资金，并许诺在未来某个确定的日期连本带息偿还债券的购买者。

布雷顿森林体系 Bretton Woods system
1945年世界主要工业国达成的汇率体系。它将美元与黄金挂钩，而其他国家的货币与美元挂钩。

预算 Budget
包含所有预期支出与收入的财务计划。

预算约束 Budget constraint
一个人能负担得起的商品和服务的限度。

牛市 Bull market
股价或其他商品价值的上升期。

经济周期 Business cycle
经济增长的波动，表现为经济扩张（繁荣）与收缩（萧条）。

资本 Capital
可以带来收入的货币和实物资产（如机器和基础设施）。土地、劳动力、企业家才能和资本是经济活动的四个关键要素。

资本主义制度 Capitalism
一种经济制度，该制度下生产资料归私人所有，企业为销售商品获利而相互竞争，工人用劳动换取工资。

卡特尔 Cartel
一些企业为限制某种产品产量以抬高产品价格而相互合作所构成的垄断组织。

中央银行 Central bank
管理一国货币，调节货币供应量并制定利率的机构。它还可以充当银行的最终贷款人。

中央计划 Central planning
中央集权的政府控制经济体系，该体系通常由政府委员会制定有关商品生产与配置的决策。

混沌理论 Chaos theory
数学的一个分支，显示了初始条件下细微的改变给未来造成的重大影响。

芝加哥学派 Chicago School
指与美国芝加哥大学有关的推崇自由市场的经济学家，他们对市场自由化和放松管制的理想成为20世纪80年代的主流经济思想。

古典经济学 Classical economics
指亚当·斯密和大卫·李嘉图等人早期研究经济学的方法，主要关注国家的发展与自由市场。

勾结 Collusion
两个或更多公司之间达成协议互不竞争，以便操纵价格。

指令型经济 Command economy
也叫计划经济，指经济活动的各个方面都受一个中央权威机构（如政府）的控制。

商品 Commodity
用于交换的产品或服务的总称。

在经济学中通常指同质的可批量购买的原材料。

共产主义 Communism

财产和生产资料由集体共有的马克思主义经济体系。

比较优势 Comparative advantage

相对来说，一国生产某种产品比另一国更有效的能力，即使后者总体上可能更有效。

竞争 Competition

当两个或多个生产商都希望以最好的条件赢得顾客的青睐时，竞争就产生了。

消费 Consumption

消费者购买的商品或服务的价值。政府将个人的购买行为整合起来计算国民消费水平。

信贷紧缩 Credit crunch

银行系统贷款可能性突然降低。信贷紧缩通常发生在一段信贷宽松期以后。

债务 Debt

一方（债务人）向另一方（债权人）做出的还款承诺。

违约 Default

债务人未能按双方协议偿还贷款。

赤字 Deficit

一种不平衡。贸易赤字，也叫贸易逆差，指进口超过出口；政府预算赤字是指政府支出超过税收收入。

通货紧缩 Deflation

商品和服务的价格持续下降。经济停滞时期通常会出现通货紧缩现象。

需求 Demand

一个人或一群人愿意并且能够购买的商品和服务数量。

需求曲线 Demand curve

显示不同价格下人们愿意购买的商品或服务数量的图表。

依附理论 Dependency theory

该理论认为资源和财富从穷国流向富国，导致穷国无法发展。

折旧 Depreciation

由磨损或报废导致的资产价值随时间的推移而减少。

萧条 Depression

经济活动长期严重衰退，表现为产量下降、失业率上升和信贷匮乏。

边际收益递减

Diminishing marginal returns

每一额外单位的物品带来的收益越来越小。

双头垄断 Duopoly

两家公司控制整个市场的情况。

经济自由主义 Economic liberalism

一种意识形态，认为当给予人们最大限度的自由做出消费决策时，可实现最大的收益。经济自由主义倡导自由市场经济。

经济 Economy

特定国家或地区经济活动的总体，包括所有的生产、劳动、贸易和消费活动。

弹性 Elasticity

一个经济变量（如需求）对另一个经济变量（如价格）的敏感程度。商品的价格可能是富有弹性的，也可能是缺乏弹性的。

企业家 Entrepreneur

一个为盈利而承担商业风险的人。

均衡 Equilibrium

系统内的一种平衡状态。在经济学中，当供给与需求相等时市场就达到了均衡。

欧元区 Eurozone

指欧洲联盟成员中使用欧盟的统一货币的国家区域。它们都使用同一种货币——欧元，由欧洲中央银行统一制定货币政策。

汇率 Exchange rate

一种货币兑换其他货币的比例，也是一种货币与其他货币的相对价格。

外部性 Externality

个人能感知到的但并没有直接包括在经济活动中的成本或收益。价格不能反映经济活动的外部性。

生产要素 Factors of production

用于生产产品或服务的投入：土地、劳动力、资本和企业家才能。

法定货币 Fiat money

没有实质商品（如黄金）支撑的货币形式，其价值来源于人们对该货币形式的信心。目前世界上流通的主要是法定货币。

财政政策 Fiscal policy

政府的税收和支出计划。

自由市场经济

Free market economy

个人和公司根据供给和需求做出生产决策，并且市场决定价格的这样一种经济形式。

自由贸易 Free trade

商品和服务的进出口没有关税或配额束缚。

博弈论 Game theory

研究相互影响的个人或公司策略的理论。

GDP

参见国内生产总值。

全球化 Globalization

资金、货物或人员跨国界的自由流动；通过商品、劳动力和资本市场的整合，国家间经济上的相互依存日益增强。

GNP

参见国民生产总值。

金本位 Gold standard

以黄金储备为支撑，理论上货币可以即期兑换成黄金的货币制度。目前没有国家采用金本位制度。

商品 Good

能满足消费者欲望或需求的物品，通常用来指代产品或原材料。

大萧条 Great Depression

从1929年到20世纪30年代中期的全球性经济衰退。这次衰退始于美国华尔街股市崩盘。

国内生产总值（GDP）

一年内国民收入的衡量。GDP将一国全年的产出汇总起来，通常用来衡量一个国家的经济活动和财富。

国民生产总值（GNP）

一年内国内企业生产的所有商品和服务的总价值，无论这些企业是在国内还是在国外进行生产。

恶性通货膨胀 Hyperinflation

指通货膨胀率很高。

通货膨胀 Inflation

商品和服务价格持续上升的情况。

利率 Interest rate

贷款的价格。贷款利率通常指债务人每年必须要偿还的钱占借款本金的比例。

国际货币基金组织（IMF）International Monetary Fund

1944年成立的监督战后汇率体系的国际组织，后来其主要功能转变为给贫穷国家提供财政支持。

负相关关系 Inverse relationship

一个变量减少时另一个变量增加的情况。

投资 Investment

旨在增加未来产量的资本注入，如购买新机器或培训劳动力。

看不见的手 Invisible hand

亚当·斯密认为，如果市场上每个人都追求自身利益，那么必定会实现社会的集体利益，就像一些“看不见的手”在指挥一样。

凯恩斯乘数 Keynesian Multiplier

经济中政府支出增加会带来收入更多的增长。

凯恩斯主义 Keynesianism

以凯恩斯思想为基础的经济学学派，提倡通过政府支出来拉动经济走出衰退。

自由放任 Laissez-faire

法语，意思是“随它去吧”，指市场不受政府干预。

流动性 Liquidity

资产可以用于购买商品的容易程度，缺乏流动性会使资产贬值。现金流动性最强，因为它可以立即购买商品或服务，而不会影响其价值。

宏观经济学 Macroeconomics

宏观经济学把经济看作一个整体，研究整体经济因素，如利率、通货膨胀、增长和失业等。

边际成本 Marginal cost

生产额外一个单位产量带来的总成本的增加。

边际效用 Marginal utility

消费额外一个单位产品或服务所带来的总效用或总满意度的变化。

市场失灵 Market failure

市场无法实现社会最优的结果。市场失灵可能是由于缺乏竞争（如垄断）、信息不完全、未被包括的成本和收益（外部性），或者缺乏潜在私人利润（如公共物品的提供）。

重商主义 Mercantilism

16世纪至18世纪主导西欧经济学的教义。它强调政府应控制对外贸易以保持贸易顺差。

微观经济学 Microeconomics

微观经济学研究个人和厂商的经济行为。

混合经济 Mixed economy

混合经济下部分生产资料归政府所有，部分归私人所有，即将计划经济与市场经济相结合。严格来说，几乎所有的经济都是混合经济，但是各个国家的混合经济差别很大。

货币主义 Monetarism

经济思想流派之一，认为政府首

要的职责是控制货币供给。它与美国经济学家米尔顿·弗里德曼和20世纪七八十年代的保守政府有关。

货币政策 Monetary policy
旨在通过改变货币供给和利率以刺激或减缓经济发展的政府政策。

垄断 Monopoly
一类商品在市场上只有一家厂商。垄断企业通常维持低产量，以便高价出售产品。

新古典经济学
Neoclassical economics
当今经济学的主流，建立在供给和需求理论及理性个人假设基础之上，通常用数学方式表达。

新古典宏观经济学
New classical macroeconomics
宏观经济学的思想流派之一，采用完全建立在新古典框架之上的分析方式。

名义价值 Nominal value
物品当天的票面价值。名义价格或名义工资在通货膨胀时会改变，因此不能有效地比较不同时期的名义价值（如1980年和2000年的50英镑能购买的商品数量不一样）。

寡头垄断 Oligopoly
行业内只有少数几家厂商。寡头垄断下，厂商可能会相互勾结以操纵价格。

帕累托效率 Pareto efficiency
当不可能在不使其他任何人的境况变坏的同时使任何人的情况变得更好时，该配置就是帕累托效率的配置。帕累托效率以维尔弗雷多·帕累托的名字命名。

完全竞争 Perfect competition
一个理想的市场状态。完全竞争下的买家和卖家都拥有完整的信息，许多不同厂商生产同样的产品，而任何一个厂商都无法影响价格。

菲利普斯曲线 Phillips curve
显示推测的通货膨胀与失业之间的负相关关系的曲线图。

计划经济 Planned economy
参见指令型经济。

价格 Price
买家为购买商品或服务而支付给卖家的货币或商品数量。

保护主义 Protectionism
通过征收关税或设置进口配额以限制国际贸易的经济政策。

公共物品 Public good
私人厂商不会提供的商品或服务，如路灯。

量化宽松 Quantitative easing
中央银行增加货币供给。

实际价值 Real value
用能购买的商品或服务数量来衡量的物品价值。

衰退 Recession
经济总产量减少。

股份 Shares
公司所有权的单位；也称为股票。

社会市场 Social market
第二次世界大战后西德开发的经济模型，以混合经济为特点，鼓励民营企业，但政府要干预经济以保证社会公平。

滞胀 Stagflation
高通货膨胀、高失业和低增长并存的时期。

黏性工资 Sticky wages
工资率不能随劳动供求的变动而迅速变动的特性。

供给 Supply
可购买的商品或服务的数量。

供给曲线 Supply curve
显示厂商在不同价格下将会生产的产品或服务数量的图表。

盈余 Surplus
一种不平衡状态。贸易盈余，也叫贸易顺差，指出口超过进口；政府预算盈余是指税收收入超过政府支出。

关税 Tariff
对进口商品征缴的税，通常是为了保护国内生产商免受外国竞争的影响。

税收 Tax
政府通过法律强制对厂商和个人征收的费用。

功利主义 Utilitarianism
主张增加最大多数人幸福的一种思想。

效用 Utility
衡量从消费商品或服务获得的满意或幸福的单位。

索引

加粗显示的页码内有详细介绍。

A

阿巴 • 勒纳 146
阿道尔夫 • 伯尔勒 152,168~169
阿尔波托 • 艾莱斯那 261,**326~327**
阿尔伯特 • 赫希曼 191
阿尔弗雷德 • 马歇尔 89,**110**,114,117,136,147,232
阿尔弗雷德 • 钱德勒 132,**337**
阿尔特 • 克拉 85
阿尔文 • 汉森 204
阿夫纳 • 格雷夫 206
阿兰 • 科曼 278
阿伦尼乌斯 306
阿玛蒂亚 • 森 140~141,214,219,220,**257**
阿莫斯 • 特沃斯基 162,194,260,266~269
阿瑟 • 庇古 157,220,299,**336**
阿瑟 • 拉弗 260,270,271
埃德蒙 • 伯克 51
埃尔 • 鲁比尼 61,321
埃尔赫南 • 赫尔普曼 312
埃弗塞 • 多马 224
埃里克 • 巴罗内 144,174
埃里克 • 马斯金 273
艾芙纳 • 奥弗尔 166,167
爱德华 • 丹尼森 178
爱德华 • 利默尔 330
爱德华 • 洛伦兹 278,279
爱德华 • 钱柏林 180
爱丽丝 • 阿姆斯登 261,284,285,**338**
安 • 罗伯特 • 雅克 • 杜尔哥 50,51,62,63,64,**65**
安德烈 • 冈德 • 弗兰克 185,242,243
安德烈 • 施莱弗 266,326
安德鲁 • 奥斯瓦尔德 216,219
安德鲁 • 罗斯 252,255,293
安东尼 • 阿特金森 64
安娜 • 施瓦茨 198
安东尼 • 奥古斯丁 • 古诺 70,88,**90~91**,94,238
奥地利学派 60,88,89,97,146~147,153,174~177
奥斯卡 • 兰格 120,146,175~176,210
奥斯卡 • 摩根斯顿 114,194,237,274

B

巴里 • 温格斯特 328
巴尼特 • 瓦格曼 310
柏拉图 18,20,66,67
保护主义 50,51,82,85,190,192,228,242
保罗 • A • 萨缪尔森 46,120,130
保罗 • 克鲁格曼 192,284,290,312,**339**
保罗 • 库特纳 272
保罗 • 罗默 224
保罗 • 罗森斯坦 • 罗丹 190~192,284,**336**
保罗 • 麦克里 298
保罗 • 米格罗姆 294
保罗 • 斯威齐 106
保罗 • 沃尔克 272
保险 209,275
鲍里斯 • 霍夫曼 331
北欧模式 223
北岩银行 320
贝蒂尔 • 奥林 82,84,312
贝奇斯 • 蒂文森 219
本 • 伯南克 **322~325**
本 • 法因 280
比阿特丽斯 • 韦布 89,**134~135**,156,157,160
比尔 • 菲利普斯 **202~203**,221
比较优势 80~85,312
彼得 • 埃文斯 287
彼得 • 鲍尔 190
彼得 • 戴蒙德 304,305,**338**
彼得 • 加伯 98,99,261
边际收益递减 62,68,224
边际效用 63,88,89,116,110
贬值 292~293
伯纳德 • 曼德维尔 56,66
伯努瓦 • 曼德勃罗 265,278,279
博弈论 184,206,234~241,273,294,295
不平等与增长 261,326~327
不确定性 114,208
布拉德 • 德龙 224
布莱恩 • 阿瑟 278
布雷顿森林体系 153,184,187,231,252,262,290
布伦塔诺 **335**
布罗尼斯拉夫 • 马林诺夫斯基 166

C

财产权 207
财富 19,36~37
查尔斯·布思 140
查尔斯·达尔文 273
查尔斯·迪诺耶尔 78
查尔斯·古德哈特 330~331
查尔斯·金德尔伯格 290,318
查尔斯·卡恩 321
查尔斯·卡罗米如斯 321
查尔斯·麦基 88,98
厂商 88,184
重新分配 211,326
储蓄 33,75,204~205
创新 58,60,148~149,313
创造性破坏 148~149
次级抵押贷款 265,300~301,324,330,331
次优理论 220~221

DE

达德利·诺思 34
达龙·阿西莫各路 206,207,328~329
达尼·罗德里克 261,**339**
大卫·多拉尔 85,228
大卫·艾登 276
大卫·坎托尼 138
大卫·李嘉图 51,64,78,**84**,124,128,140
大卫·休谟 12,30,**47**,50,57,61
大萧条 29,132,158,186,190,229~230,
　20,298,318
戴尔·莫滕森 304,305
丹·艾瑞里 266
丹·巴尼克 256
丹尼尔·埃尔斯伯格 162,**249**
丹尼尔·伯努利 63,162
丹尼尔·卡尼曼 162,194,260,266~269
道德风险 200,209,321
道德与市场 22~23
道格拉斯·戴蒙德 318~321
道格拉斯·诺斯 166,**206~207**,328
德国 152,184,199,222,223,319,325
德国历史学派 140
邓斯·司各脱 110
邓小平 222,223
抵押贷款 298,299~300,330~331
蒂莫西·布雷斯纳汉 313
东欧 185,193,232,329
东亚 187,230,282~287
东印度公司 18,35,38,168
短缺 232~233
对冲 263,264
对冲基金 169,321
厄恩斯特·恩格尔 124~125

F

发展经济学 153,185,188~193,261
发展型政府 284~287
发展中国家 85,141,185,219,230,
　261,293,309
法国大革命 50,51,65,75,102
繁荣与萧条 78~79,330~331
反垄断法 70,73,97
房地产市场 298~301,324,330~331
放任政策 [illegible],[illegible],51,147
放松管制 260,264,293
非理性 194~195,266~269,290
非利普斯曲线 185,200,201
非洲 314,328,329
菲利普·阿吉翁 232
菲利普·布里克曼 218
菲利普·迪布维格 318~321
菲利普·卡甘 244
费雪·布拉克 262,264
芬恩·基德兰德 260,**276~277**
风险值 262
弗兰科·莫迪利安尼 **204~205**,247
弗兰克·拉姆齐 64
弗兰克·奈特 126,129,**163**,
　208,248,249
弗兰克·陶西格 180
弗朗茨·柏姆 222
弗朗斯瓦·魁奈 **45**,51,62,165,216
弗朗西斯·埃奇沃思 116,117,120
弗朗西斯·福山 174,280
弗雷德·泰勒 75,144
弗里德里克·米什金 204
弗里德里希·冯·维塞尔 89,133,**335**
弗里德里希·哈耶克 56,57,126,129,
　177,260
弗里德里希·李斯特 190,242,284,**334**
福利经济学 130~131,176,212~215,220
福利支出 140~141
妇女 310~311
复杂性理论 261,278~279
富兰克林·D. 罗斯福 152,153,
　184,321

G

《谷物法》 82~83
概率 88,248~249
干预 51,146,152,153,185,284~287,303
戈迪纳·米恩斯 152,168~169

格奥尔格·黑格尔 102,104
格里高利·金 19,36,37,170
格里高利·曼昆 244,303
工业 102,191,285~287
工业革命 50,51,95,132,168,179,307
工业化 50,88,178~179,191~193
工资 58~59
工作搜寻与失业 304~305
公共物品 19,46~47,285,308
公共选择理论 60
公平 64,65,131,215
公司 参见厂商
公司治理 168~169
功利主义 51,120,130,214,215
共产主义 46,75,88,152,185,223
供给 74~75,270
勾结 70~73
古典经济学 50~51,88
股份公司 38,168
股份有限公司 38
股票和证券 19,88
寡头 70
关税 85,229,230
关税与贸易总协定 184,187,231
管理 152,168~169
规模经济 27,132,213
国际复兴开发银行 184,186,187
国际货币基金组织 184,187,228,231,314
国民生产总值 36
国民收入核算 36,42,44~45,216~217,
310~311
国内生产总值 37,216~219,284,310~311

HI

哈里·马科维茨 262
海曼·明斯基 26,260,261,**298~301**
韩国 284,285,286,287
汉斯·辛格 124,242,243
合作 237,241,273
赫伯特·胡佛 152
赫伯特·斯卡夫 210
赫伯特·西蒙 52,98,247,266
亨利·福特 302
亨利·摩尔 170
亨利·庞加莱 278
亨利·乔治 39,140
亨利·桑顿 318
宏观经济学19,42,77,152,153,201,202,203
忽必烈可汗 24
蝴蝶效应 278
互联网泡沫 79,99,272
华尔街股灾 89,152
华盛顿共识 328,329
汇率 185,250~255,262
汇票 18,28
混沌理论 261,278,279
货币 24~25,75
货币 250~255
货币数量论 30~33
货币主义 184,196~201,222,260
霍利斯·钱纳里 178
ISLM模型 153,160,165

J

饥荒 256~257
机会成本 89,133
吉恩·格鲁斯曼 312
吉芬商品 89,116~117
吉拉德·德布鲁 **211**,232
集体谈判 134~135,160
计划经济 102,105,153,174~175,176,
184,232~233
计量经济学 152,153,170
计算机 123,313
技术 60,62,69,178,179,225
加勒特·哈丁 68
加里·贝克尔 52,53,171
贾斯丁·沃尔夫斯 219
价格 88~89
价值 25,51,210
简·丁伯根 **336**
交通运输 229,230
教育 281
杰弗里·弗兰克尔 252,255,293
杰弗里·萨克斯 261,**314~315**
杰勒德·德·马林斯 34,35
杰里米·边沁 51,214
借贷与债务 76~77
金本位 24,25,152,186,260
金融不稳定性 26,260,261,296~301
金融工程 260,262~265
金融市场 260,262~265,300~301
金融危机 51,79,104,296~301
经济测量 19,36~37
经济改革 328~329
经济改革 328~329
经济合作 186~187
经济人 52~53
经济学 152,171
经济周期 51,78,153,298
经济自由主义 172~177
经济自由主义 88,153
竞争 70,79,104,126~129
就业 202~203,276
就业不足 75

决策 185,273
均衡 56,58,88,144,278,294

K

卡尔·波兰尼 136,153,**166~167**
卡尔·马克思 21,45,57,66,67,68,89,**100~105**,261
卡尔·门格尔 62,88,114,116,124,147,**335**
卡尔·夏皮罗 302
卡尔尼斯·约翰 1262,18
卡门·莱因哈特 290
卡特尔 70~73,88
凯恩斯主义 60,184,245,260,262,276
凯尔文·兰开斯特 185,220~221
凯文·墨菲 326
康拉德·阿登纳 184,222
科林·克拉克 36,178
科学 36,50,56,120,185,261
克莱顿·克里斯坦森 148,149
克莱夫·格兰杰 170
克劳德·博里奥 322
克劳德·亨利·圣西门 **334**
克里斯托弗·皮萨里德斯 304,305,**339**
肯尼斯·阿罗 185,**209**,232
肯尼斯·宾默尔 283,**338**
肯尼斯·罗格夫 290,322
库尔特·萨缪尔森 138

L

拉丁美洲 193,286,290,291,329
拉格纳·弗里希 152,153,170,**336**
莱昂内尔·W. 麦肯齐 123
莱昂内尔·罗宾斯 133,144,146,152,171
莱达·哈尼凡 280
莱茵哈德·泽尔滕 236,240~241
兰德智库 238,239
劳动分工 51,66~67
劳尔·普雷维什 124,242,243
劳伦斯·萨默斯 266
勒内·托姆 278
雷曼兄弟 213,265,301,324
雷诺·戈谢尔 **339**
冷战 185,236,238,239
礼物馈赠 166,167
里昂·瓦尔拉斯 **120**,131,211
里奥尼德·赫维茨 240
理查德·福斯特 148
理查德·卡恩 164,165,181,**336**
理查德·坎蒂隆 42,56
理查德·莱亚德 216
理查德·利普西 185,**220~221**,313
理查德·尼克松 186,187,199,260,262
理查德·斯通 36
理查德·泰勒 272
理查德·伊斯特林 216,217~218
理性 50,52~53,60,61,88
理性选择理论 52~53
理性预期 60,198,201,244~247,276,303（参见“非理性”）
联合国 184,306,308,310
量化宽松 33
卢卡斯批判 246~247
路德维希·冯·米塞斯 74,75,**147**,170,185
路易斯·[illegible]
路易斯·萨拉[illegible] 77
伦纳德·萨维奇 115,194,248
罗伯特·C. 莫顿 264
罗伯特·J. 韦伯 294
罗伯特·阿克塞尔罗德 273,**338**
罗伯特·巴罗 76,77,161,276,**339**
罗伯特·弗拉德 261
罗伯特·霍尔 204,247
罗伯特·利夫曼 97
罗伯特·卢卡斯 77,161,202,224,276,337
罗伯特·蒙代尔 185,**252~254**,270,271
罗伯特·欧文 78
罗伯特·帕特曼 280
罗伯特·佩罗蒂 326
罗伯特·索洛 62,**224~225**,313
罗伯特·特里弗斯 273
罗伯特·韦德 285,286
罗伯特·维什尼 326
罗伯特·希勒 98
罗伯特·詹森 116,117
罗杰·迈尔森 294
罗马 20,22
罗纳德·科斯 137
罗纳德·里根 199,201,260,270,271
罗纳尔德·麦金 252
罗斯福新政 153,184
罗伊·哈罗德 224
洛桑学派 147

M

马费奥·庞塔雷奥尼 131
马可·波罗 24
马克斯·韦伯 **138~139**
马克思主义 147
马库斯·[illegible] 185
马[illegible]·[illegible] [illegible]
马歇尔计划 190,192
马歇尔交叉图 110,111

玛格丽特・撒切尔 201,223,260
玛丽安・费伯 310
玛丽莲・华林 261,**310~311**
迈克尔・菲尔普斯 305
迈克尔・克里默 314,315
迈克尔・罗斯柴尔德 129,274,281
迈克尔・史密森 248
迈克尔・斯彭斯 274,281,**338**
迈克尔・托达洛 **338**
迈克尔・詹森 168
麦伦・斯科尔斯 262,264
曼纽尔・切滕贝格 313
曼瑟尔・奥尔森 82,85
毛泽东 102,105,185
贸易 18~19,50,80~85
贸易联盟 134~135,160
梅尔文・德雷希尔 238~239
梅里尔・弗拉德 237,238~239
美第奇银行 18,27
美国 50,85,134,187,198,264
美国赤字 262,270,322~323,325
美国房地产泡沫 300~301
美国金融危机 51,152,318,320~321,324~325
美索不达米亚 26
米尔顿・弗里德曼 **199**,260
米哈尔・卡莱斯基 164
米勒・阿尔马克・阿尔弗雷德 222~223
民主 176,231
摩西・赛尔奎因 178
莫里斯・阿莱 120,**195**
莫里斯・奥布斯菲尔德 292,322
莫里斯・戴维斯 330
默文・金 208
穆罕默德・阿尔・加札利 67

NO

纳克斯・弗里希 190,191,**336**
纳瓦鲁斯 31
纳西姆・尼古拉斯・塔勒布 248,265,298
南希・费伯尔 310
内森・佩蒂特 136
尼尔・弗格森 322,324
尼尔・华莱士 246,303
尼古拉・康德拉捷夫 **336**
尼古拉斯・德・孔多赛 68,215
尼古拉斯・范德维尔 328
尼古拉斯・克拉夫兹 313
尼古拉斯・斯特恩 261,306~307
牛市和熊市 79
农业 39,60,128,152,178
诺兰・米勒 116,117
欧文・费雪 30,32,198,298
欧洲 76,85,135,185,223,260,315,325
欧洲货币体系 292

P

帕累托效率 89,130~131,212~213
帕特里克・博尔顿 232
拍卖理论 294~295
庞氏骗局 298,300,301
泡沫 18,38,88,98~99,272,300
皮埃尔・布阿吉尔贝尔 37,42,57,**334**
皮埃罗・斯拉法 133
皮蒂・迪沙亚特 322
皮特鲁斯・约翰内斯・维多恩 132
贫穷 140~141,152,156,157,261,327

Q

期权定价模型 264~265
期望效用 194~195,248,266
企业家 89,149
气候变化 261,306~309
乔纳森・希思科特 330
乔赛亚・柴尔德 19,38
乔治・W. 布什 270
乔治・阿克洛夫 156,**275**,302
乔治・斯蒂格勒 70,73,116,304~305,**337**
穷国 185,308
琼・罗宾逊 **180~181**
裘德・万尼斯基 271
权利理论 256~257
全球化 67,135,185,226~231,305

R

让・巴蒂斯特・萨伊 51,**74~75**,78,270,298
让・保罗・费图西 219
让・博丹 **30~32**
让・查尔斯・西斯蒙第 51,78~79
让・查理・波达 214
让・马来特鲁瓦 30
让・米歇尔・格兰德蒙特 278
让-巴普蒂斯塔・柯尔贝尔 **334**
人口 36,51,68~69,190,256
人口统计学 68~69

S

塞巴斯蒂安 37
沙拉·卡普兰 148
山片蟠桃 **334**
商业银行 27~28
社会市场经济 184,222~223
社会选择理论 214~215
社会主义 22,89,153,175,260
社会资本 280
申铉松 325
生产过剩 74~75,78,79,104
圣皮埃尔 62
失业 74,75,152,219,302
石油工业 193,260
石油输出国组织 71~72,73,185,260
史蒂芬·凯特斯 74
世界大战 152,153,184
世界银行 140,141,228,231,284,286,314,315,327
市场 51,88
市场价格 22~23,57~58,145
适应性预期 244~245,246
收敛 224~225
收支平衡 19,252~253,262,323,
数学 89,110,120~123,152,153,210,279
衰退 148,149,261,303
税收 46,50,76,220,326~327
私人财产 18,20~21,176
斯蒂芬·德弗罗 256
斯蒂芬·弗里斯 232
斯堪的纳维亚 223
搜寻与匹配理论 304~305
苏联 102,148,152,200,201
索尔斯坦·凡勃伦 89,117,136,206,**335**

TU

弹性 64,124~125
唐·帕廷金 **165**
唐纳德·坎贝尔 218
通货膨胀 30~33,262,276,277
通信技术 185,313
统计学 19,36,37,152
投票悖论 184,214~215
投资 190,192
土地 19,39,106,124
托马斯·阿奎那 18,20,**23**
托马斯·迪罗伦佐 97
托马斯·弗里德曼 231
托马斯·福尔摩斯 180
托马斯·格雷沙姆 274,275
托马斯·霍布斯 37,57
托马斯·马尔萨斯 51,57,**68~69**,74,141,256
托马斯·孟 18,**35**,228
托马斯·萨金特 77,201,202,246,303
托马斯·谢林 236,241
USSR 参见“苏联”

W

瓦尔特·欧根 222
瓦西里·里昂惕夫 225,312
外部性 137,213,308
威廉·鲍莫尔 94,96
威廉·贝弗里奇 304
威廉·戈德温 68
威廉·勒普克 222
威廉·诺德豪斯 306~309
威廉·佩蒂 18,**36~37**,39,42,106
威廉·维克里 294~295
威廉·伊斯特利 315
威廉姆·杰文斯 88,89,**114~115**,121,130,232
微观经济学 152,153
维尔弗雷多·帕累托 60,88,120,122,**131**,144
文化 153,166~167
沃尔特·白芝浩 26
沃尔特·罗斯托 190
沃纳·桑巴特 148
污染 89,137,306,308,309
物物交换 18,24,25,75,166

X

西奥多·舒尔茨 39
西博姆·朗特里 140
西玛·贾雅昌卓安 314
西蒙·库兹涅茨 153,**179**
希腊 18,46,77,82,106,290,292
夏威尔·萨拉伊马丁 326,327
消费 42,58,198~200,204~205
消费悖论 116~117
消费不足 78,79
萧条 152,154~161,164,298
效率 56,59,144,232
效用 52,89,130
谢尔曼·梅塞尔 330
新教主义 138~139
新自由主义 177,187
信号与筛选 281
信息 52,61,178,208~209,[illegible]
信用违约掉期 299
行为经济学 53,194,195,248,

260,261,272
幸福 107,130,216~219
幸福 52~53,185,217~219
性别 261,310~311
匈牙利 232~233
需求 74~75
炫耀性消费 89,117,136

Y

雅各布・斯莫克勒 313
亚当・斯密 45,**61**,71,75,132,148
亚里士多德 18,21,22,62,94,114
亚历山大・汉密尔顿 34
亚诺什・科尔奈 184,**232~233**
亚洲经济体 85,243,261,282~287
衍生品交易 263~264,325
伊本・泰米叶 110
伊莱・赫克歇尔 82,84,312
伊利亚・普里高津 278
伊曼纽尔・沃勒斯坦 242
伊曼努尔・康德 21
依夫・史密斯 324
意大利：银行业 26~27,28
银行 26~29,152,299,331
印度 85,309
英国 51,105,179,184,186,202,223,285,320
英国学派 147
赢家的诅咒 292~295
硬币 18,24,25
尤金・法玛 168,185,272,**337**
尤金・冯・庞巴维克 63,106,147,**335**
郁金香热 98~99
预期理论 269
约翰・贝歇尔 90
约翰・菲尔德 280
约翰・冯・杜能 120
约翰・冯・诺依曼 114,123,194,236,
237,274
约翰・海尔斯 82
约翰・海萨尼 236,240
约翰・康芒斯 206
约翰・肯尼斯・加尔布雷斯 140,
184,**337**
约翰・罗尔斯 215
约翰・洛克 19,20,21,50,63,106,
110,113
约翰・梅纳德・凯恩斯 78,79,**161**,177,
184,208,249
约翰・慕思 **244~247**,276
约翰・纳什 90,91,184,**236~240**,294
约翰・斯图尔特・穆勒 88,**95**,126,
132,136
约翰・泰勒 303,322,324
约翰・威廉姆森 328,329
约翰・沃利斯 328
约翰・希克斯 130,156,**165**,244
约瑟夫・伯特兰德 91,**335**
约瑟夫・斯大林 152
约瑟夫・斯蒂格勒茨 219,220,228,
274,**338**
约瑟夫・熊彼特58,89,97,**148~149**,313

Z

增长 45,104,224~225
债务抵押债券 265,299,324
债务减免 76~77,298~301,261,314~315
詹姆斯・科尔曼 280
詹姆斯・米德 137
詹姆斯・托宾 **337**
詹姆斯・瓦特 50
詹姆斯・张 137
张夏准 **339**
珍妮特・耶伦 156,302
政府 60~61,176,177,202,203,221
芝加哥学派 185,260
纸币 24,25
制度 206~207,230~231,285
秩序自由主义 222
智利 201,260
滞涨 201,203,271
中央银行 33,260,276~277,320
重农学派 19,39,42~45,51,61,62,65
重商主义 18,19,34~35,42,58,68,82,102,
228
朱・弗登伯格 273
朱尔斯・杜普伊 126,180,181
朱尔斯・瑞格纳 272
专利 46,47
资本 59~60,230
资本定价模型 262
资本主义 20,51,88,89
自利 52,53
自由贸易 19,34,35,82
自由市场 50,51,54~61,15,131,220
宗教 138~139

致谢

Dorling Kindersley would like to thank Nivati Gosain, Shipra Jain, Payal Rosalind Malik, Mahua Mandal, Anjana Nair, Pooja Pawwar, Anuj Sharma, Vidit Vashisht, and Shreya Anand Virmani for design assistance; and Lili Bryant for editorial assistance.

PICTURE CREDITS

The publisher would like to thank the following for their kind permission to reproduce their photographs:

(Key: a-above; b-below/bottom; c-centre; f-far; l-left; r-right; t-top)

20 Getty Images: Barcroft Media (bc). **23 Alamy Images:** The Art Gallery Collection (tl). **Getty Images:** The Bridgeman Art Library (tr). **24 Getty Images:** AFP (cr). **25 Getty Images:** Nativestock / Marilyn Angel Wynn (br). **27 Corbis:** Bettmann (tr). **28 Dorling Kindersley:** Judith Miller / The Blue Pump (tr). **Getty Images:** John Moore (bl). **29 Getty Images:** Jason Hawkes (br). **31 Library Of Congress, Washington, D.C.:** (tr). **33 Getty Images:** Universal Images Group / Leemage (tl). **35 Getty Images:** AFP / Fred Dufour (tr). **37 Alamy Images:** The Art Archive (bl). **Getty Images:** Hulton Archive (tr). **38 Corbis:** Heritage Images (br). **42 Corbis:** The Gallery Collection (tc). **43** *Tableau Économique*, 1759, François Quesnay (bl). **44 Alamy Images:** The Art Gallery Collection (bl). **45 Getty Images:** Hulton Archive (tr). **47 Corbis:** Bettmann (tr); Hemis / Camille Moirenc (tl). **52 Corbis:** Godong / Philippe Lissac (tr); John Henley (bl). **56 The Art Archive** London Museum / Sally Chappell (bl) **Corbis:** Johnér Images / Jonn (tr). **58 Getty Images:** The Bridgeman Art Library (b). **60 Corbis:** Robert Harding World Imagery / Neil Emmerson (bl). **61 Corbis:** Justin Guariglia (tl). **Library Of Congress, Washington, D.C.:** (tr). **63 Corbis:** Sebastian Rich (bl). **65 Corbis:** The Art Archive / Alfredo Dagli Orti (tr). **Dreamstime.com:** Georgios Kollidas (bl). **67 Corbis:** Tim Pannell (tl). **Getty Images:** AFP (br). **68 Getty Images:** Paula Bronstein (bc). **69 Corbis:** Bettmann (tr). **71 Getty Images:** Bloomberg (tr). **73 Getty Images:** Bloomberg (bl). **Library Of Congress, Washington, D.C.:** (br). **75 Corbis:** National Geographic Society (bc). **Library Of Congress, Washington, D.C.:** (tr). **77 Corbis:** EPA / Simela Pantzartzi (cr). **79 Getty Images:** Archive Photos / Lewis H. Hine (tl). **83 Corbis:** Bettmann (br). **84 Corbis:** Imaginechina (tl). **Getty Images:** Hulton Archive (bl). **85 Corbis:** Cameron Davidson (bc). **95 Getty Images:** Hulton Archive / London Stereoscopic Company (tr); **Science & Society Picture Library** (bl). **97 Corbis:** Bettmann (tl). **Getty Images:** Per-Anders Pettersson (br). **98** *Flora's Mallewagen*, c.1640, Hendrik Gerritsz. Pot (bc). **102 akg-images:** German Historical Museum, Berlin (tr). **103 Getty Images:** Science & Society Picture Library (bl). **104 Corbis:** Michael Nicholson (tl). **105 Corbis:** Bettmann (tr). **Getty Images:** CBS Photo Archive (bl). **110 Alamy Images:** INTERFOTO (bl). **112 Getty Images:** Yawar Nazir (bl). **113 Getty Images:** AFP (tl). **115** *Popular Science Monthly*, volume 11, 1877 (tr). **117 Corbis:** EPA / Abdullah Abir (tr); Imaginechina (tl). **120 Alamy Images:** INTERFOTO (bl). **Dreamstime.com:** Aydindurdu (tr). **122 Getty Images:** Jeff J. Mitchell (tr). **124 Corbis:** Cultura / Frank and Helena (cr). **126 Alamy Images:** INTERFOTO (tr). **129 Getty Images:** Bloomberg (tr); Taxi / Ron Chapple (bl). **131 Library Of Congress, Washington, D.C.:** (tr). **132 Getty Images:** Photographer's Choice / Hans-Peter Merten (bc). **135 Getty Images:** Bloomberg (tr); Hulton Archive (bl). **136 Library Of Congress, Washington, D.C.:** (bc). **139 Getty Images:** Hulton Archive (bl); SuperStock (tl). **141 Corbis:** Viviane Moos (br). **Getty Images:** Hulton Archive (tl). **145 Getty Images:** De Agostini Picture Library (tr). **147 Corbis:** Bettmann (bl). **Courtesy of the Ludwig von Mises Institute, Auburn, Alabama, USA. 149 Corbis:** Bettmann (tr); Rolf Bruderer (bl). **156 Getty Images:** Hulton Archive (cr). **157 Getty Images:** Gamma-Keystone (tr). **159 Corbis:** Bettmann (tr). **160 Getty Images:** Ethan Miller (bl). **161 Corbis:** Bettmann (tr); Ocean (tl). **163 Corbis:** Paulo Fridman (cr). **165 Corbis:** Xinhua Press / Xiao Yijiu (tc). **167 Corbis:** Macduff Everton (bc). **Library Of Congress, Washington, D.C.:** (tr). **168 Dreamstime.com:** Gina Sanders (bc). **169 Corbis:** Dennis Degnan (br). **171 Corbis:** Darrell Gulin (br). **175 Corbis:** Reuters / Korea News Service (br). **177 Corbis:** Hulton-Deutsch Collection (tr). **Getty Images:** Bloomberg (tl). **179 Corbis:** Heritage Images (tr). **Getty Images:** AFP (bl). **181 Getty Images:** The Agency Collection (bl); Hulton Archive / Express Newspapers (tr). **186 Corbis:** Hulton-Deutsch Collection (bc). **187 Corbis:** Reuters (br). **192 Corbis:** Gideon Mendel (tl). **193 Corbis:** Reuters / Carlos Hugo Vaca (br). **Getty Images:** Photographer's Choice / Wayne Eastep (bl). **195 Getty Images:** AFP / Gabriel Duval (bl). **198 Library Of Congress, Washington, D.C.: U.S.** Farm Security Administration / Office of War Information / Dorothea Lange (t). **199 Corbis:** Bettmann (tr); Hulton-Deutsch Collection (tc). **201 Corbis:** Reuters (tl). **Getty Images:** Brad Markel (br). **203 Getty Images:** Dorothea Lange (cr). **205 Getty Images:** The Agency Collection / John Giustina (bl); Archive

Photos / Bachrach (tr). **207 Getty Images:** Andreas Rentz (tc). University of Nebraska-Lincoln: (tr). **209 Corbis:** Bettmann (bl); Stuart Westmorland (tl). **211 Corbis:** Imaginechina (bc). Getty Images: AFP (tr). **213 Getty Images:** Chris Hondros (bc). **215 Getty Images:** The Bridgeman Art Library (tr). **217 Corbis:** Blend Images / Sam Diephuis / John Lund (tr). **218 Corbis:** Christophe Boisvieux (br). **219 Corbis:** Nik Wheeler (tr). **223 Corbis:** SIPA / Robert Wallis (tr). **225 Corbis:** Sygma / Ira Wyman (bl). **Getty Images:** AFP / Frederic J. Brown (tr). **228 Corbis:** The Gallery Collection (cr). **229 Getty Images:** Science & Society Picture Library (br). **230 Corbis:** EPA / Udo Weitz (br); Imaginechina (tl). **233 Corbis:** Peter Turnley (tr). Courtesy Professor János Kornai. **236 Dreamstime.com:** Artemisphoto (tr). **239 Corbis:** Reuters (tr). **Digital Vision:** (bl). **240 Corbis:** Lawrence Manning (bl). **241 Corbis:** Tim Graham (tr). **243 Corbis:** EPA / George Esiri (tl). **245 Corbis:** Cultura / Colin Hawkins (tr). **246 Getty Images:** Photolibrary / Peter Walton Photography (tl). **247 Corbis:** EPA / Justin Lane (bl). **249 Dreamstime.com:** Ivonne Wierink (t/Urn); Zoommer (t/Balls). **253 Corbis:** George Hammerstein (tr). **254 Corbis:** Sygma / Regis Bossu (tr). **Getty Images:** Bloomberg (bl). **257 Getty Images:** AFP / Tony Karumba (tr); Jeff Christensen (bl). **263 Corbis:** Robert Essel NYC (br). **264 Getty Images:** Glow Images, Inc. (tl). **265 Dreamstime.com:** Zagor (br). **267 Dreamstime.com:** Digitalpress (br). **269 Getty Images:** Paula Bronstein (tr). **271 Corbis:** John Harper (tr). **273 Getty Images:** Konstantin Zavrazhin (br). **275 Corbis:** Big Cheese Photo (tr). **Getty Images:** Dan Krauss (bl). **277 Corbis:** Reuters / Wolfgang Rattay (bl). **Getty Images:** Lisa Maree Williams (tl). **278 Corbis:** Frans Lanting (bc). **279 Corbis:** Louis K. Meisel Gallery, Inc. (br). **281 Corbis:** Ocean (cr). **285 Corbis:** Bettmann (tl). **Dreamstime.com:** Leung Cho Pan (br). **286 Corbis:** Justin Guariglia (tl). **287 Corbis:** Topic Photo Agency (br); Xinhua Press / Xu Yu (bl). **291 Corbis:** Reuters / Philimon Bulawayo (tr). **293 Corbis:** Xinhua Press / Guo Lei (br). **295 Corbis:** Hemis / René Mattes (br). **298 Corbis:** Bettmann (tr). **300 Getty Images:** The Image Bank / Stewart Cohen (bc). **301 Corbis:** Reuters / Shannon Stapleton (tr). **302 Corbis:** Bettmann (bc). **304 Corbis:** Images.com (cr). **305 Corbis:** EPA / Mondelo (br). **307 Getty Images:** UpperCut Images / Ferguson & Katzman Photography (tl). **309 Corbis:** Eye Ubiquitous / David Cumming (br). **Getty Images:** Helifilms Australia (tl). **311 Getty Images:** Stone / Bruce Ayres (tl). **313 Corbis:** Roger Ressmeyer (bc). **315 Corbis:** EPA / Kim Ludbrook (cr). **Getty Images:** WireImage / Steven A. Henry (bl). **319 Library Of Congress, Washington, D.C.:** George Grantham Bain Collection (br). **320 Corbis:** Bettmann (tl). **323 Getty Images:** Archive Photos / Arthur Siegel (tc). **325 Getty Images:** Mark Wilson (tr). **327 Corbis:** Robert Harding World Imagery / Duncan Maxwell (cr). **Getty Images:** Bloomberg (bl). **329 Getty Images:** AFP / Issouf Sanogo (tr). **330 Getty Images:** Stone / Ryan McVay (cr). **331 Corbis:** Star Ledger / Mark Dye (br)

All other images © Dorling Kindersley.

For more information see:
www.dkimages.co.uk